KB238524

이아 주소
(爾雅 注疏)

崔亨柱
李俊寧 편저

자유문고

『이아(爾雅)』란 어떤 책인가?

『이아(爾雅)』는 중국 13경(十三經 : 주역, 서경, 모시, 주례, 의례, 예기, 춘추좌전, 춘추공양전, 춘추곡량전, 논어, 효경, 이아, 맹자) 가운데 하나요, 가장 오래된 동양의 자전(字典)이다.

『이아(爾雅)』의 '이(爾)'는 가깝다, '아(雅)'는 정(正 : 바르다)으로 '가까운 곳에서 바른 것을 취한다'는 뜻이다. 이아는 천문(天文) 지리(地理) 음악(音樂) 기재(器材) 초목(草木) 조수(鳥獸)에 대한 고금(古今)의 문자(文字)를 설명했다. "5경(五經) 안에 쓰인 문장의 동이(同異)를 풀어놓아 실상은 9경(九經)의 통로이며 제자백가(諸子百家)의 나침반과 같다."라고 『석문(釋文)』을 인용하여 송나라 형병(邢昺 : 字 叔明)은 말했다.

형병은 또 "『이아(爾雅)』의 '석고편(釋詁篇)'은 주(周)나라 주공단(周公旦)이 지었고 '석언편(釋言篇)' 이하는 공자(孔子 : 丘)가 보충했고 그밖의 것은 자하(子夏)가 보충하고 다시 한(漢)나라 손숙통(孫叔通)이 보충하고 양문(梁文)이 더 보충했다."고 했으나 이러한 설(說)만 있을 뿐이요, 확실한 저작자는 알려지지 않았다.

자유문고에서 출간한, 한(漢)나라 반고(班固)가 지은 『한서 예문지』의 『이아(爾雅)』해설에는

"『이아』는 3권 20편이다. 지금 전하고 있다. 지금 있는 책은 3권 19편인데 여기에서 20편이라고 한 것은 본래 서(序)가 1편 있었으므로 그것을 합쳐서 20편이라고 했다는 설과, 석고(釋詁)의 상하를 나누어 2편으로 쳐서 하는 말이라는 설과, 『이아』에는 따로 석례(釋禮) 1편이 있었다는 설이 있다. 『이아』는 문자에 관한 책으로 『사고전서(四庫全書)』는 '소학류'에 넣었으나 『한지(漢志)』에서 이것을 '효경류(孝經類)'에 넣은 까닭은 『이아』가 『효경』과 함께 『석경총회(釋經總會)』의 책이기 때문이다. 『이아』라는 책이름을 살펴보면, 이(爾)는 가깝다는 근(近), 아(雅)는 바르다는 정(正)의 뜻으로, 가까이 하여 바른 것을 취한다는 뜻이다. 정(正)은 도읍(都邑)의 바른 말을 이르는 것으로 지방의 방언(方言)을 도읍의 바른 말에 가깝게 한다는 뜻이다. 『이아』는 고금천하(古今天下)의 방언과 이언(異言)을 끌어다 도읍의 바른 말에 맞춰 설명했다. 그러므로 『이아』는 훈고(訓詁)의 책이다. 『이아』는 주공(周公)이 지었다고 했으나 진한(秦漢) 시대의 『시경』 해석에 관계한 학자의 설을 모아 만든 책인 것 같다."
라고 적고 있다.

『이아』는 일설에는 주(周)나라 주공단(周公旦)이 썼다고도 하고, 공자의 제자인 자하(子夏)가 썼다고도 하고, 주(周)나라에서 한(漢)나라에 이르기까지 많은 학자들이 여러 가지 경서(經書)의 전주(箋註)를 채록한 책이라고도 전한다.

우리의 『국어사전(이희승 저)』은 『이아』를 "13경(十三經)의 하나. 중국 고대의 경전에 나오는 물명(物名)을 주해한 책. 천문 지리 음악 기재(器材) 초목 조수(鳥獸) 등의 낱말을 해석하였음"이라고 적었다.

또 동진(東晉)시대 곽박(郭璞 : 字 景純)이 지은 서문에는

"대저『이아』는 문자(文字)와 문장(文章)의 뜻을 통하게 하고, 시인(詩人)들이 느껴 읊은 것을 서술한 것이다. 당대(當代)에는 견줄 만한 것이 없을 만큼 뛰어난, 다른 것과 다른 말의 총괄로 실상은 한 가지인데도 다르게 부르는 것들을 분별한 것이다. 또 진실로 9경(九經 : 9개 학파)의 교류하는 곳이며, 육예(六藝)의 자물쇠와 열쇠이며, 박학광람(博學廣覽)한 자의 심오함이며 아름다운 글을 짓는 사람의 꽃동산이다. 이와 같이 모든 사물에 박식하여 의혹이 생기지 않게 새와 짐승과 풀과 나무의 이름을 많이 알 수 있는 것으로『이아』만한 책이 없다."

라고 했다.

또 송(宋)나라 형병(邢昺)은『이아』서(敍)에서

"대저『이아』라는 저서는 선대(先代)의 유학자들이 주고받은 마음 안의 통로이며 후배들이 숨은 뜻을 찾는 길이요, 진실로 책을 주석하는 시작이며 경서(經書)의 가장 긴요하고 중요한 것이다. 대저 하늘이 처음 열리고 하늘과 땅과 사람이 비로소 위치를 정하자 성인(聖人)이 태어나 육예(六藝 : 禮樂射御書數)를 발흥하고 그 속에서 덕을 드러내는 일을 근본으로 하여 장차 백성들로 하여금 선(善)으로 들어가게 하였다. 대저 순수한 풍속과 경박한 풍속이 서로 다른 것은 보통의 걸음과 뜀박질이 동일하지 않은 것과 같고 한 물건에 이름이 많은 까닭은 각 지방의 풍속에 따른 것이다. 한 마디 말과 뛰어난 주석은 옛날과 지금의 정(情)을 쌓이게 하여 장차 후생들로 하여금 성인의 학덕을 찬양하도록 한다. 이로 말미암아 성인과 현인이 몰려나와 고훈(詁訓 : 글자의 뜻)을 새것으로 교체한 일은 주공(周公)이 앞서서 주장하고 자하(子夏)가 뒤에서 화답했다. 충어초목(蟲魚草木)은

가까운 곳에서 밝게 드러나고 예악시서(禮樂詩書)는『이아』에서
더욱 성대해졌다."
라고 썼다.

이처럼『이아』는 중국 최고(最古)의 주석서(注釋書)이고 또
한 동양 최고의 자해서(字解書)이며, 중국대륙의 방언(方言)을
하나로 통일한 최초의 한자 표준어(漢字標準語)이기도 하다.

여러 학자들의 노력으로 중국 고전이 완벽한 주석을 갖추었기
에 지금 우리들이 고전을 읽는 데 많은 도움을 받지만 상고 시대
에는『이아』가 없으면 경전(經典)을 이해할 수 없는, 학계에 없
어서는 안 될 귀중한 저서였다.

『이아』가 한(漢)나라 이전에 만들어진 책이라는 것만은 확실
하며, 동진(東晉)의 곽박이 보기 쉽도록 주석을 곁들여 체제를
완벽하게 갖추었고, 송(宋)나라 형병(邢昺)이 소(疏)를 첨가
하여 일반학자들도 쉽게 이해할 수 있게 되었다.

그 이후로『강희자전(康熙字典)』이나 일반 자전(字典)들이
모두『이아』주석을 근거로 인용하여 설명했다. 이처럼『이아』는
다방면으로 활용되어 오늘날 우리가 자전을 찾아보면『이아』에서
이렇게 쓰였다고 인용된 것을 발견할 수 있다.

『이아』는 동양 최고 '자전(字典)'이며 방언을 통일한 문자이
며 또 표준어로 그것이 오늘날까지 영향을 주고 있다.

이 번역서는 '상해고적출판사(上海古籍出版社)'에서 영인한
『사고전서(四庫全書) 이아주소(爾雅注疏)』를 기준하여 6년 간
의 작업을 거쳐 이루어졌다.

2001년 6월

이아주서(爾雅注序)

〈곽박(郭璞) 씀〉

대저 『이아(爾雅)』라는 것은 문자(文字)와 문장(文章)의 뜻을 통하게 하고 시인(詩人)이 느껴 읊은 것을 서술한 것이다. 당대에 견줄 만한 것이 없을 만큼 뛰어난 이 『이아』는 서로 다른 것과 다른 말을 총괄한 것이요, 실상은 한 가지인데 부르는 명칭이 다른 것을 분별한 것이다.

또 진실로 9개 학파의 학문이 서로 교류되는 곳이며, 육예(六藝)의 자물쇠와 열쇠이며, 박학광람(博學廣覽)한 자의 심오함이며 이문염한(摛文染翰 : 아름다운 글을 짓는 사람)한 자의 꽃동산이다.

온갖 사물을 의혹없이 새와 짐승과 풀과 나무의 이름을 많이 알 수 있도록 하는 것도 『이아』만한 것이 없다.

『이아』라는 것은 대개 중세에 일어나 한씨(漢氏 : 한나라)에서 융성하였는데 표범과 쥐를 이미 분별하였고 그 업이 또한 빛나게 되었다.

덕으로 사람을 굴복시키거나 학식이 많은 선비와 글과 붓으로 문장을 아름답게 꾸미는 인사들은 경애하고 즐기지 않는 이가 없으니 의로운 뜻의 해석이 되었다.

곽박이 무지하고 몽매한 것을 헤아리지 않고 젊어서부터 계속 배워 익혀 여기에 빠져 연마하고 끝까지 뚫은 지 18년이다. 비록 주(注)를 달은 10여 가(家)가 있으나 자세한 것을 갖추지 못하고 함께 어지럽히고 그르친 것이 많으며 빠지거나 간략한 것이 있어, 이로써 다시 연결하고 달리 들은 것을 별다르게 모으고 옛 말〔10家〕들을 한 곳에 모았으며 여러 나라의 말들을 고찰했다.

시중의 노래나 세상의 속된 뜻도 채집하였다. 또 서로 뒤섞여 엉킨 번광(樊光)과 손염(孫炎), 그리고 다른 모든 사람의 말을 널리 연관시켜 그 잘못되고 껄끄러운 곳을 깎아내고 그 잡스러운 것들을 뽑아냈다.

어떤 일에 감춰지고 막히는 것이 있으면 이는 증거를 들어서 이루었다.

그 너무 간편한 것은 빼내 버리고 논하지 않았으며 별도의 음(音)과 도(圖)를 만들었다.

팔을 들어 올려도 깨닫지 못하니 문득 다시 빗자루를 잡아 길을 청소하고는 뒤꿈치 들고 지나가는 자를 기다릴 것이다.

장차 올 군자(君子)는 또한 이것〔이아〕에서 도움을 얻음이 있을 것이다.

夫爾雅[1]者 所以通詁訓之指歸[2] 敍詩人之興詠 摠絶代[3]之離詞[4] 辯同實而殊號者也 誠九流[5]之津涉 六藝之鈐鍵[6] 學覽者之潭奧[7] 摛翰者之華苑也[8] 若乃可以博物不惑 多識於鳥獸草木之名者 莫近於爾雅 爾雅者 蓋興於中古[9] 隆於漢氏[10] 豹鼠旣辯 其業亦顯 英儒瞻聞[11]之士 洪筆麗藻[12]之客 靡[13]不欽玩耽味[14] 爲之義訓[15] 璞[16]不揆檮昧[17] 少而習焉 沈研鑽極[18]二九載[19]矣 雖注者十餘[20] 然猶未詳備 竝多紛

謬 有所漏略 是以復綴集異聞 會稡舊說 考方國[21]之語 采謠俗[22]之志
錯綜樊孫[23] 博關群言 剟其瑕礫[24] 搴其蕭稂[25] 事有隱滯 援據徵之
其所易了 闕而不論 別爲音圖[26] 用袪未寤 輒復擁篲清道 企望塵躅[27]
者 以將來君子爲亦有涉乎此[28]也

1) 爾雅(이아) : 이는 근(近)과 같은 뜻이며 아는 정(正)의 뜻이다. 가히 가까운
곳에서 바른 것을 취한다는 뜻. 『이아』는 13경(十三經)의 하나이며 가장 오래
된 자해서(字解書)로 모두 10권으로 되었다. 여기에는 천문(天文), 지리(地
理), 음악(音樂), 기재(器財), 초목(草木), 조수(鳥獸)에 관한 고금의 문자가
설명되었으며 5경(五經) 문장의 동이(同異)와 9개 학파의 교류의 통로라고 할
수 있는 온갖 제가(諸家)의 지남(指南)이다. 작자는 "석고(釋詁) 1편은 주공
(周公)이 지었고 석언(釋言) 이하는 공자(孔子)가 보태고 자하(子夏)가 채
웠으며 손숙통(孫叔通)이 더하고 양문(梁文)이 더했다."고 했다.

2) 指歸(지귀) : 뜻. 의의. 지의귀향(指意歸鄕)의 뜻.

3) 絶代(절대) : 당대에 견줄 만한 것이 없이 뛰어난 것.

4) 離詞(이사) : 다른 것과 다른 말.

5) 誠九流(성구류) : 성은 실(實)과 같다. 구류는 유가(儒家) 도가(道家) 음양
가(陰陽家) 법가(法家) 명가(名家) 묵가(墨家) 종횡가(縱橫家) 잡가(雜
家) 농가(農家)를 말한다.

6) 六藝之鈐鍵(육예지검건) : 육예는 예악사어서수(禮樂射御書數), 검건은 자
물쇠와 열쇠.

7) 學覽者之潭奧(학람자지담오) : 학람은 박학광람(博學廣覽)을 뜻하고, 담오
는 학문이 깊다의 뜻.

8) 摛翰者之華苑也(이한자지화원야) : 이한은 이문염한(摛文染翰)으로 문장을
표현하고 붓에 먹을 찍어 글씨를 쓰거나 그림을 그린다는 뜻이며 아름다운 글을
짓는 사람이다. 화원은 원원(園苑 : 공원, 꽃동산)이다.

9) 中古(중고) : 복희(伏羲) 때를 상고(上古), 문왕(文王) 시대를 중고(中古),
공자(孔子) 시대를 하고(下古)라고 한다.

10) 漢氏(한씨) : 한(漢)나라 무제(武帝) 때.

11) 英儒贍聞(영유섬문) : 덕이 1천 사람보다 뛰어난 것을 영(英)이라 하고 유
는 부드럽다는 뜻이며, 영유는 덕의 부드러움으로 사람을 감복시키는 것. 섬

문은 넉넉하게 듣다의 뜻.

12) 洪筆麗藻(홍필여조) : 홍은 크다, 여는 아름답다. 조는 수초(水草)를 뜻한다. 큰 붓으로 수초를 아름답게 꾸미다.

13) 靡(미) : 무(無)의 뜻.

14) 欽玩耽味(흠완탐미) : 흠완은 경애(敬愛)와 같다. 탐미는 낙기(樂嗜)와 같다.

15) 義訓(의훈) : 주(注)를 짓다. 주를 만들다.

16) 璞(박) : 곽박.

17) 檮昧(도매) : 어리석다. 무지몽매하다.

18) 沈研鑽極(침연찬극) : 빠져 연구하고 끝까지 뚫었다.

19) 載(재) : 연(年)과 같다.

20) 十餘(십여) : 10여 가(家). 『이아』를 주석한 10가(家). 다만 자세하지 않다.

21) 方國(방국) : 사방의 나라.

22) 謠俗(요속) : 요는 도가(徒歌)로 노래의 뜻. 윗사람의 욕망을 따르는 것을 속(俗)이라 한다.

23) 樊孫(번손) : 번광(樊光)과 손염(孫炎).

24) 瑕礫(하력) : 티와 모래.

25) 蕭稂(소랑) : 쑥과 가라지풀. 쓸데없는 것.

26) 音圖(음도) : 별도의 음(音) 1권과 도찬(圖讚) 2권을 말한다.

27) 塵躅(진촉) : 진로촉적(塵路躅跡)이다.

28) 此(차) : 이 길.

注 곽박(郭璞)이 주(注)를 달았다. 곽박의 자(字)는 경순(景純)이며 동진(東晉)의 하동(河東) 사람.

이아소서(爾雅疏敍)

〈형병(邢昺) 씀〉

대저 『이아(爾雅)』라는 저서는 선대(先代)의 유학자(儒學者)들이 가르치던 수단이며 후배(後輩)들이 숨은 뜻을 찾는 길이요, 진실로 책을 주석하는 시작이며 경서(經書)의 가장 핵심이고 중요한 것이다.

대저 하늘이 처음 열리고 하늘, 땅, 사람이 비로소 위치를 정하자 성인(聖人)이 태어나 육예(六藝:禮樂射御書數)를 발흥시키고 그 속에서 덕을 드러내는 것을 근본으로 하여 장차 백성들이 선(善)으로 들어가게 했다.

대저 순수한 풍속과 경박한 풍속이 다른 것은 보통의 걸음과 달리는 걸음이 동일하지 않은 것과 같으며, 한 물건을 여러 가지로 부르는 것은 각 지방 풍속의 언어에 따르는 것이다.

한 마디 말과 뛰어난 새김(주석)은 옛날과 지금의 정(情)을 쌓이게 하여 장차 후생(後生)들로 하여금 성인의 학덕을 찬양하는 데 이르게 한다.

이로 말미암아 성인과 현인이 많이 배출되었다.

고훈(詁訓:글자의 뜻)을 새로운 것으로 교체한 것은 주공(周

公)이 앞서서 창도(倡道)하고 자하(子夏)가 뒤에서 화창(和唱)한 것이다.

충어초목(蟲魚草木)은 가까운 곳으로부터 밝게 드러나고 예악시서(禮樂詩書)는 이『이아』로부터 다 더욱 성대해졌다.

그러나 전국(戰國) 시대를 지나면서 역사적으로 협서(挾書)의 액운을 만나 전해 주던 무리들이 점점 미약해지고 떨쳐 나타내는 도(道)가 이에 적어졌으며 모든 편의 해석하는 것들을 세상에서 얻어 듣기가 드물어졌다.

오직 한(漢)나라 종군(終軍)이 홀로 그 도에 깊었으며 표범과 쥐가 이미 분별됨에 이르러 사문(斯文 : 이 글)이 드디어 융성해졌다.

그 후로 서로 전하여 이에 가히 자세함을 다했다.

그 주석을 만든 사람은 한(漢)나라 건위군(犍爲郡)의 문학가(文學家)들인 유흠(劉歆), 번광(樊光), 이순(李巡), 손염(孫炎) 등이 있다. 이들은 비록 각각 명가(名家)를 이루기는 하였으나 오히려 자세히 그 뜻을 갖추지는 못했다.

오직 동진(東晋)의 곽경순(郭景純)이 마음을 쓴 지 20년만에 주해(注解)를 바야흐로 다 완성시켰으며 그 내용들이 매우 6경(六經)의 뜻을 얻었으며 온갖 사물의 형태를 자세하게 하였다. 이에 학자들의 본보기가 되었으며 제1인자가 되었다.

그 의소(義疏 : 책의 뜻풀이)를 만든 사람은 속된 세상에 손염(孫炎)과 고련(高璉)이 있었으나 다 속된 선비에 가깝고 경서를 가르치는 장인(匠人)은 아니었다.

이제 임금의 조서를 받들어 교정을 하고 그 방안을 고안하여 그 일은 반드시 경적(經籍)을 으뜸으로 삼고 도를 설명하는 것은 경순(景純)을 근본으로 삼았다. 비록 다시 정밀히 상고하고 궁

구하며 깊이 생각하면 오히려 학문을 천박하게 하고 뜻을 거칠
게 하지 않았나 걱정된다.

삼가 상서가부 원외랑직비각(尙書駕部員外郎直秘閣) 신하
두호(杜鎬)와 상서도관 원외랑비각교리(尙書都官員外郎祕閣
挍理) 신하 서아(舒雅)와 태상박사 직집현원(太常博士直集賢
院) 신하 이유(李維)와 제왕부시강 태상박사 겸 국자감직강(諸
王府侍講太常博士兼國子監直講) 신하 손석(孫奭)과 전중승
(殿中丞) 신하 이모(李慕)와 청대리사승 국자감직강(淸大理
寺丞國子監直講) 신하 왕환(王煥)과 대리평사 국자감직강(大
理評事國子監直講) 신하 최옥전(崔偓佺)과 전 지명주영년현
사(前知洺州永年縣事) 신하 유사현(劉士玄) 등과 더불어 함께
토론하고 소석(疏釋)을 만들었다.

무릇 10권이다.

비록 위로 임금의 뜻을 따르고 함께 참여한 이들이 무지몽매한
힘을 다하였으나 아래로 장차 올 사람들에게 보이는 데는 오히려
소홀하고 간략한 것 같아 부끄럽게 여기면서 삼가 서문을 쓴다.

〈翰林侍講學士朝請大夫守國子祭酒上柱國賜紫金魚袋(臣)邢昺等奉〉
夫爾雅[1]者 先儒授教之術 後進索隱[2]之方 誠傳注之濫觴[3] 爲經
籍之樞要[4]者也 夫混元闢[5]而三才[6]肇位 聖人作而六藝斯興 本乎發
德於衷 將以納民於善 泊夫醇醨[7]既異 步驟不同 一物多名 繫方俗
之語 片言殊訓[8] 滯[9]今古之情 將使後生若爲鑽仰[10] 繇是聖賢間出
詁訓遞陳[11] 周公倡之於前 子夏[12]和之於後 蟲魚草木爰自爾以昭彰
禮樂詩書盡由斯而紛郁 然又時經戰國[13] 運歷挾書[14] 傳授之徒寖微
發揮之道斯寡 諸篇所釋 世罕得聞 惟漢終軍[15]獨深其道 豹鼠既辨 斯
文遂隆 其後相傳 乃可詳悉 其爲注者則有犍爲[16]文學 劉歆 樊光 李

巡 孫炎[17] 雖各名家 猶未詳備 惟東晋郭景純[18]用心幾二十年 注解方
畢甚得六經之旨 頗詳百物之形 學者祖焉 取爲稱首 其爲義疏者 則
俗間有孫炎 高璉[19] 皆淺近俗儒 不經師匠 今旣奉勅[20]挍定考案 其事
必以經籍爲宗 理義所詮則以景純爲主 雖復硏精覃思[21] 尙慮學淺意
疏 謹與尙書駕部員外郎直祕閣[22](臣)杜鎬 尙書都官員外郎祕閣挍
理[23](臣)舒雅 太常博士直集賢院[24](臣)李維 諸王府侍講太常博士兼國
子監直講[25](臣)孫奭 殿中丞[26](臣)李慕 淸大理寺丞國子監直講[27](臣)王
煥 大理評事國子監直講[28](臣)崔偓佺 前知洺州永年縣事[29](臣)劉士
玄等共相討論 爲之疏釋 凡一十卷 雖上遵睿旨[30] 共竭於顓蒙[31]而
下示將來 尙慙於疏略[32] 謹敍

1) 爾雅(이아) : 책이름. 주(周)나라 주공(周公)이 지었고 공자의 제자 자하(子
夏)가 연역(演繹)시켰다고 한다.

2) 索隱(색은) : 숨은 이치를 찾다. 은밀한 것을 찾다의 뜻.

3) 傳注之濫觴(전주지람상) : 전주는 책의 주석. 람상은 사건의 처음 또는 시작.

4) 樞要(추요) : 가장 요긴하고 중요한 것.

5) 混元闢(혼원벽) : 처음 열린 하늘.

6) 三才(삼재) : 하늘·땅·사람의 뜻. 곧 천지인(天地人).

7) 醇醨(순리) : 순수한 풍속과 경박한 풍속. 본뜻은 새로운 술과 묵은 술.

8) 片言殊訓(편언수훈) : 한 마디 말과 뛰어난 주석. 수훈은 뛰어난 주석의 뜻.

9) 滯(체) : 쌓이게 하다.

10) 鑽仰(찬앙) : 성인(聖人)의 학문을 숭상하다.

11) 詁訓遞陳(고훈체진) : 고훈은 문자의 뜻. 체진은 묵은 것을 교체하다.

12) 子夏(자하) : 공자의 제자. 10철(十哲)의 한 사람이며 성은 복(卜)이고 이름
은 상(商)이다.

13) 戰國(전국) : 중국의 전국 시대를 말한다.

14) 挾書(협서) : 진시황이 서적보유를 금지시킨 일.

15) 漢終軍(한종군) : 한무제(漢武帝) 때의 효렴랑(孝廉郎) 종군(終軍)을 말한다.

16) 犍爲(건위) : 고을 이름. 한무제 때의 익주(益州)를 말한다.

17) 劉歆樊光李巡孫炎(유흠번광이순손염) : 네 사람 다 한(漢)나라의 학자.

18) 東晉郭景純(동진곽경순) : 동진은 나라 이름. 곽경순은 『이아』를 주석한 곽 박(郭璞)의 자(字).

19) 高璉(고련) : 『이아』의 주석을 달은 자.

20) 奉勅(봉칙) : 임금의 조서를 받들다.

21) 硏精覃思(연정담사) : 정밀히 연구하고 깊이 생각하다.

22) 尙書駕部員外郞直祕閣(상서가부원외랑직비각) : 송나라의 관직 이름.

23) 尙書都官員外郞祕閣挍理(상서도관원외랑비각교리) : 송나라의 관직 이름.

24) 太常博士直集賢院(태상박사직집현원) : 송나라의 관직 이름.

25) 諸王府侍講太常博士兼國子監直講(제왕부시강태상박사겸국자감직강) : 송 나라 관직 이름.

26) 殿中丞(전중승) : 송나라의 관직 이름.

27) 淸大理寺丞國子監直講(청대리사승국자감직강) : 송나라의 관직 이름.

28) 大理評事國子監直講(대리평사국자감직강) : 송나라의 관직 이름.

29) 前知洺州永年縣事(전지명주영년현사) : 송나라의 관직 이름.

30) 睿旨(예지) : 임금의 뜻.

31) 顓蒙(전몽) : 몽매하고 미련하다.

32) 疏略(소략) : 소홀하고 간략하다.

疏 형병(刑昺 : B.C 932~1010)이 곽박의 주(注)에 대해 소(疏)를 냈다. 형병 의 자는 숙명(叔明). 북송(北宋)의 경학가(經學家).

차 례

이아 주소 상권(爾雅注疏上卷)

상(上)은 중하(中下)의 대(對)로서 만들어진 이름이다. 간편(簡編)에서는 거듭 상중하(上中下) 3권으로 나누는데 특별한 뜻은 없다. 편의상 정했을 뿐이다.

곽박 주(郭璞 注) : 곽박(郭璞)의 자(字)는 경순(景純)이며 하동 사람이다. 동진(東晋)의 홍농태수(弘農太守)와 저작좌랑(著作左郞)을 지냈다. 주(注)라는 것은 저(著)의 뜻이며 경(經)의 뜻을 해석하고 뜻이 드러나게 한 것을 말한다. 이미 곽박이 풀이한 주의 뜻으로 이 글을 해석했다. 시(詩)와 서(書)를 전(傳)이라고 한 것은 전(傳)은 전해 주는 뜻으로 경의(經意)에 박식하여 후인에게 전해 보여주는 것을 뜻한다. 이것도 다 그 사람들이 스스로 제목을 정한 것으로 어떤 것은 전(傳)이요, 어떤 것은 주(注)라고 한 것은 의례(義例)가 없다.

형병 소(邢昺 疏) : 형병의 자(字)는 숙명(叔明)이며 조주(曹州)의 제음(濟陰) 사람이고 북송(北宋)의 경학가(經學家)이다. 공부상서(工部尙書)와 예부상서(禮部尙書)를 지냈으며 『효경정의(孝經正義)』와 『십삼경주소(十三經注疏)』가 있다.

❖문장 안의 ※표시는 편저자의 추가 설명이다.

석고(釋詁)

'석(釋)'은 풀다. '고(詁)'는 옛날의 뜻이다. 석고는 옛날과 지금의 색다른 말을 풀어 사람이 알게 한다는 뜻이다. 풀어 말하면 옛날의 다른 것을 풀은 것으로 『이아』서편(敍篇)에서 이르기를 "석고(釋詁)와 석언(釋言)은 옛날과 지금의 글자를 통하게 하고 옛날과 지금의 말이 서로 다른 것을 풀어 말한 것이다."라고 했다.

이 편은 '석언(釋言)'과 서로 연결되며 주공(周公)이 지은 것이라고 하는데 문장이 주공(周公)이 죽은 후의 것이므로 선유(先儒)가 모두 의심하고 있다. 어떤 사람은 중니(仲尼)와 자하(子夏)가 보태고 더한 것이라 했다. 어떤 이는 주공(周公) 때에는 있었고 지금은 없는 것은 혹 흩어져 없어진 것 중에 있다고 했다.

그러면 시서(詩書)에 있는 것을 주공이 해석한 것은 아니다. 이에 후세 사람들이 옛말을 모방하여 『이아』에 기록해서 글을 삼은 것으로 함께 했을 뿐이며 곽박(郭璞)도 이런 이유로 증거를 인용하고 그 뜻을 이룬 것이다.

대개 불승권여(不承權輿)와 치의지석혜(緇衣之蓆兮) 같은 것들은 진(秦)나라 강공(康公)과 정(鄭)나라 무공(武公)의 시(詩)이며 주공(周公)의 뒤에 있는 것이 분명하다. 그 뜻은 지금과 같은 문장이 되었고 옛일에서 캐고 주운 것으로 사(辭)를 삼은 것이다.

이 편에 실려있는 것은 다 주공 때 있은 것으로 어찌 괴이하게 여길 것이 있겠는가. 그 모든 편의 차례가 옛날에는 명확한 해석이 없었다. 어떤 이는 친함이 있으려면 반드시 궁실(宮室)을 기다려야 하고 궁실이 갖추어지면 일에는 기물과 용기의 도움을 받아야 한다고 했다. 지금 그러하지 못한다고 이르는 것은 어찌된 것인가.

만물〔造物〕의 시작은 양의(兩儀 : 陰陽)에 먼저함이 없으며 악기(樂器)가 천지(天地)보다 먼저함이 있을 것인가. 어찌 천지가 악기의 바탕일 것인가.

대개 먼저 지은이는 앞에 살았고 더하고 보탠 사람은 후에 살았다. 지은 것이 한 시대가 아닌 것으로 제목이나 차례라는 것은 정해진 관례가 없는 것이다.

그 편(篇)의 이름과 뜻도 편을 따라서 해석이 갖추어질 뿐이며 이 『이아』의 저작에 대해 왈가왈부할 필요는 없다.

이는 6경(六經)의 말을 해석하고 글자 별로 뜻이 되게 하여 다시 장구(章句)가 없고 이제 소(疏)를 지어 조목을 나누지 않았으나 경문(經文)을 해석하는데 쉽게 되었다.

곽박이 '자세하지 않다'고 한 것에 이르러서는 빼 버리고 논하지 않았다. 그 조금이라도 해석하기가 어려운 것은 경(經)에서 인용하고 제가(諸家)의 말들을 인용하여 그로써 증명하였다. 곽박의 주석에서 경(經)의 기록을 많이 채록한 것은, 가히 깨달은 것만을 통하여 보고 다만 편목(篇目)을 지적했을 뿐이다.

혹은 글에서 명사(名辭)의 뜻이 다르거나 뜻이 심오한 것들을 함께 게재한 것은 깨우치지 못한 것을 늘어 놓았을 뿐이다.

제1편 석고 상(釋詁 上)

초 재 수 기 조 조 원 태 숙 락 권여   처음이다
初 哉 首 基 肇 祖 元 胎 俶 落 權輿   始也

【初】 처음초. 疏 시(始)의 다른 이름. 『설문(說文)』에 「從衣從刀裁衣之始也」라 했다.

【哉】 처음재. 비롯할재. 『상서(尙書：書經)』 강고(康誥)편에 「三月－生魄(3월에 처음으로 달빛이 생겼다)」이라 했다. 疏 재(哉)는 고문(古文)에 재(才)라 했다. 『설문』에 「才草木之初也(재는 풀과 나무의 처음이다)」라 했다. 哉와 才는 소리가 비슷하여 가차(假借)하여 哉가 되었다고 했다.

【首】 처음수. 머리수. 疏 「－者頭也 －之始也(首는 머리이며 머리는 처음이다)」

【基】 처음기. 터기. 疏 『설문』에 「牆始築也(담장을 처음 쌓는다)」라 했다. ※업기. 기인할기.

【肇】 처음조. 시초조. 疏 『설문』에 조(肁)로 되어 있으며, 「始開也(처음 열리다)」이다. ※바로잡을조. 지경조.

【祖】 처음조. 疏 「宗廟之始也(종묘(宗廟)의 처음이다)」 ※할아비조. 사당조.

【元】 처음원. 으뜸원. 疏 「善之長也(선의 장이다)」. 장(長)은 처음의 뜻이다.

【胎】 처음태. 胎는 사람의 형상을 이루는 처음이다. 『설문』에 이르기를 「胚는 임신 1개월이요, 胎는 임신 3개월로 사람이 형체를 이루지 못하였고, 형체를 이루려 하는 시작이므로 '胚－未成 亦物之始也' 이다」라 했다. 物은 형체이다. 疏 『설문』에 「胚－未成 亦物之始也」라 했다.

【俶】 처음숙. 『시경(詩經)』 대아(大雅) 기취(旣醉)편에 「令終有－」이라 했고 주송(周頌) 재삼(載芟)편에 「－載南畝」라 했다. 疏 동작의 처음을 뜻한다.

【落】 처음락. 떨어질락. 이룰락. 『시경』 주송 방락(訪落)편에 「訪予－止」라 했다. 疏 「木葉隕墜之始也(나뭇잎이 떨어지는 처음이다)」.

【權輿】 權은 권세권. 輿는 수레여. 권여는 처음. 『시경』 진풍(秦風) 권여(權輿)편에 「胡不承權輿」라 했다. 권여는 하늘과 땅의 처음이다. 疏 하늘은 둥글고 땅은 모난 것을 본뜬 것으로 이것이 조자(造字)의 근본 뜻이다.

※ 이상의 11자는 모두〔처음：始〕의 뜻이다. 始也의 '야(也)'는 어조사(語助辭)로 이하 모두 같다.

림 증 천 제 황 왕 후 벽 공 후 / 임금이다
林 烝 天 帝 皇 王 后 辟 公 侯   君也【君】군주. 왕.

【林】임금림. 군주.『시경』소아(小雅) 빈지초연(賓之初筵)편에「有士有－」이라 했다. 疏『설문』에「평지(平地)에 총목(叢木)이 있는 것을 林이라 한다」고 했다. ※수풀림. 많을림.

【烝】임금증. 군주.『시경』대아(大雅) 문왕유성(文王有聲)편에「文王－哉」라 했다. 疏『좌전(左傳)』에「天生－民 樹之以君而司牧之(하늘이 백성을 낳을 때 임금을 심어서 맡아 기르게 했다)」라 하였는데 그렇다면 인물이 많은 곳에서는 반드시 임금과 어른을 세워 맡아 기르게 하는 것으로 '林－'으로 임금을 삼았다.

【天】임금천. 疏『주역』설괘전(說卦傳)에「乾爲－爲君」이라 했는데 이는 함께 높은 것을 다한 것으로『시경』대아(大雅)에 君을 天이라고 했다. ※하늘천.

【帝】임금제. 군주. 疏『백호통(白虎通)』에「德合天地者稱－」라 했다. 帝는 諦라고 했는데 象이 서로 이어진다.

【皇】임금황. 군주. 疏아름답고 크다. 하늘의 아름답고 큰 것을 다함께 일컫는다.「時質故摠稱之號之爲－煌煌人莫違也(때의 본바탕으로 이름을 일컬어 '황(皇)'이라 한다. 황황(煌煌)하여 사람이 거역하지 못한다)」.

【王】임금왕. 군주. 疏「－者往也 天下所歸往(王은 가는 것이다. 천하가 돌아가는 것이다)」.

【后】임금후. 군주. 疏『설문』에「－者繼體君也(선조를 이어온 임금 : 황태자)」라 했다.「象人之形 施令以告四方故 －之從一口發號者(사람의 형체를 본받아 명령을 펴고 사방에 고하는 것으로 임금은 한 입에서 호령을 발하는 것이다)」

【辟】임금벽. 군주. 疏법(法)이다.「爲下所法則也(아래에서 법칙으로 삼는 것이다)」

【公】임금공. 군주. 疏통(通)하다. 곧「－正無私(공정무사)」의 뜻이다.

【侯】임금후. 군주. 疏후(候)이다.「候逆順也(거스르고 따르는 것을 살피다)」

　※ 이상 10자는 다〔임금 : 君〕의 뜻이다. 天, 帝, 皇, 王은 오직 천자(天子)에게만 칭하고 公, 侯는 제후에게만 칭한다. 나머지는 통용된다.

홍 확 굉 부 개 순 하 호 방 분 하 비 혁 홍
弘 廓 宏 溥 介 純 夏 幠 庬 墳 嘏 丕 弈 洪
탄 융 준 가 경 석 탁 우 우 궁 임 로 음 보
誕 戎 駿 假 京 碩 濯 訏 宇 穹 壬 路 淫 甫
경 폐 장 총 간 조 판 질 장 업 석 / 크다
景 廢 壯 冢 簡 劓 昄 晊 將 業 席   大也

【弘】클홍. 疏「含容之大也(속에 넣어둔 큰 것)」.『서경(書經)』주서(周書) 낙고(洛誥)편에「武王－朕恭(무왕의 큰 교훈을 받들다)」이라 했다.

【廓】 클확. 疏 『방언(方言)』에 「張小使大謂之-(작은 것을 부풀려 크게 하는 것이 확이다)」이라 했다.

【宏】 클굉. 疏 『서경(書經)』에 「若保-父」라 했다.

【溥】 클부. 『시경』에 「我受命-將(내가 크고 넓은 명을 받았다)」이라 했다. 疏 『시경』은 상송(商頌) 열조(烈祖)편의 문장.

【介】 클개. 疏 『방언』에 「東齊海岱之間謂之-(동제와 해대의 사이에서는 介라 한다)」라 했다.

【純】 클순. 疏 『시경』 노송(魯頌) 비궁(閟宮)편에 「天錫公-嘏(하늘이 공에게 큰 복을 내리다)」라 했다.

【夏】 클하. 疏 『방언』에 「自關而西秦晋之間 凡物之壯大而愛偉之謂之-(관으로부터 서쪽 秦晋의 사이에서는 모든 만물의 장대하고 애위한 것을 夏라 한다)」라 했다.

【憮】 클호. 『시경』에 「亂如此-(어지러움이 이처럼 큰 것이 없다)」라 했다. 疏 『시경』은 소아(小雅) 교언(巧言)편의 문장.

【厖】 클방. 『시경』에 「爲下國駿-(온 천하의 크고 두터움이 되어)」이라 했다. 疏 깊고 크다(深之大也). 『시경』은 상송(商頌) 장발(長發)편의 문장. ※ 현재의 해석은 두텁다의 뜻.

【墳】 클분. 疏 『방언』에 「地大也(땅이 크다)」라 했다. 청유(靑幽)의 사이에서는 모든 땅이 높고 또 큰 것을 墳이라고 한다.

【嘏】 클하. 『시경』에 「湯孫奏-(탕임금 손자가 큰 것을 아뢰다)」라 했다. 疏 『방언』에 「진진(秦晋)의 사이에서는 모든 사물이 장대(壯大)한 것을 嘏라 한다)고 했다. 『시경』은 상송 나(那)편의 문장.

【丕】 클비. 疏 『서경』에 「嘉乃-績(큰 공적을 아름답게 하다)」이라 했다.

【弈】 클혁. 疏 『시경』 대아 한혁(韓奕)편에 「--梁山(크고 큰 양산)」이라 했다.

【洪】 클홍. 疏 『서경』 대고(大誥)편에 「延-惟我幼沖人(이 나이어린 사람을 위해 큰 것을 늦췄다)」이라 했다. ※ 현재의 『서경』 주석에는 洪이 발어사로 되어 있다.

【誕】 클탄. 疏 『시경』 대아 생민(生民)편에 「-彌厥月(큰 그 달을)」이라 했다.

【戎】 클융. 疏 『방언』에 「송로진위(宋魯陳衛)의 사이에서는 큰 것을 戎이라고 한다」고 했다.

【駿】 클준. 疏 『시경』 상송 장발(長發)편에 「下國-厖」이라 했다.

【假】 클가. ※『시경』 대아 문왕(文王)편에 「-哉大命」이라 했다.

【京】 클경. 疏 진진(秦晋)의 사이에서 보통 사람들이 '크다'고 하는 것을 장(奘)이라 하고, 연(燕)나라 북쪽 변방과 제초(齊楚)의 들에서는 큰 것을 京이라 한다고 했다. 사투리.

【碩】 클석. 疏 제(齊)나라와 송(宋)나라의 사이에서는 큰 것을 碩이라 한다. 사투리.

【濯】 클탁. 『시경』에 「王公伊-」이라 했다. 疏 형(荊)나라와 오(吳)나라 양구(楊甌) 땅의 들에서는 큰 것을 濯이라 한다. 사투리. 『시경』은 대아 문왕유성(文王有聲)편의 문장.

【訏】 클우.『시경』에 「－謨定命」이라 했다. 疏중제(中齊)와 서초(西楚)의 사이에서는 큰 것을 訏라 한다.『시경』은 대아 억(抑)편의 문장.

【宇】 클우. 「廓落－宙(크고 큰 우주)」. 疏크다는 뜻이다. 사방상하를 宇라 한다.

【穹】 클궁. 「－隆至極(크고 성하고 지극하다)」. 疏 '궁륭(－隆)' 은 「天之形也(하늘의 형체)」이다.

【壬】 클임. 「有－有林(크고 성대하다)」. 疏「有－有林」은『시경』소아(小雅) 빈치초연(賓之初筵)편의 문장.

【路】 클로. 「厥聲載－(그 소리가 큰 길까지 들리다)」. 疏「厥聲載－」는『시경』대아 생민(生民)편의 문장.

【淫】 클음. 「旣有－威(이미 큰 덕을 두었다)」. 疏「旣有－威」는『시경』주송(周頌) 유객(有客)편의 문장.

【甫】 클보. 疏『시경』제풍(齊風) 보전(甫田)편에 「無田－田(큰 밭을 갈지 마라)」이라 했다.

【景】 클경. 疏『시경』주송 잠(潛)편에 「以介－福(큰 복을 내리게 하다)」이라 했다.

【廢】 클폐. 「－爲殘賊」 疏「－爲殘賊」은『시경』소아 사월(四月)편의 문장. ※현재의『시경』에서는 廢는 변하다의 뜻.

【壯】 클장. 疏진진(秦晉)의 사이에서는 보통 사람들이 큰 것을 장(奘)이라 하고 혹은 壯이라고도 한다. 사투리.

【冢】 클총. 疏『사인(舍人)』에「冢은 크게 봉한 것이다」라 했다. ※사인은 집안 일을 맡아 하는 벼슬이름. 혹은 저서 이름.『시경』대아 면(緜)편에 「乃立－土(크게 사직을 세우다)」라 했다.

【簡】 클간. 疏『시경』주송 집경(執競)편에 「降福－－(내리는 복은 크다)」이라 했다.

【剞】 〈뜻을 듣지 못했다〉. 疏곽박(郭璞)이 「뜻을 듣지 못했다」고 했다. 고씨(顧氏)는 음이 '작' 이라 했다.『설문』에는 「草大也(풀의 큰 것이다)」라 하고 한시(韓詩)에는 「－彼圃田」이라 했다.

【昄】 클판. 「爾土宇－章(그대 땅 넓고 크게 밝다)」. 疏「爾土宇－章」은『시경』대아 권아(卷阿)편의 문장.

【晊】 클질. 疏지(至)와 같으므로 지극하다의 뜻이며 또한 크다의 뜻이다.

【將】 클장. 疏『시경』주송 경지(敬之)편에 「日就月－(날로 나아가고 달로 나아가다)」이라 했다. ※현재의『시경』뜻은 크다가 아니고 나아가다.

【業】 클업. 疏판(版)의 큰 것.『시경』대아 영대(靈臺)편에 「虡－維樅(종틀 경틀을 크게 세우다)」이라 했다.

【席】 클석. 「緇衣之－兮(검은 옷이 크게 보이네)」. 疏「緇衣之－兮」는『시경』정풍(鄭風) 치의(緇衣)편의 문장.

　※이상의 총 39자는 모두 〔크다, 큰 것, 큰 : 大〕의 뜻이다. 크다, 큰 것의 뜻이 이외에도 여러 가지가 있다. 단 39자를 순서대로 열거한 것에 무슨 특별한 뜻이 있는 것은 아니다.

幠^호 厖^방　有也^{있 다}

【幠】 있을호.『시경』에「遂－大東」이라 했다. 疏 크게 두다(大有也). 지금의 『시경』에는 노송(魯頌) 비궁(閟宮)편에「遂－大東」의 문장은 없고「遂 荒大同」만 있다. 혹 오자(誤字)가 아닌가 생각된다.

【厖】 있을방. 疏『좌전(左傳)』성공(成公) 16년에「生民敦－ 言人生聚豐厚 大有也」라 했다.

　※ 이상의 2자는 〔있다 : 有〕의 뜻이다.

迄^흘臻^진極^극到^도赴^부來^래弔^적艐^종格^격戾^려懷^회摧^최詹^첨　至也^{이르다}

【迄】 이를흘. 疏「自古至今也(옛날에서 지금에 이르다)」.『시경』대아 생민 (生民)편에「以－于今(지금까지 이르렀다)」이라 했다.

【臻】 이를진. 疏『시경』패풍(邶風) 천수(泉水)편에「遄－于衛(곧 위나라 에 이른다)」라 했다.

【極】 이를극. 疏「窮盡之至也(다 이르는 것)」.『악기(樂記)』에「예악(禮樂) 의 도는 위로는 하늘에 이르고 아래로는 땅에 닿는다」라 했다. ※『시경』 주송 사문(思文)편에「莫匪爾－(그에게 이르지 아니함이 없다)」이라 했다.

【到】 이를도. 疏「自遠而至也(먼 곳에서 이르다)」.『시경』대아 한혁(韓奕)편 에「靡國不－(이르지 않은 나라가 없다)」라 했다.

【赴】 이를부. 疏「趨而至也(따라 이르다)」.『잡기(雜記)』에「凡－於君(무 릇 임금을 따르다)」이라 했다.

【來】 이를래. 疏「自彼至我也(저쪽에서 나에게 이르다)」.『춘추경(春秋經)』 의「祭伯－」는 노나라에 이른 것을 말한다.

【弔】 이를적. 疏『시경』소아 천보(天保)편에「神之－矣(신이 이르다)」라 했다.

【艐】 이를종. 疏 종은 계(届)로 풀이한다. 송(宋)나라 말. 방언(方言 : 사투 리).

【格】 이를격. 疏 방언(方言 : 사투리).

【戾】 이를려. 疏 사투리.

【懷】 이를회. 제초(齊楚)에서는 교외(郊外)의 모임을 懷라 하고 송(宋)나라 는 계(届)라 한다. 疏 사투리.

【摧】 이를최.『시경』에「先祖于－(선조에게 이르네)」라 했다. 疏『시경』은 대아 운한(雲漢)편의 문장. 초(楚)나라 방언. ※ 지금의『시경』에서는 멸 (滅)하다의 뜻이다.

【詹】 이를첨.『시경』에「六日不－(6일에도 이르지 않네)」이라 했다. 疏『시 경』은 소아 채록(采綠)편의 문장. 초(楚)나라 방언.

　※ 이상의 13자는 다 〔이르다 : 至〕의 뜻이며 '艐·格·戾·懷· 摧·詹'은 다 각 지역의 방언(方言 : 사투리)이다.

　여　적　지　가　조　서　　　가다
如 適 之 嫁 徂 逝　　往也

【如】 같여. 疏 내가 간다(自我而往也). 『춘추(春秋)』에 「公及大夫朝聘皆
曰－之者」라 했다.

【適】 같적. 疏 방언(方言). 송(宋)나라와 노(魯)나라의 사투리.

【之】 같지. 疏 『논어(論語)』에 「－一邦(한 나라에 가다)」 또는 「往－國」이
라 했다.

【嫁】 같가. 疏 집에서 밖으로 나가는 것을 嫁라 하며, 여자가 나가는 것을 시
집간다고 하는 것과 같다.

【徂】 같조. 疏 제(齊)나라의 사투리.

【逝】 같서. 疏 진(秦)나라와 진(晋)나라의 방언(方言)이다.

　　※ 이상의 6자는 〔가다 : 往〕의 뜻으로 왕(往)은 보통 쓰는 표준어다.

　뢰　공　석　비　여　황　　　주다
賚 貢 錫 畀 予 貺　　賜也

【賚】 줄뢰. 疏 「賜有功善人也(공로가 있는 선인에게 주다)」. 『서경』 탕서(湯
誓)편에 「予其大－汝(나는 그대에게 큰 상을 줄 것이다)」라 했다.

【貢】 줄공. 疏 「下與上也(아래에서 위에 주다)」. 『좌전(左傳)』에 제환공이
초(楚)나라 왕을 꾸짖어 이르기를 「爾－包茅不入(그대는 포모(공물)를
왜 바치지 않는가)」이라 했다.

【錫】 줄석. 疏 「嘉賜也(아름답게 주다)」. 『서경』 우공(禹貢)편에 「禹－玄圭
(우가 현규를 바치다)」라 했다.

【畀】 줄비. 疏 「付與也(부여하다)」. 『시경』 용풍(鄘風) 간모(干旄)편에
「何以－之(무엇으로 줄 것인가)」라 했다.

【予】 줄여. 疏 수여(授與)하다. 『시경』 소아 채숙(采菽)편에 「天子所－(천
자가 주신 것이다)」라 했다.

【貺】 줄황. 疏 혜사(惠賜)이다. 『시경』 소아 동궁(彤弓)편에 「中心－之(마
음으로 주었다)」라 했다.

　　※ 이상의 6자는 〔주다 : 賜〕의 뜻으로 賜가 통상적인 말이다.

　의　약　상　숙　선　성　장　가　령　류　침　구　공　곡
儀 若 祥 淑 鮮 省 臧 嘉 令 類 綝 彀 攻 穀
　개　휘　　　선하다, 착하다
介 徽　　善也

【儀】 착할의. 선하다. 『시경』에 「－刑文王(아름다운 문왕)」이라 했다. 疏 「아
름답고 착하다(美善也)」. 『시경』은 대아 문왕(文王)편의 문장. 형상(形
象)이 착한 것을 뜻한다.

【若】 착할약. 선하다. 『좌전』에 「禁禦不 -」이라 했다. 疏 혜순(惠順)의 선(善)이다. 『좌전』에 보인다는 「禁禦不 -」은 좌전에는 이 문장이 없다.

【祥】 착할상. 선하다. 疏 이순(李巡)이 「福之善也(복의 착한 것)」라 했다. 『서경』 태서(泰誓)편에 「襲于休 -(좋은 징조가 거듭된다)」이라 했다.

【淑】 착할숙. 착하다. 疏 덕이 있는 착함이다(有德之善也). 『시경』 조풍(曹風) 시구(鳲鳩)편에 「- 人君子(착한 군자여)」라 했다.

【鮮】 착할선. 착하다. 疏 청결(淸潔)의 선(善)이다. 『시경』 패풍 신대(新臺)편에 「籧篨不 -(병신 꼽추가 착하지 않다)」이라 했다.

【省】 〈착하다는 뜻이 자세하지 않다.〉 疏 뜻이 미상(未詳)하다. ※ 살필성. 깨달을성. 덜생. 허물생.

【臧】 착할장. 선하다. 疏 공능(功能)의 선(善)이다. 『시경』 제풍(齊風) 의차(猗嗟)편에 「射則 - 兮(활을 쏘면 멋지다, 착하다)」라 했다.

【嘉】 착할가. 선하다. 疏 아름다움의 멋진 것(美之善也). 『시경』 대아 억(抑)편에 「無不柔 -(편안하고 선하지 아니함이 없다)」라 했다.

【令】 착할령. 선하다. 疏 『시경』 대아 권아(卷阿)편에 「- 聞 - 望(아름다운 명예 아름다운 위의)」이라 했다.

【類】 착할류. 『시경』에 「永錫爾 -(네게 착한 것을 주리라)」라 했다. 疏 『시경』은 대아 기취(旣醉)편의 문장. 『좌전』에는 「勤施無私曰 -」라 했다.

【綝】 〈착하다는 뜻이 자세하지 않다.〉 疏 뜻이 자세하지 않다.

【穀】 〈착하다는 뜻이 자세하지 않다.〉 疏 뜻이 자세하지 않다.

【攻】 착할공. 선하다. 『시경』에 「我車旣 -(나의 수레가 튼튼하고 좋다)」이라 했다. 疏 견치(堅緻)의 선(善)이다. 『시경』은 소아 거공(車攻)편의 문장.

【穀】 착할곡. 선하다. 疏 양생(養生)의 선(善)이다. 『시경』은 소아 소명(小明)편에 「式 - 以女(좋은 복을 준다)」라 했다.

【介】 착할개. 선하다. 『시경』에 「- 人維藩(큰덕을 가진 이는 나라의 울타리다)」이라 했다. 疏 대선(大善)이다. 『시경』은 대아 판(板)편의 문장. ※ 지금의 『시경』에는 「- 人」이 「价人」으로 되어 있다.

【徽】 착할휘. 선하다. 『시경』에 「大姒嗣 - 音(태사의 아름다운 부덕)」이라 했다. 疏 미선(美善)이다. 『시경』은 대아 사제(思齊)편의 문장.

　※ 이상의 16자는 다 〔선하다, 착하다 : 善〕의 뜻이며 '省·綝·穀'를 제외한 13자는 통상적인 언어이다.

서 업 순　　　차례이다
舒業順　敍也

【舒】 차례서. 疏 「展 - 徐緩有次也(전서(展舒)는 서서히 늘어져서 차서가 있는 것)」. ※ 『시경』 대아 상무(常武)편에 「王 - 保作(군자를 차례로 이끄시다)」이라 했다.

【業】 차례업. 疏 일에 차서가 있는 것(事有次敍也). ※ 계승하는 뜻이 있다.

【順】 차례순. 疏 거스르지 않고 차서가 있는 것(不逆有敍也).

※ 이상의 3자는 다〔차례 : 敍 = 차서(次敍)〕의 뜻이다.

서 업 순 서   실마리이다
舒業順敍　緒也

【舒】 실마리서. 疏 단서(端緒).

【業】 실마리업. 疏 단서(端緒).

【順】 실마리순. 疏 단서(端緒).

【敍】 실마리서. 疏 단서(端緒).

※ 이상의 舒·業·順·敍는 다〔실마리, 단서(端緒) : 緒〕의 뜻이
며 서로 통용하여 쓰는 훈(訓)이다.

이 역 열 흔 간 희 유 예 개 강 잠 반 즐거워하다
怡懌悅欣衎喜愉豫愷康妉般　樂也

【怡】 즐거울이. 疏 기뻐하고 즐거워하다. 화락(和樂)하다의 뜻. 이(夷)와 통한다.

【懌】 즐거울역. 疏 열락(悅樂)이다.『시경』소아 절피남산(節彼南山)편에「旣夷旣－(이미 평화롭고 기쁘다)」이라 했다.

【悅】 즐거울열. 기뻐할열. 疏 심락(心樂)이다. 열(說)과 통한다.『시경』소아 도인사(都人士)편에「我心不說」이라 했다.

【欣】 즐거울흔. 기뻐할흔. 疏 소희(笑喜)의 낙(樂)이다.『시경』대아 부예(鳧鷖)편에「旨酒－－(맛있는 술을 즐기다)」이라 했다.

【衎】 즐거울간. 기뻐할간. 疏 음식(飮食)의 낙(樂)이다.『시경』소아 남유가어(南有嘉魚)편에「嘉賓式燕以－(귀한 손님과 잔치 열어 즐기다)」이라 했다.

【喜】 즐거울희. 기뻐할희. 疏『설문』에「不言而悅也(말하지 않고 즐기다)」라 했다.『시경』소아 동궁(彤弓)편에「中心－之(속으로 즐기다)」라 했다.

【愉】 즐거울유. 기뻐할유. 疏 편안하고 한가한 즐거움(安閒之樂也).『시경』당풍(唐風) 산유추(山有樞)편에「他人是－(다른 사람만 기뻐하다)」라 했다.

【豫】 즐거울예. 기뻐할예. 疏 편안히 즐거워하다(逸樂也).『시경』소아 백구(白駒)편에「逸－無期(즐거움이 기약이 없다)」라 했다.

【愷】 즐거울개. 기뻐할개. 疏 편안히 즐거워하다(康樂也).『시경』소아 어조(魚藻)편에「豈樂飮酒」라 했다. 豈는 愷와 같다.

【康】 즐거울강. 기뻐할강. 疏 편안히 즐거워하다(安樂也).『시경』당풍 실솔(蟋蟀)편에「無以大－(너무 즐기지 마라)」이라 했다.

【妉】즐거울잠. 기뻐할잠. 疏즐거움이 오래하는 것(樂之久也).『시경』소아 녹명(鹿鳴)편에 「和樂且湛」이라 했고, 위풍(衛風) 맹(氓)편에 「無與 士耽」이라 했다. 妉은 비례(非禮)의 낙(樂)이다. ※湛・耽・妉은 통한다.

【般】즐거울반. 기뻐할반. 疏유락(遊樂)이다. 般은『시경』주송(周頌)의 편 명이기도 하다. 「−樂也(즐거운 것)」.

　※ 이상의 12자는 다〔기뻐하다, 즐거워하다 : 樂〕의 뜻이다.

열　역　유　석　빈　협　　기꺼이 복종하다, 따르다
悅 懌 愉 釋 賓 協　服也

【悅】기꺼이복종할열. 疏기뻐하고 즐기며 복종하다(喜樂而服也).

【懌】기꺼이복종할역. 疏기뻐하고 즐기며 복종하다(喜樂而服也).

【愉】기꺼이복종할유. 疏기뻐하고 즐기며 복종하다(喜樂而服也).

【釋】기꺼이복종할석. 疏원망을 풀어버리고 복종하다(−去恨怨而服也).

【賓】기꺼이복종할빈. 疏덕을 생각하고 복종하다(懷德而服也).『서경』여오 (旅獒)편에 「四夷咸−(네 곳 오랑캐가 다 복종하다)」라 했다.

【協】기꺼이복종할협. 疏화합하고 복종하다(和合而服也).『좌전』에 「謀其 不−(꾀에 복종하지 않았다)」라 했다.

　※ 이상의 6자는 다〔기꺼이 복종하다 : 服〕의 뜻이다.

율　준　솔　순　유　종　　따르다, 좇다
遹 遵 率 循 由 從　自也

【遹】좇을율. 종(從)의 뜻. 疏『시경』대아 면(緜)편 「聿來胥宇」의 ‘聿’과 ‘遹’은 뜻과 음이 같다.

【遵】좇을준. 따를준. 疏『시경』주남(周南) 여분(汝墳)편에 「−彼汝墳(저 여수 가의 둑을 따라가다)」이라 했다.

【率】좇을솔. 따를솔. 疏『시경』대아 면(緜)편에 「−西水滸(서쪽 호수를 따 라가다)」라 했다.

【循】좇을순. 疏『서경』고명(顧命)편에 「率−大卞(큰 법도를 지키고 따르 다)」이라 했다.

【由】좇을유. 疏『예기(禮記)』곡례(曲禮)편에 「大夫士出入君門−闑右(대 부와 사가 임금의 문을 출입할 때 문지방의 오른쪽을 따른다)」라 했다.

【從】좇을종. 따를종. 疏『시경』소아 하인사(何人斯)편에 「伊誰云−(저는 누구를 따르는가)」이라 했다.

　※ 이상의 6자는 다〔좇다, 따르다 : 自〕의 뜻이다.

율 준 솔　　돌아다니다, 따라다니다
遹 遵 率　　循也【循】돌아다닐순

【遹】돌아다닐율.「循行(여러 곳을 돌아다니다)」.

【遵】돌아다닐준.「循行(여러 곳을 돌아다니다)」.

【率】돌아다닐솔.「循行(여러 곳을 돌아다니다)」.

　　※ 이상의 3자는〔돌아다니다, 이곳 저곳을 다니다 : 循行〕의 뜻이다.

정 유 막 도 순 탁 자 추 구 여 려 모 유 조
靖 惟 漠 圖 詢 度 咨 諏 究 如 慮 謨 猷 肇

기 방　　　꾀하다
基 訪　　謀也【謀】꾀할모 모의(謀議).

【靖】꾀할정. 모의(謀議)하다. 疏 안모(安謀)이다.『시경』소아 소명(小明)
편에「ー共爾位(그대의 자리를 꾀하면)」라 했다. ※현재의『시경』에서
는 '靖'은 '靜'과 같다고 했다.

【惟】꾀할유. 사모(思謀)이다.

【漠】꾀할막. 疏『사인(舍人)』에「心之謀也(마음 속의 꾀)」라 했다.『시경』
소아 소반(小弁)편에「聖人莫之」라 했다. '莫'은 '漠'과 음과 뜻이 같다.

【圖】꾀할도. 疏『시경』대아 숭고(崧高)편에「我ー爾居(내 그대 살 곳을 꾀
하다)」라 했다.

【詢】꾀할순.『국어(國語)』에「ー于八虞(여덟 선비에게 꾀하다)」라 했다.
疏 친척의 꾀(親戚之謀也). '국어'의「ー于八虞」에서 '八虞'는 주
(周)나라의 八士이며 그들은 다 우관(虞官)의 직책에 있었다.

【度】꾀할탁.『국어』에「ー于閎夭謀于南宮(굉요에게 자문하고 남궁에게 꾀를 묻
다)」라 했다. 疏 예의에 알맞게 하는 것.『국어』의 '南宮'은 남궁괄(南宮括).

【咨】꾀할자.『국어』에「ー于二虢(두 괵에게 꾀하다)」이라 했다. 疏 일을 꾀하
다.『국어』의 '二虢'은 문왕(文王)의 동생인 괵중(虢仲)과 괵숙(虢叔).

【諏】꾀할추.『국어』에「ー于蔡原(채공과 원공에게 꾀하다)」이라 했다. 疏 모
의(謀議)하는 일.『국어』의 '蔡原'은 채공(蔡公)과 원공(原公).

【究】꾀할구. 疏『시경』소아 소반(小弁)편에「不舒ー之(꾀하지도 않네)」라
했다.

【如】※『강희자전(康熙字典)』에도 '謀'의 뜻은 없다. 잘못 들어간 것 같다.

【慮】꾀할려. 疏 계모(計謀)이다.

【謨】꾀할모. 疏 대모(大謀)이다.『시경』대아 탕(蕩)편에「訏ー定命(커다
란 계획이 명을 정한다)」이라 했다.

【猷】꾀할유. 疏 도(道)로써 꾀하다(以道而謀也).『시경』대아 문왕(文王)
편에「厥ー翼翼(그 꾀를 공경하다)」이라 했다. '猷'는 '猶'와 같다.

【毖】〈뜻이 자세하지 않다〉. 疏 『시경』 대아 강한(江漢) 편에 「 - 敏戎公(너의 공적을 꾀하여 빠르게 하라)」이라 했다.

【基】꾀할기. 疏 군자가 일을 만들 때 처음 꾀하는 것(君子作事謀始也).

【訪】꾀할방. 『국어』에 「 - 于辛尹(신갑과 윤일에게서 꾀하다)」이라 했다. 疏 정사를 꾀하다(謀政事也). 『국어』의 '辛尹'은 신갑(辛甲)과 윤일(尹逸)을 말하며 두 사람은 주(周)나라 태사(太史)이다.

※ 이상의 16자는 모두〔모의(謀議)하다, 꾀하다 : 謀〕의 뜻이다. 다만 '여(如)'는 꾀하다의 뜻이 없다.

전 이 법 칙 형 범 구 용 항 률 알 직 질 전법(典法)
典彝法則刑範矩庸恒律戛職秩 常也

【常】떳떳할상. 항상상. 항상 쓰는 예법.

【典】법전. 일정한법전. 疏 상례법(常禮法). 전통적인 법(- 刑). 옛 법도전. 『시경』 대아 탕(蕩) 편에 「尙有 - 刑(오히려 옛 법도가 있다)」이라 했다.

【彝】법이. 일정한법이. 疏 상례법(常禮法). 『서경』 홍범(洪範) 편에 「 - 倫攸敍(떳떳한 법이 안정되었다)」라 했다.

【法】법법. 일정한법법. 疏 상례법(常禮法). 법칙(- 則).

【則】법칙. 일정한법칙. 疏 상례법(常禮法). 법칙(法 -).

【刑】법형. 일정한법형. 疏 상례법(常禮法). 옛 법형(舊法 -). 『시경』 대아 탕(蕩) 편에 「尙有典 - (오히려 옛 법도가 있다)」이라 했다.

【範】법범. 일정한법범. 疏 법의 떳떳한 것(模法之常也).

【矩】법구. 일정한법구. 疏 도방〈법〉이 떳떳함이 있다(度方有常也).

【庸】법용. 일정한법용. 疏 『서경』 고요모(皐陶謨) 편에 「自我五禮有 - 哉(우리에게 다섯 예를 따르게 하셨으니 이 예를 쓰십시오)」라 했다.

【恒】법항. 일정한법항. 疏 오랜 것의 떳떳함(久之常也). 『서경』 탕고(湯誥) 편에 「若有 - 性(올바른 성품을 지닌 것)」이라 했다.

【律】법률. 일정한법률. 疏 常法也(상법이다).

【戛】법알. 일정한법알. 疏 『서경』 강고(康誥) 편에 「不率大 - (따르지 않는 자는 크게 법도로 한다)」이라 했다.

【職】법직. 일정한법직. 疏 임금의 떳떳한 것(主之常也).

【秩】법질. 일정한법질. 疏 『시경』 상송(商頌) 열조(烈祖) 편에 「有 - 斯祜(떳떳한 그 복을 두었다)」라 했다.

※ 이상의 13자는 다〔법, 항상 쓰는 예법, 떳떳한 법 : 常〕의 뜻이다. 상(常)은 떳떳한 것, 정해져 있는 상태를 뜻한다.

柯憲刑範辟律矩則　法也
가 헌 형 범 벽 률 구 칙　본받다, 법이다

【法】본받을법. 疏 떳떳한 법(常法也).

【柯】본받을가. 『시경』에 「伐 - 伐 - 其則不遠(도끼자루를 베고 도끼자루를 베네. 그 방법이 멀리 있지 않네)」이라 했다. 疏 잡아서 법칙을 취하다(執以取法也). 『시경』은 빈풍(豳風) 벌가(伐柯)편의 문장.

【憲】본받을헌. 법헌. 疏 『시경』 소아 상호(桑扈)편에 「百辟爲 - (모든 제후가 본받다)」이라 했다.

【刑】본받을형. 법형. 疏 상법(常法).

【範】본받을범. 법범. 疏 상법(常法).

【辟】본받을벽. 법벽. 疏 죄법(罪法).

【律】본받을률. 법률. 疏 상법(常法).

【矩】본받을구. 법구. 『논어』에 「不踰 - (법도를 넘지 않다)」라 했다. 疏 상법(常法). 『논어』는 위정편(爲政篇)의 문장.

【則】본받을칙. 법칙. 疏 상법(常法).

　※ 이상의 8자는 〔본받다, 법도, 법칙 : 法〕의 뜻이다. 상법(常法).

辜辟戾　皐也
고 벽 려　허물, 죄이다

【皐 : 罪】허물죄. 疏 형벌을 받아야 할 죄.

【辜】허물고. 형벌받아야할고. 疏 『서경』 중훼지고(仲虺之誥)편에 「罔不懼于非 - (죄없이 두려워하지 않는 사람이 없다)」라 했다.

【辟】허물벽. 형벌받아야할벽. 疏 『서경』 여형(呂刑)편에 「墨 - 疑赦(묵형〈墨刑〉에 해당하는 자의 죄가 의심스러워 용서하다)」라 했다.

【戾】허물려. 형벌받아야할려. 疏 『시경』 대아 억(抑)편에 「亦維斯 - (있을 수 없는 것이다〈오직 허물일 뿐이다〉)」라 했다.

　※ 이상의 3자는 〔허물, 형벌을 받아야 할 죄 : 皐, 罪〕를 뜻한다. 〔罪 : 허물죄, 죄죄〕. 皐는 진시황(秦始皇) 때 황제의 皇과 같다고 하여 '죄(罪)'로 바꾸었다.

黃髮齯齒鮐背耈老　壽也
황발 예치 태배 구 로　장수(長壽)하다

【壽】목숨수. 오래살수.

【黃髮】黃은 누루황. 髮은 머리털발. 黃髮은 장수를 뜻한다. 장수하다. 오래 살다. 「누런 머리털이 빠지고 다시 누렇게 되는 것」. 疏 『사인(舍人)』에 「黃髮은 노인의 하얀 머리가 다시 누렇게 되는 것」이라고 했다. 곽박(郭璞)은 「누런 머리가 없어지고 다시 누런 머리가 나는 것」이라 했다.

【齯齒】 齯는 다시난이예. 齒는 이치. 齯齒는 오래 살다의 뜻.「이가 빠지고 새로 가느다란 이가 나는 것」. 疏『설문』에「齯老人兒齒也(노인이 어린아이의 이가 났다)」라 했다. 곽박은「이가 빠지고 새로 가느다란 이가 난다」고 했다.

【鮐背】 鮐는 복태. 背는 등배. 鮐背는 장수하다의 뜻. 오래 살다.「등가죽에 복어 껍질과 같은 무늬가 생긴 것」. 疏『사인(舍人)』에「노인이 기(氣)가 쇠하면 피부가 거칠고 수척해지며 등은 복어무늬 같다」라 했다. 곽박은「태배는 등의 피부가 복어무늬와 같다」고 했다. 유희(劉熙)가 이름을 해석한 곳에는「90세를 태배라고 하는데 배에 복어무늬가 있다」고 했다.『시경』대아 행위(行葦)편에「黃耇台背」라 했는데『모전(毛傳)』에는「태배는 대로(大老)이다」라 했다.

【耇】 장수할구. 늙은이구. 疏 늙은이〔耆〕.『방언』에「연대(燕岱) 북쪽 변방에서는 늙은이를 이(梨)라 한다」고 했다. 곽피(郭彼)의 주석에는「梨는 얼굴색이 겨울에 얼은 배와 같은 것」이라 했다.『사인(舍人)』에「耇는 覯이다」라 했다. 손염(孫炎)은「耇는 얼굴이 얼린 배의 빛깔과 같고 때가 낀 것 같은 모양으로 이런 얼굴은 오래 살 징조이다」라고 했다.

【老】 장수할로. 늙은이로. 疏『설문』에「70세를 노종인(-從人)이라 한다」라 했다. 모비(毛匕)는 '머리털이 하얗게 변하는 것' 을 말한 것이다.

※ 이상의 5자는〔장수(長壽)하다, 오래살다 : 壽〕의 뜻이다.

윤 부 단 전 심 성 량 순
允 孚 亶 展 諶 誠 亮 詢   민음, 믿다
信也

【信】 미쁠신. 믿음신. 성실하여 속이지 않다.

【允】 믿을윤. 진실할윤. 疏 성실(誠實)하여 속이지 않는 것이다.『방언』에「允은 믿는 것이다」라 했다.『시경』용풍(鄘風) 정지방중(定之方中)편에「終然-臧(믿을 만한 터 장만했네)」이라 했다.

【孚】 믿을부. 진실할부.『시경』대아 문왕(文王)편에「萬邦作-(온 세상이 믿고 따르리)」라 했다.

【亶】 믿을단. 진실할단. 疏『시경』소아 기보(祈父)편에「-不聰(진실로 귀가 어둡소)」이라 했다.

【展】 믿을전. 진실할전.『방언』에「형오(荊吳) 지방이나 회예(淮汭)의 사이에서는 믿음을 展이라 한다」고 했다. 疏 성실하여 속이지 않는 것이다.『양자 방언』은『시경』에 나타난 것을 뜻한다.『시경』용풍 군자해로(君子偕老)편에「-如之人兮(진실로 고운 그대여)」라 했다.

【諶】 믿을심. 진실할심.『방언』에「연대(燕岱)와 동제(東齊)에서는 믿음을 訦이라 한다」고 했다. 疏 진실하여 속이지 않는 것이다.『시경』대아 탕(蕩)편에「其命匪-(그 명령이 진실하지 않은 것은)」이라 했다. '訦'은 '諶'과 같다.

【誠】 믿을성. 진실할성. 疏 성실하여 속이지 않는 것이다. 복언(復言)의 복(復)이다.

【亮】 믿을량. 진실할량. 疏 성실하여 속이지 않다.『시경』용풍 백주(柏舟)편에「不諒人只(내 진실을 몰라 주느냐)」라 했다. 諒은 亮과 음과 뜻이 같다.

【詢】 믿을순. 진실할순.『방언』에「송위(宋衛)에서는 진실한 것을 詢이라 한다」고 했다. 疏 성실하여 속이지 않는 것이다.『시경』정풍(鄭風) 진유(溱洧)편에「洵訏且樂(진실로 크고 즐겁다)」이라 했다. '洵'과 '詢'은 뜻과 음이 같다.

※ 이상의 8자는〔믿다, 진실하다 : 信〕의 뜻이다. '諶·訦' '亮·諒' '詢·洵'은 서로 음과 뜻이 같다.

전 심 윤 신 단   지극한 정성이다
展 諶 允 愼 亶   誠也

【誠】지극한정성정성. 정성의 뜻이 서로 전하여 훈(訓)이 되었다.

【展】정성전. 지극한정성전. ※『시경』소아 거공(車攻)편에 「－也大成(진실로 큰 공을 이루리라)」이라 했다.

【諶】정성심. 疏 지극한 정성.

【允】정성윤. 疏 지극한 정성.

【愼】정성신. 『시경』소아 백구(白駒)편에 「－爾優遊(유유한 즐거움에 지나치게 빠지지 마라)」라 했다. 疏 지극한 정성.

【亶】정성단. 疏 지극한 정성.

　　※ 이상의 5자는 다 〔지극한 정성, 정성 : 誠〕의 뜻이다.

학 랑 소 오   희학〔농담〕하다
謔 浪 笑 敖   戲謔也

【戲】희롱할희. 농희. 【謔】농담할학. 농학. 농지거리학. 불경(不敬)스러운 것.

【謔】농담학. 농학. 疏 『시경』패풍 종풍(終風)편에 「－浪笑敖(희롱하고 함부로 하고 웃고 장난치다)」라 했다. 불경(不敬)의 뜻. 희학(戲謔也).

【浪】농담랑. 농랑. 疏 『시경』에 「謔－笑敖」라 했다. 불경스러운 것. 의명(意明 : 뜻이 명확하다)이다.

【笑】농담소. 농소. 疏 불경(不敬)스런 농담. 『시경』에 「謔浪－敖」라 했다. 笑는 심락(心樂 : 마음 속으로 즐기다)이다.

【敖】농담오. 농오. 疏 불경스런 농담. 『시경』에 「謔浪笑－」라 했다. 의서(意舒 : 뜻을 펴다)이다.

　　※ 이상의 4자는 다 〔농담하다, 희롱하다 : 戲謔〕의 뜻이다.

월 우 원   발어사(發語辭)이다
粵 于 爰   曰也 【曰】말낼월. 발어사(發語辭)월.

원 월   발어사(發語辭)이다
爰 粵   于也 【于】어조사우(목적과 동작을 나타내는 말).

【粵】어조사월. 疏 어발단사(語發端辭). 월(越)과 통용된다. 『시경』주송(周頌) 청묘(淸廟)편에 「對越在天」이라 했다.

【于】어조사우. 疏 어발단사(語發端辭). ※목적과 동작의 관계를 나타내는 말. 『시경』소아 채기(采芑)편에 「王－出征」이라 했다.

【爰】 어조사원. 疏 어발단사(語發端辭). 『서경』 주서(周書) 홍범(洪範)편에 「土-稼穡」이라 했다.

※ 이상 3자는 다 〔어조사(語助辭) : 曰(말낼 월)〕의 뜻이다.

【粵】 어조사원. 疏 어발단사.

【越】 어조사월. 疏 어발단사.

※ 이상 2자는 다 〔어발단사(語發端辭) · 어조사 : 于〕의 뜻이며 '월(曰)'의 뜻과도 같다.

<table>
<tr><td>원</td><td>월</td><td>우</td><td>나</td><td>도</td><td>요</td><td>감탄사이다</td></tr>
<tr><td>爰</td><td>粵</td><td>于</td><td>那</td><td>都</td><td>繇</td><td>於也</td></tr>
</table>

【於】 감탄할오 오흡다할오 문장의 운을 끊고 탄식하는 말. 疏 호(乎)와 같다.

【爰】 감탄할원. 疏 월우(粵于)와 함께 감탄사. 문장의 운(韻)을 끊고 탄성(歎聲)을 발하는 말.

【粵】 감탄할월. 疏 원우(爰于)와 함께 모두 감탄사. 문장의 운을 끊고 탄성을 발하는 말.

【于】 감탄할우. 疏 원월(爰粵)과 함께 모두 감탄사. 문장의 운을 끊고 탄성을 발할 때 쓰는 말.

【那】 감탄하나. 『좌전』에 「棄甲則-(갑옷을 버리면 어찌하나)」라 했다. 지금 사람들이 「어떻게 하나!」하는 것과 같다. 疏 어찌할까의 감탄사.

【都】 아!도. 감탄할도. 『서경』 우서(虞書) 고요모(皋陶謨)편에 「皋陶曰-(고요가 말하기를 오라! 했다)」고 했다. 문장의 운을 끊고 탄성을 발하는 말.

【繇】 말(辭)요. 감탄할요. 疏 「卦兆(점괘에 적혀 있는 말)」. 점을 쳐서 나타난 형상. 문장의 운(韻)을 끊고 탄성을 발하는 말.

※ 이상의 6자는 다 〔감탄사(感歎詞) : 於(오)〕의 뜻이다.

<table>
<tr><td>합</td><td>합</td><td>합</td><td>흡</td><td>구</td><td>우</td><td>배</td><td>필</td><td>회</td><td>대합(對合)하다</td></tr>
<tr><td>敆</td><td>郃</td><td>盍</td><td>翕</td><td>仇</td><td>偶</td><td>妃</td><td>匹</td><td>會</td><td>合也</td></tr>
</table>

【合】 대합(對合)할합. 합할합. 상대하여 합하다의 뜻.

【敆】 대합할합. 疏 『설문』에 「合會也(합하여 모이다)」라 했다.

【郃】 대합할합. 疏 화합하다(和合也).

【盍】 대합할합. 疏 여럿이 합하다(衆合也). 『주역』 예괘(豫卦) 九四효에 「勿疑朋-簪(의심이 없으면 벗이 빨리 모인다)」이라 했다.

【翕】 대합할흡. 疏 모아 합하다(斂合也). 『서경』 우서 고요모(皋陶謨)편에 「-受敷施(모두 받아들여 덕을 베풀면)」라 했다.

【仇】 대합할구. 疏 원수의 짝. 마주 서다.

【偶】 대합할우. 疏 상대가 합한다(相對合也).

【妃】 대합할배. 疏 아름다운 짝을 妃라 한다.

【匹】 대합할필. 疏 짝이 합한다(配合也). 『시경』 대아 문왕유성(文王有聲) 편에 「作豐伊 –」이라 했다.

【會】 대합할회. 疏 집합(集合也). 『주례(周禮)』에 「時見曰 –」라 했다.

　※ 이상의 9자는 모두 〔대합(對合)하다, 합하다 : 合〕의 뜻이다.

　　구　수　적　배　지　의　　　짝이다
仇讐敵妃知儀　匹也

【匹】 짝필. 필합(匹合)필. 배우자필. 한 쌍의 한쪽.

【仇】 짝구. 『시경』에 「君子好 –(군자의 좋은 짝이다)」라 했다. 疏 『시경』은 주남(周南) 관저(關雎)편의 문장. 필합(匹合也). 손염(孫炎)은 「서로 구하는 짝이다」라고 했다.

【讐】 짝수. 『광아(廣雅)』에 「– 輩也」라 했다. 疏 주려배류(儔侶輩類)와 같은 필(匹)이다.

【敵】 짝적. 疏 상당(相當)의 필(匹)이다.

【妃】 짝배. 疏 짝이 합해지는 필(匹)이다.

【知】 짝지. 『시경』에 「樂子之無 –(그대의 짝 없음이 부럽구나)」라 했다. 疏 『시경』은 회풍(檜風) 습유장초(隰有萇楚)편의 문장.

【儀】 짝의. 『시경』에 「實維我 –(진실로 나의 짝이다)」라 했다. 疏 『시경』은 용풍 백주(柏舟)편의 문장.

　※ 이상의 6자는 다 〔필합(匹合)하다, 짝하다 : 匹〕의 뜻이다.

　　배　합　회　　마주보다
妃合會　對也

【對】 마주볼대. 서로 정면으로 보다. 서로 대하다. 당대(當對)하다.

　배　　　서로 짝하다
妃　　媲也　【媲】서로짝할비. 상우(相偶)의 뜻이다.

【妃】 마주볼배. 疏 당대(當對)하다.

【合】 마주볼합. 疏 당대(當對)하다.

【會】 마주볼회. 疏 당대(當對)하다.

　※ 이상의 3자는 다 〔마주보다 : 對〕의 뜻이다.

【妃】 서로짝할배. 疏 서로 짝하다(相偶媲也).

　※ 이상의 1자는 〔서로 짝하다 : 媲〕의 뜻이다.

소 윤 사 속 찬 유 적 무 계　　계속하다, 잇다
紹胤嗣續纂綏績武係　繼也

【繼】이을계. 이어 나가다. 연계부절(聯 – 不絶)이다. 계통을 잇다. 계속하다.

【紹】 이을소. 疏 연계부절(聯繼不絶)이다. 『시경』 대아 억(抑)편에 「弗念厥 –」라 했다.

【胤】 이을윤. 疏 연계부절(聯繼不絶)이다. 『시경』 대아 기취(旣醉)편에 「永錫祚 –」이라 했다.

【嗣】 이을사. 疏 연계부절(聯繼不絶)이다. 『시경』 주송(周頌) 작(酌)편에 「載用有 –」라 했다.

【續】 이을속. 疏 연계부절(聯繼不絶)이다. 『시경』 소아 사간(斯干)편에 「似 – 妣祖」라 했다.

【纂】 이을찬. 疏 연계부절(聯繼不絶)이다. 『시경』 노송(魯頌) 비궁(閟宮)편에 「纘禹之緒」라 했다. 纘과 纂은 같다.

【綏】 이을유. 석수(釋水)에 보인다. 「汎汎楊舟紼纚維之紼縴也」라 했다. 疏 연계부절(聯繼不絶)이다. 「汎汎楊舟紼纚維之紼縴也」의 리(纚)는 綏이다.

【績】 이을적. 疏 연계부절(聯繼不絶)이다. 『시경』 진풍(陳風) 동문지분(東門之枌)편에 「不 – 其麻」라 했다.

【武】 이을무. 『시경』에 「下 – 維周」라 했다. 疏 『시경』은 대아 하무(下武)편의 문장. ※지금의 『시경』과는 뜻이 같지 않다.

【係】 이을계. 疏 매여서 계속 이어지다(繫屬之繼). 연계부절(聯繼不絶)의 뜻. 『주역』에 「 – 小子失丈夫」라 했다.

　※ 이상의 9자는 다 〔계속하다, 잇다 : 繼〕의 뜻이다.

희 시 일 칩 신 맥 밀 의 위 밀 녕　　안정하다
炁諡溢蟄愼貉謐頣頠密寧　靜也

【靜】 편안하고조용할정. 안정(安靜)의 뜻.

【炁】 〈어느 경전에서 나왔는지 뜻이 자세하지 않다〉. ※소(疏)에도 설명이 없다.

【諡】 고요할시. 疏 사람이 죽으면 장사 지내는데, 생전의 행적을 칭송하여 붙여 주는 칭호 ※시호를 내릴 때는 글로써 하는 것으로 고요하다는 뜻이 포함되어 있다.

【溢】고요할일. 疏 넘쳐 흐르다(盈 - 也). 넘쳐 흐르면 고요하다. 『시경』 주송
유천지명(維天之命)편에 「假以 - 我」라 했다.

【蟄】고요할칩. 疏 엎드려 감추어져 있으므로 고요하다(藏伏靜處也). 『주역』
에 「龍蛇之 - 」이라 했다.

【愼】고요할신. 疏 근정(謹靜)이다. 『시경』 대아 억(抑)편에 「淑 - 爾止」라
했다.

【貉】고요할맥. 疏 고요한 것이 정해지다(靜定也). 『시경』 대아 황의(皇矣)
편에 「貊其德音」이라 했다. 정현(鄭玄)의 주석에 「德政應和曰貊」이라
했다. '貊'은 '貉'과 같다.

【謐】고요할밀. 疏 『설문』에 「고요한 말(靜語)」이라 했다.

【顗】〈글자의 뜻을 듣지 못했다〉. ※소(疏)에도 설명이 없다.

【頠】〈글자의 뜻을 듣지 못했다〉. ※소(疏)에도 설명이 없다.

【密】고요할밀. 疏 『시경』 주송 호천유성명(昊天有成命)편에 「夙夜基命
宥 - 」이라 했다.

【寧】고요할녕. 疏 『시경』 주송 양사(良耜)편에 「婦子 - 止」라 했다.

　※ 이상의 11자는 다 〔안정(安靜)하다, 고요하다 : 靜〕의 뜻이다.

　　　운　운　인　하　강　추　표　령　　추락하다, 떨어지다
隕 碩 湮 下 降 墜 摽 蘦　　落也

【隕】떨어질운. 疏 『설문』에 「從高墜也(높은 곳을 좇다 떨어지다)」라 했다.
『주역』에 「有 - 自天」이라 했다. 추락하다.

【碩】떨어질운. 운(隕)과 같다. 疏 석락(石落)이다. 추락하다. 속담에 「경중
(輕重)이 있다」고 했다.

【湮】떨어질인. 가라앉아 떨어지다(沈落). 疏 침락(沈落)이다.

【下】떨어질하. 疏 위에서 떨어지다(自上而落也).

【降】떨어질강. 疏 곧 떨어지다(卽下也). 『예기』 곡례(曲禮)편에 「羽鳥死
曰 - 」이라 했다.

【墜】떨어질추. 疏 『설문』에 「從高墮也(높은 곳을 좇다 떨어지다)」라 했다.
『좌전』에 「弗敢失 - 」라 했다. 타(墮)와 추(墜)는 같은 뜻.

【摽】떨어질표. 疏 『시경』 소남(召南)에 「 - 有梅」라 했다.

【蘦】떨어질령. 疏 『설문』에 「草曰 - 木曰落」이라 했다. 『시경』 용풍 정지방
중(定之方中)편에 「靈雨旣零」이라 했다. 零과 蘦은 뜻과 음이 서로 통
한다.

　※ 이상의 8자는 다 〔추락하다, 떨어지다 : 落〕의 뜻이다.

명 령 희 진 기 청 알 신 고　　알려 깨우치다
命 令 禧 畛 祈 請 謁 訊 誥　　告也

【告】고할고. 알려깨우칠고. 고하다.

【命】 알려일깨울명. 고할명. 疏 알려 일깨우다(告諭也). 사신에게 고하다(使告也).『시경』당풍(唐風) 양지수(揚之水)편에「我聞有 -」이라 했다.

【令】 알려일깨울령. 고할령. 疏 호령을 발하여 고하다(發號以告也).『논어』에「其身正不 - 而行」이라 했다. 알려 일깨우다.

【禧】 〈글자의 뜻을 듣지 못했다〉. ※소(疏)에도 설명이 없다.

【畛】 알려일깨울진. 고할진.『예기』에「- 於鬼神」이라 했다. 疏 치고(致告)하다. 알려 일깨우다.『예기』는 곡례(曲禮)편의 문장.

【祈】 알려일깨울기. 고할기. 疏 구고(求告)하다. 알려 일깨우다.『서경』소고(召誥)편에「- 天永命」이라 했다.

【請】 알려일깨울청. 고할청. 疏 언고(言告)하다. 알려 일깨우다.『예기』혼의(昏義)에「婚禮五日 - 期」라 했다.

【謁】 알려일깨울알. 고할알. 疏 고백(告白)하다. 알려 일깨우다.『예기』월령(月令)편에「- 於天子」라 했다.

【訊】 알려일깨울신. 고할신. 疏 고문(告問)하다.『시경』진풍(陳風) 묘문(墓門)편에「歌以 - 之」라 했다. 알려 일깨우다.

【誥】 알려일깨울고. 고할고. 疏 포고(布告)하다. 알려 일깨우다.『서경』대고(大誥)편에「洛 - 之類」라 했다.

※ 이상의 9자는 다 〔고하다, 알려 깨우치다 : 告〕의 뜻이다.

영 유 형 위 하 적 활　　멀다, 요원하다
永 悠 迥 違 遐 逖 闊　　遠也 【遠】멀원. 요원할원.

영 유 형 원　　멀다, 요원하다
永 悠 迥 遠　　遐也 【遐】멀하. 요원할하. 遠과 같다.

【永】 요원할영. 멀영. 疏 장원(長遠)하다. 요원(遼遠)하다.『시경』주남(周南) 한광(漢廣)편에「江之 - 矣」라 했다.

【悠】 멀유. 요원하다. 疏『시경』소아 점점지석(漸漸之石)편에「山川 - 遠」이라 했다.

【迥】 멀형. 요원하다. 疏『시경』대아 형작(泂酌)편에「泂酌彼行潦」라 했다. 泂과 逈은 음과 뜻이 같다.

【違】 멀위. 요원할위. 疏 이원(離遠)하다. 요원하다.『시경』소남(召南) 은기뢰(殷其雷)편에「何斯 - 斯」라 했다.

【遐】 멀하. 요원할하. 疏 요원(遼遠)하다.『시경』대아 한록(旱麓)편에「- 不作人」이라 했다.

【逖】 멀적. 요원할적.『서경』주서(周書) 목서(牧誓)편에「- 矣西土之人」이라 했다. 疏 요원하다. 적(逷)과 같다.

【闊】 멀활. 요원할활. 疏 서로 소원하다(相疏遠也). 요원하다.『시경』 패풍 격고(擊鼓)편에「于嗟 ─ 兮」라 했다.

※ 이상의 7자는 다〔멀다, 요원하다 : 遠〕의 뜻이다.

【永】 멀영. 疏 원하(遠遐 : 멀고 또 멀다)하다.

【悠】 멀유. 疏 원하(遠遐 : 멀고 또 멀다)하다.

【迥】 멀형. 疏 원하(遠遐 : 멀고 또 멀다)하다.

【遠】 멀원. 疏 원하(遠遐 : 멀고 또 멀다)하다.

※ 이상의 4자는 다〔멀다, 멀고 또 멀다 : 遐〕의 뜻이다.

```
  휴  괴  비  궤          부수다, 헐다, 비방하다
 虧  壞  圮  垝          毀也
```
【毀】비방할훼. 헐훼. 무너질훼.

【虧】 헐휴. 疏 손훼(損毀).『예기』제의(祭義)편에「不 ─ 其體」라 했다. ※ 훼 손할훼.

【壞】 헐괴. 疏 인훼(人毀 : 사람이 헐다). 자훼(自毀 : 스스로 헐다).

【圮】 헐비.『서경』에「方命 ─ 族」이라 했다. 疏 언덕이 무너지다(岸毀也).『서경』은 요전(堯典)편의 문장.「方命 ─ 族」은 친척을 헐뜯어 비방하는 종류이다.

【垝】 헐궤.『시경』에「乘彼 ─ 垣」이라 했다. 疏 담을 헐다(毀垣也).『시경』은 위풍(衛風) 맹(氓)편의 문장.

※ 이상의 4자는 다〔부수다, 헐다, 비방하다 : 毀〕의 뜻이다.

```
  시  치  인  연  순  천  유  역  시  려    널리 펴다, 진열하다
 矢  雉  引  延  順  薦  劉  繹  尸  旅       陳也
```
【陳】널리늘어놓을진. 펼진. 진열할진. 부진(敷陳)진.

【矢】 벌일시. 疏『서경』서(敍)에「皐陶 ─ 厥謨」라 했다. 널리 베풀다.

【雉】 〈뜻이 자세하지 않다.〉 ※ 소(疏)에도 해석이 없다.

【引】 베풀인. 疏 펴서 베풀다(伸陳也). 널리 베풀다.

【延】 베풀연. 疏 두루 베풀다(鋪陳也). 널리 베풀다.

【順】 〈뜻이 자세하지 않다.〉 ※ 소(疏)에도 해석이 없다.

【薦】 베풀천. 疏 음식을 베풀다(饌陳也). 널리 베풀다.

【劉】 〈뜻이 자세하지 않다.〉 ※ 소(疏)에도 해석이 없다.

【繹】 베풀역. 疏 다시 베풀다(復陳也). 또 베풀다.『시경』주송(周頌) 뢰(賚)편에「時周之命於－思」라 했다.

【尸】 베풀시.『예기』에「－陳(시동이 임석하다)」이라 했다. 疏 주진(主陳)이다.『예기』는 교특생(郊特牲)편의 문장.

【旅】 베풀려. 疏 펴서 베풀다(布陳也). 널리 펴다.『시경』대아 빈지초연(賓之初筵)편에「殽核維－」라 했다.

　※ 이상의 10자는 다〔널리 펴다, 진열하다 : 陳〕의 뜻이다. 단 雉, 順, 劉는 뜻이 자세하지 않다.

시　　직　　　　주장하다, 주재하다
尸　職　　　主也

【主】 주장주. 주재(主宰)할주. 주인주. 주장하여 처리하다.

【尸】 주장할시.『좌전』에「殺老牛莫之敢－」라 했다. 疏『좌전』은 성공(成公) 17년의 일.『시경』소남(召南) 채빈(采蘋)편에「誰其－之」라 했다.

【職】 주장할직.『시경』에「－爲亂階」라 했다. 疏『시경』은 소아 교언(巧言)편의 문장.

　※ 이상 2자는 다〔주장하다, 주재(主宰)하다 : 主〕의 뜻이다.

시　　　　채지(采地), 영지(領地)의 뜻이다
尸　　　宷也 【宷】채지(采地)채. 영지(領地)채.

채　　료　　　벼슬, 관직의 뜻이다
宷　寮　　　官也 【官】벼슬관. 벼슬이름관. 관직, 관원의 뜻.

【尸】 채지(采地)시. 疏 채지(采地). 주사자(主事者)를 말한다.

　※ 이상의 1자는 봉해받은 영지(領地), 또는 채읍(采邑)을 뜻한다.

【宷】 벼슬이름채. 疏 채지주사자(采地主事者)이다. 채지가 있으면 그를 담당하는 관리가 있다는 것.『예기』예운(禮運)에「大夫有采以處其子孫」이라 했다. 采와 宷는 통한다.

【寮】 벼슬이름료. 疏 채지주사자(采地主事者)이다. 채지에 거주하는 관리.

　※ 이상의 2자는 다〔벼슬이름, 관료〕의 뜻이다. 尸, 宷, 寮를 함께 놓은 것은 채지(采地)가 있으면 그 채지를 관리하는 관료가 있어야 하기 때문에 함께 놓았다.

적 서 채 업 복 의 관 공   일하다, 일, 일삼다

績 緒 采 業 服 宜 貫 公   事也

【事】 일사. 일삼을사. 종사하다. 생업. 임무.

【績】 일적. 疏 공사(功事). 『시경』 상송(商頌) 은무(殷武)편에 「設都于禹之 −」이라 했다.

【緒】 일서. 疏 사업(事業)이다. 『시경』 노송(魯頌) 비궁(閟宮)편에 「纘大王之 −」라 했다.

【采】 일채. 疏 『서경』 고요모(皐陶謨)편에 「亮 − 有邦」이라 했다.

【業】 일업. 疏 배우는 사람이 일이 있는 것(學人所有事). 『서경』 주관(周官)편에 「− 廣惟勤」이라 했다.

【服】 일복. 疏 『시경』 주남 관저(關雎)편에 「寤寐思 −」이라 했다.

【宜】 일의. 疏 그 일에 마땅하다(宜其事也). 『시경』 대아 부예(鳧鷖)편에 「公尸來燕來 −」라 했다.

【貫】 일관.『논어』 선진(先進)편에 「仍舊 −」이라 했다. 疏 『시경』 위풍(魏風) 석서(碩鼠)편에 「三歲 − 女」라 했다.

【公】 일공. 疏 『시경』 주송(周頌) 작(酌)편에 「實維爾 − 允師」라 했다.

※ 이상의 8자는 다 〔일하다, 일, 일삼다 : 事〕의 뜻이다.

영 양 인 연 융 준   길다, 구원(久遠)하다

永 羕 引 延 融 駿   長也

【長】 길장. 길이장. 클장. 疏 장구원하다(長久遠也).

【永】 길영. 疏 『방언』에 「施於衆長謂之 −」이라 했다. 길이하다.

【羕】 〈뜻이 자세하지 않다.〉 ※소(疏)에도 설명이 없다.

【引】 길인. 疏 『한서율력지(漢書律曆志)』에 「十丈爲 −」라 했다. 「信也」. 안사고(顏師古)가 「信讀曰伸言其長」이라 했다.

【延】 길연. 疏 『방언』에 「− 季長也」라 했다. 끝에 베푸는 것을 '延'이라 한다.

【融】 길융. 송위형오(宋衛荊吳)의 사이에서는 긴 것을 融이라 한다. 疏 송(宋)나라 위(衛)나라 형(荊 : 楚)나라 오(吳)나라 사이에서는 긴 것을 '融'이라 한다.

【駿】 疏 길준. 길고 크다(長大也).

※ 이상의 6자는 다 〔길다, 구원(久遠)하다 : 長〕의 뜻이다.

교　숭　숭　　높다, 높고 크다
喬 嵩 崇　高也 【高】높을고 높고클고 고대모(高大貌)의 뜻.

숭　　차다, 가득하다
崇　充也 【充】찰충. 가득할충.

【喬】높을교. 고고클교. 疏『시경』 주송(周頌) 반(般)편에 「墮山－嶽」이라 했다.

【嵩】높을숭. 크고높을숭. 疏 제12편 석산(釋山)에 「山大而高崧(산이 크고 높은 것을 崧이라 한다)」이라 했다. '崧'과 '嵩'은 음과 뜻이 같다.

【崇】높을숭. 크고높을숭.『좌전』에 「師叔楚之－」이라 했다. 疏 고귀(高貴)하다.

　　※ 이상의 3자는 다 〔높다, 크고 높다 : 高〕의 뜻이다.

【崇】가득숭. 가득찰숭. 疏 가득 차다.『악기(樂記)』에 「復綴以－」이라 했다.

　　※ 이상의 1자는 〔가득차다, 가득하다 : 充〕의 뜻이다.

범　사　과　의　극　첩　공　견　감　　이기다, 승리하다
犯 奢 果 毅 剋 捷 功 肩 堪　勝也
【勝】이길승. 이김승. 승리하다. 이기다.

【犯】이길범. 이김범. 疏 침범하다(陵－).

【奢】이길사. 이김사. 疏 분수에 지나치다(誇－).

【果】이길과. 이김과.『좌전』에 「殺敵爲－」라 했다. 疏 적을 죽이는 것을 果라 한다.

【毅】이길의. 이김의. 疏 과(果)를 이룬 것이 毅가 된다.

【剋】이길극. 이김극. 疏 극살(－殺)하다. 이겨내다.

【捷】이길첩. 이김첩. 疏 첩획하여 공이 있다(－獲有功).

【功】이길공. 이김공. 疏 공로가 있다.

【肩】이길견. 이김견. 疏 견디어 이기다(－剋).

【堪】이길감. 이김감.『서경』에 「西伯－黎」라 했다. 疏『서경』은 상서(商書)편의 문장. ※견딜감.

　　※ 이상 9자는 다 〔이기다, 승리하다, 견뎌내다 : 勝〕의 뜻이다.

승 견 감 류 살　　　이기다, 죽이다
勝 肩 戡 劉 殺　　克也

【克】이길극. 🈷️죽일극. 승리하다의 뜻 : 『시경』.

【勝】이길승. 🈷️이기다. 죽이다.

【肩】이길견. 🈷️이기다. 죽이다. 감당하다. 『시경』주송 경지(敬之)편에「佛時仔 - (보필할 때 책임을 잘 감당해주오)」이라 했다.

【戡】이길감. 🈷️이기다. 죽이다.

【劉】이길류. 🈷️이기다. 죽이다의 뜻이 있다.

【殺】이길살. 🈷️이기다. 죽이다의 뜻이 있다.

　※ 이상의 5자는 다〔이기다, 죽이다 : 克〕의 뜻이다.

류 선 참 자　　　죽이다
劉 獮 斬 刺　　殺也 【殺】죽일살. 살해하다의 뜻.

【劉】죽일류. 『서경』에「咸 - 厥敵」이라 했다. 🈷️죽이다. 『서경』은 주서(周書) 군석(君奭)편의 문장.

【獮】죽일선. 가을사냥선(살기가 있다). 🈷️가을사냥에는 살기가 응한다. 죽이다.

【斬】죽일참. 🈷️『좌전』에「狼瞫取戈以 - 」이라 했다.

【刺】죽일자. 『공양전(公羊傳)』에「 - 之者何殺之也」라 했다. 🈷️『공양전』은 희공(僖公) 27년의 문장.

　※ 이상의 4자는 다〔죽이다 : 殺〕의 뜻이다.

미미 밀 몰 맹 돈 욱 소 무 소 면　　힘써 권하다
亹亹 蠠 沒 孟 敦 勗 釗 茂 勔 勴　　勉也

【勉】권할면. 권면할면. 힘써 하도록 격려하다.

【亹亹】부지런할미. 부지런히 힘쓰다. 『시경』에「 - - 文王」이라 했다. 🈷️『시경』은 대아 문왕(文王)편의 문장.

【蠠】권할밀. 권면할밀. 「 - 沒猶亹勉」. 🈷️『시경』패풍 곡풍(谷風)편에「黽勉同心(서로 힘써 한마음으로 살아오다)」이라 했다. '黽'과 '蠠'은 같다.
【沒】

【沒】권할몰. 권면할몰. 「蠠 - 猶亹勉」. 🈷️「蠠 - 猶亹勉」은 그 소리가 서로 가까운 방속어(方俗語)로 경중(輕重)이 있다.

【孟】〈뜻을 듣지 못했다.〉※소(疏)에도 자세한 뜻이 없다.

【敦】 권할돈. 권면할돈. 疏 두텁게 서로 권하다(厚相勉也).

【勖】 권할욱. 권면할욱. 疏『시경』 패풍 연연(燕燕)편에「以－寡人」이라 했다. 제(齊)나라와 노(魯)나라에서는 권면을 勖이라 한다.

【釗】 권할조. 권면할조.『방언』에「주(周)나라와 정(鄭)나라 사이에서 서로 권면하는 것을 釗라 한다」고 했다. 疏「－薄勉也」.『방언』에「진(秦)나라와 진(晋)나라에서는 '釗' 또는 '薄'이라 한다」고 했다.

【茂】 권할무. 권면할무.『서경』에「－哉－哉」라 했다. 疏『서경』은 고요모(皐陶謨)의 문장.

【劭】 권할소. 권면할소. 疏 면력(勉力)하다.

【勔】 권할면. 권면할면.『방언』에「주(周)나라와 정(鄭)나라의 사이에서는 권면하는 것을 勔이라 한다」고 했다.

※ 이상 10자는 모두〔권면하다, 권하다, 힘쓰다 : 勉〕의 뜻이다.

무　　무　　혼　　민　　　　힘쓰다, 힘써 하다
鶩　務　昏　暋　　　强也

【强】 힘쓸강. 힘쓰게할강. 힘써 일하다. 사무에 분주히 다니는 것을 말한다.

【鶩】 힘쓸무. 힘써일할무. 疏 스스로 힘써 일하다. 바삐다닐무.

【務】 힘쓸무. 힘써일할무. 疏 먼저 힘쓸 것이 두 가지가 있는데 힘으로써 한다.

【昏】 힘쓸혼.『서경』에「不－作勞」라 했다. 疏 손염(孫炎)이「－夙夜之强也」라 했다.『서경』은 반경(盤庚)편의 문장.

【暋】 힘쓸민.『서경』에「－不畏死」라 했다. 疏『서경』은 강고(康誥)편의 문장.

※ 이상의 4자는 다〔힘쓰다, 힘써 하다 : 强〕의 뜻이다.

제2편 석고 하(釋詁 下)

앙   오   이   여   짐   신   보   여   언   나, 자신이다
卬 吾 台 予 朕 身 甫 余 言　我也

【我】나아. 자신. 자신의 전체를 가리킨다. 疏 자신을 나타내어 스스로 이른 것.

【卬】나앙. 앙(姎)과 같다. 疏 곽박(郭璞)이 「앙(姎)과 같으며 말〔語〕이 변화하는〔轉〕 것이다」라고 했다.『설문(說文)』에는「여인이 자신을 일컫기를 앙(姎)이라고 한다」고 했다.『시경』패풍(邶風) 포유고엽(匏有苦葉)편에「人涉－否」라 했다.

【吾】나오. 疏 공자(孔子)가「－自衛反魯」라 했다. ※ 우리오. 글읽는소리오.

【台】나이.『서경』에「非－小子」라 했다. 疏 자기.『서경』은 탕서(湯誓)편에 있다. ※ 기뻐할이. 별태.

【予】나여. 자신여.『예기』에「授政任功曰－一人」이라 했다. 疏『예기』는 곡례편의 문장.

【朕】나짐. 옛날에는 귀천(貴賤)에 상관없이 자신을 '朕'이라 했다. 疏『서경』대우모(大禹謨)편에「帝曰－宅帝位 禹曰－德罔克」이라 했다. 굴원(屈原)이 또한「－皇考曰伯庸」이라 했으니 귀천에 상관없이 자신을 칭할 때 '朕'을 사용했다.『사기(史記)』에 보면 진시황(秦始皇) 26년에 '지존'의 뜻으로 정해졌으며 황제 이외에는 사용할 수가 없었는데 그후 한(漢)나라에서 또한 바로잡지 않아 지금까지도 '지존'의 뜻으로 쓰이고 있다.

【身】나신. 자신의 뜻. 疏 나의 몸체이다. ※ 몸소신. 몸신. 나이신. 줄기신.

【甫】나보. 자신의 몸.『예기』에「畛於鬼神曰有某－」라 했다. 疏『예기』는 곡례편의 문장.

【余】나여. 자신의 몸. 疏『시경』패풍 곡풍(谷風)편에「伊－來墍」라 했다.

【言】나언. 자신의 지칭. 疏『시경』주남(周南) 갈담(葛覃)편에「－告師氏－告－歸」라 했다. ※ 주로 시(詩)에 쓴다. 말할언. 높을언. 어조사언(무의미한 조사). 말씀언. 말언. 여쭐언(말씀을 올리다).

　※ 이상의 9자는 다〔나, 자신 : 我〕의 별칭으로 모두 '나'의 뜻이다.

<ruby>朕<rt>짐</rt></ruby> <ruby>余<rt>여</rt></ruby> <ruby>躬<rt>궁</rt></ruby>　　<ruby>身也<rt>몸소, 몸이다</rt></ruby>

【身】몸신. 몸소신. 신체나 체구의 뜻. 또는 친히, 자신이의 뜻. 지금 사람들이 자신을 '身'이라고 일컫는다.

【朕】 몸소짐. 임금이 자신을 '朕'이라고 한다.

【余】 몸여. 몸소여. 疏『사인(舍人)』에 「- 謙卑之身也(자신을 낮추는 것이다)」라 했다. 손염(孫炎)은 「- 舒遲之身也」라 했다.

【躬】 몸소궁. 몸궁. 疏『시경』패풍(邶風) 곡풍(谷風)편에 「我 - 不閱」이라 했다.

　※ 이상의 3자는 〔몸소 또는 자신 : 身〕을 뜻한다.

<ruby>台<rt>이</rt></ruby> <ruby>朕<rt>짐</rt></ruby> <ruby>賚<rt>뢰</rt></ruby> <ruby>畀<rt>비</rt></ruby> <ruby>卜<rt>복</rt></ruby> <ruby>陽<rt>양</rt></ruby>　　<ruby>予也<rt>주다</rt></ruby>

【予】줄여. 여(與)와 같다. 사여(賜與)하다의 뜻.

【台】줄이. 疏유여(遺與)하다. 끼치다의 뜻. 이(貽)와 같다.

【朕】줄짐. 疏내가 주다(我與之也).

【賚】줄뢰. 하사하다. 疏위에서 내려주다(賜與也). 『서경』열명(說命)편에 「夢帝 - 予良弼」이라 했다.

【畀】줄비. 하사하다. 疏위에서 내려주다(賜與也). 『시경』용풍 간모(干旄)편에 「何以 - 之」라 했다.

【卜】줄복. 하사하다. 疏위에서 내려주다(賜與也). 『시경』소아 천보(天保)편에 「君曰 - 爾萬壽無疆」이라 했다.

【陽】줄양. '노시(魯詩)'에 「- 如之何」라 했다. 파복(巴濮)의 사람들은 주는 것을 '陽'이라 한다. 疏'노시'는 『한서예문지(漢書藝文志)』에 노나라 신공(申公)이 시훈(詩訓)을 만들어서 '노시'라고 하며 「- 如之何」의 주석을 '주다'의 뜻으로 풀이한 것에서 유래했다.

　※ 이상의 6자는 모두 〔주다 : 予〕의 뜻이다.

<ruby>肅<rt>숙</rt></ruby> <ruby>延<rt>연</rt></ruby> <ruby>誘<rt>유</rt></ruby> <ruby>薦<rt>천</rt></ruby> <ruby>餤<rt>담</rt></ruby> <ruby>晉<rt>진</rt></ruby> <ruby>寅<rt>인</rt></ruby> <ruby>藎<rt>신</rt></ruby>　　<ruby>進也<rt>나아가다</rt></ruby>

【進】나아갈진. 앞으로 나아가다. 앞으로 나아가게 하다. 길에 나아가다.

【肅】 인도할숙. 나아갈숙. 『예기』에 「主人 - 客」이라 했다. 疏길에 나아가다. 『예기』는 곡례 상편의 문장.

【延】 끌연. 나아갈연. 疏끌어 나아가다. 『예기』사의(射義)편에 「子路出 - 射」라 했다.

【誘】유인할유. 나아갈유. 疏 길에 나아가다. 『시경』 소남(召南) 야유사균(野有死麕)편에 「吉士－之」라 했다.

【薦】올릴천. 나아가올릴천. 疏 나아가 바치다. 『예기』 월령(月令)에 「先－寢廟」라 했다.

【餤】나아갈담. 『시경』에 「亂是用－」이라 했다. 疏 『시경』은 소아 교언(巧言)편에 있는 문장.

【晉】나아갈진. 『주역(周易)』에 「－進也」라 했다. 疏 『주역』은 진괘(晉卦)의 단사(彖辭).

【寅】〈뜻이 자세하지 않다.〉 ※ 소(疏)에도 설명이 없다.

【蓋】나아갈신. 『시경』에 「王之－臣」이라 했다. 疏 『시경』 대아 문왕(文王)편의 문장.

　※ 이상의 8자 중 인(寅)자만 뜻이 자세하지 않고, 나머지는 다〔나아가다 : 進〕의 뜻이다.

수 전 적 증 　더불어 나아가다
羞 餞 迪 烝　進也

【進】함께나아갈진. 앞 문장의 進은 인도하다의 뜻이고 여기서는 함께 나아가다의 뜻.

【羞】더불어나아갈수. 疏 『예기』 곡례편에 「聞子有客使某－」라 했다. 더불어 나아가다.

【餞】전송할전. 나아갈전. 疏 음식을 진열하는 이름이다.

【迪】나아갈적. 疏 길로 나아가다.

【烝】나아갈증. 疏 『시경』 주송(周頌) 풍년(豊年)편에 「－畀祖妣」라 했다.

　※ 이상의 4자는 다〔더불어 나아가다 : 進〕의 뜻이다.

조 량 좌 우 상 　가르쳐 인도하다
詔 亮 左 右 相　導也

【導】가르쳐인도할도. 가르쳐 알리다. 「教導」.

조 상 도 좌 우 조 　마음으로 돕다
詔 相 導 左 右 助　勵也

【勵】마음으로도울려. 찬조하다. 힘으로 돕지 않고 마음으로 돕다. 찬면(贊勉)의 뜻.

량 개 상 　서로 돕다
亮 介 尙　右也

【右】도울우. 서로 협력하는 것. 서로 서로 협력한다는 뜻. 오른우.

左右 亮也 【亮】도울량

좌 우 돕다

【詔】 도울조. 가르쳐 인도하다. 疏『주례』대종백(大宗伯)에「-相王之大禮」라 했다.

【亮】 도울량. 가르쳐 인도하다. 疏『시경』대아 대명(大明)편에「凉彼武王」이라 했다. '凉'과 '亮'은 음과 뜻이 통한다.

【左】 도울좌. 가르쳐 인도하다. 疏『시경』주남 관저(關雎)편에「-右流之」라 했다.

【右】 도울우. 가르쳐 인도하다. 疏『시경』주남 관저편에「左-流之」라 했다.

【相】 도울상. 가르쳐 인도하다. 疏『의례』향음주례(鄕飮酒禮)편에「-者二人」이라 했다.

　※ 이상의 5자는 다〔가르쳐 인도하다, 돕다 : 導〕의 뜻이다.

【詔】 도울조. 마음으로 돕다. 찬면(贊勉). 疏힘으로 돕지 않고 마음으로 돕다.

【相】 도울상. 마음으로 돕다. 찬면(贊勉). 疏힘으로 돕지 않고 마음으로 돕다.

【導】 도울도. 이끌도. 마음으로 돕다. 찬면(贊勉). 疏힘으로 돕지 않고 마음으로 돕다.

【左】 도울좌. 왼좌. 마음으로 돕다. 찬면(贊勉). 疏힘으로 돕지 않고 마음으로 돕다.

【右】 도울우. 오른우. 마음으로 돕다. 찬면(贊勉). 疏힘으로 돕지 않고 마음으로 돕다.

【助】 도울조. 마음으로 돕다. 찬면(贊勉). 疏힘으로 돕지 않고 마음으로 돕다.

　※ 이상의 6자는 다〔마음으로 돕다 : 勴〕의 뜻이다.

【亮】 도울량. 서로 돕다. ※힘으로 돕다.

【介】 도울개. 소개할개. 서로 돕다. 疏서로 돕는다는 뜻(相助之義).『시경』대아 생민(生民)편에「攸-攸止」라 했다.

【尙】 도울상. 권상(勸尙)할상. 서로 돕다. ※힘써 돕다.

　※ 이상의 3자는 다〔서로 돕다 : 右〕의 뜻이다.

【左】 도울좌. 반복된 뜻이다. 疏돕다를 반복시킨 뜻.

【右】 도울우. 오른우. 반복된 뜻이다. 疏돕다를 반복시킨 뜻.

　※ 이상의 2자는 다〔반복하여 돕다 : 亮〕의 뜻이다.

　▨ 이상의 도야(導也), 여야(勴也), 우야(右也), 양야(亮也)는 모두〔돕다〕의 뜻이다.

_즙緝 _희熙 _렬烈 _현顯 _소昭 _호晧 _경熲 　_{빛, 빛나다}光也

【光】빛날광. 빛광. 광휘를 발휘하다. 광채. 영예를 빛내다. 밝게 빛나게 하다.

【緝】빛날즙.『시경』에「學有 - 熙于光明」이라 했다. 疏『시경』은 주송 경지
　　(敬之)편의 문장.

【熙】빛날희.『시경』에「學有緝 - 于光明」이라 했다. 疏『시경』은 주송 경지
　　편의 문장.

【烈】빛날렬.『시경』에「休有 - 光」이라 했다. 疏『시경』은 주송 재현(載見)
　　편의 문장.

【顯】빛날현. 疏 빛나고 밝다(光明也).『시경』대아 가락(假樂)편에「 - -
　　令德」이라 했다.

【昭】빛날소. 疏 해가 밝다(日明也).『시경』대아 운한(雲漢)편에「 - 回于
　　天」이라 했다.

【晧】빛날호. 疏 해가 빛나다(日光也).

【熲】빛날경. 疏 불빛이 빛나다(火光也).『시경』소아 무장대거(無將大車)
　　편에「不出于 - 」이라 했다.

　　※ 이상의 7자는 다〔빛나다. 광채가 나다 : 光〕의 뜻이다.

_할劼 _공鞏 _견堅 _독篤 _견掔 _건虔 _교膠 　_{굳다, 굳건하다}固也

【固】굳을고. 굳게할고. 굳센 뜻(固志也). 견고 안정. 변하지 않다. 수비가 엄하다.

【劼】굳셀할.『서경』에 나온다. 疏 확고(確固) 하다의 뜻.『서경』주고(酒誥)
　　편에「 - 毖殷獻臣」이라 했다.

【鞏】굳을공.『주역』에「 - 用黃牛之革(가죽으로 묶는데 황소가죽을 사용한
　　것이다)」이라 했다. 疏『주역』은 혁패(革卦) 초구(初九)효의 문장.

【堅】굳을견. 굳어질견. 疏 굳세고 굳센 것이다(剛彊之固也).『논어』에「不
　　曰 - 乎磨而不磷」이라 했다.

【篤】두터이할독. 疏 두텁게 하다. 견고하게 하다. 물건을 두텁게 하는 것은 견
　　고하게 하는 것이다.

【掔】굳게할견. 견연(- 然)은 또 두텁게 하다의 뜻이다. 疏 또 굳게 하다의 뜻
　　이다.

【虔】굳을건. 疏 공손함을 굳게 하다(恭之固也).『시경』대아 한혁(韓奕)편
　　에「 - 共爾位」라 했다.

【膠】굳힐교. 疏 물건을 굳게 하는 것(固物).『시경』소아 습상(隰桑)편에
　　「德音孔 - 」라 했다.

　　※ 이상의 7자는 다〔굳게 하다. 굳세다. 굳다 : 固〕의 뜻이다.

疇^주 孰^숙　誰也 누구, 어떤 사람이다 【誰】누구수. 어떤 사람의 뜻.

【疇】 누구주. 무리주.『주역』에「－離祉(누구(무리)에게 복이 있을 것이다)」라 했다. 疏 어사(語辭)이며 뜻이 되지 않는다. 또는 수인(誰人)과 같다. 『주역』은 비괘(否卦) 구사(九四) 효의 문장. 누구. 수(誰)와 같다.

【孰】 누구숙. 疏 어사(語辭)이며 뜻이 되지 않는다. 또는 수인(誰人)과 같다. 『논어』에「君－與不足」이라 했다.

　※ 이상의 2자는 다〔누구, 어떤 사람, 수인(誰人):誰〕의 뜻이다.

晔晔^{왕왕} 皇皇^{황황} 藐藐^{막막} 穆穆^{목목} 休^휴 嘉^가 珍^진 禕^의 懿^의 鑠^삭

美也 아름다움이 성대하다 【美】아름다울미. 아름다움이 성대하다. 옳음. 착하다. 훌륭하다의 뜻.

【晔晔】 아름다울왕. 아름다움이 중복되어, 아름다움이 성대하다(美盛也)는 뜻. 疏 아름다움이 성대하다. 제사(祭祀) 때의 예식이 아름답고 성대한 것을 뜻한다. 언어로 미(美)를 예찬하는 것. 저쪽에서 '皇皇' 하면 이쪽에서 '－－'하다.

【皇皇】 아름다울황. 아름다움이 중복되어 곧 성대하다 疏 아름다움이 성대하다. 제사 때의 예식이 아름답고 융성하게 보이는 것을 뜻한다. '－－'은 '晔晔'과도 같다. 언어로 미를 예찬하는 것. 저쪽에서 '－－'하면 이쪽에서 '晔晔'하다. 『예기』곡례에「諸侯－－」이라 했다.

【藐藐】 멀막. 아득할막. 아름다움이 성대하다. 疏 아름다움이 성대하다(美盛也). 행동에 있어서 거동의 모습을 표현한 것이다. 『시경』대아 숭고(崧高)편에「既成－－」이라 했다.

【穆穆】 화목할목. 아름다울목. 아름다움이 중복되어 융성하다. 疏 아름다움이 성대하다. 언어로 미를 예찬하는 것. 『예기』곡례편에「天子－－」이라 했다. 행동에 있어서 거동의 모습을 표현한 것이다.

【休】 아름다울휴. 疏 아름답다. 『서경』대우모(大禹謨)편에「戒之用－」라 했다.

【嘉】 아름다울가. 疏 아름답다. 『서경』대우모편에「－乃丕績」이라 했다.

【珍】 아름다울진. 보배진. 疏 아름답다. 『예기』유행(儒行)편에「席上之－以待聘」이라 했다.

【禕】 아름다울의. 疏 탄미(歎美)하다.

【懿】 아름다울의. 疏 아름답다. 『시경』주송 시매(時邁)편에「我求－德」이라 했다.

【鑠】 아름다울삭. 疏 아름답다. 『시경』주송 작(酌)편에「於－王師」라 했다.

　※ 이상의 10자는 다〔아름답다, 아름다움이 성대한 것:美〕의 뜻으로 美는 통상적인 언어이다.

해　집　협　　　화합하다, 화동(和同)하다
諧 輯 協　和也
【和】화동할화. 화목할화. 화목하여 합하다. 화목하여 합하게 하다. 疏화동(和同)하다.

관관　　옹옹　　　소리가 화동하다
關關 嚾嚾　音聲和也
【音聲和】音 : 소리음, 聲 : 소리성, 和 : 화동할화. 소리가 서로 화합하여 화동하는 것을 뜻한다.

협　섭　　화합하다, 화동하다
勰 燮　和也　【和】화동할화. 화목할화. 위의 '和'와 뜻이 같다.

【諧】화동할해. 『서경』에 「八音克－」라 했다. 疏『서경』은 우서(虞書) 순전(舜典)편의 문장. 화동하다.

【輯】화목할집. 『좌전』에 「百姓－睦」이라 했다. 疏『좌전』희공(僖公) 15년 ~성공(成公) 16년에 「群臣－睦其是乎」라 했다. 화동하다.

【協】화동할협. 疏『설문』에 「衆之同和也(모든 사람이 화동하다)」라 했다.

　　※ 이상의 3자는 〔화동하다, 화합하다 : 和〕의 뜻이다.

【關關】관문관. 화할관. '－－'은 새의 울음소리가 화동한 것. 疏새의 울음소리가 서로 화동한 것을 뜻한다. 『시경』주남(周南) 관저(關雎)편에 「－－雎鳩」라 했다.

【嚾嚾】화동할옹. 새소리. '－－'은 새의 울음소리가 서로 화동한 것. 疏새의 울음소리가 서로 화동한 것을 뜻한다. 『시경』패풍(邶風) 포유고엽(匏有苦葉)편에 「－－鳴鴈」이라 했다.

　　※ 이상의 2단어는 〔새소리가 서로 화합하여 응하는 것〕을 뜻한다.

【勰】화할협. 疏協의 고자(古字). 협(協)과 같은 글자.

【燮】화할섭. 『서경』에 「－友柔克」이라 했다. 疏『서경』은 주서(周書) 홍범(洪範)편의 문장.

　　※ 이상의 2자도 〔화동하다, 화하다 : 和〕의 뜻이다.

▨이상의3자諧・輯・協은〔화동하다〕의 뜻이요, 關關・嚾嚾의 2단어는 〔새의 울음소리가 화목한 것〕의 뜻이요, 勰・燮은〔화하다, 협동하다〕의 뜻이다.

종　신　신　가　필　숭　　거듭하다, 중첩하다
從 申 神 加 弼 崇　重也
【重】거듭할중. 중첩할중. 겹치다. 되풀이되다. 또 한번 겹치다의 뜻.

【從】따를종. 「隨－」. 疏「隨－」. 수행하다. 따르다. 겹치다의 뜻이 있다. ※이어서 따르다.

【申】 거듭할신. 疏「-重」. 되풀이하다. 중첩되다의 뜻이 있다.

【神】 〈거듭된다는 뜻이 자세하지 않다.〉 ※ 귀신신.

【加】 더할가. 疏「-弼」. 더하여 주다. 중첩되다의 뜻이 있다. ※ 있는 것에 보태 주는 것으로 중첩의 뜻이 있다.

【弼】 도울필. 「-輔」. 疏「輔-」. 보좌하다. 중첩되다의 뜻이 있다. ※ 돕다에 중첩된 뜻이 있다.

【崇】 모일숭. 높을숭. 「增-」. 疏「-充」. 중첩되다의 뜻이 있다. 『시경』대아 부예(鳧鷖)편에 「福祿來 -」이라 했다. ※ 높일숭.

　　※ 이상의 6자는 다 〔중첩하다, 거듭하다 : 重〕의 뜻이 있다. 다만 神은 중첩된다는 뜻이 자세하지 않다.

각　실　졸　민　홀　멸　경　공　필　계　섬　발　진
殼 悉 卒 泯 忽 滅 罄 空 畢 罊 殲 拔 殄

다하다, 극진하다

盡也 【盡】 다할진, 다진, 극진(極盡)하다. 힘을 다하다.

【殼】 다할각. 지금의 직어(直語)이다. 疏 끝까지 다하다(終盡也).

【悉】 다실. 疏『설문』에 「詳盡也(자상하게 다하다)」라 했다. 끝까지 다하다(終盡也).

【卒】 마칠졸. 疏 終盡也(끝까지 다하다). 『시경』패풍 일월(日月)편에 「畜我不 -」이라 했다.

【泯】 다할민. 疏 滅盡也(다하여 없어지다). 다 망했다는 뜻. 『시경』대아 상유(桑柔)편에 「靡國不 -」이라 했다.

【忽】 다할홀. 멸할홀. 홀연(忽然)은 다한 모양이다. 疏 다하다. '忽然'은『좌전』에 「皐陶庭堅不祀 - 諸」라 했다.

【滅】 다할멸. 멸망할멸. 疏 절진(絶盡)하다. 『시경』소아 정월(正月)편에 「寧或 - 之」라 했다.

【罄】 다할경. 빌경. 疏『설문』에 「器中空也(그릇 속이 비어서 다했다)」라 했다. 『시경』소아 육아(蓼莪)편에 「缾之 - 矣」라 했다.

【空】 비울공. 빌공. 疏 아무것도 없다. 다 비워졌다. 『시경』소아 대동(大東)편에 「杼柚其 -」이라 했다.

【畢】 다할필. 다필. 疏 모두 다하였다. 마쳤다. 『시경』소아 무양(無羊)편에 「- 來既升」이라 했다.

【罊】 가득찰계. 강동(江東) 지방에서는 「厭極(극에 다한 것)」을 '罊'라 한다. 疏 당시의 증거로써 말한 것이다. 『설문』에는 「器中盡也(그릇 속이 다한 것)」라 했다.

【殲】 다할섬. 멸할섬. 疏 모조리 죽이다. 『사인(舍人)』에 「衆之盡也(무리가 다하다)」라 했다. 『시경』진풍(秦風) 황조(黃鳥)편에 「- 我良人」이라 했다.

【拔】 제거할발. 다할발. 疏 뽑아 제거하는 것을 다하다(挈除使盡也).

【殄】다할진. 끊어질진. 疏『시경』대아 첨앙(瞻卬)편에「邦國 – 瘁」라 했다. 섬멸하다.

　※ 이상의 13자는 모두〔다하다, 끝까지 다하다 : 盡〕의 뜻이다.

포　무　무　　풍성하다
苞 蕪 茂　豐也

【豐】넉넉이할풍. 풍성풍. 풍성하게 하다. 많게 하다.

【苞】더부룩이날포. 덤불포.「 – 叢」. 疏풀과 나무가 무더기로 난 것이다(草木叢生也).『서경』우공(禹貢)편에「草木漸 – 」라 했다. 풍성하다는 뜻이 있다.

【蕪】거칠무. 우거질무.「繁 – 」. 疏번잡하고 어지럽다(繁 – 也).『서경』홍범(洪範)편에「庶草蕃廡」라 했다. '廡'는 '蕪'와 음과 뜻이 같다. 풍성하다는 뜻이 있다. ※어지러울무.

【茂】우거질무. 풍성할무. 疏무성하다(– 盛也).『시경』소아 천보(天保)편에「如松柏之 – 」라 했다. 풍성의 뜻이 있다.

　※ 이상의 3자는 다〔풍성하다 : 豐〕의 뜻이 있다.

추　렴　굴　수　즙　수　부　구　루　　회취(會聚)하다, 모이다
揫 斂 屈 收 戢 蒐 裒 鳩 樓　聚也

【聚】모일취. 모을취. 회취(會聚)하다. 모임. 회합하다. 누적하다.

【揫】모을추.『예기』에「秋之言 – 」라 했다.「 – 斂也」. 거두다. 疏회취(會聚)하다.『예기』는 향음주의(鄕飮酒義)편의 문장.

【斂】거둘렴. 모을렴. 疏솔렴(率斂也).『예기』대학편에「百乘之家不畜聚 – 之臣」이라 했다.

【屈】굽을굴. 굽힐굴.『시경』에「 – 此群醜」라 했다. 疏『시경』은 노송(魯頌) 반수(泮水)편의 문장. 전체를 굴복시키는 것에 모이다의 뜻이 포함되어 있다.

【收】거둘수. 모을수. 疏『시경』주송 유천지명(維天之命)편에「我其 – 之」라 했다.

【戢】거둘즙. 疏감추어 모으다(藏聚也).『시경』주송 시매(時邁)편에「載 – 干戈」라 했다. 회취(會聚)의 뜻.

【蒐】모을수. 사람의 무리를 모으다(聚人衆也). 疏회취(會聚)하다. 봄의 사냥을 '蒐'라 한다. 제9편 '석천(釋天)'에「春獵爲 – 」라 했다.

【裒】모을부.『시경』에「原隰 – 矣」라 했다. 疏쌓이다.『시경』은 소아 상체(常棣)편의 문장.

【鳩】모을구.『좌전』에「以 – 其民」이라 했다. 疏『좌전』은 은공(隱公) 8년의 문장.

【樓】모일루. 망루루. 다락루. '拘 – '가 모이다로 쓰인다(拘 – 聚也). 疏「拘 – 聚也」는 당시의 증거로써 말한 것이다.

　※ 이상의 9자는 다〔모이다, 회취(會聚)하다 : 聚〕의 뜻이다.

숙 제 천 속 극 루 삭 신   급속(急速)하다, 신속하다
肅 齊 遄 速 亟 屢 數 迅   疾也

【疾】빠를질. 빨리할질. 급속하다. 신속하게 하다. 민첩하게 하다.

【肅】빠를숙. 疏『시경』소남(召南) 소성(小星)편에「--宵征」이라 했다.
『모전(毛傳)』에「--」은 빠른 모양이라 했다. ※엄숙할숙.

【齊】빠를제. 『시경』에「仲山甫徂-」라 했다. 疏『시경』은 대아 증민(烝民)
편의 문장. 장중하고 빠르다(壯疾也).

【遄】빠를천. 疏『시경』패풍(邶風) 천수(泉水)편에「-臻于衛」라 했다. 급
하고 빠르다(急疾也).

【速】빠를속. 疏『논어』에「無欲-」이라 했다. 급하고 빠르다(急疾也).

【亟】빠를극. 疏『논어』에「好從事而-失時一」이라 했다. 『시경』대아 영대
(靈臺)편에「經始勿-」이라 했고 문왕유성편에「匪棘其欲」이라 했다.
'棘'과 '亟'은 통한다. 急疾也(급하고 빠르다).

【屢】빠를루. 疏『시경』소아 교언(巧言)편에「君子-盟」이라 했다.

【數】빠를삭. 자주삭. 疏『예기』제의(祭義)편에「祭不欲-」이라 했다. 급하
고 빠르다(急疾也).

【迅】빠를신. 疏빨리 달리다(疾走也). 『논어』에「-雷風烈必變」이라 했다.
급하고 빠르다(急疾也).

   ※ 이상의 8자는 다〔급속(急速)하다, 신속하다, 빠르다 : 疾〕의 뜻이다.

첩 준 숙 극 천   빠르다, 신속하다
寁 駿 肅 亟 遄   速也

【速】빠를속. 빨리할속. 빨리속. 신속하다. 급속히 빠르다의 뜻. 질(疾)과 같다.

【寁】빠를첩. 빠르다.『시경』에「不-故也」라 했다. 疏『시경』은 정풍(鄭風)
준대로(遵大路)편의 문장.

【駿】빠를준. 빠르다. 신(迅)과 같다. 疏『예기』대전(大傳)편에「遂奔走」라
했다. '遂'과 '駿'은 음과 뜻이 같다. 분주하게 다니며 일을 권하다.

【肅】빠를숙. 疏빠르다의 뜻.

【亟】빠를극. 疏빠르다의 뜻.

【遄】빠를천. 疏빠르다의 뜻.

   ※ 이상의 5자는 다〔빠르다, 신속하다 : 速〕의 뜻이다.

학 갱갱 등 징 황 강   텅 비다, 공허(空虛)하다
壑 阬 阬 滕 徵 隍 漮   虛也

【虛】빌허. 공허허. 아무것도 없다. 방비가 없다. 실질이 없다. 텅 비다. 공허하다.

【壑】골짜기학.「谿壑」. 疏공허(空虛)의 뜻이다.『시경』대아 한혁(韓奕)편에
「實墉實-」이라 했다. 谿壑(골짜기)이다. ※골짜기는 비어 있는 곳이라는 뜻.

【阬阬】구덩이갱.「阬壍」. 疏구덩이가 비어 있다(坎陷之虛也). 거듭된 말이다. ※구덩이는 비어 있는 곳이라는 뜻.

【縢】〈뜻이 자세하지 않다〉. ※본래는 오를등. 오르는 상태의 공간이 공허한 것을 뜻한 것 같다.

【徵】〈뜻이 자세하지 않다〉. ※부를징. 징계할징. 조짐징. 음률이름치.

【隍】공허할황. 성 안의 연못에 물이 없는 것을 뜻한다. 疏『주역』에「城復于－」이라 했다. 성 안의 연못이 비어 있는 것.

【漮】공허할강.『방언(方言)』에「비어 있는 것을 漮이라 한다」고 했다. 구허(丘墟)다. 疏빈터의 텅 비어 있는 것을 뜻한다.『시경』소아 빈지초연(賓之初筵)편에「酌彼康爵」이라 했다. 정현(鄭玄)의 주에는「康虛也」라 했다. '康'과 '漮'은 음과 뜻이 같다.

　※ 이상의 6자는〔텅 비다, 공허(空虛)하다 : 虛〕의 뜻이다. 단 縢·徵은 자세하지 않다.

려　서　증　다　추　사　려　　　무리(양이나 수)가 많다
黎 庶 烝 多 醜 師 旅　　衆也

【衆】무리중. 많을중. 많은 사람. 수가 많은 것. 많은 사람들.

【黎】무리려. 많을려. 疏중과(衆夥).『시경』대아 운한(雲漢)편에「周餘－民」이라 했다.

【庶】여러서. 많을서. 疏『시경』대아 영대(靈臺)편에「－民子來」라 했다.

【烝】무리증. 많을증. 疏『시경』대아 증민(烝民)편에「天生－民」이라 했다.

【多】많을다. 疏『시경』주송(周頌) 재현(載見)편에「思皇－祜」라 했다.

【醜】무리추. 疏『시경』대아 면(緜)편에「戎－攸行」이라 했다.

【師】뭇사람사. 군사사. 疏『시경』대아 역복(棫樸)편에「六－及之」라 했다. 많은 수의 군사.

【旅】무리려. 군사려. 疏『시경』소아 채기(采芑)편에「振－闐闐」이라 했다.

　※ 이상의 7자는 다〔무리, 다수, 많다 : 衆〕의 뜻으로 쓰인다.

양　관　부　중　나　　　많다, 많은 모양이다
洋 觀 裒 衆 那　　多也

【多】많을다. 많은 모양을 표시한 것. 많게할다. 타동사.

【洋】많은양양. 넘칠양.「－溢」. 疏넘치는 것은 많은 모양이다.『시경』노송(魯頌) 비궁(閟宮)편에「萬舞－－」이라 했다.

【觀】볼관.『시경』에「薄言－者」라 했다. 疏『시경』은 소아 채록(采綠)편의 문장. ※많은 것을 관찰하는 데 많다의 뜻이 있다. 많이볼관.

【袞】모일부. 많을부. 疏모은 것이 많은 것. 『주역』에 「君子以 – 多益寡」라 했다.

【衆】많을중. 무리중. 疏『시경』 주송(周頌) 신공(臣工)편에 「命我 – 人」이라 했다.

【那】많을나. 『시경』에 「受福不 – 」라 했다. 疏『시경』은 소아 상호(桑扈)편의 문장.

※ 이상의 5자는 다 〔많은 모양의 형용, 많다 : 多〕의 뜻이다.

류 차 간   가리다, 선택하다
流差柬   擇也 【擇】가릴택. 고르다. 선택하다. 구별하다.

【流】흐름류. 흐를류. 疏선택의 뜻이 있다. 『시경』 주남 관저(關雎)편에 「左右 – 之」라 했다.

【差】가릴차. 疏『시경』 소아 길일(吉日)편에 「旣 – 我馬」라 했다.

【柬】가릴간. 疏『시경』 패풍 간혜(簡兮)편에 「簡兮簡兮」라 했다. '簡'과 '柬'은 음과 뜻이 같다.

※ 이상의 3자는 다 〔가리다, 선택하다 : 擇〕의 뜻이다.

전 률 진 경 난 송 공 섭   두려워하다, 무서워하다
戰慄震驚㦏竦恐慴   懼也
【懼】두려워할구. 두려울구. 공포를 느끼다. 무서워하다.

【戰】두려울전. 떨전. 疏『논어』에 「使民 – 栗」이라 했다. 두려워하다. '률(栗)'은 '률(慄)'과 통한다.

【慄】두려울률. 떨률. 疏『시경』 진풍(秦風) 황조(黃鳥)편에 「惴惴其 – 」이라 했다. 두려워하다.

【震】두려울진. 떨진. 疏『주역』에 「 – 來虩虩」이라 했다. 두려워하다.

【驚】놀랄경. 두려울경. 疏『주역』에 「 – 遠而懼邇也」라 했다. 놀라다.

【㦏】두려워할난. 『시경』에 「不 – 不竦」이라 했다. 疏『시경』은 상송(商頌) 장발(長發)편의 문장. 두려워하다.

【竦】두려워할송. 『시경』에 「不㦏不 – 」이라 했다. 疏『시경』은 상송 장발(長發)편의 문장. 두려워하다.

【恐】두려워할공. 疏『예기』 월령(月令)편에 「國時有 – 」이라 했다. 두려워하다.

【慴】두려워할섭. 섭(慴)과 같다. 疏『악기(樂記)』에 「柔氣不慴」이라 했다. '慴'은 섭(慴)과 같고 섭(慴)은 두려워하다로 곧 구(懼)와 같다.

※ 이상의 8자는 다 〔두려워하다, 무서워하다 : 懼〕의 뜻이다.

<table>
<tr><td>포
痛</td><td>도
瘏</td><td>회퇴
虺頹</td><td>현황
玄黃</td><td>구로
劬勞</td><td>구
咎</td><td>췌
頹</td><td>근
瘽</td><td>유
瘉</td><td>관
鰥</td><td>륙
戮</td></tr>
<tr><td>서
瘋</td><td>란
㿭</td><td>리
痶</td><td>양
痒</td><td>기
痣</td><td>자
疵</td><td>민
閔</td><td>축
逐</td><td>구
疚</td><td>매
痗</td><td>차
瘥</td><td>비
痱</td><td>단
癉</td></tr>
<tr><td>채
瘵</td><td>막
瘼</td><td>제
癠</td><td colspan="2">앓다, 병들다
病也</td></tr>
</table>

【病】앓을병. 병병. 병이 들다. 병을 앓다. 병이 중해지다. 질환이 심한 것을 말한다.

【痛】앓을포. 疏 손염(孫炎)은「사람이 피로하여 움직이지 못하는 병(人疲不能行之病)」이라 했다. ※ 앓을부.

【瘏】앓을도. 疏 말이 피로하여 나아가지 못하는 것(馬疲不能進之病).

【虺頹】虺 : 고달플회. 頹 : 무너질퇴. 쓰러질퇴. 사람이 병을 앓는 것의 통칭(通稱). 일설에는 말이 병들은 것을 일컫는 말이라고 했는데 잘못된 뜻이라고 했다. 疏 말이 피로하여 높은 곳을 오르지 못하는 병(馬罷不能升高之病). 말이 병든 상태.

【玄黃】玄 : 검을현. 黃 : 누를황. 사람이 병을 앓는 것의 통칭(通稱). 일설에는 말이 병들은 것을 일컫는 말이라고 했는데 잘못된 뜻이라 했다. 疏 말이 황색으로 변해가는 병. 말이 병을 앓아 색이 변해가는 것.

【劬勞】劬 : 힘들일구. 勞 : 앓을로, 수고할로. 『시경』에「生我劬勞」라 했다. 疏 『시경』은 소아 육아(蓼莪)편의 문장.

【咎】허물구. 재앙구. 疏「罪病也 (죄를 지어 얻은 병)」.

【頹】병들췌. 야윌췌. 疏 『시경』 소아 우무정(雨無正)편에「維躬是瘁」라 했다. '瘁'는 '頹'와 음과 뜻이 같다.

【瘽】앓을근. 고달플근. 疏 고달픈 병(勞苦之病也).

【瘉】앓을유. 나을유. 疏 『시경』 소아 각궁(角弓)편에「交相爲－」라 했다.

【鰥】앓을관. 『서경』에「智藏瘝在」라 했다. 疏 『서경』은 주서(周書) 소고(召誥)편의 문장. '瘝'과 '鰥'은 음과 뜻이 서로 같다. ※ 홀아비환.

【戮】욕보일륙. 죽일륙. 서로 욕보이는 부끄러운 병(相戮辱亦恥病也).〈뜻이 자세하지 않다.〉 疏 서로 상대방을 치욕스럽게 하여 부끄러운 병을 뜻한다.

【瘋】병들서. 앓을서. 疏 『시경』 소아 정월(正月)편에「－憂以痒」라 했다. 마음의 근심 때문에 앓는 병. 손염(孫炎)은「두려워하는 병」이라 했다.

【㿭】병들란. 앓을란. 疏 마음의 근심 때문에 앓는 병.

【痶】앓을리. 疏 마음의 근심 때문에 앓는 병.『시경』 소아 시월지교(十月之交)편에「悠悠我里」라 했다. '里'와 '痶'는 음과 뜻이 같다.

【痒】앓을양. 疏 마음의 근심 때문에 앓는 병.『시경』 소아 정월편에「瘋憂以－」이라 했다.

【痣】앓을기. 疏 손염(孫炎)은「꽉 막힌 병(滯之病也)」이라 했다. 『시경』 소아 백화(白華)편에「俾我－兮」라 했다.

【疵】흉터자. 흉볼자. 疏 흉터가 있는 조그마한 병(瑕釁小病也). ※ 앓는다는 뜻과는 조금 다른 것 같다.

【閔】 우환민. 고민할민. 疏『시경』빈풍 치효(鴟鴞)편에「鬻子之-斯」라 했다. 우환이 끊이지 않다.

【逐】 쫓을축.〈앓는다는 뜻이 자세하지 않다.〉疏『시경』위풍(衛風) 고반(考槃)편에「碩人之軸」이라 했다. '축(軸)'과 '逐'은 지금의 古字다. 곽박은 뜻이 자세하지 않다고 했다.

【疚】 오래앓을구. 疏『시경』소아 채미(采薇)편에「憂心孔-」라 했다.

【痗】 앓을매. 병매. 疏『시경』소아 시월지교(十月之交)편에「亦孔之-」라 했다.

【瘥】 병차. 나을차. 疏『시경』소아 절피남산(節彼南山)편에「天方薦-」라 했다.

【痱】 앓을비. 疏『시경』소아 사월(四月)편에「百卉具腓」라 했다. '腓'와 '痱'는 음과 뜻이 같다. ※풍병(風病也).

【癉】 앓을단. 병단. 疏『시경』대아 판(板)편에「下民卒癉」이라 했다. '癉'과 '瘅'은 같다.

【瘵】 앓을채. 강동(江東) 지방에서는 병들어 앓는 것을 '瘵'라 한다. 疏『시경』대아 첨앙(瞻卬)편에「士民其-」라 했다.

【瘼】 병막. 병들막. 동제(東齊)에서는 병들어 앓는 것을 '瘼'이라 한다. 疏『시경』대아 상유(桑柔)편에「-此下民」이라 했다.

【瘠】 앓을제. 병들제. 『예기』에「親-色容不盛」이라 했다. 疏『예기』는 옥조(玉藻)편의 문장.

　　※ 이상 27자 중 瘱, 逐을 제외한 25자는 다〔앓다, 병들다 : 病〕의 뜻이다.

　　　양　사　리　우　요　참　휼　리　　　　근심하다
　　恙 寫 悝 盰 繇 慘 恤 罹 　 憂也

【憂】 근심우. 근심할우. 걱정하다. 괴로워하다. 마음의 병을 앓다.

【恙】 병양. 근심양.「今人云無-謂無憂也(지금 사람들이 무양〈無恙〉이라 하는 것은 무우〈無憂〉를 말한다). 疏『의례』빙례(聘禮)에「公問君賓對公再拜」라 했다. 정현의 주석에「拜其無-」이라 했다.

【寫】 근심할사. 근심이 있는 것이 생각을 흩어 덜다(有憂者思散-也). 疏『시경』소아 거할(車舝)편에「我心-兮」라 했다. 근심을 덜다.

【悝】 근심할리.『시경』에「悠悠我里」라 했다. 疏『시경』은 소아 시월지교(十月之交)편의 문장으로 '里'는 '悝'와 통한다.

【盰】 근심할우.『시경』에「云何-矣」라 했다. 疏『시경』은 주남 권이(卷耳)편과 소아 도인사(都人士)편의 문장.

【繇】 부역요. 우거질요. 요역은 또한 근심이다(-役亦爲憂愁也). 疏요역은 또한 근심하는 것이다.

【慘】 근심할참. 비통할참. 疏마음의 근심거리(心憂也).

【恤】 근심할휼. 疏『시경』소아 기보(祈父)편에「胡轉予于-」이라 했다.

【罹】 근심할리. 근심리. 疏『시경』왕풍(王風) 토원(兎爰)편에「逢此百-」라 했다.

　　※ 이상의 8자는 다〔근심하다, 걱정하다, 괴로워하다 : 憂〕의 뜻이다.

류　예　공　칙　근　유　용　단　　　수고롭다, 괴로워하다
倫 勦 邛 敕 勤 愉 庸 癉　　勞也

【勞】수고할로. 노곤할로. 괴로워할로. 앓을로. 힘들다. 고달프다. 마음이 괴롭다. 근심하다.

【倫】인륜륜. 이치륜. 疏 이치(理也). 사무를 다스리므로 수고롭다.

【勦】수고로울예. 『시경』에「莫知我 ─」라 했다. 疏 『광아(廣雅)』에는「苦也」라 했다. 손염(孫炎)은「일을 익히는 수고로움이다」라 했다. 『시경』은 소아 우무정(雨無正)편의 문장.

【邛】고달플공. 『시경』에「維王之 ─」이라 했다. 疏 『시경』은 소아 교언(巧言)편의 문장. 고달프다. 병들다.

【敕】칙로(敕勞)할칙. 수고로울칙. 疏 서로 약속하다. 수고롭다의 뜻이 있다.

【勤】괴로워할근. 疏 노력(勞力)하다. 수고하다의 뜻.

【愉】수고할유. 疏 복종하다. 나태하다.

【庸】수고할용. 『국어(國語)』에「無功 ─者」라 했다. 疏 백성의 공로를 '庸'이라 한다.

【癉】수고할단. 『시경』에「哀我癉人」이라 했다. 疏 『설문(說文)』에「勞病也」라 했다. 『시경』은 소아 대동(大東)편의 문장으로 '癉'과 '癉'은 통한다.

　　※ 이상의 8자는 다 〔수고롭다, 괴로워하다 : 勞〕의 뜻이다.

로　래　강　사　위　전　수　　　힘쓰다, 부지런히 힘쓰다
勞 來 强 事 謂 翼 籆　　勤也

【勤】힘쓸근. 근로할근. 부지런히일할근. 일을 꾸준히 하다. 임무를 행하다. 직책을 다하다.

【勞】수고할로. 『시경』에「職 ─不來」라 했다. 疏 근로(勤勞)하다. 『시경』은 소아 대동(大東)편의 문장.

【來】수고할래. 『시경』에「職勞不 ─」라 했다. 疏 근로하다. 『시경』은 소아 대동편의 문장.

【强】힘쓸강. 힘쓰게할강. 疏 스스로 힘써 일한다는 것은 힘쓰다의 뜻이다.

【事】일사. 일로 말미암아 일하므로 부지런하다는 뜻이 있다. 疏 「由能 ─ ─有功」은 부지런한 뜻이 있다.

【謂】힘쓸위. 『시경』에「迨其 ─之」라 했다. 疏 『시경』은 소남(召南) 표유매(摽有梅)편의 문장. ※ 이곳은 현재의 『시경』 주석과 다르다. 『시경』「迨不 ─矣」의 뜻과 같다.

【翼】〈힘쓰다는 뜻이 자세하지 않다〉. ※ 소(疏)에도 설명이 없다. ※ 자룰전.

【籆】〈힘쓰다는 뜻이 자세하지 않다〉. ※ 소(疏)에도 설명이 없다. ※ 비수. 삼별세.

　　※ 이상 7자 중 翼, 籆를 제외한 5자는 〔부지런히 힘쓰다 : 勤〕의 뜻이 있다.

悠傷憂   思也
유 상 우   느껴 생각하다

【思】생각할사. 마음으로 느껴 생각하다. ※사모하다. 추억하다의 뜻.

【悠】느껴생각할유. 疏 느껴 생각하다. 『시경』 진풍(秦風) 위양(渭陽)편에 「‒‒我思」라 했다. 진송위노(晋宋衛魯)의 사이에서는 「鬱‒」라 했다.

【傷】느껴생각할상. 근심할상. 疏 『시경』 주남(周南) 권이(卷耳)편에 「維以不永‒」이라 했다.

【憂】느껴생각할우. 근심할우. 疏 「愁思也」.

　※ 이상의 3자는 다 〔느껴 생각하다 : 思〕의 뜻이다.

懷惟慮願念怒   思也
회 유 려 원 념 녁   생각하다

【思】생각사. 곧 생각하다. 자신이 생각하는 것.

【懷】품을회. 疏「‒怒」. 『방언』에「鬱悠‒怒」이라 했다.

【惟】생각할유. 疏 보통으로 생각하다의 뜻(凡‒也).「靖愼思也」.

【慮】생각려. 疏 꾀로 생각하다(謀‒也).「靖愼思也」.

【願】생각할원. 원할원. 疏 생각하고자 하는 것(欲‒也).「靖愼思也」.

【念】생각할념. 疏 항상 생각하다(常思也).「동제(東齊)와 해대(海岱) 사이에서는 정(靖), 진진(秦晋)에서는 혹 신(愼)이라 한다」.

【怒】생각할녁. 『시경』에 「‒如調饑」라 했다. 疏 보통 생각하는 모습을 愼, 또는 怒이라 한다. 뜻하고 얻지 못하는 것. 『시경』은 주남 여분(汝墳)편의 문장.

　※ 이상의 6자는 다 〔생각하다 : 思〕의 뜻이다.

祿祉履戩祓禧禠祜   福也
록 지 리 전 불 희 사 호   복,행복,복내리다

【福】복복. 복내릴복. ※행복. 복조(福阼). 복을 내려주다. 복받다의 뜻.

【祿】복록. 녹봉록. 疏「福祐也」. 녹봉도 역시 복이다. 「福‒對文則小異散則‒亦福也」. 『시경』 상송(商頌) 현조(玄鳥)편에 「百‒是何」라 했다. 정현의 주석에 「하늘의 복을 짊어졌다」고 했다.

【祉】복지. 疏 번다한 복(繁多之福也). 『시경』 주송(周頌) 열문(烈文)편에 「錫玆‒福」이라 했다.

【履】복록리. 복리. 『시경』에 「福‒綏之」라 했다. 疏 『시경』은 주남(周南) 규목(樛木)편의 문장.

【戬】복전. 다할전.『시경』에「俾爾—穀」이라 했다. 疏『시경』은 소아 천보 (天保)편의 문장.

【祓】복불. 떨불.『시경』에「—祿爾康矣」라 했다. 疏『시경』은 대아 권아(卷 阿)편의 문장. ※지금의『시경』에는 '茀'로 되어 있다.

【禧】복희.〈書傳의 뜻이 자세하지 않다.〉

【禠】복사.〈書傳의 뜻이 자세하지 않다.〉

【祜】복호. 疏『시경』소아 신남산(信南山)편에「受天之—(하늘의 복을 받다)」라 했다.

※ 이상의 8자는 다〔복받다, 복, 행복, 복 내리다 : 福〕의 뜻이다.

인　사　사　증　상　약　　　　제사, 제사지내다
禋 祀 祠 蒸 嘗 禴　　祭也

【祭】제사지낼제. 제사제. 신에게 제사지낸다. 제전.

【禋】제사지낼인.『서경』에「—于六宗(여섯 신에게 지내는 제사)」이라 했다. 疏제사의 별명.『설문』에「絜祀(결사:絜祀)」라 했다.『서경』은 순전편의 문장. '六宗'은 '四時・寒暑・日・月・星・水旱, 또는 天・地・春・夏・秋・冬神'이다.

【祀】제사지낼사. 疏제사의 별명이다.『설문』에「祭無已也(제사가 그침이 없다)」라 했다.

【祠】제사지낼사. 봄제사사. 疏제사의 별명. 봄에 지내는 제사.

【蒸】제사지낼증. 겨울제사증. 疏제사의 별명. 겨울에 지내는 제사.

【嘗】제사지낼상. 가을제사상. 疏제사의 별명. 가을에 지내는 제사.

【禴】제사지낼약. 봄제사약. 疏제사의 별명. 봄에 지내는 제사.

※ 이상의 6자는 다〔제사, 제사지내다 : 祭〕의 뜻이다.

엄　각　지　익　인　공　흠　인　선　　삼가하고 공경하다
儼 恪 祗 翼 諲 恭 欽 寅 熯　　敬也

【敬】공경경. 공경할경. 삼가할경. ※조심하다. 존경하다. 근신하다.

【儼】공경할엄. 엄연(儼然)하여 공경하는 모양. 疏『논어』에「—然人望而畏 之(엄연하면 남이 바라보고 두려워한다)」라 했다. 삼가하고 공경하다.

【恪】공경할각. 疏마음으로 공경하다(心敬也).『서경』주서(周書) 미자지명 (微子之命)편에「—愼克孝(삼가 효도를 다하여)」라 했다.

【祗】공경할지. 疏『서경』우서(虞書) 대우모(大禹謨)편에「—承于帝(삼가 임금을 잘 받들다)」라 했다. 삼가하고 공경하다.

【翼】 삼가할익. 疏소심한 공경(小心之敬也). ※『시경』소아 유월(六月)편에 「有嚴有 – 」이라 했다.

【諲】 공경할인.〈뜻이 자세하지 않다.〉※소(疏)에도 설명이 없다.

【恭】 공경할공. 공손할공. 疏공경하는 모양(敬貌也).『시경』대아 억(抑)편에 「溫溫 – 人」이라 했다.

【欽】 공경할흠. 疏『서경』요전(堯典)편에「 – 若昊天(광대한 하늘을 삼가 공경하여)」이라 했다. 삼가하고 공경하다.

【寅】 공경할인.『서경』에「夙夜惟 – (아침부터 밤늦게까지 공경하여)」이라 했다. 疏『서경』은 우서 순전(舜典)편의 문장. 삼가고 공경하다.

【熯】 공경할선.『시경』에「我孔 – 矣(내 심히 정성을 다하여)」라 했다. 疏삼가고 공경하다.『시경』은 소아 초자(楚茨)편의 문장.

※ 이상의 9자는 모두〔삼가하고 공경하다, 공경하다 : 敬〕의 뜻이다.

조 단 숙 신 준　　　새벽, 일찍이다

朝旦夙晨晙　早也

【早】새벽조 일찍조 이른 아침. 동이 트는 아침. 조금 빠른 것. 아침때가 되지 않은 것.

【朝】 아침조. 새벽조. 疏『시경』용풍(鄘風) 체동(蝃蝀)편에「崇 – 其雨(아침내내 비가 내리다)」라 했다.『모전(毛傳)』에「崇終也」라 했다. 일찍부터 아침식사 때까지를 종조(終朝)라고 한다.

【旦】 아침단. 疏『설문』에「明也從日在一上一地也」라 했다.『시경』진풍(陳風) 동문지분(東門之粉)편에「穀 – 于差」라 했다.

【夙】 일찍숙. 疏『시경』제풍(齊風) 동방미명(東方未明)편에「不 – 則莫」이라 했다.

【晨】 새벽신. 疏『설문』에「 – 昧爽也」라 했다. 어둑어둑한 새벽.『시경』제풍 동방미명편에「不能 – 夜」라 했다.

【晙】 새벽준. 밝을준. 밝은 것(明也). 疏밝은 새벽을 가리킨다(明之早也).

※ 이상의 5자는 다〔일찍, 새벽, 점심 먹기 전 : 早〕의 뜻이 있다.

수 사 체 려 지 지 혜　　　기다리다

須竢替戾底止徯　待也

【待】기다릴대. 대비하다. 때가 오기를 기대하다. 누가 오기를 기다리다.

【須】 기다릴수. 疏『시경』패풍 포유고엽(匏有苦葉)편에「卬 – 我友(내 벗을 기다림이오)」라 했다. ※잠깐수. 수염수. 모름지기수.

【竢】 기다릴사. 疏『시경』제풍(齊風) 저(著)편에「俟我于著乎而(나를 문밖에서 기다리시오)」라 했다. '俟'는 '竢'와 음과 뜻이 같다.

【替】 기다릴체. 그칠체. 그치다. 疏그치다의 뜻이며 그치는 것에 서로 기다리다의 뜻이 포함되어 있다. ※폐할체. 멸할체. 쇠할체. 갈마를체. 바꿀체.

【戾】기다릴려. 그치다. 疏 어그러지다의 뜻으로 기다리다의 뜻이 있다.

【厎】기다릴지. 그칠지. 그치다. 疏 그치다의 뜻이며 그치다의 속에는 기다리다의 뜻도 있다. ※ 숫돌지. 갈지. 바를지. 정할지. 이를지.

【止】기다릴지. 그칠지. 疏 그치다의 뜻이며 그치다의 속에는 기다리다의 뜻도 있다.

【徯】기다릴혜.『서경』에「－我后(우리의 임금을 기다리다)」라 했다. 하북인(河北人)은 기다리다를 ‘徯’ 라 한다. 疏『서경』은 태갑(太甲) 중편의 문장.

※ 이상의 7자는 다〔기다리다, 서로 기다리다, 머무르다 : 待〕의 뜻이다.

율 기 재 태 　　위태하다, 위태롭다
嶱 幾 戝 殆 　　危也

【危】위태할위. 위태로울위. 위험하다. 거의 망하게 되다. 보전하기 어렵다. 거의 죽게 되다.

【嶱】위태할율.〈뜻이 자세하지 않다.〉疏 위험할율. 뜻이 미상(未詳)하다.

【幾】위태할기. 태(殆)와 같다. 疏 태(殆)와 같다.『서경』주서(周書) 고명(顧命)편에「無以釗冒貢于非－」라 했다.

【戝】위태할재.〈뜻이 자세하지 않다.〉疏 주(注)가 없다.

【殆】위태할태. 疏『시경』소아 절피남산(節彼南山)편에「無小人－(소인의 위태함이 없다)」라 했다.

※ 이상의 4자는 다〔위태하다, 위험하다 : 危〕의 뜻이다. 단 嶱과 戝는 뜻이 자세하지 않다.

기 　　　거의, 거반이다
幾 　　　汔也 【汔】거의개. 거의 다. 거반. 비비다의 뜻도 있다. ※ 거의흘

【幾】거의기. 서로 가까이하다의 뜻이 있다. 疏『설문』에「劀摩」라 했다. 곽박은 개(劀)와 같이 보았다.『시경』대아 민로(民勞)편에「汔可小康」이라 했다. ‘汔’와 ‘汔’는 같다. 정현의 주석에「汔는 거의 하다〈幾〉」라 했다. 반복하여 서로 훈이 되는 것으로 汔가 幾가 된다.

※ 이상의 1자는〔거의 하다, 거반 : 汔〕의 뜻에 가깝다.

치 사 고 　　까닭, 이유, 연고, 오래된 옛날이다
治 肆 古 　　故也

【故】까닭고. 이유. 연고. ※ 예고. 옛벗고. 옛부터고.

【治】까닭치.〈뜻이 자세하지 않다.〉疏 주석이 없다. ※ 다스릴치.

【肆】까닭사. 疏 『서경』 상서(商書) 탕고(湯誥)편에 「-台小子」라 했다.

【古】옛날고. 疏 『시경』 주송(周頌) 양사(良耜)편에 「續-之人(옛날의 사람을 잇다)」이라 했다. 옛부터.

　※ 이상의 3자는 다 〔옛부터, 옛날, 까닭 : 故〕의 뜻이다. 단 治는 뜻이 자세하지 않다.

　　사　　고　　　　이제, 곧, 지금이다
　　肆　故　　今也
【今】이제금. 지금금. 곧금. 현재. 지금의 세상. 현대. 오늘. 금일. 곧바로의 뜻.

【肆】이제사. 지금의 반대는 옛날이고 옛날의 반대는 지금이므로 서로 겸하여 통한다. 疏 『시경』 대아 면(緜)편에 「-不殄厥慍」이라 했다. 『모전(毛傳)』에 '肆'는 「故今也」라 했다. 곧 '肆' 한 글자로 옛날과 지금을 표현했다. 「因上起下之語」.

【故】이제고. 이제는 옛날도 되고 옛날은 지금도 되는 것으로 서로 겸하여 통한다. 疏 今과 故가 겸통(兼通)한다고 했다.

　※ 이상의 2자는 다 〔이제, 지금, 현재 : 今〕의 뜻이다.

　돈　단　호　독　견　잉　비　비　독　복　　두텁다, 두터이하다
　惇　亶　祜　篤　掔　仍　肶　埤　竺　腹　　厚也
【厚】두터울후. 두터이할후. 두께후. 두껍다. 많다. 정성스럽다. 두텁다의 뜻.

【惇】두터울돈. 疏 중후(重厚也). 『서경』 주서(周書) 무성(武成)편에 「-信明義」라 했다. ※ 도타울돈.

【亶】진실로단. 두터울단. 疏 정성이 두텁다(誠之厚也). 『시경』 대아 상유(桑柔)편에 「逢天僤怒」라 했고, 소아 천보(天保)편에 「俾爾單厚」라 했으며, 주송 호천유성명(昊天有成命)편에 「單厥心」이라 했다. 僤, 單은 亶과 음과 뜻이 같다. ※ 미쁠단.

【祜】복이두터울호. 疏 복이 두텁다(福厚也). ※ 복호.

【篤】두터울독. 疏 『시경』 주송(周頌) 유천지명(維天之命)편에 「曾孫-之」라 했다.

【掔】두터울견. 「견연(-然)」. 두터운 모양이다. 疏 「-然」은 두터운 모양이다. ※ 끌견.

【仍】두터울잉. 자주잉. 「頻仍」. 중후하다. 疏 중후하다(重厚也). 제9편 석천(釋天)에 「-饑爲荐」이라 했다.

【肶】두터울비. 비보(-輔). 중후하다. 疏 「-輔」는 후중(厚重)하다. 『시경』 소아 절피남산편에 「天子是毗」라 했고, 소아 채숙(采菽)편에 「福祿膍之」라 했다. '肶' '毗' '膍'는 음과 뜻이 같다.

【埤】두터울비. 더할비. 비익(-益). 중후하다. 疏 「-益」은 중후(重厚)하다. 『시경』 패풍 북문(北門)편에 「政事一-益我」라 했다. ※ 낮을비. 습지비.

【竺】두터울독. 疏 주(注)가 없다. ※대나무축. 나라이름축.

【腹】두터울복. 疏『시경』소아 육아(蓼莪)편에 「出入－我」라 했다. 『예기』월령(月令)편에 「水澤－堅」이라 했다.

※ 이상 10자는 다〔중후(重厚)하다, 두텁다, 두터이하다 : 厚〕의 뜻이다.

재 모 식 사 　 거짓, 속임이다
載 謨 食 詐 　 僞也

【僞】거짓위. 속일위. ※불성실하다. 허식. 가짜. 거짓말을 하다. 그 행실이 거짓되다. 인위적으로 부자연스럽다의 뜻.

【載】거짓재. 「言而不信」疏 허위이다(虛僞也). 말하되 믿음이 없다. 말하는데 믿음이 없는 것은 거짓이다. ※실을재. 이을재. 가득할재. 꾸밀재. 일재.

【謨】거짓모. 「謀而不忠」疏 허위이다(虛僞也). 꾀하되 충성하지 않다. 꾀하되 충성하지 않으면 허위이다. ※꾀모. 꾀할모. 없을모.

【食】먹을식. 거짓식. 『서경』에 「朕不－言」이라 했다. 疏 손염(孫炎)이 「식언(－言)은 거짓이다」라 했다. 『좌전』애공(哀公) 25년에 「孟武伯惡郭重曰何肥也 公曰是－言多矣能無肥乎 然則言而不行如－之消盡」이라 했다. 이후로 행동으로 행해지지 않고 말만 앞서는 것을 '거짓'이라고 하며 이것을 '식언(食言)'이라고 했다. 『서경』은 상서(商書) 탕고(湯誥)편의 문장.

【詐】거짓사. 疏『방언(方言)』에 「膠譎을 詐라 한다」고 했다. 「涼州西南之間曰膠」. 「自關而東西或曰譎或曰膠－通語也」. 허위.

※ 이상의 4자는 다〔거짓, 속임, 허위 : 僞〕의 뜻이 있다.

화 유 재 행 와 　 말씀, 말, 말하다
話 猷 載 行 訛 　 言也

【言】말씀언. 말언. 말할언. ※언어. 글자. 문자. 시구나 문장의 한 구. 또는 말로 나타내는 것. 발언하는 것 등등.

【話】말화. 『시경』에 「愼爾出－」라 했다. 疏 좋은 말(善言也). 손염(孫炎)은 「善人之言也」라 했다. 『시경』은 대아 억(抑)편의 문장. ※이야기할화.

【猷】말할유. 「－者道言亦言也」. 疏「－者道也 道亦言也(말하다이며 道는 또한 言이다)」. ※꾀유. 꾀할유. 같을유. 그릴유.

【載】말을기재할재. 『주례(周禮)』에 「作盟詛之－」라 했다. 疏 기록할재. 「－於簡策之言也」. 『주례』는 춘관조축직(春官詛祝職)의 문장. ※실을재.

【行】말행. 疏 중국 강동 지방의 통용어.

【訛】말이잘못될와. 「以妖言爲－」. 疏 요상한말와. ※그릇될와. 잘못와. 속일와.

※ 이상의 5자는 다〔말씀, 말, 말하다, 기재하다 : 言〕의 뜻이다.

구 봉   만나다, 조우하다
遘 逢   遇也
【遇】만날우. 뜻밖에우. ※우연히 만나다. 때를 만나다. 서로 만나다.

구 봉 우   부딪쳐서 만나다, 만나다
遘 逢 遇   遻也
【遻】만날오. ※돌아다니다 갑자기 만나다. 우연히 만나다.

구 봉 우 오   보다, 눈에 띄다
遘 逢 遇 遻   見也
【見】볼견. 보일견. ※눈에 띄다. 목격하다. 돌아다니다 서로 만나서 보다.

【遘】 만날구. 서로 우연히 만나다(相遭遇). ※주석이 없다.

【逢】 만날봉. 서로 우연히 만나다(相遭遇). ※주석이 없다.

　※ 이상의 2자는 다 〔만나다, 우연히 만나다 : 遇〕의 뜻이다.

【遘】 부딪칠구. 돌아다니다 서로 부딪쳐서 만나다(相觸). ※만날구.

【逢】 부딪칠봉. 돌아다니다 서로 부딪쳐서 만나다(相觸). ※만날봉.

【遇】 부딪칠우. 돌아다니다 서로 부딪쳐서 만나다(相觸). ※만날우.

　※이상의 3자는 다 〔돌아다니다 부딪쳐서 만나다 : 遻〕의 뜻이다.

【遘】 만날구. 돌아다니다 서로 만나서 곧 보다. 疏『시경』소남(召南) 초충(草蟲)편에「亦旣覯止」라 했다. ‘覯’와 ‘遘’는 뜻이 같다.

【逢】 만날봉. 돌아다니다 서로 만나서 곧 보다. 疏『서경』주서(周書) 홍범(洪範)편에「子孫其－吉」이라 했다.

【遇】 만날우. 돌아다니다 서로 만나서 곧 보다. 疏『시경』정풍(鄭風) 야유만초(野有蔓草)편에「邂逅相－」라 했다.

【遻】 만날오. 돌아다니다 서로 만나서 곧 보다. 疏서로 만나서 보인다.

　※이상의 4자는 다 〔우연히 만나다, 부딪쳐 만나다, 눈에 띄다 : 見〕의 뜻이 있다. 서로 부딪쳐 만나는 것은 ‘본다’의 뜻이 있으므로 遘, 逢, 遇, 遻의 4글자가 ‘보다’의 뜻도 있다.

현 소 근 조 적   보이다, 밝게 나타나다, 뵙다
顯 昭 覲 釗 覿   見也
【見】밝게나타날현. 뵐현. 밝게 나타나 있는 상태. 아래에서 위를 뵙는 것. ※볼견.

【顯】 나타날현. 「明見也」. 疏明見也(밝게 나타나다).『시경』주송(周頌) 경지(敬之)편에「天維－思」라 했다.

【昭】 밝을소「明見也」. 疏『시경』주송(周頌) 시매(時邁)편에「明 - 有周」
라 했다. 밝게 나타난 상태.

【覲】 뵐근. 疏「下見上也(아래에서 위를 뵙다)」.『예기』곡례편에「天子當依
而立諸侯北面而見天子曰 -」이라 했다.

【釗】 뵐조.『일주서(逸周書)』에「- 我周王」이라 했다. 疏「下見上也(아래
에서 위를 뵙다)」.『일주서(逸周書)』는 현재의『서경』에 빠져있는 글.

【覜】 볼적. 疏「下見上也(아래에서 위를 뵙다)」.『예기』교특생(郊特牲)편
에「不敢私 -」이라 했다.

　※ 이상 5자중 顯, 昭는〔밝게 나타나다〕의 뜻이요, 覲, 釗, 覜은〔보
이다, 뵙다〕의 뜻으로 나타난 상태를 본다는 뜻이다.

감　첨　림　이　조　상　　　보다, 살펴보다
監 瞻 臨 涖 頫 相　　視也
【視】볼시. 자세히 보다. 살펴보다. 정신을 차리고 보다. 엿보다.

【監】 살필감.「察視也」. 疏「察視(살펴보다)」.『시경』소아 절피남산(節彼南
山)편에「何用不 -」이라 했다. ※볼감. 거울삼을감. 거울감.

【瞻】 살펴볼첨.「察視也」. 疏 살펴보다. 쳐다보다.『시경』소아 절피남산편에
「民具爾 -」이라 했다. ※볼첨.

【臨】 살펴볼림. 疏『시경』대아 대명(大明)편에「上帝 - 女」라 했다. 높은 곳
에서 내려다 보다. ※임할림.

【涖】 살펴볼이. 疏『예기』문왕세자(文王世子)편에「成王幼不能 - 阼」라 했
다.

【頫】 살펴볼조. 疏 보다(視也).『주례』고공기(考工記)에「琢圭璋八寸璧琮
八寸以頫聘」이라 했고 정현의 주에「覜視也聘問也衆來曰 - 特來曰聘」
이라 했다. '規'와 '頫'는 뜻이 같다. ※일부. 굽힐부.

【相】 볼상. 疏『시경』소아 소반(小弁)편에「- 彼投兎(저 달려오는 토끼를
보면)」라 했다. ※서로상. 용모상. 도울상. 다스릴상.

　※ 이상의 6자는 다〔보다, 살펴보다 : 視〕의 뜻이다.

국　흉　일　　　충만하다, 가득차다
鞠 訩 溢　　盈也
【盈】찰영. 남을영. 가득차다. 충만하다. 물이 그릇에 가득차다. 넘치기 직전.

【鞠】 찰국.『시경』에「降此 - 訩」이라 했다. 疏 가득 차서 많다(盈多也).『시
경』은 소아 절피남산편의 문장 ※공국. 기를국. 고할국. 굽힐국.

【訩】 찰흉.『시경』에「降此鞠 -」이라 했다. 疏 가득 차서 많다(盈多也).『시
경』은 소아 절피남산편의 문장.『모전』에「訩은 송사(- 訟)이다」라고 했
다. ※재화흉. 떠들썩할흉.

【溢】 찰일. 疏 가득차다(滿 - 也). ※지나칠일, 교만할일, 타이를일, 큰물일.

　※ 이상의 3자는 다〔차다, 가득차다, 충만하다 : 盈〕의 뜻이다.

공 백 재 연 허 무 지 언　　　사이, 틈이다
孔 魄 哉 延 虛 無 之 言　　間也

【間】사이간. 틈간. 두 사람의 사이. 중간. 가운데. 벌어져 사이가 뜬 곳. 떨어진 정도의 거리.

【孔】틈공.「孔穴(틈, 사이)」. 疏『시경』소아 각궁(角弓)편에「如酌 - 取」라 했다. ※매우공. 깊을공.

【魄】틈백.「間隙(틈, 사이)」. 疏「形也(형상)」.「謂月之無光之處名 - 也」.『서경』강고(康誥)편에「惟三月哉生 - 」이라 했다.

【哉】〈뜻이 자세하지 않다.〉疏주석이 없다. ※어조사재. 비롯할재.

【延】틈연.「間隙(틈, 사이)」. 疏지금의 묘도(墓道)이다. ※끌연, 끌릴연. 느릴연. 미칠연. 길연.

【虛】틈허.「間隙(틈, 사이)」. 疏「공허하여 둔 것이 없다(空無所有也)」.「有間隙也」. ※빌허.

【無】틈무.「間隙(틈, 사이)」. 疏「공허하여 둔 것이 없다(空無所有也)」.「有間隙也」. ※없을무.

【之】〈틈이라는 뜻이 자세하지 않다.〉疏주석이 없다. ※갈지.

【言】〈틈이라는 뜻이 자세하지 않다.〉疏주석이 없다. ※말씀언.

　※이상 8자에서 哉, 之, 言을 제외한 5자는 다〔사이, 틈 : 間〕의 뜻이 있다. 哉, 之, 言의 3자는 '틈'이라는 뜻이 자세하지 않다.

예 유 은 닉 폐 찬　　숨기다, 도망시켜 감추다
瘞 幽 隱 匿 蔽 竄　　微也

【微】숨길미. 희미할미. 은닉하다. 도망하여 감추다(逃藏也). ※작을미. 천할미.

【瘞】도망시켜감출예. 疏매장(埋藏)하여 숨기다.「微昧不顯揚也(어슴푸레 알기 어려워서 드러나지 않다)」. ※묻을예. 무덤예. 숨을예.

【幽】숨을유. 疏「深微也(깊어 미묘하다)」.「微昧不顯揚也」. ※그윽할유. 어두울유. 가둘유. 간힐유. 조용할유.

【隱】숨을은. 疏「僭 - 而微也(거짓으로 숨다)」.「微昧不顯揚也」. ※숨길은.

【匿】숨을닉. 疏『사인(舍人)』에「藏之微也(감추는 것은 숨는 것이다)」라했다.「微昧不顯揚也」. ※숨길닉. 숨은죄닉.

【蔽】가릴폐. 疏「覆障使微也(덮어서 숨기다)」.「微昧不顯揚也」. ※덮을폐. 주사위폐.

【竄】숨을찬. 疏「行之微也(다니면서 숨는다)」.「微昧不顯揚也」. ※달아날찬. 내칠찬. 고칠찬.

　※이상의 6자는 다〔도망하여 숨다, 숨기다 : 微〕의 뜻이며, 다 어두운 곳에 숨어서 나타나지 않는다는 뜻이 있다.

글 휘 타 회 안 안 체 려 저 폐 니 정 갈 알
訖 徽 妥 懷 安 按 替 戾 底 廢 尼 定 曷 遏

그치다, 머무르다, 그쳐 머무르다
止也 【止】그칠지. 「止住也」.

【訖】마칠글. 그만둘글. 疏「終止也(끝내다, 마지막)」. ※마침내글.

【徽】〈그치다의 뜻이 자세하지 않다.〉※아름다울휘. 탈휘.

【妥】앉을타. 「坐也」. 疏 앉아 그치다(坐止也). ※편안할타.

【懷】이를회. 「至也」. 疏 이르러 그치다(至止也). 품어 안아서 그치다. ※품을회. 따를회. 편안할회.

【安】머무를안. 疏休止也(쉬다, 그만두다, 끝나게 하다). ※편안할안.

【按】누를안. 「抑 - 也」. 疏 억누르다(抑也). 『시경』 대아 황의(皇矣)편에 「以 - 徂旅」라 했다. ※어루만질안.

【替】그칠체. 「止住也」. 疏 그쳐 머물다(止住也). 『시경』 소아 초자(楚茨)편에 「勿 - 引之」라 했다. ※폐할체. 멸할체. 갈마들체.

【戾】그칠려. 『국어(國語)』에 「- 久將底」라 했다. 疏『시경』 소아 채숙(采菽)편에 「亦是 - 矣」라 했다. 그치다. ※어그러질려. 사나울려.

【底】그칠저. 『국어(國語)』에 「戾久將 -」라 했다. 疏「在物之下是亦止也」. 그치다. 『국어』는 진어(晉語). ※밑저. 이를저.

【廢】그칠폐. 「止住也」. 疏「止住也(그쳐 머물다)」. 폐지하다. ※집쏠릴폐. 못쓰게될폐. 폐할폐.

【尼】그칠니. 『맹자』에 「行或 - 之」라 했다. 疏 곽박의 주석이 잘못되어 있다. 『맹자』 양혜왕(梁惠王) 하편에 「行或使之 止或 - 之 行止非人所能也」라 했다. ※중니. 가까울니.

【定】머무를정. 疏「고요하게 그치다(靜止也)」. ※정할정.

【曷】그칠갈. 疏「俗以抑止爲 - (속세에서 억지시키는 것이 曷이다)」. ※어찌갈. 어느때갈.

【遏】머무를알. 「今以逆相止爲 -」. 疏 지금 거역하여 서로 중지시키는 것을 遏이라고 한다. ※막을알.

※이상의 14자 가운데 '徽'를 제외한 13자가 다 〔그치다, 머무르다, 그쳐 머무르다 : 止〕의 뜻이다.

예 역 물리다, 싫증나다
豫 射 厭也

【厭】싫어할염. 물릴염. 싫증나다. 싫어하다. 하기를 꺼리다. ※마음에찰염. 가위눌릴염.

【豫】싫어할예.〈뜻이 자세하지 않다.〉※싫어한다는 것은 싫증이 난 것이다. 기뻐할예. 놀예. 즐길예. 미리예.

【射】싫어할역.『시경』에「服之無斁」이라 했다. 疏『시경』은 주남(周南) 갈담(葛覃)편의 문장. ‘斁’과 ‘射’은 서로 통한다. ※쏠사. 벼슬이름야.

※이상의 2자는 다 〔싫증나다, 물리다 : 厭〕의 뜻이다.

렬 적 　공업(功業), 공적이다
烈 績 　業也
【業】업업. 공업업. 공적을 가리킨다. ※일. 직업. 좋다는넙업. 업으로삼을업. 시작할업.

【烈】공업렬. 疏『시경』주송(周頌) 집경(執競)편에「無競維 -」이라 했다. ※세찰렬. 사나울렬. 굳셀렬. 아름다울렬.

【績】공업적. 공적. 疏『시경』대아 문왕유성(文王有聲)편에「維禹之 -」이라 했다. ※자을적. 일적.

※이상의 2자는 〔공업, 공적 : 業〕의 뜻이다.

적 훈 　공로(功勞), 공훈이다
績 勳 　功也
【功】공공. 보람공. 공로(功勞). 힘들여 이룬 결과. 결과가 좋은 것. 공을 세운 것.

【績】공로적. 疏공로(功勞)이다.『서경』우서(虞書) 대우모(大禹謨)편에「嘉乃조 -(큰 공적을 아름답게 여긴다)」이라 했다.

【勳】공로훈. 疏공로(功勞)이다.『주례』사훈직(司勳職)에「王功曰 -」이라 했고 정현(鄭玄)의 주석에「輔成王業若周公」이라 했다. ※공훈.

※이상의 2자는 다 〔공로, 공훈 : 功〕의 뜻이다.

공 적 질 등 평 명 고 취 　이루다, 이루어지다
功 績 質 登 平 明 考 就 　成也
【成】이루어질성. 이룰성. 성제(成濟)하다. 성취하다. 이루어 성공시킨 것.

【功】이루어질공.「- 績皆有成」. 疏「成濟也(이루어지다)」.「勳 - 皆有成也」.

【績】이루어질적. 이룰적.「功 - 皆有成」. 疏이루어지다.「- 業皆有成也」.

【質】이룰질.『시경』에「- 爾民人(그대의 백성을 안정시키다)」이라 했다. 疏『시경』은 대아 억(抑)편의 문장. ※모양질. 바탕질.

【登】이룰등.『예기』에「年穀不 -(곡식이 이루어지지 않았다)」이라 했다. 疏『예기』는 곡례(曲禮) 하편의 문장.「成濟也」. ※오를등.

【平】이룰평.『곡량전(穀梁傳)』에「- 者成也」라 했다. 疏『곡량전』은 선공(宣公) 15년의 문장.「成濟也」. ※평할평.

【明】이룰명. 나타날명.「事有分 - 」. 疏 이루어지다.「事有分 - 亦成濟也」.
　　　※밝을명.

【考】이룰고. 疏『서경』순전(舜典)편에「三載 - 績」이라 했다.「成濟也」. ※상
　　　고할고

【就】이룰취. 疏『시경』주송(周頌) 경지(敬之)편에「日 - 月將」이라 했는
　　　데, 성공을 말한 것이다. ※나아갈취.

　※이상의 8자는 다〔이루어지다, 이루다 : 成〕의 뜻이다.

곡　경　각　정　정　도　　　곧다, 바르다, 정직하다
楛 梗 較 頲 庭 道　　直也
【直】곧을직. 바로잡을직. 곧게할직. 정직(正直). 바르다. 바르게 하다.

【楛】바를곡.「正直也」. 疏 바르고 곧다(正直也). ※수갑곡.

【梗】곧을경.「正直也」. 疏 바르고 곧다(正直也). ※가시나무경. 가시경.

【較】바를각.「正直也」. 疏 바르고 곧다(正直也). ※차이(車耳)각. 겨룰각.
　　　견줄교. 대강교. 환할교.

【頲】바를정.「正直也」. 疏 바르고 곧다(正直也). ※곧을정.

【庭】곧을정.『시경』에「旣 - 且碩」이라 했다. 疏「條直也(조례가 바르다)」.
　　　『시경』은 소아 대전(大田)편의 문장.

【道】바를도.「頲 - 無所屈」. 疏「頲 - 無所屈(바른 것은 굴할 것이 없다)」.
　　　※길도. 도도. 순할도. 다스릴도. 말미암을도.

　※이상의 6자는 다〔바르다, 곧다, 정직하다 : 直〕의 뜻이다.

밀　강　　　안정(安靜)하다, 편안하고 고요하다
密 康　　靜也
【靜】조용할정. 안정할정. 편안하고 조용하다. 안존하다. 마음이 고요하고 편안하다.

【密】조용할밀.「安靜也」. 疏「安靜也(편안하고 고요하다)」.『시경』주송 호천유
　　　성명(昊天有成命)편에「夙夜基命宥 - 」이라 했다. ※빽빽할밀. 은밀할밀.

【康】편안할강.「安靜也」. 疏「安靜也(편안하고 고요하다)」.『시경』대아 생
　　　민(生民)편에「不 - 禋祀」라 했다. ※즐거워할강.

　※이상의 2자는 다〔안정하다, 편안하고 고요하다 : 靜〕의 뜻이다.

예　녕　수　강　유　　　편안하다, 안락(安樂)하다
豫 寧 綏 康 柔　　安也
【安】편안안. 편안할안. 마음이 편하다. 위태하지 않다. 편안하게 하다. 안심시키다.

【豫】편안할예.「安樂」. 疏『시경』대아 판전(板田)편에「不敢戱 - 」라 했다.
　　　※『시경』은 일시(逸詩)인 것 같다. 기뻐할예.

【寧】 편안할녕. 「安樂」. **疏**『서경』 우서(虞書) 대우모(大禹謨) 편에 「萬邦咸-」이라 했다.

【綏】 편안히할수. 「安樂」. **疏**『서경』 상서(商書) 태갑(太甲) 편에 「撫-萬邦」이라 했다. ※끈수. 갖끈수.

【康】 편안할강. 「安樂」. **疏**『시경』 대아 민로(民勞) 편에 「汔可小-」이라 했다.

【柔】 편안히할유. 「安樂」. **疏**『서경』 우서(虞書) 순전(舜典) 편에 「-遠能邇」라 했다. ※부드러울유.

　※이상의 5자는 〔편안하다, 안락하다 : 安〕의 뜻이다.

　평　균　이　제　　어렵지 않다, 쉽다
平 均 夷 弟　　易也
【易】 쉬울이. 간략하게할이. 용이하다. 하기 쉽다. 간편하다. 간편하게 하다. ※바꿀역. 바뀔역. 점역. 주역역.

【平】 평이할평. 「易直(간편하다)」. **疏**「和-」. 평이하다. ※평할평. 바를평. 고를평.

【均】 평이할균. 「易直(간편하다)」. **疏**「--」. 고르다. ※고를균.

【夷】 평평할이. 「易直(간편하다)」. **疏**『시경』 주송(周頌) 천작(天作) 편에 「岐有-之行」이라 했다.

【弟】 평이할제. 「易直(간편하다)」. **疏**『시경』 대아 형작(泂酌) 편에 「豈-君子」라 했다.

　※이상의 4자는 다 〔쉽다, 어렵지 않다, 평이하다 : 易〕의 뜻이 있다.

　시　　놓다, 풀어놓다
矢　弛也
【弛】 놓을시. 풀릴시. 느슨할시. 활시위를 놓다. 활시위를 풀어 놓다. 「放也」. ※활부릴이. 느슨할이. 풀릴이. 떨어질치.

　시　　길고 쉽게 하다
弛　易也　**【易】**길고쉬울이. 「相延易也」. 길고 쉽다. ※쉬울이. 바꿀역.

【矢】 풀어놓을시. 놓을시. **疏**「弛也(풀어 놓다)」. 「以弓釋弦曰弛故云弛放」.

【弛】 풀어놓을시. **疏**『예기』 잡기(雜記) 편에 「一張一--」라 했는데 「-又爲易爲相延易也」이다.

　※이상의 2자는 다 〔풀어놓다, 쉽다 : 弛·易〕의 뜻이다.

희 과 선　　드물다, 희소하다
希 寡 鮮　罕也

【罕】드물한. 희소하다. 거의 없다. ※ 그물한. 깃대한. 별이름한.

선　　적다, 작다
鮮　寡也

【寡】적을과. 작을과. 수효가 적다. 세력이 미약하다. ※ 홀어미과. 홀어미될과.

【希】드물희. 성길희. 疏「簡少之稱也」. 드물다. 간략하다. 『논어』에「－不失矣」라 했다. ※ 바랄희.

【寡】적을과. 疏「簡少之稱也」. 적다. 『주역』설괘(說卦)전에「巽爲－髮」이라 했다. ※ 홀어미과.

【鮮】적을선. 疏「簡少之稱也」. 『시경』 대아 억(抑)편에「－不爲則」이라 했다. ※ 고울선. 날선. 아름다울선.

※ 이상의 3자는 다〔적다, 작다, 드물다 : 罕・寡〕의 뜻이 있다.

수 작 유　　갚다, 보답하다
酬 酢 侑　報也

【報】갚을보. 갚음보.「相－答不主于飮酒」. 은혜나 원한을 갚다. 받은 술잔을 돌리다. ※ 대답할보. 알릴보

【酬】갚을수. 갚음수.「相報答不主于飮酒」. 疏「飮酒相報答」은 음주(飮酒)의 예(禮). 주인이 손님에게 술잔을 돌리는 것을 '酬'라 한다. 『주역』계사(繫辭)전에「可與酬酢」이라 했는데 만물에 응대하는 것이다. ※ 술잔돌릴수.

【酢】갚을작.「相報答不主于飮酒」. 疏 손님이 주인에게 술잔을 돌리는 것을 '酢'이라 한다. 『시경』소아 초자(楚茨)편에「萬壽攸－」이라 했다. 이것은 신(神)이 주인에게 보답하는 것. ※ 술잔돌릴작. 신맛초.

【侑】갚을유.「相報答不主于飮酒」. 疏「勸也」. 권하다. 갚다는 뜻이 있다. 주인이 손님에게 음식을 권하는 뜻이 있다. ※ 도울유. 권할유.

※ 이상의 3자는 다〔갚다, 보답하다 : 報〕의 뜻이다.

비류　　박락(暴樂)하다, 나무의 가지와 잎이 성기다
毗劉　暴樂也

【暴樂】暴：성길박. 樂：성길락. 나무의 가지와 잎이 성기어 있는 것.

【毗劉】毗：나뭇잎이성길비. 劉：나뭇잎이성길류.「謂樹木葉缺落蔭疏暴樂(나뭇가지와 잎이 없어지고 떨어져 고르지 않은 상태를 박락이라 한다)」이라 했는데 『시경』에 나와 있다. 疏「木枝葉稀疏不均爲暴樂(나뭇가지와 잎이 드물게 있어 고르지 않은 상태를 박락이라 한다)」. 『사인』에「毗劉暴樂之意也」라 했다. 곽박이 말한「謂樹木葉缺落蔭疏暴樂見詩」는 『시경』 대아 상유(桑柔)편의「捋采其劉」를 말하며『모전』에「劉는 暴樂而希也이다」라 했다. ※毗：도울비. 劉：성유.

※ 毗劉는〔나무의 가지와 잎이 성긴 상태 : 暴樂〕의 뜻이다.

맥몽   초목이 우거지다
覭髳   茀離也
【茀離】茀:우거질불, 덤불불. 離:흩어질리. 茀離:초목이 떨기로 우거진 상태.「彌離」.

【覭髳】覭 : 풀과나무가떨기로난모양맥. 髳 : 풀과나무가떨기로나우거진모양몽. 覭髳은 풀과 나무가 우거져 무성한 상태를 말한다.「謂草木之叢茸翳薈也」.「茀離卽彌離彌離猶蒙蘢耳(불리는 곧 彌離이고 미리는 몽롱과 같다)」.

※ 覭髳은〔풀과 나무가 우거져 떨기를 이룬 상태 : 茀離〕를 뜻한다.

고 도 이   의심하다
蠱諂貳   疑也
【疑】의심할의. 의혹할. 알지 못해 의혹되다. 확실하지 않아 의심하다. 의심스럽다.

【蠱】의심하고 미혹케하고「－惑」. 疏『좌전』소공(昭公) 원년에「晉趙孟問於醫和曰何謂－對曰淫溺惑亂之所生也於文皿蟲爲－穀之飛亦爲－」라 했다.

【諂】의심할도.『좌전』에「天命不－」라 했다. 믿지 않다. 疏『좌전』은 애공(哀公) 17년 섭공자고(葉公子高)의 말이다.

【貳】의심할이.「有－心者皆疑也(두 마음이 있는 자는 의심스럽다)」. 疏「心疑不一也(의혹이 있으면 마음이 하나가 아니다)」.『시경』대아 대명(大明)편에「無－爾心」이며,『모전(毛傳)』에「無敢懷－心也」라 했다.

※ 이상의 3자는 다〔의심하다, 의혹하다 : 疑〕의 뜻이다.

정 간 의   체간(體榦), 몸체, 기둥이다
楨翰儀   榦也
【榦】기둥간. 담곁기둥간.「體榦」. 담을 치는 데 세우는 기둥. 기본 몸체. ※줄기간.

【楨】담치는나무정. 疏『사인(舍人)』에「－正也」라 했다.「築牆所立兩木也(담을 칠 때 담의 양쪽 끝에 세우는 나무)」. ※ 광나무정.

【翰】줄기간.「體榦也」.『시경』에「維周之－」이라 했다. 疏『시경』은 대아 숭고(崧高)편의 문장.

【儀】사표의. 본보기의. 줄기의.「－表」. 疏「體榦也」. ※ 거동의. 법의.

※ 이상의 3자는 다〔몸체, 기둥, 체간(體榦) : 榦〕의 뜻이다.

필 비 보 비   돕다, 보좌하다
弼棐輔比   俌也
【俌】도울보. 도움보. 거들다. 보좌하다. '輔'와 통용된다.

【弼】도울필. 疏『서경』상서(商書) 열명(說命)편에「夢帝賚予良－(꿈에 상제께서 훌륭히 보필할 사람을 보내시니)」이라 했다.

【毗】 도울비. 『서경』에 「天威 - 忱」이라 했다. **疏** 『서경』은 주서(周書) 강고(康誥) 편에 있는 문장인데 「天畏 - 忱」으로 되어 있다. ※ 자나무비. 광주리비.

【輔】 도울보. **疏** 『서경』 상서(商書) 탕서(湯誓) 편에 「爾尙 - 予一人」이라 했다.

【比】 도울비. 『주역』에 「 - 輔也」라 했다. **疏** 『주역』은 비괘(比卦) 단(彖)의 문장.

※ 이상의 4자는 다〔돕다, 보좌하다 : 俌〕의 뜻이다.

강 계 변 위 어   변방, 지경이다
疆 界 邊 衛 圉   垂也

【垂】 변방수. 「外垂也」. 나라의 끝. 변경. 「邊垂也」. 나라의 끝이며 국경을 변방이라 한다. ※ 늘어질수. 드리울수. 가수.

【疆】 지경강. 「 - 場」. **疏** 「 - 場外垂也」. 밖의 지경. 경계. ※ 두둑강. 경계삼을 강. 끝강.

【界】 지경계. 「竟 - 」. **疏** 「竟 - 外垂也」. 토지의 경계. ※ 한계계. 경계삼을계.

【邊】 변방변. 「 - 旁」. **疏** 「 - 旁外垂也」. 국경의 지대. ※ 가변. 곁변. 끝변.

【衛】 진영의호위위. 「營 - 」. **疏** 「營 - 外垂也」. 진영의 방비. ※ 군대의 진지 안. 막을위. 방비위. 경영할위.

【圉】 변방어. 「守 - 」. 『좌전』에 「聊以固吾 - 也」라 했다. **疏** 「守 - 外垂也」. 변 경지대. 『좌전』은 은공(隱公) 11년 정백(鄭伯)의 말이다. 『사인』에 「 - 拒 邊垂也」라 했으며 손염은 「 - 國之四垂也」라 했다. ※ 마부어. 마굿간어. 막을어.

※ 이상의 5자는 다〔변방, 지경 : 垂〕의 뜻이다.

창 적 강 응 정   알맞다, 마땅하다
昌 敵 彊 應 丁   當也

【當】 마땅할당. 당할당. 적당하다. 상당하다. 감당하다. ※ 대할당. 맞을당.

【昌】 마땅할창. 『서경』에 「禹拜 - 言」이라 했다. **疏** 말이 알맞은 것이다. 『서 경』은 우서 대우모(大禹謨) 편의 문장. ※ 창서할창. 착할창. 아름다울창.

【敵】 필적할적. **疏** 「仇匹相當也(원수와 짝하여 대적하다)」. 『좌전』 문공(文 公) 6년에 「 - 惠 - 怨」이라 했다. ※ 원수적. 적적. 겨룰적.

【彊】 마땅할강. 「好與物相當值」. **疏** 「好與物相當值(좋아하는 것이 사물과 더불어 마땅하다)」. ※ 강할강. 힘쓸강.

【應】 마땅할응. **疏** 「對當也(대응하다)」. 『시경』 대아 하무(下武) 편에 「 - 侯 順德」이라 했다. ※ 당할응. 응할응.

【丁】 마땅할정. **疏** 『시경』 대아 운한(雲漢) 편에 「寧 - 我躬」이라 했다. ※ 넷 째천간정. 성쓸정. 셀정.

※ 이상의 5자는 다〔알맞다, 마땅하다 : 當〕의 뜻이다.

발 견 요 동 준 적 숙 려　　　일어나다, 흥작(興作)하다
浡 肩 搖 動 蠢 迪 俶 厲　　作也

【作】일어날작. 일으킬작. 흥기하다. 기립하다. 「興作貌」. ※지을작.

【浡】일어날발. 「－然興作貌」. 疏「興作也」. 「－然興作貌」는 『좌전』 장공
(莊公) 11년에 「禹湯罪已其興也－然」이라 했다. 우쩍 일어나다. ※용
솟음할발. 우쩍일어날발.

【肩】견뎌낼견. 疏「勝任之作也(임무를 완수해 일어나다)」. ※어깨견. 견딜
견.

【搖】흔들요. 疏『주례(周禮)』 고공기(考工記)의 시인(矢人)에 「夾而－之
以視其豐殺之節也」라 했다. ※흔들릴요. 움직일요.

【動】일어날동. 「作也」. 疏『서경』 상서(商書) 함유일덕(咸有一德)편에 「德
惟一－罔不吉」이라 했다. ※움직일동.

【蠢】준동할준. 「動作」. 疏『예기』 향음주의(鄕飮酒義)편에 「春之爲言－
也」라 했다. ※어리석을준.

【迪】나아갈적. 〈뜻이 자세하지 않다.〉 疏해석이 없다. ※이끌적. 이를적. 길
적.

【俶】지을숙. 『공양전(公羊傳)』에 「－甚也」라 했다. 疏「始作也」. 시작할숙.
『공양전』은 은공(隱公) 9년에 있는 문장. ※비로소숙. 정돈할숙. 착할숙.

【厲】지을려. 『곡량전(穀梁傳)』에 「始－樂矣」라 했다. 疏『방언(方言)』에
「－卬爲也甌越曰卬吳曰－爲亦作也」라 했다. 『곡량전』은 은공 5년에
있는 문장. ※숫돌려. 갈려. 엄할려. 사나울려. 위태할려. 힘쓸려.

　　※이상의 8자는 다 〔일어나다, 흥작(興作) 하다 : 作〕의 뜻이다.

자 사 자 자 이　　　이것, 이에이다
茲 斯 咨 呰 已　　此也

【此】이차. ※가장 근거리의 사물을 가리키는 말. 이것. 가장 가까운 장소를
가리키는 것. 이에차. 발어사.

【茲】이자. 疏『서경』 우서(虞書) 대우모(大禹謨)편에 「念－在－」라 했다.
발어사. ※검을자. 흐릴자. 이곳자. 이때자. 이에자.

【斯】이사. 어조사사. 疏『시경』 소남(召南) 은기뢰(殷其靁)편에 「何－
違－」라 했다. ※찍을사. 떠날사. 떨어질사.

【咨】이자. 疏 '茲'와 같다. ※물을자. 탄식할자.

【呰】이자. 「－已皆方俗異語」. 疏「－已與此皆音相近故得爲此也」. ※흠자.
헐뜯을자. 약할자. 게으를자.

【已】이미이. 「呰－皆方俗異語」. 疏「呰－與此皆音相近故得爲此也」. ※말
이. 버릴이. 너무이. 조금 있다가이. 나을이.

　　※이상의 5자는 〔이것, 이에 : 此〕의 뜻이며 咨, 呰, 已는 통용된다.

차　자　　탄식, 감탄이다
嗟咨　謱也

【謱】감탄할차, 탄식할차, '嗟'와 같다. 한탄하거나 감복하는 것.

【嗟】감탄할차. 疏 歎也(감탄, 탄식). 『시경』 주남(周南) 권이(卷耳)편에 「－我懷人」이라 했다.

【咨】탄식할자. 疏 歎也(감탄, 탄식). 『서경』 우서 요전(堯典)편에 「疇－若時登庸」이라 했다. ※ 물을자.

　※ 이상의 2자는 다 〔탄식, 감탄 : 謱〕의 뜻이다.

한　압　관　관　　익숙하다, 익히다
閑狎串貫　習也

【習】익힐습. 익숙할습. 「便習」. 배워서 익히다. 숙달하다. 연습하다. 복습하다. ※ 버릇습. 겹칠습.

【閑】익힐한. 疏 『좌전』 장공(莊公) 22년에 「敕其不－於敎訓」이라 했다. 「便習也」. ※ 마굿간한. 막을한. 닫을한. 틈한. 한가할한.

【狎】익힐압. 疏 『예기』 곡례편에 「賢者－而敬之」라 했다. ※ 친압할압. 업신여길압. 희롱할압. 편안할압.

【串】익을관. 「－厭－貫」. 속어. 疏 『시경』 대아 황의(皇矣)편에 「－夷載路」라 했다. ※ 꿰미천. 꼬챙이찬. 곶곶.

【貫】익숙할관. 「－伏也」. 속어. 疏 『시경』 제풍(齊風) 의차(猗嗟)편에 「射則－兮」라 했다. 익히다. ※ 돈꿰미관. 꿸관. 명적관.

　※ 이상의 4자는 다 〔익히다, 익숙하다 : 習〕의 뜻이다.

낭　진　저　엄　류　　오래 머물다, 오래하다
曩塵佇淹留　久也

【久】오랠구. 오래기다릴구. 오래머무를구. ※ 오랜 시간 계속 머물러 있다. 시간이 많이 경과하다. 오래도록.

【曩】오래낭. 疏 「－曏稽久也」. 오래 머물다. ※ 접때낭.

【塵】묵을진. 오래진. 「－垢」. 疏 「－垢稽久也」. 오래 머물다. ※ 티끌진. 때진. 더럽힐진.

【佇】오래기다릴저. 「－企」. 疏 「－企稽久也」. 오래 기다리다. ※ 우두커니설저.

【淹】오래머무를엄. 「－滯」. 疏 「－滯稽久也」. 오래 머무르다. ※ 담글엄. 적실엄. 넓을엄.

【留】머무를류. 오랠류. 疏 「－止稽久也」. 머무르기를 오래하다. ※ 뒤질류. 엿볼류.

　※ 이상의 5자는 다 〔오래 머물다, 오래하다〕의 뜻이다.

태 급 기 　　및(及), ~과 더불어이다
逮 及 暨 　　與也

【與】및여. '及'과 같다. ~과 더불어 함께하다. 그밖의 또.

【逮】미칠태.「－亦及也」. 疏「－亦及也」는『방언(方言)』의 문장. . ※및체. 미칠태.

【及】및급.『공양전(公羊傳)』에「會－暨皆與也」라 했다. 疏「相親與也」. ※미칠급.『공양전』은 은공(隱公) 원년의 문장.

【暨】및기. 미칠기.『공양전』에「會及－皆與也」라 했다. 疏「相親與也」. ※군셀기.

　　※ 이상의 3자는 다〔및(及), ~과 더불어 : 與]의 뜻이다.

즐 하 격 척 제 등 　　오르다
騭 假 格 陟 躋 登 　　陞也

【陞】오를승. '升'과 같은 글자. 오르다. 떠오르다. 올라가다. ※올릴승.

【騭】오를즐.『방언(方言)』에「魯衛之間曰－」이라 했다. 疏「陞上」. 오르다. ※숫말즐. 정할즐.

【假】이를하.「遐」와 통한다.『예기』에「天王登遐」라 했다. 疏『예기』는 곡례 하편의 문장. ※빌가. 용서할가. 거짓가. 가령가.

【格】오를격.「梁益曰－」. 疏 오르다를 양익(梁益) 지방에서는 '格'이라 한다. ※이를격. 올격. 바로잡을격.

【陟】오를척. 疏 오르다.『시경』주남(周南) 권이(卷耳)편에「－彼高岡」이라 했다. ※올릴척.

【躋】오를제.『공양전(公羊傳)』에「－者何陞也」라 했다. 疏「東齊海岱之間謂之－(동제와 해대의 사이에서는 오르다를 '躋'라 한다)」.『공양전』은 문공(文公) 2년의 문장.

【登】오를등.『예기』에「天王－遐」라 했다. 疏『예기』는 곡례 하편의 문장.

　　※이상의 6자는 다〔오르다, 오르는 것 : 陞]의 뜻이다.

휘 록 혈 학 　　다하다, 다 없애다
揮 盠 歇 涸 　　竭也

【竭】다할갈. 다 없어지다. 있는 힘을 다하다. 다 없애다. ※질갈. 들갈. 엉길갈.

【揮】다할휘.「－振去水亦爲竭」. 疏「謂竭盡也」.『예기』곡례편에「飮玉爵者弗－」라 했다. ※지휘할휘. 휘두를휘.

【盠】거를록.『예기』월령에「無漉陂池」라 했다. 疏「卽漉也(곧 거르다)」. 걸러서 다하다.『예기』월령은 중춘(仲春)의 달. ※케록.

【歇】다할헐.「－通語」. 疏 곽박은「謂－卽竭之通語也(다하다의 통상적인 언어)」라 했다. ※쉴헐.

【涸】마를학.『국어(國語)』에「水－而成梁」이라 했다. 疏「水竭也」. ※마를후. 말릴학.

　　※이상의 4가지는 모두〔다하다, 다 없어지다 : 竭〕의 뜻이다.

진　식　쇄　　　깨끗하다
抵 拭 刷　　清也

【清】깨끗할청. 깨끗이할청. 청결하다. 맑게 하다. ※맑을청. 시원할청. 마실것청.

【抵】씻을진. 닦을진.「振訊(닦아 깨끗이 하다)」. 疏「絜清也」.『예기』상대기(喪大記)에「－用巾」이라 했다. ※떨진.‘振’과 통한다.

【拭】닦을식.「扗－」. 疏「扗－絜清也(닦아서 깨끗이하다)」.『공양전』애공(哀公) 14년에「反袂－面」이라 했다.

【刷】씻을쇄.「掃－」. 疏「絜清也(깨끗이 씻어내다)」.『주례』능인직(凌人職)에「夏頒氷掌事秋－」라 했다.

　　※이상의 3자는 다〔깨끗이 하다 : 清〕의 뜻이다.

홍　혼　오　현　간　　　바꾸다(更代), 대신하다
鴻 昏 於 顯 間　　代也

【代】바꿀대. 대신할대. 변경하다. 대신하다. 교체하다. ※번갈아대. 대대로대. 대대.

【鴻】대신할홍.「－鴈知運代」. 疏「－鴈之屬九月而南正月而北是知其時運而更代南北也云(기러기의 무리가 9월에는 남쪽으로 정월에는 북쪽으로 그 시기의 운세를 알아서 남북으로 교대하므로 이른 것이다)」. ※기러기홍. 클홍.

【昏】날저물혼.「－主代明明亦代－」 疏 해가 떨어진 2각 반부터 ‘昏’ 이라 하고 어둠이 오면 밝은 것이 가는 것으로「－主代明」이라고 한 것으로「明亦代－」은 經顯을 해석한 것이다. ※어두울혼. 일찍죽을혼. 장가들혼.

【於】〈뜻이 자세하지 않다.〉 疏주석이 없다. ※어조사어. 기댈어. 있을어. 감탄할오.

【顯】밝은것을대신할현.「－卽明也」. 疏 나타나는 것은 곧 밝은 것이다. ※나타날현. 밝을현. 드러낼현.

【間】대신할간.「－錯亦相代」. 疏「－錯亦相代」는「謂－厠交錯亦相更代也」이다. 서로 바뀌다.『의례』향음주에「乃－歌鑾」라 했다. ※틈간. 염탐꾼간.

　　※이상 5자중 於를 제외한 4자는 다〔바꾸다, 대신하다 : 代〕의 뜻이다.

엽　향　　　선사하다, 보내 권하다
饁 饟　　饋也

【饋】권할궤. 선사할궤. 보낼궤. 음식을 보내주다. 식사를 권하다. 보내 주는 음식이나 물품을 뜻한다(여기서는 음식).

【饁】들밥엽.『국어(國語)』에「其妻－之」라 했다. 疏「以食遺與也(음식으로써 주는 것이다)」.「野食曰－(들밥을 엽이라 한다)」. ※들밥내갈엽.

【饟】마른양식향. 疏『사인(舍人)』에「－自家之野也(향은 집에서 들로 가지고 가는 것이다)」라 했다. 군량미를 보내는 것. ※건량향.

　　※ 이상의 2자는 다〔선사하다, 보내다 : 饋〕의 뜻이다.

천　운　　옮기다
遷 運　徙也　【徙】옮길사. 장소를 옮기다. ※넘길사. 귀양보낼사.

【遷】옮길천.「今江東通言－徙(지금 강동에서는 遷徙라 통한다)」. 疏「移徙也」. 『시경』대아 황의(皇矣)편에「帝－明德」이라 했다. '今'은 '時驗而言也'.

【運】옮길운. 疏『주역』에「日月－行(해와 같이 운행하다)」이라 했다. ※돌운. 돌릴운. 움직일운.

　　※ 이상의 2자는 다〔옮기다 : 徙〕의 뜻이다.

병　공　　　지집(持執)하다, 가져서 잡다
秉 拱　　執也
【執】잡을집. 손으로 쥐다.「持執」. 꼭 쥐고 놓지 않다. 보존하다. ※막을집. 두려워할집.

【秉】잡을병. 疏「持執也」.『서경』주서(周書) 금등(金縢)편에「植璧－珪」라 했다. ※볏뭇병. 열여섯섬병. 자루병.

【拱】두손마주잡을공.「兩手持爲－(두 손으로 꽉 잡다)」. 疏「持執也」.『노자』에「雖有－璧」이라 했다. ※팔장낄공. 껴안을공. 아름공.

　　※ 이상의 2자는 다〔가져서 잡다(持執) : 執〕의 뜻이다.

흠　희　　　일으키다
廞 熙　興也
【興】일어날흥. 일으킬흥. 일이 일어나게 하다.「興作」. 일을 진작시키다. 일어서게 하다. ※일흥. 느낄흥. 기뻐할흥. 흥흥. 시흥.

【廞】일으킬흠.『주관(周官:周禮)』에 보인다. 疏『주례』생사직(笙師職)에「大喪－其樂器(대상에는 樂器를 일으킨다)」라 했다. ※벌여놓을흠. 막힐흠.

【熙】일어날희.『서경』에「庶績咸－」라 했다. 疏『서경』은 우서(虞書) 순전(舜典)편의 문장. ※빛날희. 넓을희. 화락할희. 아아희.

　　※ 이상 2자는 다〔일으키다(興作) : 興〕의 뜻이다.

위　궤　가　　아름답다
衛 蹶 假　嘉也
【嘉】아름다울가. 예쁘고 곱다. 언행이 훌륭하다.「嘉美」. ※기릴가. 맛좋을가. 기뻐할가.

【衛】아름다울위. 〈뜻이 자세하지 않다.〉 疏 주석이 없다. ※막을위. 방비위. 위복위. 경영할위. 나라이름위.

【蹶】아름다울궤.〈뜻이 자세하지 않다.〉疏 주석이 없다. ※넘어질궐. 엎어질
궐. 밟을궐. 달릴궐. 뛰어일어날궤.

【假】아름다울가. '시서(詩敍)'에 「－樂嘉成王也」라 했다. 疏「嘉美也」.
'시서(詩敍)'는『시경』대아 가락(假樂)편의 서(敍). ※빌가. 벌릴가.
거짓가. 가령가. 잠시가. 틈가.

　※이상 3자중 假만〔아름답다 : 嘉〕의 뜻, 衛·蹶는 뜻이 자세하지 않다.

　　폐　세　사　　　방치(放置)하다
　廢 稅 敕　　舍也
【舍】놓을사.「放置」. 버려두다. 놓아두다. ※집사. 여관사. 들사. 머무를사. 폐할사.

【廢】방치할폐. 疏「舍置也(놓아두다)」.『공양전(公羊傳)』선공(宣公) 8년
에「－其無聲者」라 했다. ※못쓰게될폐. 잠쏠릴폐. 폐할폐. 떨어질폐.

【稅】놓을세.『시경』에「召伯所－」라 했다. 疏『시경』은 소남 감당(甘棠)편의
문장. ※지금의『시경』에는 '說'로 되어 있다. 구실세. 거둘세. 보낼세.

【敕】놓아줄사. 疏「放置也」.『서경』우서(虞書) 순전(舜典)편에「眚災
肆－」라 했다. ※사사(사면하다).

　※이상의 3자는 다〔놓아두다, 방치하다 : 舍〕의 뜻이다.

　　서　지　게　휴　고　괴　세　희　　　쉬다(止息), 그치다
　棲 遟 愒 休 苦 𢓜 齂 呬　　息也
【息】그칠식. 쉴식. 휴식하다. ※숨식. 숨쉴식. 살식. 자랄식. 번식할식.

【棲】쉴서.「游息也」. 疏「止息也」.『사인』에「行步之息」이라 했다.『시경』진풍
(陳風) 형문(衡門)편에「衡門之下 可以－遟」라 했다. ※길들일서. 집서.

【遟】더딜지. 쉴지.「游息也」. 疏「止息也」.『사인』에「行步之息」이라 했다.
『시경』진풍(陳風) 형문(衡門)편에「衡門之下 可以棲－」라 했다. ※굼
뜰지. 기다릴지. 이에지.

【愒】쉴게.「止息也」.『시경』소남(召南) 감당(甘棠)편에「召伯所－」라
했다. ※휴식하다.

【休】쉴휴. 疏「止而息也」.『시경』주남(周南) 한광(漢廣)편에「不可－息」
이라 했다. ※그칠휴. 편안할휴. 기뻐할휴. 좋을휴.

【苦】괴로움고.「－勞者宜止息」. 疏「－勞者宜止息(괴로운 자는 마땅히 휴
식하고자 한다)」. ※괴로워할고. 괴롭힐고. 심히고. 간절할고.

【𢓜】쉴괴.「氣息貌」. 疏「氣息貌(숨을 쉬다)」.

【齂】쉴세.「氣息貌」. 疏「氣息貌(숨을 쉬다)」. ※「臥息也(누워서 쉬다)」.
누워서숨쉴희.

【呬】쉴희.「氣息貌」.「今東齊呼息爲－也」. 疏「氣息貌(숨을 쉬다)」.「東齊
曰－」. 방언. 지금 동제(東齊)에서는 쉬는 것을 呬라 한다.

　※이상의 8자는 다〔쉬다, 휴식하다 : 息〕의 뜻이다.

供 峙 共　　具也
공　치　공　　갖추다

【具】갖출구. 갖추어질구. 구비(具備)하다. 준비하다. 갖추어져 있다. ※차릴구. 함께구. 모두구.

【供】갖출공. 「備具」. 疏 「備具也」. 『논어』에「子路共之 –」이라 했다. ‘共’과 ‘供’은 음과 뜻이 같다. ※이바지할공. 받들공. 베풀공. 공손할공.

【峙】갖출치. 「備具」. 疏 「備具也」. 『서경』주서(周書) 비서(費誓)편에「– 乃糗糧」이라 했다. 『시경』주송(周頌) 신공(臣工)편에「庤乃錢鎛」이라 했다. ‘庤’와 ‘峙’는 음과 뜻이 같다. ※우뚝솟을치. 언덕치. 쌓을치.

【共】갖출공. 「備具」. 疏 「備具也」. 『시경』소아 소민(小旻)편에「靖 – 爾位」라 했다. ※함께공. 함께할공. 이바지공.

※이상의 3자는 다〔갖추다 : 具〕의 뜻이다.

惏 憐 惠　　愛也
모　련　혜　　사랑하다

【愛】사랑애. 사랑할애. 예뻐하다. 귀여움 받다. 「寵惜」. ※그리워할애. 아낄애.

【惏】애무할모. 「韓鄭語」. 疏 ‘憮’와 같다. 『방언』에「韓鄭曰憮」라 했다. 어루만지다. ※사랑할모.

【憐】어여삐여길련. 사랑할련. 「今江東通呼爲憐」. 疏 『방언(方言)』에「汝潁之間曰 –」이라 했다. 통어(通語). ※불쌍히여길련.

【惠】은혜혜. 疏 「仁愛也」. 인자하고 사랑하다. 『시경』패풍 북풍(北風)에「– 而好我」라 했다. ※베풀혜. 순할혜.

※이상의 3자는 다〔사랑하다 : 愛〕의 뜻이다.

娠 蠢 震 戁 妯 騷 感 訛 蹶　　動也
진　준　진　난　추　소　감　와　궤　　움직이다

【動】움직일동. 「動作」. 앞문장의 명사. ※동물동. 자칫하면동.

【娠】진동할진. 「猶震也」. 疏 「動作」. 『설문(說文)』에「妊 – 動也(임신하여 움직이다)」. ※애밸신.

【蠢】꿈틀거릴준. 「搖動貌」. 疏 「動作」. 『시경』소아 채기(采芑)편에「– 爾蠻荊」이라 했다. ※어리석을준.

【震】진동할진. 疏 「動作」. 『시경』대아 상무(常武)편에「– 驚徐方」이라 했다. ※천둥소리진. 놀랄진. 떨진.

【戁】요동할난. 「搖動貌」. 疏 「恐動也(두려워서 움직이다)」. 『시경』상송(商頌) 장발(長發)편에「不 – 不竦」이라 했다. ※두려워할난.

【妯】두근거릴추. 『시경』에「憂心且 –」라 했다. 疏 『시경』소아 고종(鼓鍾)편의 문장. ※동서축.

【騷】소동소. 「搖動貌」. 疏 「動作」. 『시경』대아 상무편에「徐方繹 –」라 했다. ※떠들소. 근심할소. 급할소. 쓸소

【感】움직일감.『시경』에「無-我悅兮」라 했다. 疏「動作」.『시경』은 소남(召南) 야유사균(野有死麕)편의 문장. ※느낄감. 감응할감. 감동시킬감.

【訛】움직일와.『시경』에「或寢或-」라 했다. 疏「動作」.『시경』은 소아 무양(無羊)편의 문장. ※잘못될와. 그릇될와. 속일와.

【蹶】움직일궤.「搖動貌」. 疏『시경』 대아 면(緜)편에「文王-厥生」이라 했다. ※넘어질궤. 꺼꾸러뜨릴궐. 밟을궐.

　※이상의 9자는 다〔움직이다, 요동하다 : 動〕의 뜻이다.

복 찰 부　　살피다
覆 察 副　審也
【審】살필심.「審諦」. 살펴서 잘 알다. 조사해보다. 생각해보다. 자세히 살펴보다. ※깨달을심. 자세할심. 묶을심. 만일심.

【覆】되풀이할복.「-挍」. 疏「審諦」.『예기』 월령(月令) 계춘(季春)에「命舟牧-舟五-五反」이라 했다. ※엎어질복. 넘어뜨릴복. 덮을부. 덮개부.

【察】살필찰.「-視」. 疏「審諦」. 살펴보다.『서경』 주서(周書) 여형(呂刑)편에「惟-惟法」이라 했다. ※드러날찰. 깨끗할찰.

【副】살필부.「-長」. 疏「審諦」. 차장을 일컬음(次長之稱). ※버금부. 도울부. 맞을부. 쪼갤부. 머리꾸미개부.

　※이상의 3자는 다〔살피다 : 審〕의 뜻이다.

결 멸 진　　끊다, 단절(斷絕)하다
契 滅 殄　絕也
【絕】끊을절. 단절하다. 두동강 내다. 차단하다. ※건널절. 뛰어날절. 떨어질절. 결코절.

【契】끊을결.「今江東呼刻斷物爲-斷(지금 강동에서는 물건을 끊는 것을 결단이라 한다)」. 疏「斷絕」.『좌전』 정공(定公) 9년에「盡借邑人之車-其軸」이라 했다. ※서약계. 계약계. 연분계. 맺을계. 부족이름글. 사람이름설.

【滅】멸할멸. 疏「斷絕」. 완전히 끊어지다.『시경』 소아 정월(正月)편에「寧或-之」라 했다. ※멸망할멸. 다할멸. 죽을멸.

【殄】끊을진. 疏「斷絕」.『시경』 대아 상유(桑柔)편에「不-心憂」라 했다. ※끊어질진. 다할진. 앓을진. 앓게할진.

　※이상의 3자는 다〔단절하다 : 絕〕의 뜻이다.

군 진 잉 내 후　　이에〔語辭〕이다
郡 臻 仍 廼 侯　乃也
【乃】이에내. 어조사내. 이리하여. 두 가지의 사물을 들어 말할 때 어세(語勢)를 고르게 하기 위해 쓰는 말. ※아무내. 다스릴내.

【郡】〈어조사(語助辭)의 뜻이 확실하지 않다.〉※고을군.

【臻】〈어조사(語助辭)의 뜻이 확실하지 않다.〉※이를진. 모일진.

【仍】〈어조사의 뜻이 확실하지 않다.〉※인할잉. 기대잉.

【迺】이에내. 「-卽乃」. 疏 '乃'와 음과 뜻이 같다. 『시경』 대아 면(緜)편에 「-慰-止」라 했다. ※너내. 비로소내.

【侯】후작후.〈어조사의 뜻이 확실하지 않다.〉

　※이상의 5자 중 迺만〔이에, 어조사 : 乃〕의 뜻이 있다. 다만 郡, 臻, 仍, 侯는 '어조사'의 뜻이 상세하지 않다.

　　적　유　훈　　　　길, 정도(正道)이다
迪 繇 訓 　　道也

【道】길도. 준수해야 할 덕(德). 사람이 다니는 길. 방향. ※도도. 순할도. 말미암을도.

【迪】길적. 疏 『서경』 우서(虞書) 대우모(大禹謨)편에 「惠-吉」이라 했다. ※나아갈적. 이끌적.

【繇】길유. 疏 『시경』 소아 교언(巧言)편에 「秩秩大猷」라 했다. '猷'와 '繇' 는 음과 뜻이 같다. ※우거질요. 노래요. 흔들릴요. 지날유. 꾀유.

【訓】길훈. 疏 『서경』 주서(周書) 고명(顧命)편에 「命汝嗣-」이라 했다. ※가 르칠훈. 새길훈. 따를훈.

　※이상의 3자는 다〔길, 정도(正道) : 道〕의 뜻이다.

　　첨　함　서　　　　모두, 다이다
僉 咸 胥 　　皆也 【皆】다개. 「衆皆也」. 모두. 여럿. ※두루미칠개.

【僉】모두첨. 疏 『서경』 순전(舜典)편에 「-曰伯禹作司空」이라 했다. ※여 러첨. 도리깨첨.

【咸】다함. 疏 『서경』 상서(商書)에 「-有一德」이라 했다. ※같을함. 두루 미칠함. 함께할함.

【胥】다서. 『방언(方言)』에 「東齊曰-」라 했다. 疏 『방언』에 「自山而東五國 之郊曰僉東魯曰-」라 했다. ※서로서. 기다릴서. 볼서. 도울서. 아전서.

　※이상의 3자는 다〔모두 다(衆皆) : 皆〕의 뜻이다.

　　육　맹　기　애　정　백　　　윗사람이다
育 孟 耆 艾 正 伯 　 長也

【長】어른장. 성인(成人). 「長上也」. ※길장. 나을장. 우두머리장. 나이먹을장. 기를장.

【育】기를육. 「-養亦爲長」. 疏 「長上也」. 「長老也」. 『시경』 패풍 곡풍(谷 風)편에 「旣生旣-」이라 했다. ※자랄육. 어릴육. 낳을육.

【孟】우두머리맹. 어른맹. 疏 「庶長也」. 『서경』 주서(周書) 강고(康誥)편에 「王若曰-侯」라 했다. 공안국(孔安國)이 「-長也五侯之長」이라 했다. ※맏맹. 첫맹. 성맹. 힘쏠맹. 클맹.

【耆】늙은이기. 어른기. 疏「老長也」.『예기』곡례에 「六十日 - 指使」라 했다.
※늙을기. 힘셀기. 즐길기. 이룰지.

【艾】늙은이애. 어른애. 疏「老長也」.『예기』곡례편에 「五十日 - 服官政」이
라 했다. ※쑥애. 약쑥애. 기를애. 다할애. 예쁠애. 다스릴예. 벨예.

【正】장관정.「官長」. 疏『시경』대아 운한(雲漢)편에 「以戾庶 - 」이라 했다.
※바를정. 질정할정. 순수할정. 바로정.

【伯】장관백. 백작백.「官長」. 疏『서경』상서 반경(盤庚)편에 「邦 - 師長」이
라 했다. ※맏백. 남편백. 두목패.

　※이상의 6자는 다 〔윗사람, 어른 : 長〕의 뜻이다.

애
艾　지내다, 경력(更歷)이다
歷也

【歷】지낼력. 겪음. 세월을 많이 보내다.「更歷」.「長者多更歷」. 세월을 많
이 겪다의 뜻. ※다닐력. 넘을력. 매길력. 어지러울력. 두루력.

【艾】늙은이애.「更歷」. 疏「長者多更歷(늙은이는 세월을 많이 지냈다)」. 쑥
애.

　※이상의 1자는 〔겪다, 지내다 : 歷〕의 뜻이다.

력　자　산　　셈·역수(曆數)이다
厤 秭 算　　數也

【數】셈수. 수량.「曆數」. 산수(算數). ※이치수. 운수수. 정세수. 등급수. 재
주수. 헤아릴수. 자주삭. 빨리할삭. 촘촘히할삭.

【厤】셈력.「 - 數也」. 疏「算數也」. 곽박이 「 - 數也推律所生之數」라 했다.『서
경』우서(虞書) 대우모(大禹謨)에 「天之 - 數在汝躬」이라 했다. ※책력
력. 일기력. 수력.

【秭】만억자.「今以十億爲 - 」. 疏「算數也」.『시경』주송(周頌) 풍년(豊年)
편에 「萬億及 - 」라 했다.

【算】셈산.『논어』에 「何足 - 也」라 했다. 疏「 - 數也」. ※수산. 셀산. 산가지
산. 꾀산. 슬기산.

　※이상의 3자는 다 〔셈, 수학, 역수 : 數〕의 뜻이다.

력　　가까이하다
歷　　傅也

【傅】가까이할부.「近也」. 접근하다. ※스승부. 도울부. 바를부. 베풀부. 수표부.

【歷】가까울력.「近也」. 疏『좌전』은공(隱公) 11년에 「庚辰傅於許」라 했다.

　※이상의 1자는 〔가까이하다 : 傅〕의 뜻이다.

애 력 맥 서   서로 보다
艾 歷 覛 胥   相也 【相】볼상. 서로 보다(相視也). 관찰하다.

【艾】〈본다는 뜻이 자세하지 않다.〉※쑥애.

【歷】〈본다는 뜻이 자세하지 않다.〉※지낼력.

【覛】볼맥.「相視也」. 疏『설문(說文)』에「邪視也」라 했다. 곁눈질하여 보다.
※볼멱.

【胥】볼서.『공양전(公羊傳)』에「－盟者何相盟也」라 했다. 疏『공양전』은
환공(桓公) 3년의 문장.

 ※이상의 4자 중 覛·胥만 〔서로 보다 : 相〕의 뜻이 있고 艾·歷은
뜻이 자세하지 않다.

예 란 정 신 불 굴   다스리다
乂 亂 靖 神 弗 淈   治也
【治】다스릴치. 다스려질치. 바로잡다.「治理」. 편안하게 하다. 나라를 다스
리다. ※익힐치. 견줄치. 정사치. 감영치.

【乂】다스릴예. 疏『서경』요전(堯典)편에「有能俾－」라 했다. ※깎을예. 벨
예. 평온할예. 어진이예. 적적할예. 징계할예.

【亂】다스릴란.『논어』에「予有－臣十人」이라 했다. 疏『논어』는 태백(泰
伯)편의 문장.「治理也」.『사인』에「－義之治也」라 했고, 손염이「－治
之理也」라 했다. ※어지러울란. 어지럽힐란. 난리란. 음탕란. 풍류끝가락란.

【靖】다스릴정. 疏『시경』소아 울류(菀柳)편에「俾予－之」라 했다. ※꾀할
정. 편안히할정. 조용할정.

【神】〈다스리다는 뜻이 자세하지 않다.〉※귀신신. 신선신. 혼신. 영묘할신. 단,
신령(神靈)은 경외의 대상이므로 다스린다는 뜻이 들어 있는 것 같다.

【弗】다스릴불.『시경』대아 생민(生民)편에「茀厥豊草」라 했다. '茀' 과
'弗'은 음과 뜻이 같다. ※아니불. 떨불. 달러불.

【淈】다스릴굴.「－書敘作汩」. 疏『서경』우서(虞書) 서(敘)에「帝釐下土方
設居方別生分類作汩」이라 했다. 지금의『서경』에는 없고 '逸書'에 있는
문장인 것 같다. ※흐릴굴. 어지러울굴. 다할굴.

 ※이상의 6자 중 神을 제외한 5자는 다 〔다스리다 : 治〕의 뜻이다.

이 애 육   기르다
頤 艾 育   養也
【養】기를양. 양육하다. 성장시키다. 또는 양육을 당하다. ※다스릴양. 봉양
할양. 숨길양.

【頤】기를이. 疏『주역(周易)』에「－貞吉」이라 했다. 기르다. ※턱이. 이괘
이. 어조사이.

【艾】기를애.『방언』에「汝潁梁宋之間曰 -」라 했다. 疏『방언(方言)』에「台胎陶鞠養也」라 했다. ※쑥애.

【育】기를육. 疏『주역』무망괘(无妄卦) 상(象)에「先王以茂對時 - 萬物」이라 했다. ※자랄육. 어릴육. 낳을육.

※이상의 3자는 다〔기르다 : 養〕의 뜻이다.

견 곤 운   떨어지다
沇 渾 隕   墜也

【墜】떨어질추. 낙하하다. 높은 곳에서 떨어지다.「墜落」. 퇴폐하다. ※떨어뜨릴추. 무너질추.

【沇】떨어질견.「水落貌」. 疏「墜落也」. 물이 떨어지는 모양. ※엎지른물견.

【渾】떨어질곤.「水落貌」. 疏「墜落也」. 물이 떨어지는 모양. ※흐릴혼. 섞일혼. 클혼. 둥글혼. 모두혼.

【隕】떨어질운. 疏『춘추(春秋)』희공(僖公) 16년 경(經)에「星 - 如雨」라 했다. ※읽을운. 무너질운. 사로잡을운. 죽을운.

※이상의 3자는 다〔떨어지다 : 墜〕의 뜻이다.

제 접 삽   서로 접속(接續)하다
際 接 㷂   捷也

【捷】서로이을첩.「相接續也」. 서로 연결시키다. ※이길첩. 빠를첩. 노획물첩.

【際】닿을제. 疏「相會之捷也」. 서로 모이도록 연결시키다.『좌전』에「爾未 - 也」라 했다. ※사이제. 때제. 사귈제. 만날제. 가제.

【接】접할접. 疏「曾子間云 - 祭而已謂捷速而祭也」. ※사귈접. 모일접. 이을접. 대접할접. 접붙일접.

【㷂】접속할삽.〈뜻이 확실하지 않다.〉※부릴삽.

※이상 㷂을 제외한 2자는〔서로 접속(接續)하다 : 捷〕의 뜻이다.

비 신 일   근신(謹愼)하다
毖 神 溢   愼也

【愼】삼가할신. 근신하다. 신중히 하다. 과오가 없도록 하다. 조심하다. ※삼가신. 진실로신.

【毖】삼가할비. 疏「謹愼也」.『서경』주서(周書) 낙고(洛誥)편에「夙夜 - 祀」라 했다. ※고달플비. 졸졸흐를비.

【神】 〈삼가하다는 뜻이 확실하지 않다.〉 ※귀신신. 귀신을 두려워하므로 조심한다는 뜻이 들어 있다.

【溢】 삼가할일. 疏『사인』에 「-行之愼」이라 했고,『시경』주송(周頌) 유천지명(維天之命)편에 「假以-我」라 했다. ※찰일. 지나칠일.

※이상의 3자 중 神을 제외한 2자는〔근신하다, 삼가하다 : 愼〕의 뜻이다.

울도 유　　　기뻐하다, 즐거워하다
鬱陶 繇　　喜也

【喜】 기쁠희. 기뻐할희. 「歡悅」. 환희. 좋아하다. 경사. 기쁜 일. ※좋아할희.

【鬱陶】 鬱:성할울. 陶:기뻐할도.『맹자』에 「鬱陶思君」이라 했다. 疏「鬱陶者心初悅而未暢之意也」. ※鬱:산앵도나무울. 막힐울. ※陶:질그릇도. 만들도. 근심할도. 사람이름요. 따라갈요.

【繇】 기뻐할유.『예기』에 「人喜則斯陶陶斯咏咏斯猶」라 했는데 '猶'는 '繇'이다. 옛날과 지금의 글자가 다르다. 疏『예기』는 단궁 하(檀弓下)편의 문장. '猶'는 '繇'와 같다. ※우거질요. 노래요. 까닭유.

※이상의 2자는 다〔기쁘다, 환희 : 喜〕의 뜻이다.

픽 제　　　이겨서 얻다
馘 穧　　獲也

【獲】 얻을획. 사냥이나 전쟁에서 얻다. 싸워 이겨서 얻다. 「克獲」. ※맞힐획. 심할확.

【馘】 얻을곡. 「今以獲賊耳爲-」. 疏『시경』대아 황의(皇矣)편에 「攸-安安」이라 했고, 노송(魯頌) 반수(泮水)편에 「在泮獻-」이라 했다. ※벨곡. 낯혁.

【穧】 얻을제. 「獲禾爲-」. 疏『시경』소아 대전(大田)편에 「此有不斂-(벼를 늘어놓고 아직 묶지 않은 것)」라 했다. ※볏단제.

※이상의 2자는 다〔이겨 얻다 : 獲〕의 뜻이다.

조 간　　　험난하다
阻 艱　　難也

【難】 어려울난. 험난할난. 쉽지 않다. 어려운 일. ※조심난. 재앙난. 어지러워할난. 괴로워할난. 막을난. 나무랄난. 추나나. 우거질나.

【阻】 험할조. 「險難」. 疏『시경』진풍(秦風) 겸가(蒹葭)편에 「道-且長」이라 했다. ※떨어질조. 막을조. 의거할조. 믿을조. 고난조.

【艱】 어려울간. 「險難」. 疏『서경』상서 열명(說命)편에 「非知之-」이라 했다. ※괴로울간. 괴로워할간. 고생간.

※이상의 2자는 다〔험난(險難)하다 : 難〕의 뜻이다.

염 략   날카롭다
剡 㓾 　利也

【利】날카로울리. 「耜利」. 보습이 날카롭다. 예리하다. ※날랠리. 탐할리. 이로울리.

【剡】날카로울염. 『시경』에 「以我-耜」라 했다. 䟽「耜之利也(보습이 날카롭다)」. 『시경』 소아 대전(大田)편에 「以我覃耜」라 했다. '剡'과 '覃'은 음과 뜻이 같다. ※깎을염. 벨염. 번쩍번쩍할염. 땅이름섬.

【㓾】날카로울략. 䟽「耜之利也(보습이 날카롭다)」. 『시경』 주송 재삼(載芟)편에 「有略其耜」라 했다. '略'과 '㓾'은 음과 뜻이 같다. ※대략략.

　　※이상의 2자는 다 〔날카롭다, 예리하다 : 利〕의 뜻이다.

윤 임 임   아첨하다
允任壬 　佞也

【佞】아첨할녕. 마음이 곧지 않고 말재주는 있어 남에게 아첨하다. 「諂佞也」. ※재주있을녕. 말재주있을녕.

【允】미쁨윤. 「信者」. 「佞人似信」. 䟽「-信也」. 「佞人似信(아첨하는 사람은 신용이 있어 보인다)」. ※진실로윤. 승낙할윤. 마땅할윤.

【任】간사하고아첨할임. 『서경』에 「而難-人」이라 했다. 䟽『서경』은 우서 순전(舜典)의 문장. 손염이 「似可-之佞也」라 했다. ※맡길임. 마음대로할임. 일임. 보따리임.

【壬】간사할임. 「-猶任也」. 䟽『서경』 우서 고요모(皐陶謨)편에 「何畏乎巧言令色孔-」이라 했다. ※아홉째천간임. 클임.

　　※이상의 3자는 다 〔아첨하다 : 佞〕의 뜻이다.

비 병 평   부려 일을 시키다
俾拚抨 　使也

【使】부릴사. 심부름꾼사. 심부름보낼사. 「使令」. ※하여금사. 벼슬이름사. 사신사.

비 병 평 사   따르다, 수행하다
俾拚抨使 　從也

【從】따를종. 좇을종. 수행하다. 좇아가다. 복종하여 가다. 「隨從」. ※들을종. 쫓을종. 종용할종. 세로종. 거느릴종.

【俾】부릴비. 「使令」. 䟽『시경』 노송 비궁(閟宮)편에 「-爾熾而昌」이라 했다. ※하여금비. 흘길비.

【拚】부릴병. 「使令」. 䟽『시경』 대아 상유(桑柔)편에 「荓云不逮」라 했다. '荓'과 '拚'은 음과 뜻이 같다.

【抨】부릴평. 「使令」. 䟽 '拚'과 음과 뜻이 같다. ※탄핵할평. 하여금평.

　　※이상의 3자는 다 〔부려 일을 시키다 : 使〕의 뜻이다.

【俾】좇을비.「隨從也」. 疏「隨從也」. 따라 좇아가다.

【拼】따를병.「隨從也」. 疏「隨從也」. 따라 좇아가다.

【抨】따를평.「隨從也」. 疏「隨從也」. 따라 좇아가다.

【使】심부름보낼사.「隨從也」. 疏「隨從也」. 따라 심부름을 가다. ※부릴사. 사신사.

　※이상의 4자는 다〔따르다, 수종(隨從)하다 : 從〕의 뜻이다.

　양　잉　　인연(因緣)이다
儴 仍　因也
【因】인연인. 관계. 이유. 서로 알게 된 기회. 연분. ※인할인. 말미암을인. 의지할인. 겹칠인. 부탁할인.

【儴】인연양.「因緣」. 疏「因緣也」.「費誓曰無敢冠攘」. 정현의 주에「因其亡失曰攘」이라 했다. '攘'과 '儴'은 음과 뜻이 같다.

【仍】인할잉.「因緣」. 疏「因緣也」.『논어』선진(先進)편에「-舊貫如之何」라 했다. ※기댈잉. 오히려잉. 이에잉.

　※이상의 2자는 다〔인연 : 因〕의 뜻이다.

　동　독　　바로잡다
董 督　正也
【正】바를정. 바로잡을정.「御正」. 도리에 맞게 하다. 삐뚤어지지 않고 곧다. ※정할정. 질정할정. 네모정. 가운데정.

【董】바로잡을동.「御正也」. 疏『서경』우서(虞書) 대우모(大禹謨)편에「-之用威」라 했다. ※물을동. 감출동. 연뿌리동.

【督】바로할독.「御正也」. 疏『좌전(左傳)』희공(僖公) 12년에「謂-不忘」이라 했다. ※살필독. 감독할독. 권할독. 가운데독.

　※이상의 2자는 다〔바로잡다 : 正〕의 뜻이다.

　향　　효도이다
享　孝也 【孝】효도효. 부모를 잘 섬기는 것. ※효자효.

【享】어른섬길향.「-祀孝道」. 疏『시경』소아 신남산(信南山)편에「-於祖考」라 했다. ※드릴향. 잔치할향. 누릴향. 흠향할향.

　※이상의 1자는〔효도 : 孝〕의 뜻이다.

진 향   드리다
珍享　獻也
【獻】드릴헌. 금품을 바치다. 보물을 바치다. ※전할헌. 어진이헌. 「致物於尊者曰獻」.

【珍】드릴진. 「－物宜獻」. 疏「－物宜獻也」. ※보배진. 희귀할진. 맛있는음식진. 진귀하게여길진.

【享】드릴향. 『곡량전(穀梁傳)』에「諸侯不－覵」이라 했다. 疏『주례(周禮)』대행인(大行人)에「廟中將幣三－」이라 했다. 정사농(鄭司農：衆)은「三－三獻也」라 했다. ※잔치할향.

※이상의 2자는 다〔드리다, 바치다 : 獻〕의 뜻이다.

종 축   어지럽히다
縱縮　亂也
【亂】어지럽힐란. 어지럽게 하다. 「亂法」. ※어지러울란. 다스릴란. 간음할란.

【縱】방종할종. 「－放」. 疏「－放亂法也」. 『시경』대아 민로(民勞)편에「無－詭隨」라 했다. ※늘어질종. 놓아둘종. 내보낼종. 쏠종.

【縮】어지러울축. 「摯－」. 疏「摯－亂法也」. ※줄축. 오그라들축. 세로축. 묶을축. 모자랄축.

※이상의 2자는 다〔어지럽히다 : 亂〕의 뜻이다.

탐 찬 부   취하다, 빼앗아 취하다
探篡俘　取也
【取】취할취. 빼앗다. 전쟁에서 이기고 그 귀를 취하다. 잡다. ※장가들취. 어조사취.

【探】더듬어취할탐. 「摸取也」. 疏「摸取也」. ※찾을탐.

【篡】빼앗을찬. 「奪取也」. 疏「奪取也」.

【俘】빼앗을부. 『서경』에「－厥寶玉」이라 했다. 疏 이순은「因敵曰－伐執之取」라 했다. 『서경』은 상서(商書) 서(敍)의 문장. ※사로잡을부. 가질부.

※이상의 3자는 다〔빼앗아 취하다 : 取〕의 뜻이다.

조 재   존재하다
徂在　存也
【存】있을존. 존재하다. 「以徂爲存猶以亂爲治以曩爲曏以故爲今」. ※살필존. 편안할존.

【徂】있을조「以－爲存」. 疏「存也」. 『시경』정풍(鄭風) 출기동문(出其東門)편에「匪我思且」라 했고 정현의 주에「非我思存也」라 했다. '且'와 '徂'는 음과 뜻이 같다. 「死也」 죽다도 '徂'로 칭하는데 이것은 惡이고 살다도 '徂'로 칭하는데 이것은 美이다. 그러므로 「美惡不嫌同名」이다. ※갈조. 겨냥할저.

【在】 있을재. 疏「常語也」.「上云徂往也 往則非存故 郭氏引類以曉人也」. ※찾을재. 살필재. 곳재.

※이상의 2자는 다〔존재하다, 있다 : 存〕의 뜻이다.

재 존 성 사　살피다, 관찰하다
在存省士　察也

【察】 살필찰.「審察」. 살펴서 알다. 생각해보다. ※드러날찰. 자세할찰. 깨끗할찰.

【在】 살필재.『서경』에「－璿璣玉衡」이라 했다. 疏「審察也」.『서경』우서 순전(舜典)편에「－璿璣玉衡以齊七政」이라 했다. ※있을재.

【存】 살필존.「－即在」. 疏「審察也」.「－即在也」. ※있을존. 보존할존.

【省】 살필성. 疏「視察」.『논어』에「吾日三－吾身」이라 했다. ※깨달을성. 마을성. 덜생.

【士】 이관사.「理官亦主聽察」. 疏『서경』우서 순전에「舜命皋陶云汝作－」라 했다. 살피다의 뜻이 있다. ※선비사.

※이상의 4자는 다〔살피다, 관찰하다 : 察〕의 뜻이다.

렬 얼　남아 있다
烈枿　餘也

【餘】 남을여.「遺餘」. 여분이 있다. 여유가 있다. ※나머지여. 남길여. 여분여.

【烈】 나머지렬.『방언(方言)』에「陳鄭之間曰－」이라 했다. 疏「遺餘也」.『시경』대아 운한(雲漢) 서(敍)에「宣王承厲王之－」이라 했다. ※매울렬. 세찰렬. 사나울렬. 밝을렬.

【枿】 나머지얼.『방언(方言)』에「晋衛之間曰蘖」이라 했다. 疏 이순(李巡)은「－槁木之遺也(나무를 베어내고 남은 부분)」라 했다. '枿'과 '蘖'은 음과 뜻이 같다. ※움얼.

※이상의 2자는 다〔남아 있다 : 餘〕의 뜻이다.

아　마중하다
迓　迎也

【迎】 마중할영. 오는 이를 맞이하다.「相逢迎」. 올 것을 기다려 맞이하다. ※맞을영. 맞이할영.

【迓】 마중할아.『공양전(公羊傳)』에「跛者－跛者」라 했다. 疏「相逢迎也」.『공양전』은 성공(成公) 2년의 전문(傳文). ※서로 나가서 마중하다.

※이상의 1자는〔서로 마중하다 : 迎〕의 뜻이다.

원 량　　　　머리, 우두머리이다
元 良　　首也

【首】머리수. 우두머리수. 인체의 머리. 장(長).「頭首」. 첫머리. ※칼자루수.
나타낼수. 근거할수. 자백할수.

【元】머리원.『좌전(左傳)』에「狄人歸先軫之 -」이라 했다. 疏「頭首也」.
『좌전』은 희공(僖公) 33년의 문장에서 나온 말. ※으뜸원. 근원원. 임금
원. 백성원. 착할원. 클원.

【良】〈뜻을 듣지 못했다.〉疏 뜻이 자세하지 않다. ※어질량. 아름다울량. 좋
을량. 길할량. 진실로량.

　※이상의 2자 중 元만이〔머리, 우두머리 : 首〕의 뜻이 있다.

천 지　　　　이르다, 도달하다
薦 摯　　臻也

【臻】이를진. 끝까지 오다.「至也」. 그곳까지 미치다. 도달하다. ※모일진.

【薦】나아갈천.「進也」. 疏「- 進所以表至也」. 나아가는 것이 곧 이르다의 뜻
이 있다. ※올릴천. 드릴천. 천거할천. 자리천. 꽂을진.

【摯】이를지.「至也」. 疏「執 - 所以表至也」. ※잡을지. 지극할지. 사나울지.
폐백지.

　※이상의 2자는 다〔이르다, 도달하다 : 臻〕의 뜻이다.

갱 양　　　　계속(繼續)하다
賡 揚　　續也

【續】이을속. 계속속.「繼續」. 계승하다. 이어서 그치지 않다. ※공적속.

【賡】이을갱.『서경』에「乃 - 載歌」라 했다. 疏「相繼續也」.『서경』은 우서
(虞書) 익직(益稷)편의 문장.

【揚】〈잇는다는 뜻이 자세하지 않다.〉※오를양. 날양. 날릴양. 나타낼양. 칭찬
할양. 도끼양. 땅이름양.

　※이상의 2자 중 賡만이〔계속하다, 잇다 : 續〕의 뜻이 있다.

부 귀　　　　선조(先祖)이다
祔 祪　　祖也

【祖】선조조. 조상. 앞서간 조상. ※할아버지조. 사당조. 본받을조. 길제사지낼조.

【祔】선조부.「付也付新死者於祖廟」. 疏「先祖也」.『설문(說文)』에「- 後
死者合食於先祖也」라 했다. ※합사할부. 합장할부.

【祧】선조귀. 할아버지귀.「－毀廟主(사당을 헐린 선조)」.疏「先祖也」.「毀廟之主名－(사당에서 물러난 선조. 곧 먼 조상)」.

　　※ 이상의 2자는 다 〔조상, 선조 : 祖〕의 뜻이다.

즉　　곧, 가까움이다
卽　尼也

【尼】가까울니. 가까운것니.「近也」.『시자(尸子)』에「悅－而來遠」이라 했다. 곧과 같다. ※ 중니. 정지시킬니.

【卽】가까이할즉.「今也」.疏「－今相近也」. 아주 가까운 것이다. ※ 곧즉. 나아갈즉. 만약즉. 불똥즉.

　　※ 이상의 1자는 〔가까운 것, 곧 : 尼〕의 뜻이다.

니　　머무르다
尼　定也

【定】머무를정. 정할정. 정해질정. 정지하다. 안정하다.「止也」. ※ 꼭정. 이마정.

【尼】정지시킬니.「止也 止亦定」.疏「－詁爲止 止卽定」.『사인』에「－者私之定也」라 했다. ※ 여승니.

　　※ 이상의 1자는 〔머무르다, 정지하다 : 定〕의 뜻이다.

이　기　닐　　가까이하다, 가깝다
邇　幾　暱　近也

【近】가까울근. 시간이나 거리가 멀지 않다.「殆近」. 가까운 곳. ※ 요사이근.

【邇】가까울이.「殆近也」.『시경』정풍(鄭風) 동문지선(東門之墠)편에「其室則－」라 했다. ※ 가까이할이.

【幾】가까울기.疏『예기』빙의(聘義)편에「日－中而后禮成」이라 했다. ※ 빌미기. 기틀기. 거의기. 위태할기. 바랄기. 어찌기.

【暱】가까이할닐.「親近也」.疏『시경』소아 울류(菀柳)편에「無自－焉」이라 했다. ※ 친할닐.

　　※ 이상의 3자는 다 〔가까이하다, 가깝다 : 近〕의 뜻이다.

타　안　　정하고 앉다
妥　安　坐也

【坐】앉을좌. 정하여 앉다.「定坐」. ※ 무릎꿇을좌. 죄입을좌. 연루좌. 대질할좌.

【妥】앉을타.「定之坐也」.『예기』에「－而後傳命」이라 했다.疏「安坐也」.『예기』의 곽박주가 잘못됐다. ※ 편안할타. 온당할타. 떨어질타.

【安】편안할안.「-坐也」. 편안한 것은 앉아 있다는 뜻이 포함되어 있다. ※안존할안. 값쌀안. 어디에안. 어찌안.

※ 이상의 2자는 다〔정하고 앉다 : 坐〕의 뜻이다.

맥　관　　　　굵은 줄, 끈이다
貉 縮　　綸也

【綸】굵은실륜. 인끈륜.「繩也」. 낚시나 거문고를 매는 실. 곧 굵은 끈. ※솜륜. 낚싯줄륜. 다스릴륜. 거문고륜.

【貉】묶는줄맥.「牽縛縮-之今俗語亦然」. 疏「縮綸也(묶는 굵은 줄이다)」. ※오소리학.

【縮】줄관, 인끈관. 疏 주석이 없다.

※ 이상의 2자는 다〔굵은 줄, 끈 : 綸〕의 뜻이다.

맥　막　안　　　정해지다
貉 嘆 安　　定也

【定】정해질정. 정할정. 결정되다. 안정되다.「靜定」. ※잘정.

【貉】정해질맥.「靜定」. 疏「靜定也(편안히 정해지다)」.『시경』 대아 황의(皇矣)편에「貉其德音」이라 했다. 정현은「德政應和曰-」이라 했다. '貉'과 '貊'은 음과 뜻이 같다. ※오소리학.

【嘆】정해질막.「靜定」. 疏「靜定也(편안히 정해지다)」.『시경』 대아 황의편에「永民之莫」이라 했다. '莫'과 '嘆'은 음과 뜻이 같다. ※고요할막.

【安】편안할안. 疏『시경』 소아 사간(斯干)편에「乃-斯寢」이라 했다. ※어찌안.

※ 이상의 3자는 다〔정해지다 : 定〕의 뜻이다.

이　　　발어사(發語辭), 오직이다
伊　　維也　【維】오직유. 발어사(發語辭). ※바유. 惟・唯와 동일.

이　유　　발어사(發語辭), 오직이다
伊 維　　侯也

【侯】어조사후. 발어사(發語辭). ※제후후. 아름다울후. 어찌후. 어조사혜.『시경』에「-誰在矣」라 했다.

【伊】저이. 이이.「互相訓」. 疏「皆發語辭轉互相訓」.『시경』 패풍 곡풍(谷風)편에「-余來墍」라 했다. ※어조사이. 물이름이.

【維】오직유.「發語辭」. 疏「皆發語辭轉互相訓」.『시경』대아 대명(大明)편에「－此文王」이라 했다.

※ 이상의 2자는 다〔발어사, 오직 : 維・侯〕의 뜻이다.

시   식   이것이다
時 寔   是也

【是】이시. 지시하는 말. 가리키는 말.「此也」. 도구법(倒句法)으로 사용하는 말. ※옳을시. 바로잡을시. 대저시.

【時】이시. 疏『시경』진풍(秦風) 사철(駟驖)편에「奉－辰牡」라 했다. ※때시. 철시. 시간시. 때맞출시. 때때로시.

【寔】이식.『공양전(公羊傳)』에「－來者何是來也」라 했다. 疏「春秋桓五年冬州公如曹六年春正月寔來公羊傳曰寔來者何猶曰是人來也」. ※진실로식.

※ 이상의 2자는 다〔이, 이것(此) : 是〕의 뜻이다.

졸   유   가   철   그치다, 마치다
卒 猷 假 輟   已也

【已】그칠이. 말이. 그만두다. 끝나다.「終已也」. ※이미이. 버릴이. 너무이. 따름이. 조금있다가이. 나을이. 써이.

【卒】마칠졸. 疏「終盡之已也」. ※하인졸. 군사졸. 무리졸. 마을졸. 나라졸. 갑자기졸. 죽을졸. 마침내졸.

【猷】〈마치다, 그치다의 뜻이 자세하지 않다.〉 ※꾀유. 같을유. 그릴유. 탄식유. 꾀할유.

【假】〈마치다, 그치다의 뜻이 자세하지 않다.〉 ※빌릴가. 거짓가. 겨를가.

【輟】그칠철. 疏「止已也」.『논어』에「耰而不－」이라 했다. ※버릴철.

※ 이상의 4자 중 猷, 假를 제외한 2자만〔그치다, 마치다 : 已〕의 뜻이다.

구   추   재   졸   취   끝마치다
求 酋 在 卒 就   終也

【終】끝종. 끝낼종. 끝날종. 끝마칠종. 마지막이 되다. 완전히 끝내다. ※마침내종. 방백리종. 열두해종.「盡也」.

【求】구할구. 疏「終盡也」. 다 구하다.『시경』대아 하무(下武)편에「世德作－」라 했다. ※빌구. 탐낼구. 착할구.

【酋】끝날추.『시경』에「嗣先公酋－矣」라 했다. 疏「終盡也」.『시경』은 대아 권아(卷阿)편의 문장. ※오래될추. 술추. 뛰어날추. 우두머리추. 창추.

【在】〈끝나다는 뜻이 자세하지 않다.〉疏 ※있을재.

【卒】끝날졸. 마칠졸. 疏「終盡也」.『시경』패풍 일월(日月)편에「畜我不－」
이라 했다. ※하인졸.

【就】마칠취.「成－亦終也」. 疏「凡事物成－亦終也」. ※이룰취. 나아갈취.
곧취. 쫓을취. 가령취.

　※이상의 5자 중 在를 제외한 4자는 다〔끝마치다 : 終〕의 뜻이다.

봉 　홍 　무록 　졸 　조락 　에 　　죽음, 죽다
崩 薨 無祿 卒 徂落 殪 　死也

【死】죽을사. 생명이 없어지다. ※죽일사. 말라죽을사. 다할사. 죽음사.

【崩】죽을붕.「死亡別稱 : 古者死亡尊卑同稱」. 疏「死之別稱也」.『예기』곡
례편에「天子死曰－」이라 했다. ※무너질붕.

【薨】죽을훙. 疏「死之別稱也」.『예기』곡례편에「諸侯死曰－」이라 했다. ※많
을훙. 빠를훙.

【無祿】無 : 없을무. 祿 : 녹봉록. 죽어 녹봉이 없다. 疏『예기』곡례편에「士
死曰不祿」이라 했는데 '不祿'은 '無祿'과 같다.「少而死從士之稱」.
「短折曰不祿」.

【卒】마칠졸. 죽을졸. 疏「死之別稱也」.『예기』곡례편에「大夫死曰－」이라
했다.「壽考曰－」.

【徂落】徂 : 갈조. 落 : 떨어질락. 천자가 죽다.『서경』에「堯曰徂落舜曰陟方乃
死」라 했다. 疏「死之別稱也」.『서경』은 우서 순전편의 문장.

【殪】죽을에. 疏「死之別稱也」.『좌전(左傳)』은공(隱公) 9년에「衷戎師前
後擊之盡－」라 했다.「－死也」. ※쓰러질에. 다할에. 멸할에. 끊을에.

　※이상의 6자는 다〔죽음, 죽다 : 死(死之別稱)〕의 뜻이다.

제3편 석언(釋言)

『설문』에 "직언(直言)을 언(言)이라 한다."고 했고,『논어』에는 "시경 3백편의 시를 한 마디로 말한다면 사무사(思無私)이다."라고 했다.

'언'이란 옛날부터 지금까지 수없이 많은 말이 있는데 당시의 언어를 책에는 그대로 기록했으나 시대에 따라 그 뜻이 변화하므로 후세 사람들이 그 말의 참뜻을 잘 이해하지 못하여 그 뜻이 통할 수 있도록 해석을 붙인 것이 '석언(釋言)'이다.

은　제　　　가운데이다
殷 齊　中也 【中】가운데중. 중앙. 한가운데. 상하·대소·전후의 사이.

【殷】가운데은.『서경』에 「以－仲春」이라 했다. 疏「正中也(바른 중앙이다)」.『서경』은 요전(堯典)의 문장. ※성활은. 은나라은.

【齊】가운데제. 제10편 석지(釋地)에 「岠－州以南」이라 했다. 疏「岠－州以南」에서 '岠'는 去也, '齊'는 中也, 中州는 齊州이므로 '齊'가 중앙이 되었다.

사　치　　분리(分離)하다
斯 誃　離也

【離】흩어질리. 떠날리. 다른 곳으로 가다. 흩어지다. ※붙을리. 지날리. 이괘리.

【斯】떠날사.「齊陳曰－」. 疏「析也(분석하다)」, 곧 분리(分離)하다.『시경』진풍(陳風) 묘문(墓門)편에 「斧以－之」라 했다.『방언』에 「齊陳曰－」라 했다. 손염은 「－析之離」라 했다.

【誃】가를치.「齊陳曰－」. 疏「張也」, 곧 분리(分離)하다.『시경』소아 항백(巷伯)편에 「哆兮侈兮」라 했다. '哆'는 '誃'와 음과 뜻이 같다. 분리시키다.

謖 興 　 起也

속 　 흥 　 　 일어나다

【起】일어날기.「作起」. 일을 시작하다. ※다시기.

【謖】 일어날속.『예기』에「尸－」이라 했다. 疏「作起也」.『예기』는 제통(祭統)의 문장. ※여밀속. 뛰어날속.

【興】 일어날흥. 疏「作起也」. ※느낄흥. 기뻐할흥. 흥흥. 시흥.

還 復 　 返也

선 　 복 　 　 돌아오다

【返】돌아올반.「廻返」. 갔다가 다시 오다. 복귀하다. 빚같은 것을 청산하다. ※갚을반.

【還】 돌아올선. 돌선. 疏「廻返也(돌아오다)」.『춘추(春秋)』에「師－」이라 했다. ※돌아올환. 돌아갈환. 돌아볼환. 물러날환. 갚을환. 다시환.

【復】 돌아올복. 疏「廻返也」.『춘추』에「至河乃－」이라 했다. ※다시부. 덮을부. 되풀이할복. 대답할복. 사뢸복. 복명할복.

宣 徇 　 徧也

선 　 순 　 　 두루 미치다

【徧】두루미칠편.「周徧」. 미치지 않는 곳이 없다.

【宣】 두루펼선.「周徧也」. 疏「周徧也」.『시경』 대아 강한(江漢)편에「來旬來－」이라 했다. 정현의 주에「宣徧」이라 한 것은「周徧」이다. ※베풀선. 펼선. 밝힐선. 조칙선. 일찍셀선.

【徇】 두루순.「周徧也」. 疏「周徧也」.『시경』 대아 강한편에「來旬來宣」이라 했다.『모전(毛傳)』에「旬徧」이라 한 것은「周徧」이다. '旬'과 '徇'은 음과 뜻이 같다. 두루하다. ※돌순. 경영할순. 부릴순. 빠를순. 좇을순.

馹 遽 　 傳也

일 　 거 　 　 역마이다

【傳】역마을전. 역참(驛站). 역참이 있는 마을.「傳車驛馬之名」. ※전할전.

【馹】 역마일. 역마을일.「傳車驛馬之名」. 疏「傳車驛馬之名」.『좌전』문공(文公) 16년에「楚子乘－會師于臨品」이라 했다. 역(驛)을 말한다.

【遽】 역마거. 역마을거.「傳車驛馬之名」. 疏「傳車驛馬之名」.『좌전』 희공(僖公) 33년에「使－告於鄭」이라 했다. 역을 말한다. ※갑자기거. 당황할거. 놀랄거. 두려워할거.

蒙 荒 　 奄也

몽 　 황 　 　 가리다, 덮다

【奄】가릴엄. 보이지 않게 가리다. 덮다의 뜻도 있다.「奄覆」. ※문득엄. 오랠엄.

【蒙】 덮을몽. 가릴몽.「奄覆也」. 疏「奄覆也」.『시경』 당풍(唐風) 갈생(葛生)편에「葛生－楚」라 했다. ※소나무겨우살이몽. 입을몽. 받을몽. 쏠몽. 쌀몽. 어두울몽. 어릴몽.

【荒】덮을황. 가릴황. 「奄覆也」. 疏「奄覆也」. 손염이 「-大之奄」이라 한 것은 『시경』 주남(周南) 규목(樛木)편의 「葛藟-之」를 말한 것이다.

곡　알　청하다
告 謁 請也

【請】청할청. 뵙기를 청하다. 「求請也」. ※물을청.

【告】고할곡. 빌곡. 「求請也」. 疏「求請也」. 아뢰다. 청알(請謁)하다. 『좌전』 성공(成公) 2년에 「郤克對齊侯曰晉與魯衛兄弟也來－曰大國朝夕釋憾於敝邑之地」라 했다. ※찾을고. 물을고. 고신고. 말미곡. 국문할곡.

【謁】고할알. 뵐알. 「求請也」. 疏「求請也」. 높은 이에게 뵙기를 청하다. 알리다. 『시경』 서(敍)에 「無險詖私－之心」이라 했다. ※명함알. 아뢸알. 자신의 성명을 적은 쪽지를 내밀다.

숙　옹　화락하는 소리이다
肅 噰 聲也

【聲】소리성. 음향. 음성. 「和樂聲(화락하는 소리)」. ※소리낼성. 소식성.

【肅】소리숙. 『시경』에 「-噰和鳴」이라 했다. 疏「和樂聲也」. 『시경』은 주송(周頌) 유고(有瞽)편의 문장. ※엄숙할숙. 삼갈숙. 공경할숙. 경계할숙. 맑을숙. 오그라들숙. 인도할숙.

【噰】화할옹. 『시경』에 「肅－和鳴」이라 했다. 疏「和樂聲也」. 『시경』은 주송 유고편의 문장 ※할미새옹.

격　회　불러오다
格 懷 來也

【來】부를래. 올래. 「招來也(불러오다)」. 가다의 반대어 ※어조사. 미래래. 위로할래.

【格】이를격. 올격. 『서경』에 「-爾來衆庶」라 했다. 疏「招來也」. 『서경』은 상서(商書) 탕서(湯誓)편의 문장. ※궁구할격. 겨룰격. 칠격. 자기격. 시렁격. 가지격. 그칠각. 막을각.

【懷】올회. 「見詩經」. 疏「招來也」. 『시경』 주송(周頌) 시매(時邁)편에 「-柔百神」이라 했다. ※품을회. 따를회. 편안할회. 위로할회. 마음회.

진　저　이르다
畛 厎 致也

【致】이를치. 부를치. 오다. 이르게 하다. 오게 하다. ※보낼치. 맡길치. 그만둘치.

【畛】이를진. 「皆見詩傳」. 疏『예기』 곡례(曲禮)에 「-於鬼神(귀신을 이르게 하다)」이라 했다. ※두둑진. 지경진. 본바탕진.

【厎】이를저. 「皆見詩經」. 疏『좌전』 소공(昭公) 원년에 「叔向曰-祿以德」이라 했다. 『시경』 주송 무(武)편에 「耆定爾功」이라 했다. 곽박은 耆는 厎의 뜻으로 보았다. ※숫돌지. 갈지. 정할지. 바칠지.

시 호 　　믿고 의지하다
恀 怙　　恃也

【恃】믿을시. 믿어 의지하다. 「依恃」. '怙'와 의미가 같다. ※의지할시. 힘입을시.

【恀】믿을시. 「今江東呼母爲−」. 疏「依恃也」. 곽박(郭璞)이 말한 「今江東呼母爲−」는 『시경』 소아 육아(蓼莪)편에 「無父何恀無母何恃」가 이것이다. ※'恀''怙''恃'가 동일하다. 믿을치. 믿을지.

【怙】믿을호. 疏『시경』소아 육아편에 「無父何−無母何恃」라 했다. ※아비호.

률 휼 　　서술(敍述)하다
律 遹　　述也

【述】서술(敍述)할술. 저술술. 「方俗語耳」. ※말할술. 이을술. 지을술. 이전의 일을 이어받아 따르다.

【律】서술할률. 지을률. 「敍述也」. 疏「敍述也」. 「管所以述氣(관으로써 기운을 서술하는 것이다)」. ※법률. 가락률. 피리률. 율률. 자리률. 정도률.

【遹】서술할휼. 따를휼. 「敍述也」. 疏「述行之也(기술하여 가다)」. 『시경』대아 문왕유성(文王有聲)편에 「−駿有聲」이라 했다. ※이에휼. 간사할휼.

유 답 　　그렇게 응하다
俞 畣　　然也

【然】허락할연. 마음을 허락하다. 「然應」. ※사를연. 그럴연. 그러면연. 그렇게여길연. 그러나연. 형용사연.

【俞】그러할유. 응답할유. 『예기』에 「男唯女−」라 했다. 疏「然應也」. 『예기』는 내칙(內則)편의 문장. ※더욱유. '愈'와 같은 글자.

【畣】응답할답. 「應也亦爲然」. 疏「然應也」. '畣'자는 '荅'의 옛글자. 그러므로 「爲應也」이다. ※대답할답.

예 려 　　늘어놓다, 벌여놓다
豫 臚　　敍也

【敍】늘어놓을서. 늘어설서. 차례정해질서. 「陳敍」. 차례로 서다. ※차례서. 차례매길서. 서문서. 서지을서. 줄서. 베풀서.

【豫】늘어놓을예. 「陳敍也」. 疏「陳敍也」. 늘어놓다. 벌여놓다. 「事−備者亦有敍也(일을 미리 준비하는 것도 펴놓는다는 뜻이 있다)」. ※기뻐할예.

【臚】늘어놓을려. 「陳敍也」. 疏「陳敍也」. 늘어놓다. 『한서(漢書)』에 「典客秦官 大初元年更名大鴻」라 했는데 위소(韋昭)의 주에 「鴻大也−陳敍也以禮大陳敍賓客也」라 했다. 『장자(莊子)』에 「大儒−傳」이라 했다. ※가죽려. 배려.

庶幾_{서기} 尙也_{바라다}

【尙】바랄상.『시경』에「不-息焉」이라 했다. 疏「心所希望也(마음 속으로 바라다)」. 원하다. ※오히려상. 숭상할상. 자랑할상. 주관할상. 짝지을상. 꾸밀상. 오랠상.

【庶幾】庶 : 바랄서. 幾 : 바랄기. 庶幾 : 바라다.『시경』에「不尙息焉」이라 했다. 疏『시경』은 소아 울류(菀柳)편의 문장으로「不尙息焉」의 '尙'은 정현(鄭玄)의 주석에 서기(庶幾)의 뜻이라 했다.「以心所念」.

觀_관 指_지 示也_{보이다}

【示】보일시. 볼시. 보게 하다. 疏「呈見於人也」. '視'와 통용. ※땅귀신기.

【觀】보일관.『국어』에「且-之兵」이라 했다. 疏『국어』의「且-之兵」은「周語穆王將征犬戎祭公謀父諫曰不可先王耀德不-兵犬戎氏以其職來王天子曰予必以 不享征之 且-之兵 無乃廢先王之訓 而王幾頓乎」가 이것이다.

【指】가르쳐보일지. 疏『논어』에「-其掌」이라 했는데 이것은「擧掌以示人也(손바닥을 들어 남에게 보이다)」이다.

若_약 惠_혜 順也_{따르다, 순하다}

【順】순할순. 좇을순. 거스르지 않다. 따르다. 도리에 따르다. 疏「不逆也」. ※즐길순. 기뻐할순. 차례순.

【若】따를약. 좇을약. 疏『서경』에「-稽古謂順考古道也」라 했다. ※같을약. 너약. 이같을약. 만일약. 및약. 반야야. 난야야.

【惠】순할혜. 따를혜.『시경』에「-然肯來」라 했다. 疏『시경』은 패풍 종풍(終風)편의 문장「-然肯來」는「言有順心然後可來」를 말한다. ※은혜혜. 베풀혜. 슬기로울혜. 꾸밀혜. 세모창혜.

敖_오 幠_호 傲也_{오만(傲慢)하다}

【傲】거만할오. 오만할오「傲慢」. 교만하다. ※업신여길오. 놀오.

【敖】거만할오. 오만할오.『예기』에「無幠無-」라 했다.「傲慢也」. 疏「傲慢」.『시경』주송 사의(絲衣)편에「不吳不-」라 했다.『예기』는 투호(投壺)편의 문장. 오만하다. ※놀오. 시끄러울오.

【幠】오만할호.『예기』에「無-無敖」라 했다.「傲慢也」. 疏「傲慢也」. 거만하다.『예기』는 투호편의 문장. ※덮을무・업신여길무로 통용한다.

유 국　연소(年少)하다, 나이가 젊다
幼鞠　稚也

【稚】어릴치.「年少也(나이가 어리다)」. 나이 많은 것의 반대. 어리다. ※어린애치.

【幼】어릴유. 䟽나이가 어리다.『예기』곡례(曲禮)편에「－子常視無誑(어린 아이는 항상 보아도 속이지 않는다)」라 했다. ※어릴때유. 어린아이유. 사랑할유. 깊을요

【鞠】어릴국.『서경』에「不念－子哀(어린아이의 가련함을 생각하지 않다)」라 했다. 䟽나이가 어리다.『서경』의「兄亦不念－子哀」는 나이가 어림을 이른 것이다.『서경』은 주서(周書) 강고(康誥)편의 문장. ※기를국. 굽힐국. 고할국.

일 건　과오・허물이다
逸愆　過也

【過】허물과. 잘못할과.「咎－」. 실수. 과오. 죄과. ※지날과. 지나칠과. 예전과. 나무랄과.

【逸】허물일. 그르칠일.『서경』에「汝則有－罰」이라 했다. 䟽「咎過也」. 혹자는 今文『상서(商書)』에 있다고 했다.『서경』은 반경편에「惟予一人有佚罰」의 문장은 있고「汝則有－罰」의 문장이 없다.

【愆】허물건. 䟽「咎過也」. 허물.『좌전』의「禮義不－」이 이와 같다. ※'愆'의 古字.

의 휴　그치다
疑休　戾也

【戾】그칠려. 도착할려.「－止也」. ※어그러질려. 사나울려. 안정할려. 거셀려.

【疑】그칠의.「－者亦止」. 䟽「戾止也」. 이르러 그치다.『서경』에「－謀勿成」이라 했다. ※의심할의. 두려워할의. 싫어할의. 비길의. 안정할응.

【休】그칠휴. 䟽「戾止也」.『예기』월령(月令)편에「百工－」라 했다.「疑休皆爲止也」. ※쉴휴. 편안할휴. 따스이할후.

질 제　빠르다
疾齊　壯也

【壯】빠를장. 급속할장.「－事謂速也」. 신속하다. ※씩씩할장. 왕성할장. 장할장. 굳을장. 팔월장.

【疾】빠를질.「速也」. 䟽「急－」. 급속하다.「事敏速彊壯也(일이 민첩하게 빠른 것을 뜻한다)」. ※병질. 괴로움질. 힘쓸질. 투기할질. 근심할질.

【齊】재빠를제.「速也」. 䟽「－整」. ※가지런할제. 같을제. 엄숙할제. 오를제. 한가운데제.

혀^극 褊^편　急也^{좁다}

【急】좁을급.「狹也」. 좁다. ※급할급. 켱길급. 서두를급.

【혀】좁을극. 좁다. **疏** '亟'과 같다.『시경』대아 영대(靈臺)편의「經始勿亟」
과 문왕유성(文王有聲)편의「匪棘其欲」을『예기』에서 인용하여「匪革其
猶」라 했는데「革은 亦急也」라 했다. '－亟棘革'은 비록 음이 다르나 뜻은 동일
하다고 했다.『광아(廣雅)』에「－謹也」라 했는데「急狹也」이다. ※신칙할계.

【褊】좁을편.「急狹」. **疏**『시경』위풍(魏風) 갈구(葛屨)편에「維是一心」이라
했다.「褊은 狹陋也」.『광아(廣雅)』에「－狹陋也」라 했는데「急狹也」이
다. 도량이 좁다.

貿^무 賈^고　市也^{사다, 팔다}

【市】살시. 팔시.「買賣物也(물건을 사고 팔다)」. ※저자시. 장사시. 값시.

【貿】살무.『시경』에「抱布－絲(布를 抱하여 실을 사다)」라 했다. **疏**「市買賣
物也」.『시경』은 위풍(衛風) 맹(氓)편의 문장. ※장사할무. 바꿀무. 갈마
를무. 눈어두울무.

【賈】살고. **疏**「市買賣物也」.『시경』대아 첨앙(瞻卬)편에「如－三倍」라 했
다. ※팔고. 장사고. 상품고. 값가. 성가.

扉^비 陋^루　隱也^{숨다}

【隱】숨을은. 자취를 감추다. 세상을 피하여 살다. 나타나지 않다.「幽隱」. ※숨
길은. 점칠은. 가엾어할은. 음흉할은. 수수께끼은. 기댈은.

【扉】숨을비.『예기』에「－用席」이라 했다. **疏**「幽隱也」.『예기』의「－用席」은
「有司徹云有司官徹饋饌于室中西北隅南面如饋之設右几－用席」이 이것
인데『예기』에 이렇게 말했다는 것은 잘못되었다. ※『예기』에는 숨은 뜻이 없다.

【陋】숨을루.『서경』에「揚側－」라 했다. **疏**「幽隱也」.『서경』은 요전(堯典)
의 문장. ※좁을루. 못생길루. 작을루. 추할루. 거칠루. 낮을루.

遏^알 遾^서　逮也^{이르다, 도달하다, 미치다}

【逮】미칠태. 미치게할태. 이르게 하다.「相及也(서로 이르게 하다)」. ※단
아할체. 쫓을체. 잡을체.

【遏】미칠알.「東齊曰－」.「相及逮」. **疏**「相及也」.「東齊曰－」은『방언(方
言)』의 문장. ※막을알. 머무르게할알.

【遾】미칠서.「北燕曰－」.「相及逮」. **疏**「相及也」.「北燕曰－」는『방언(方
言)』의 문장.

정 매 　　　가다, 출행(出行)하다
征 邁　　行也

【行】갈행.「出行(떠나가다)」. 가다의 뜻. ※다닐행. 행할행. 항렬항. 줄항.

【征】갈정. 『시경』에「王于出 -」이라 했다. 疏「出行也」. 『시경』은 소아 유월(六月)편의 문장이다. ※취할정. 구실받을정.

【邁】갈매.「亦行也」. 疏「出行也」. 『시경』 대아 역복(棫樸)편의「周王于 -」와 같다. ※돌매. 지날매. 늙을매. 힘쓸매.

비 패 　　　무너지다, 넘어지다
圮 敗　　覆也

【覆】넘어질복.「傾覆(기울어 무너지다)」. ※배반할복. 사뢸복. 덮을부. 덮개부.

【圮】무너질비. 疏「毁也皆傾覆也」. 『서경』에「祖乙 - 于耿」이라 했다. ※무너뜨릴비.

【敗】무너뜨릴패. 疏「壞也皆傾覆也」. ※패할패. 썩을패. 기근패. 재앙패.

천 원 　　　거듭하다, 두번하다
荐 原　　再也

【再】두번재. 두번할재.「重 - 也(거듭하다)」. 다시 하다.

【荐】거듭천. 두번할천. 『주역』에「水 - 至」라 했다. 疏「重再也」. 손염은「- 草生之再也」라 했다. 『주역』은 감괘(坎卦)의 상사(象辭)이다.

【原】거듭원. 거듭할원. 「今呼重鬵爲鬴」. 疏「重再也」. 「今呼重鬵爲鬴」은 『주례』 하관(夏官) 마질(馬質)에 이른「禁 - 鬵者」와 같다.

무 미 　　　어루만지다, 애무(愛撫)하다
撫 敉　　撫也

【撫】어루만질무. 애무하다. 쓰다듬다. 위로하다.「憐 -」. ※좇을무. 누를무. 기댈무.

【撫】어루만질무.「愛 - 也」. 疏「憐 - 也」. 『방언』에「宋衛邠陶之間謂愛曰 -」라 했다. 그러므로 주(注)에「- 愛 - 也」라 했다.

【敉】어루만질미.「- 義見書」. 疏「憐撫也」. 「- 義見書」는 『서경』 대고(大誥)편에「予翼以于 - 寧武圖功」이라 했다.

구 구 　　　파리하다, 수척(瘦瘠)하다
臞 腒　　瘠也

【瘠】파리할척. 파리하게할척. 수척할척. 마르다. 야위다. ※메마를척. 궁핍할척.

【臞】파리할구. 疏「瘦瘠也」. 수척하다. 정현(鄭玄)의 『주례(周禮)』 주(注)에「瘦 - 腐敗」라 했다.

【腒】파리할구.「齊人謂瘦瘠爲 -(제나라 사람들은 수척한 것을 腒라 한다)」. 疏「瘦瘠也」. 파리하다. 수척하다.

광 경　　가득차다
桄 頴　　充也

【充】가득할충. 채울충.「－盛也(가득차다)」. 가득차게 하다의 뜻.

【桄】가득찰광.「充盛也」. 疏 손숙연본(孫叔然本)에는 '桄'이 '光'으로 되어 있다.『서경』에「光被四表」라 했다. ※광랑나무광.

【頴】가득찰경.「充盛也」. 疏『설문』에「－是火光也」라 했는데 이는「充盛」의 뜻이다. ※빛경.

루 닐　　자주, 누차이다
屢 暱　　亟也

【亟】자주기. 누차.「數也(여러번)」 ※빠를극. 급할극. 빨리극. 성급할극.

【屢】자주루. 여러루. 疏『시경』주송(周頌) 환(桓)편에「－豊年」이라 했다. ※번거로울루.

【暱】친할닐.「親－者亦數」. 疏『좌전』에「諸夏親－」이라 했다. '親－'은「恩信必數」이므로 주(注)에「親－者亦數」라 했다. 친한 것은 자주 접촉하다의 뜻이 있다. ※가까이할닐.

미 망　　없다, 다하다
靡 罔　　無也

【無】없을무.「不有也(있지 않다)」. 아무것도 없다. 빈 상태의 뜻.

【靡】없을미. 다할미. 疏『시경』에「－神不擧」라 했다.

【罔】없을망. 疏『서경』에「－有攸赦」라 했다. ※그물망. 그물칠망. 속일망. 엮을망. 얽을망. 도깨비망. 근심할망.

상　　어그러지다
爽　　差也

【差】어그러질차. 어긋나다. 사리에 어긋나다의 뜻.「皆謂用心－錯不專一」.

상　　틀리다, 맞지 않다
爽　　忒也

【忒】틀릴특. 사리에 맞지 아니하다. 어긋나다.「皆謂用心差錯不專一」. 疏 손염이「－變雜不一」이라 했다.『시경』대아 첨앙(瞻卬)편에「鞫人忮－」이라 했다. ※의심할특. 변할특.

【爽】어그러질상. 틀릴상.「用心差錯不專一(마음씀이 틀려 전일하지 못하다)」. 疏「廣異言也」.「－謂差錯又爲忒變」.『시경』위풍(衛風) 맹(氓)편에「女也不－」이라 했다.

이

돕다, 보좌하다

俌 貳也 【貳】도울이. 옆에서 보좌하다. 「副ー」. ※대신할이. 두마음이.

【俌】보좌할이. 「ー次爲副貳」. 疏「次也次卽副貳之義」. '俌'는 버금함이며, 버금한다는 것은 보좌의 뜻이다.

자 전

잘라 가지런히하다, 절단하다

劑翦 齊也

【齊】가지런히할제. 같게할제. 가지런하게 자르다의 뜻. 길이를 같게 절단하는 것.

【劑】자를자. 「南方人呼翦刀爲ー刀」. 疏「齊截也」. 곽박이 「南方人呼翦刀爲ー刀」라 했고 제7편 석기(釋器)에는 「金鏃翦羽謂之鏃」이라 했다. 절단하다.

【翦】자를전. 「南方人呼ー刀爲劑刀」. 疏「齊截也」. 곽박이 「南方人呼ー刀爲劑刀」라 했고 제7편 석기에는 「金鏃ー羽謂之鏃」이라 했다. 절단하다.

분 류

익히다, 뜸들이다

饙餾 稔也

【稔】익을임. 익힐임. 疏「熟也」. 밥이 익다. 뜸을 들이다. 곡식이 익다의 뜻.

【饙】익을분. 「今呼餕飯爲ー」. 疏 손염(孫炎)이 「蒸之曰ー(익히는 것을 饙이라 한다)」고 했다. 『설문』에 「ーー蒸米也」라 했다. 『시경』 대아 형작(洞酌)편에 「可以餴饎」라 했다. '饙'과 '餴'은 음과 뜻이 같다.

【餾】뜸들류. 익혀 뜸들이다. 「今呼餕飯爲饙饙熟爲ー」. 疏 손염이 「蒸之曰饙均之曰ー」라 했다. 「ー飯氣流也 然則蒸米謂之饙饙必ー而熟之故言饙ー稔也」.

잉 장

보내다, 딸려 보내다

媵將 送也 【送】보낼송. 딸려 보내다. 사람을 딸려 보내다.

【媵】딸려보낼잉. 『좌전』에 「以ー秦穆姬」라 했다. 疏「送行也」. 『좌전』 희공(僖公) 5년에 「晋執虞公及其大夫幷伯以ー秦穆姬」라 했다.

【將】보낼장. 『시경』에 「遠于ー之」라 했다. 疏「送行也」. 손염이 「ー行之送也」라 했다. 『시경』은 패풍(邶風) 연연(燕燕)편의 문장으로 위장강(衛莊姜)이 자기 나라로 돌아가는 첩(妾)을 전송하는 시이다. ※장수장.

작 조

영위(營爲)하다

作造 爲也 【爲】할위. 영위할위. 경영하다의 뜻. ※만들위. 지을위.

【作】지을작. 疏「營爲也」. 『시경』 정풍(鄭風) 치의(緇衣)편에 「敝予又改ー兮」라 했다. ※일으킬작. 일할작. 비로소작. 경작작.

【造】지을조. 疏「營爲也」. 『시경』 정풍 치의편에 「敝予又改ー兮」라 했다. ※시작할조. 이룰조. 처음조

비　후　　　먹이, 밥, 식량이다
粃餱　食也
【食】먹이식. 양식. 먹을거리. 먹는 물건. 식량 등을 뜻한다. ※밥사.

【粃】먹이비. 식량.『방언』에「陳楚之間相呼食爲 -」라 했다. 疏「飯食也」. 먹는 주식.

【餱】건량후. 말린 밥. 疏「飯食也」.『시경』대아 공류(公劉)편에「乃裹 - 糧」이라 했다.

국　구　　　다하다, 한껏하다
鞠究　窮也
【窮】다할궁. 있는 힘을 다하다. 할만큼 다하다. ※궁구할궁.

【鞠】다할국.「窮盡也」.「見詩」. 疏「窮盡也」.『시경』대아 운한(雲漢)편에「- 哉庶正」이라 했다.

【究】다할구.「窮盡也」.「見詩」. 疏「窮盡也」.『시경』소아 절피남산(節彼南山)편에「以 - 王訩」이라 했다. ※궁구할구.

로　긍　함　　　괴롭다, 쓰다
滷矜鹹　苦也
【苦】괴로울고. 쓰고. 근심과 걱정으로 괴롭다. 가난에 찌들려 괴롭다. 고초를 겪다. 크게 짠것을 괴롭다고 한다.

【滷】괴로울로. 쓸로. 쓴땅로. 짠땅로.「苦地也」. 疏 곽박이 말한「- 苦地也」는「斥 - 可煮鹽者」를 말한다.

【矜】불쌍하게여길긍.「可 - 憐者亦辛苦」. 疏『좌전』에「表淳鹵云可 - 憐者亦辛苦者(불쌍한 사람도 괴로운 것이다)」라 했다.『시경』소아 홍안(鴻雁)편에「愛及 - 人」이라 했다. 정현의 주에「可憐之人謂貧窮者是辛苦之人也」라 했다.

【鹹】짤함.「苦卽大 -(크게 짠 것은 쓰다.)」. 疏「苦卽大 -者釋經之 -也」.「- 味極必苦故以 -爲苦也(짠맛이 극에 이르면 반드시 쓰다. 그러므로 짠것으로 괴로움을 삼은 것이다)」.

간　류　　　구하다
干流　求也
【求】구할구. 구취할구. 바라다. 구하여 취하다. 찾다.

【干】구할간. 간구할간. 疏「求取也」.『논어』에「子張學 - 祿」이라 했다.

【流】구할류.『시경』에「左右 - 之」라 했다. 疏「求取也」.『시경』은 주남((周南) 관저關雎)편의 문장. ※흐를류.

류 ｜ 뻗치다, 퍼지다, 미치다
流 覃也

【覃】뻗을담. 퍼질담. 미칠담.「蔓延相被及」. 疏「轉相解也」.「水之流必相
延及」.『시경』주남에「葛之 – 兮」라 했다.

담 ｜ 뻗치다, 미치다
覃 延也 【延】미칠연. 파급되다.「蔓 – 相被及」. 파급되다. 널리 뻗치다.

【流】뻗칠류.「蔓延相被及」. 疏「水之 – 必相延及」. ※물흐를류.

조 ｜ 구차하다
佻 偸也

【偸】구차할투.「苟且」. 고식적(姑息的)으로 일을 하다. 구차하게 하다. 매우 군색하다.

【佻】구차할조.「謂苟且」. 疏『시경』소아 녹명(鹿鳴)편의「視民不恌」가 이것이
다. 이순은「 – 偸薄之偸」라 했다. 곽박이 말한「苟且」는「左傳趙孟曰吾儕
偸食朝不謀夕何其長也」이다.「杜注云言欲苟免目前不能念長久是謂偸爲苟且也」.

잠 ｜ 깊다
潛 深也 【深】깊을심. 얕지 않고 깊다. 얕은 것의 반대. ※깊이심.

잠 심 ｜ 깊이를 재다
潛深 測也

【測】깊숙할측. 잴측. 물의 깊이를 재다. 깊은 것.「水深之別名」. 疏「轉相解也」.

【潛】깊을잠. 疏『시경』소아 정월(正月)편의「 – 雖伏矣」는「深矣」다. ※잠
길잠.

곡 국 ｜ 삶, 생활(生活)이다
榖 鞠 生也 【生】살생. 살릴생. 생존하다. 살아서 활동하다. 삶. 살리다.

【榖】살곡.『시경』에「 – 則異室」이라 했다. 疏「生活也」.『시경』은 왕풍(王
風) 대거(大車)편의 문장이다.

【鞠】살릴국. 기를국. 疏「生活也」.『시경』소아 육아(蓼莪)편에「母兮 – 我」
라 했다.

철 ｜ 먹다
啜 茹也

【茹】먹을여. 주어서 먹다.「拾食」. 야채같은 것을 주어서 먹다. 疏『시경』대아 증민(蒸
民)편에「柔則 – 之」라 했다.『방언』에「 – 食也」라 했다.「吳越凡貪飮食者謂之 – 」.

【啜】먹을철.「拾食」. 疏「설문」에「 – 嘗也」라 했다. 곽박은「 – 者拾食」이라 했
다.『예기』단궁(檀弓)편에「 – 菽飮水」라 했다. 먹어서 맛보다. ※마실철.

여 우　재다, 헤아리다
茹 虞　度也【度】헤아릴탁.「測度也」. 길이를 재다. 추측하다. 측량하다.

【茹】헤아릴여.「測度也」.『시경』에「不可以－」라 했다. 疏「測度也」.『시경』은 패풍 백주(栢舟) 편의 문장.

【虞】헤아릴우.「測度也」. 疏「測度也」.『좌전』에「備豫不－」라 했다. ※생각할우. 근심할우. 우임금성우. 벼슬이름우.

시 식　쓰다, 쓰이다
試 式　用也【用】쓸용. 쓰일용. 인물을 끌어다 쓰다. 부리다. 疏「任用也」.

【試】쓸시.「見詩書」. 疏「任用也」.『시경』소아 대동(大東)편에「百僚是－」라 했다.『서경』상서 반경(盤庚)편에「今予將－以汝遷」이라 했다.

【式】쓸식.「見詩書」. 疏「任用也」.『시경』소아 우무정(雨無正)편에「庶曰－臧」이라 했다.『서경』상서 반경편에「－敷民德」이라 했다.

고 서　삼가고 경계하다〔謹勅〕
誥 誓　謹也

【謹】삼가할근. 경계할근.「所以約勤－戒衆」. 삼가하고 경계하다. 스스로 경계하다.

【誥】경계고.「所以約勤謹戒衆」. 疏「謹勑也」.「以大義論衆謂之－(대의로써 민중을 깨우치는 것을 誥라 한다)」. 삼가하게 하고 경계시키다.『서경』고서(誥誓)의 뜻이 이와 같다.

【誓】경계할서.「所以約勤謹戒衆」. 疏「謹勑也」.「集將士而戒之曰－(장군과 병사를 모아놓고 경계하는 것을 誓라 한다)」.『서경』고서(誥誓)의 뜻이 이와 같다.

경 축　힘쓰다
競 逐　彊也【彊】힘쓸강. 굳셀강.「自勉－」. 힘써 부지런히 하다.

【競】굳셀경. 힘쓸경. 강하다.「自勉彊」. 疏「自勉彊也」.『시경』대아 억(抑)편에「無－維人」이라 했다. ※다툴경.

【逐】힘셀축.「自勉彊」. 疏「自勉彊也」.「馳－者亦彊梁也」. 힘쓰다. ※쫓을축. 달릴축. 쫓길축.

어 어　금지하다, 막다
禦 圉　禁也【禁】금할금. 금지할금. 하지 못하게 하다.「－制」. 제지하다.

【禦】막을어.「禁制」. 疏「謂禁制」.『시경』소아 상체(常棣)편에「外－其務」라 했다. 금지시키다. 막다. ※방해어.

【圉】막을어.「禁制」. 疏「謂禁制」.「養馬曰－亦所以禁制故皆爲禁也」. 금지시키다. 막다. ※마부어. 마굿간어. 변방어. 옥어.

질 매   막다
窒 寴   塞也

【塞】막을색. 구멍을 막다. 틈새를 막다.「謂－孔穴」. 틀어막다. 차단하다.

【窒】막을질.「謂塞孔穴」. <u>疏</u>「謂堙塞孔穴」.『시경』빈풍(豳風) 칠월(七月)편에「穹－熏鼠」라 했다. ※질소질. 종묘문질.

【寴】묻을매. 막을매.「謂塞孔穴」. <u>疏</u>「謂堙塞孔穴」.『주례』대종백(大宗伯)에「以貍沈祭山林川澤」이라 했다. '貍'는 '寴'.

보 불   밝다, 뚜렷하다〔彰明〕
黼 黻   彰也 **【彰】**밝을창.「彰明(뚜렷하다)」. ※드러날창. 무늬창.

【黼】빛날보. 문채빛날수보「－文如斧(보의 무늬는 도끼모양)」. <u>疏</u>「彰明也言文采著明也」.「－文如斧」는『주례』고공기에「白與黑謂之－」라 했고 제7편 석기(釋器)에「斧謂之－蓋半白半黑似斧刃白而身黑」이라 했다.「－取能斷」.

【黻】빛날불. 문채빛날수불「－文如兩己相背(불의 무늬는 2개의 己자를 서로 등지게 한 모양)」. <u>疏</u>「彰明也言文采著明也」.「－文如兩己相背」는『주례』고공기(考工記)에「黑與青謂之－」이라 했다. 제7편 석기(釋器)에「－謂以青黑線刺繡爲兩己字相背」라 했다.「－取善惡相背」.

응 신   몸소, 친히 하다
膺 身   親也

【親】몸소친. 친할친.「躬－」. 사이가 가깝다. 친히. 자신이 하다. 우정이 두텁다.

【膺】가까이할응. 친할응.「謂躬親」. <u>疏</u>「服－身先皆謂躬親也」. 몸소·친히 하다. ※가슴응. 받을응.

【身】몸소신. 친히. 몸소.「謂躬親」. <u>疏</u>「服膺－先皆謂躬親也」. ※몸신. 줄기신. 해신. 나이신. 나라이름견.

개 제   발행(發行)하다, 피어나다
愷 悌   發也

【發】피어날발. 필발. 행할발. 화락한 것이 피어나다.「發行也」. 꽃이 필 때. 아름다움이 피어나다.

【愷】즐거울개. 화락하다.『시경』에「齊子－悌」라 했다. <u>疏</u>「謂發明而行也」.『시경』은 제풍(齊風) 재구(載驅)편의 문장. ※싸움이긴풍류개.

【悌】즐거울제. 화락하다.『시경』에「齊子愷－」라 했다. <u>疏</u>「謂發明而行也」『시경』은 제풍 재구편의 문장. 정현의 주에「愷－猶言發發也」라 했는데 곽박이「發發行也」라 한 것은 이 정현의 말을 사용한 것이다. ※공경할제.

髦士 官也
모 사   벼슬아치, 관리이다

【官】벼슬아치관. 관직에 쓰이는 사람. 관직에 등용될 수 있는 선비.

【髦】뛰어날모. 준수한사람모. 관리모.疏「下士－俊也」.「言取俊士令居官也」.『시경』대아 역복(棫樸)편에「－士攸宜」라 했다.

【士】벼슬사.「取俊－令居官」.疏「下－髦俊也」.「－者男子之人大號(士는 남자를 크게 부르는 호칭이다)」. ※선비사. 일사. 무사사. 하사관사.

畯 農夫也
준   농부이다

【農夫】農 : 농사농. 夫 : 사내부. 색부부.「嗇夫」. 농사를 맡은 말단관리.

【畯】권농관준. 농부준.「今之嗇夫是也」.疏「田－一曰農夫」. 손염은「農夫田官也」라 했는데「主田大夫也」를 말한다.『시경』소아 보전(甫田)편에「田－至喜」라 했다. 정현의 주에「田－司嗇 今之嗇夫」라 했다.「田－田官在田司主稼穡故謂之司嗇」.「漢及東晋亦有此官謂之嗇夫」. ※준걸준.

蓋割 裂也 【裂】찢을럴. 칼로 찢다. ※자투리럴.
개 할   찢다, 가르다

【蓋】〈찢는다는 뜻이 자세하지 않다.〉 ※덮을개. 숭상할개. 일산개. 하늘개. 어찌개. 어찌아니할합. 대대개.

【割】가를할.疏「－謂以刀裂之也(할은 칼로써 찢는 것을 말한다)」. ※빼앗을할. 해칠할. 재앙할.

邕支 載也 【載】실을재. 수레에 물건을 싣다. ※오를재. 행할재. 문서재.
옹 지   싣다

【邕】〈싣는다는 뜻이 자세하지 않다.〉「方俗語亦未詳」. ※막을옹. 화락할옹.

【支】〈싣는다는 뜻이 자세하지 않다.〉「方俗語亦未詳」. ※가지지. 갈릴지. 헤아릴지. 지출지. 지급지. 지지지. 간지지.

諈諉 累也
추 위   번거롭다, 여러번이다

【累】여러루. 누끼칠루. 여러 번. 번거롭게 하다. 폐를 끼치다.「相－及也」. ※벌거벗을라.

【諈】번거로울추.「以事相屬累爲－諉」.疏「謂相累及也」. 손염이「楚人曰－」라 했다. 번거롭다는 뜻. ※성추.

【諉】번거롭게할위.「以事相屬累爲諈－」.疏「謂相累及也」. 손염이「秦人曰－」라 했다. 번거롭다는 뜻. ※맡길위.

막　찰　　청명(淸明)하다
漠 察　淸也【淸】맑을청. 깨끗하고 맑다.「－明」. 깨끗할청.

【漠】청명할막.「淸明」. 疏 번광(樊光)이「－然淸貌는 皆是淸明也(막연히 맑은 모양은 다 맑고 밝은 것이다)」라 했다. ※사막막. 어두울막. 쓸쓸할막.

【察】살필찰. 밝게살필찰.「淸明」. 疏「－明也是皆淸明也」. 살피는 것은 밝은 것이다. 밝은 것은 청명한 뜻이 있다. ※드러날찰. 깨끗할찰.

비　휴　　그늘이다
庇 庥　廕也【廕】그늘음. '蔭'과 통용. 나무에 가려 햇빛이 비치지 않는 곳.

【庇】그늘비. 가릴비. 疏『사인』에「－蔽也」라 했다.『좌전』문공(文公) 7년에「葛藟猶能－其本根」이라 했다. ※덮을비. 의지할비. 감쌀비.

【庥】그늘휴. 나무그늘휴.「今俗語呼樹蔭爲－(지금 속어로 나무 그늘을 庥라 한다)」. 疏「依止也(의지하여 그치다)」. ※쉴휴. 곧 휴식하다.

곡　리　　복록(福祿)이다
穀 履　祿也

【祿】복록록. 녹록. 녹줄록. 관리의 봉급. 행복의 뜻.『효경』에「援神契云 －者錄也 取上所以敬錄接下 下所以敬錄事上」이라 했다.

【穀】복록곡. 녹곡.『서경』에「旣富方－」이라 했다. 疏「福祿也」.『서경』은 홍범(洪範)편의 문장. ※곡식곡.

【履】복록리.『시경』에「福－將之」라 했다. 疏「福祿也」.『시경』은 주남(周南) 규목(樛木)편의 문장이다. ※밟을리.

리　　예절이다
履　禮也

【禮】예절례. 예도례. 모든 일에 경의를 표하는 일. 오상(五常)의 하나인 예.

【履】밟을리.「禮可以－行見易」. 疏「－又爲禮也」.「禮可以－行見易」은『주역』서괘전(敍卦傳)에「物畜然後有禮故受之以－」라 했다. 한강백(韓康伯)이「－者禮也(밟는 것은 예이다)」라 했다.

은　　점치다[隱度]
隱　占也

【占】점칠점. 점을 쳐보다. 복술(卜術)을 행하다. 길흉을 알려고 자세히 살펴보다.

【隱】점칠은.「－度」. 疏「古者視兆以知吉凶也 必先－度故曰－占也」. 점을 쳐서 길흉을 헤아리다. ※숨길은. 담은. 기댈은. 수수께끼은.

역 逆   맞이하다 迎也

【迎】맞이할영. 오는 이를 맞이하다. '아(迓)'와 같다. 미래를 기다려 맞이하다.

【逆】맞이할역. 불러오게 하다. 疏「謂迎迓」.『서경』주서(周書) 고명(顧命)편에「－子釗于南門之外」라 했다. ※거스를역. 거꾸로역. 미리역.

참 憯   일찍이이다 曾也

【曾】일찍증. 발어사(發語辭). 이전에. 지금까지의 뜻.「見詩」. 疏「－則也」.『시경』위풍(衛風) 하광(河廣)편에「－不崇朝」라 했다.

【憯】일찍참. 발어사(發語辭).「見詩」. 疏「猶言曾也」.『시경』소아 절피남산(節彼南山)편에「－莫懲嗟」라 했다. 일찍이. ※비통할참.

증 增   더하다 益也   【益】더할익. 넉넉하게 더해 주다. 보태 주다.

【增】더할증.「今江東通言－」. 疏「饒益也」. 넉넉하게 보태 주다. ※붙을증. 늘릴증. 더욱증. 겹칠증.

구 窶   가난하다 貧也   【貧】가난할빈. 疏「無財也(재물이 없다)」. 가난한 사람.

【窶】가난할구.「謂貧陋」. 疏「無禮也」.「由其無財以爲禮(재물이 없어 예를 차릴 수가 없다)」.「謂貧陋」는『시경』패풍 북문편에「終－且貧」이라 했다.

애 薆   숨기다, 가리다 隱也   【隱】숨을은. 숨길은. 보이지 않게 가리다. 숨기다. 은폐하다.

【薆】숨길애. 가릴애.「謂隱蔽」. 은폐하다. 疏「－障卽隱蔽也」. 숨기다.

애 優   흐느껴울다 唈也

【唈】흐느껴울압. 슬퍼 흐느껴 울다.「嗚－短氣」. 마음으로 느껴 울다. ※흐느껴울읍.

【優】흐느껴울애.「嗚唈短氣皆見詩」. 疏 손염이「心唈也」라 했다. 곽박이 말한「嗚唈短氣皆見詩」는『시경』대아 상유(桑柔)편의「亦孔之－」와 같다.

기 　　기업(基業)이다
基　　經也 【經】잴경. 측량하다. 방침을 세워 일하다. 「基業所以自-營」.

기 　　시작하다〔造設〕
基　　設也 【設】베풀설. 제작하다. 늘어놓다. 세우다. 「亦爲造-」.

【基】업기. 근본기. 「-業所以自經營」. 「爲造設」. 䟽「基墻下土也」. 「詁爲始作事謀始必經綸也(처음으로 일을 시작하여 처음을 계획하여 일을 경영하다)」.

기 　　상서(祥瑞)이다
祺　　祥也
【祥】상서로울상. 조짐상. 「謂徵-」. 길한 조짐이 먼저 나타나는 것을 뜻한다.
䟽「-卽吉之先見者也故又爲吉」.

기 　　복(福)이다
祺　　吉也
【吉】복길. 「祥-之先見」. 상서로움은 길한 것이 먼저 나타나는 것이므로 또 길한 것이 된다. 䟽「祥卽-之先見者也故又爲-」.

【祺】복기. 「謂徵祥」. 䟽『사인』에 「-福之祥謂徵祥也」라 했다. 「祥卽吉之先見者也故又爲吉」. 『시경』대아 행위(行葦)편에 「壽考維-」라 했다.

조 　　묘역(墓域)경계이다
兆　　域也 【域】무덤의경계역. 경계지을역. 무덤의 경계를 뜻한다.

【兆】묘역경계조 「塋界」. 䟽「塋墓界域也」. 『효경』에 「卜其宅-」라 했고 『광아(廣雅)』에 「-葬地也」라 했다. 『의례』사상례(士喪禮)에 「筮宅冢人營之」라 하고 정현 주에 「宅葬居也」라 했으니 「筮得吉-經營之以爲界域也」이다.

조 　　재빠르다
肇　　敏也 【敏】민첩할민. 행동이 재빠르다. 총명하여 정체함이 없다.

【肇】재빠를조 『서경』에 「-牽車牛」라 했다. 䟽「謂敏疾也」. 『서경』은 주서(周書) 주고(酒誥)의 문장. '肇'와 같은 글자.

협 　　감추다
挾　　藏也 【藏】감출장. 숨겨 두다. 감추다. 물건을 보이지 않게 감춰 두다.

【挾】낄협. 「今江東通言-」. 䟽「謂隱藏物也」. 곽박이 말한 「今江東通言-(강동에서는 감추다가 挾으로 통용된다)」은 『사기(史記)』에 「秦有-書之律」이라 했다. ※돌협. 두루미칠협. 젓가락협.

협
浹 徹也【徹】두루통할철. 모두에게 다 통하다. 두루 미치게 하다.
　　　　두루 미치다

【浹】두루미칠협.「謂霑徹」. 疏「言潤澤－洽相霑徹也(윤택이 두루 미쳐 서로 점철하게 되다)」. ※젖을협. 돌협. 일주협.

체
替 廢也【廢】폐할폐. 중지하다. 깨뜨리다. 완전히 없애다.「亦爲滅絶」.
　　　　폐(廢)하다
체
替 滅也【滅】멸망할멸. 다할멸. 망해 다 없어지다. 없애버리다.「亦爲－絶」.
　　　　멸(滅)하다

【替】폐할체. 멸할체.「亦爲滅絶」. 疏「廢已也」.『시경』소아 초자(楚茨)편에「子子孫孫勿－引之」라 했다. ※갈체. 갈마들체. 쇠할체.

속
速 徵也【徵】부를징. 오라고 부르다. 호출하다.
　　　　부르다
징
徵 召也【召】부를소 윗사람이 말이나 글로 부르다. 부름받다.「轉相解也」.
　　　　부르다

【速】부를속.『주역』에「不－之客」이라 했다. 疏「謂呼召」.『주역』은 수괘(需卦) 상육(上六)의 효사(爻辭). ※빠를속.

침
琛 寶也【寶】보배보. 보물. 사람이 소중하게 여기는 물건.
　　　　보물이다

【琛】보배침.『시경』에「來獻其－」이라 했다. 疏「謂珍寶也」.『사인』에「美寶曰－」이라 했다.『시경』은 노송(魯頌) 반수(泮水)의 문장.

탐
探 試也【試】시험시. 시험하다. 증험하여 보다. 疏「－謂嘗之也」.
　　　　시험하다

【探】더듬을탐.「刺－嘗試」. 疏『논어』에「見不善如－湯(불선 보기를 끓는 물을 만진 것 같이 하라)」이라 했다. ※찾을탐.

모
髦 選也【選】가릴선. 선택선.「俊士之－(준사를 선택하다)」.
　　　　선택하다
모
髦 俊也【俊】뛰어날준. 재주나 기술이 뛰어나다. 또는 그 사람.「士中之－」.
　　　　뛰어나다

【髦】뛰어날모「士中之俊如毛中之－」. 疏「廣異言也」.「毛中之長毫曰－士之俊選者借譬爲名焉」이므로 곽박이「士中之俊如毛中之－」라 했다.

비
俾
직분이다
職也【職】구실직. 직분. 임무.

【俾】직분비. 하여금비. 「使供職(책무를 맡아 봉사하다)」. 疏「－詁爲使 言 任使供職也」. '俾'는 '使'와 통용되었다. ※쫓을비. 흘길비.

비
紕
가장자리를 두르다
飾也【飾】가선식. 의복의 가장자리를 다른 옷감으로 가늘게 두른 선.「緣飾」.

【紕】가선비. 「緣飾」. 疏『시경』 용풍(鄘風) 간정(干旌)편에 「素絲－之」라 했다. 의복의 가장자리를 다른 천으로 가늘게 싸 돌린 선.

릉
淩
떨다
慄也【慄】떨률. 벌벌 떨다. 두려워서 떨다.

률
慄
근심하여 떨다
慼也【慼】근심할척. 걱정하다. 근심하여 떨다. 「戰慄者憂慼」.「轉相解也」.

【淩】떨릉. 전율하다. 「－慄戰慄」. 疏『시경』 진풍(秦風) 황조(黃鳥)편에 「惴惴其慄」이라 했다. 벌벌 떨다. 두려워서 떨다의 뜻. ※달릴릉.

견
藊
밝다, 밝히다
明也【明】밝을명. 밝다. 환희 비치다. 눈이 밝다. 「淸明」.

모
茅
밝다, 밝히다
明也【明】밝을명. 밝힐명. 밝다. 환희 비치다. 눈이 밝다.

명
明
밝다
朗也【朗】밝을랑. 환하고 밝다. ※성씨랑.

【藊】밝을견. 「淸明貌(맑고 밝은 모양)」. 疏번광(樊光)이 「－除垢穢使令淸 明(때를 제거하여 맑고 밝게 하다)」라 했다. ※조촐할견. 덜견.

【茅】밝을모. 『좌전』에 「前－慮無」라 했다. 疏「明也」. 『사인』에 「－昧之明 也」라 했고 어떤 사람은 「時楚以－爲旌識明卽融朗也」라 했다. 『좌전』 은 선공(宣公) 12년의 전문(傳文). ※띠모. 띠벨모. 띠집모.

유
猷
그리다
圖也【圖】그릴도. 그림을 그리다. 「周官曰以猷鬼神祇謂－畵」.

유
猷
같다
若也【若】같을약. 「若如也」. 이와 같다.

【猷】같을유. 「周官曰以－鬼神祇謂圖畵」. 『시경』에 「實命不－」라 했다. 疏 「周官曰以－鬼神祇」는 「春官凡以神仕者掌三辰之法以－鬼神示之居辯其名 物」이다. 『시경』은 소남(召南) 소성(小星)편의 문장. ※꾀유. 꾀할유.

칭
佮 들다 **擧也** 【擧】들거. 높이 들어 올리다. 사실이나 예를 들다.

【佮】들칭.『서경』에「－爾戈」라 했다. 疏「興擧也(일으켜 들다)」.『서경』은 주서(周書) 목서(牧誓)편의 문장.

칭
稱 아름답다 **好也** 【好】아름다울호. 미려하다. 칭찬하다의 뜻이 있다.

【稱】칭찬할칭. 아름다울칭.「物－人意亦爲好」. 疏「謂美好」. 사물을 칭하는 것이 아름다운 것을 말한다. ※ 일컬을칭. 저울질칭. 헤아릴칭.

감 률
坎律 저울질하다 **銓也**

【銓】저울전. 저울질할전. 무게를 달다. 무게를 다는 도구. 疏「量輕重」.

【坎】저울감.「易－卦主法」. 疏「謂銓量也」. 번광이「－水也」라 했는데「水性平 律亦平 銓亦平」이다. 곽박이 말한「易－卦主法」은 설괘전(說卦傳)에「－爲水」라 했는데「水平」이므로「主法」이다. ※ 감괘감.

【律】법률률.「法－皆所以銓量輕重」. 疏「法－皆所以銓量輕重」은『백호통(白虎通)』에「水之爲言準也」라 했다.『율력지(律歷志)』에「繩直生準 準正則平衡而鈞權矣」라 했다. 또「權衡者 衡平也 權重也 衡所以任權而鈞物平輕重也 本起於黃鍾之重 一龠容千二百黍重十二銖兩之爲兩 兩者 兩黃鍾－之重 是法－皆所以銓量輕重也」라 했다. ※ 가락률. 율률. 자리률. 본뜰률. 피리률.

시
矢 맹세하다 **誓也** 【誓】맹세할서. 약속서.「相約－」. 서로 약속하다.

【矢】맹세할시.「相約誓」. 疏「相約誓也」.『시경』용풍 백주(柏舟)편에「之死－靡它」라 했다. '它'는 '他'와 통한다. ※ 화살시. 곧을시. 베풀시.

방
舫 방주이다 **舟也** 【舟】배주. 선박. 방주. ※ 뗏주. 반주.

【舫】방주방.「竝兩船」. 疏「竝兩船」을 제13편 석수(釋水)에서는「大夫方舟」라 했다. 배 두 척을 매어 나란히 가게 한 배. ※ 배방.

영
泳 헤엄치다 **游也** 【游】헤엄칠유. 수영하다. 물 속에서 놀다. ※ 놀유.

【泳】헤엄칠영.「潛行游水底」. 疏『시경』패풍 곡풍(谷風)편에「－之游之」라 했다. ※ 무자맥질할영.

태
迨 及也 【及】미칠급. 다다르다. 뒤쫓아가 따르다. 일정한 곳에 이르다.

【迨】미칠태. 「東齊日 –」. 疏「相及也」. 「東齊日 – (동쪽 제나라 지방에서는 迨라 부른다)」는 『방언(方言)』의 문장이다.

명
冥 幼也 【幼】어릴유. 나이가 어리다. 어린아이유.

【冥】어릴명. 「幼穉者 – 昧」. 疏「謂幼少也」. 『시경』소아(小雅) 사간(斯干) 편에 「噦噦其 –」이라 했다. ※어두울명. 그윽할명. 하늘명.

강
降 下也 【下】내릴하. 낮은 곳으로 내려오다. 낮은 곳으로 옮기다.

【降】내릴강. 疏『시경』소남(召南) 초충(草蟲)편에 「我心則 – (내 마음이 가라앉다)」이라 했다. ※항복할강. 떨어질항. 앉을항. 가라앉을항.

총
偬 均也 【均】고를균. 균등하다. 공평하다. 「齊等」. ※녹로균.

【偬】고를총. 「齊等」. 疏「謂齊等也」. 『시경』소아 절피남산(節彼南山)편에 「昊天不 –」이라 했다. ※품팔이용. 품팔이군용. 품삯용. 천할총.

강
强 暴也 【暴】사나울포. 난폭하다. 격렬하다. ※급할포. 나타날폭.

【强】강할강. 「彊梁淩暴」. 疏「彊梁者好淩暴於物」. 『시경』서(敍)에 「彊暴之 男」이라 했다. ‘强’ 과 ‘彊’ 은 같이 쓰인다. ※힘쓸강. 마흔살강. 나머지강.

조
窕 肆也
【肆】방자할사. 제멋대로 행동하다. 거리낌 없이 행동하다. 「放肆」. 疏「放也」.

사
肆 力也 【力】힘쓸력. 있는 힘을 다하다. 힘을 쓰다. 「極力」.

【窕】가벼울조. 「輕 – 者好放肆(경솔한 자는 제멋대로 하는 것을 좋아한다)」. 「極力」. 疏「輕也」. 「又爲極力」. ※으늑할조. 조용할조.

구
俅　머리에 이다
戴也【戴】일대. 머리 위에 이다. 「頭戴也」.

【俅】일구. 『시경』에 「載弁--」라 했다. 疏「謂頭戴也(머리에 이다)」.『시경』은 주송(周頌) 사의(絲衣)편의 문장. ※공순할구.

예
瘞　묻다
幽也【幽】묻을유. 묻다의 뜻이 있다. 「-亦薶也」. 묻다와 같다.

【瘞】묻을예. 매장하다. 「幽亦薶也」. 疏「謂薶藏」. 묻다. ※무덤예. 희생을 묻다.

리
氀　모직물이다
罽也【罽】모직물계. 담계. 모직물의 한 가지. 「毛氀所以爲-」.

【氀】모직물리. 「毛-所以爲罽」. 疏『사인』에 「-謂毛罽也」라 했다. 「胡人績羊毛而作衣然則罽者 織毛爲之 若今之毛氍毹以衣馬之帶鞍也」.

홍
烘　타다
燎也【燎】탈료. 연소하다. 불에 타다. ※불놓을료. 야화료.

심
煁　화덕이다
烓也

【烓】화덕계. 불을 담아가지고 다닐 수 있는 화덕. 疏「無釜之竈其上燃火謂之烘」.

【烘】탈홍. 땔홍. 「燒燎」. 疏『사인』에 「-以火燎也」라 했다. 『시경』 소아 백화(白華)편에 「卬-于煁」이라 했다. ※밝을홍. 쬘홍.

【煁】화덕심. 「今之三隅竈」. 「見詩」. 疏「烓竈也」. 「若今之火鑪也」. 『시경』 소아 백화(白華)편에 「樵彼桑薪 卬烘于-」이라 했다.

배
陪　뵈다
朝也【朝】뵐조. 신하가 임금을 배알하다. 疏「臣見君曰-」.

【陪】뵐배. 「-位爲朝」. 疏「臣見君曰朝(신하가 임금을 뵙는 것을 조회라 한다)」. 「朝之列位必 -重是-位爲朝也」.

강
康　가혹하다, 각박하다
苛也【苛】독할하. 엄혹하다. 준엄하다.

【康】가혹할강. 「謂苛刻」. 疏 곽박 주(注)에 「謂苛刻」이라 한 것은 「苛者毒草名爲政刻急者」를 취해서 비유한 것이다. 『예기』에 「孔子曰苛政猛於虎」라 했다. 「苛名-者以-安也 苛刻者心安之」. 『좌전』에 「州吁阻兵而安忍」이라 했다.

번 울, 울타리이다
樊 藩也

【藩】울타리번. 전(轉)하여 가로막는 물건의 뜻.『모전』에「棘榛所以爲 –」라 했다.

【樊】울번. 울타리.「謂藩籬」. 疏 손염이「– 圃之藩也」라 했다. 곽박이 말한「藩籬」는「藩以細木爲之」를 이른 것이다.『시경』제풍(齊風) 동방미명(東方未明)편에「折柳 – 圃」라 했다. ※에워쌀번. 어수선할번.

부 헤아리다, 매기다
賦 量也 【量】헤아릴량. 할당하다. 공평하게 하다의 뜻.

【賦】매길부.「– 稅所以評量」. 疏「– 稅也(세를 매기다)」. 곽박이 말한「– 稅所以評量」은「방언」에「平均 – 也」라 했다.「燕之北鄙 東齊北郊 凡相 – 斂謂之平均是評量也」. ※부세부. 구실부. 군사부. 선비부. 줄부. 받을부.

창 양식이다
糧 糧也

【糧】양식량. 먹는 음식의 재료. 주로 곡식을 뜻한다. 여행이나 행군할 때 휴대하는 음식.

【糧】양식창.「今江東通言 –(강동 지방에서는 먹는 것을 糧이라 한다)」. 疏「食也(먹는 것)」.『예기』왕제(王制)편에「五十異 –」이라 했다. ※엿창.

서 많다
庶 侈也

【侈】많을치. 넉넉하다.「庶者衆多爲奢 –」. 넉넉하다는 것은 사치함과 통한다. 사치할치.

서 다행이다
庶 幸也

【幸】요행행. 다행행. 우연한 것.「庶幾僥倖」. 행복. 疏 '幸'은 '倖'과 통용된다.

【庶】많을서. 바랄서.「– 者衆多爲奢侈」.「– 幾僥倖」. 疏「富 – 者多奢侈」. 곽박이 말한「– 者衆多爲奢侈」는『서경』주서(周書) 주관(周官)에「祿不期侈」라 했다.「– 又爲幸望」. 곽박이 말한「– 幾僥倖」은「僥者求見親御也」이다. '幸'과 '倖'은 통용된다. ※여러서. 많을서. 서자서. 서족서.

축 거두어 들이다
筑 拾也 【拾】주을습. 습득하다. 물건을 줍다. 거두어 들이다. 疏「謂 – 掇」.

【筑】거두어들일축.「謂拾掇」. 疏「拾掇(주워 거두어 들이다)」.『서경』금등(金縢)편에「凡大木所偃 盡起而築之」라 했다. 마융(馬融)은「起其木拾其禾」라 했다. ※지금의『서경』의 뜻과 부합하지 않는 것 같다.

장
奘 크다
駔也【駔】클조「今江東呼大爲ｰｰ猶麤也」. 큰 것을 뜻한다.

【壯】클장. 疏「皆謂大也」.『방언』에「秦晉之間 人之大謂之ｰ(진나라와 진나라의 사이에서는 사람의 큰 것을 奘이라 이른다)」이라 했다.

집
集 모이다
會也【會】모일회. 모을회. 회합하다. 모이다. 모이게 하다.

【集】모을집. 모일집. 疏『설문』에「ｰ若群鳥在林木之上故曰ｰ 指事也故經典通謂聚會爲ｰ」이라 했다. ※ 이루어질집. 가지런할집. 보루집.

방
舫 방주이다
泭也【泭】방주부. 둘을 매어 나란히 가게 된 배.

【舫】방주방.「水中簰筏」. 疏손염이「ｰ水中爲泭筏也」라 했다. 곽박은「水中簰筏」이라 했다.『방언』에「泭謂之簰 簰謂之筏 筏秦晋之通語也」라 했다.『시경』주남(周南) 한광(漢廣)편에「不可方思」라 했다.『논어』에「乘桴浮於海」라 했고 주(注)에「桴編竹木 大曰栰 小曰桴」라 했다. '舫'과 '方', '泭'와 '桴'는 음과 뜻이 서로 같다.

순
洵 고르다
均也【均】고를균. 고르다.「徧之ｰ也」.

순
洵 뜻이 미상(未詳)이다
寵也【寵】〈진실하다의 뜻이 자세하지 않다〉 ※ 탑감. 절의 탑.

【洵】고를순.「謂調均」. 疏이순이「ｰ徧之均也」라 했다. 곽박이 말한「謂調均」은『시경』대아 상유(桑柔)편에「苑彼桑柔 其下侯旬」이라 했다.『모전』에「旬言陰均也」라 했다. '洵'과 '旬'은 음과 뜻이 같다.「ｰ又爲寵未詳」.

태
逮 미치다
遝也【遝】모일답. 미칠답.「今荊楚人皆云遝」. 한 군데로 모여들게 하다.

【逮】미치게할태. 疏「亦謂相及」.「方俗語異耳」.「今荊楚人皆云遝(지금 초나라 사람들이 미치게 하는 것을 遝이라 한다)」. ※ 쫓을체. 잡을체. 단아할체.

시
是 법칙이다
則也【則】법칙칙. 국가의 제도. 행위의 준칙. 자연의 이치.

【是】옳을시.「ｰ事可法則(옳은 일을 가히 법칙으로 삼다)」. 疏「ｰ不非則法效也」. 곽박이 말한「ｰ事可法則」은「言不非之事乃可爲人法則」이다.

화 形也
형상이다
畫 形也 【形】형상형. 꼴. 상태를 나타내다. 형상을 그리다.

【畫】그림화.「-者爲形象(그리는 것은 형상이 된다)」. 그림 자체가 모양을 형상
한 것이다. 疏 곽박이 말한「-者爲形象」은『주례』고공기에「-續之事 土
以黃其象方天時變 火以圜山以章 水以龍 鳥獸蛇」라 했는데「-者爲形象也」이다.

진 富也
넉넉하다
賑 富也 【富】넉넉할부. 재산이 많다. 많이 있다.「富有」.

【賑】넉넉할진.「謂隱-富有」. 疏「皆豐財也(다 재산이 풍부한 것이다)」. ※구
휼할진.

국 分也
나누다
局 分也 【分】나눌분. 분할하다. 따로 따로 하다.

【局】나눌부분국.「謂分部」. 장기판을 나누다. 나누어 있다. 疏『좌전』성공(成公)
16년에「離-姦也」라 했다. 두주(杜注)에「遠其部曲爲離-」이라 했다.

제 怒也
성내다
懠 怒也 【怒】성낼로. 화내다. 분기하다.

【懠】성낼제. 화내다.『시경』에「天之方-」라 했다. 疏『사인(舍人)』에「-
怒聲也」라 했다.『시경』은 대아 판(板)편의 문장.

설 聲也
음성이다
偰 聲也 【聲】소리성.「聲音」.

【偰】소리설.「謂聲音」. 疏「言聲音--然也(음성이 설설연하다)」. ※설설
연(偰偰然)은 신음소리이다.

규 揆也
헤아리다
葵 揆也

【揆】헤아릴규. 상량(商量)하다. 추측하다. 疏『시경』용풍 정지방중에「-之以日」이라 했다.

규 度也
헤아리다
揆 度也 【度】헤아릴탁. 추측하다. 촌탁하다.

【葵】헤아릴규.『시경』에「天子-之」라 했다. 疏「轉相解也」.「皆謂商度法」.
『시경』은 소아 채숙(采菽)편의 문장.

태
逮 미치다, 이르다
及也 【及】미칠급.

【逮】미칠태. 䟽「亦謂相及也」. 『시경』 대아 상유편에 「莫云不-(하여금 나아가지 못하게 하다)」라 했다.

녁
怒 허기지다, 출출하다
飢也 【飢】주릴기. 배가 고프다. 허기지다.

【怒】허기질녁. 「-然飢意」. 䟽 이순(李巡)은 「-宿不食之飢也」라 했다. 『시경』 주남(周南) 여분(汝濆)편에 「-如調飢」라 했다. 『모전』에 「-飢意也(굶주린 뜻이다)」라 했다.

진
眕 후중(厚重)하다
重也 【重】무거울중. 겹칠중.

【眕】후중할진. 겹치고 두텁다. 「謂厚重」. 「見左傳」. 䟽 『좌전』 은공(隱公) 3년에 「衛大夫石碏曰夫寵而不驕驕而能降 降而不憾 憾而能-者鮮矣」라 했다. 두주(杜注)에 「如此者少也降其身則必恨恨則思亂不能自安自重是也」라 했다.

렵
獵 포학(暴虐)하다
虐也 【虐】사나울학. 가혹하다.

【獵】포악할렵. 「淩-暴虐(사냥에 빠져서 포악하다)」. 䟽「-謂從禽也 必暴害於物 故云虐 郭璞云淩-暴虐」. ※사냥렵.

토
土 밭〔田〕이다
田也 【田】밭전. 「別二名」. 논전. 농작물을 심는 전지.

【土】흙토. 땅토. 「別二名」. 䟽「別地之二名也」. 『백호통(白虎通)』에 「中央者--主吐含萬物 上之爲言吐也」라 했다. 『석명(釋名)』에 「-已耕者曰田 田者塡也(土를 이미 간 것을 田이라 하고 田는 메운 것이다)」라 했다.

수
戍 막다
遏也 【遏】막을알. 저지하다. 「止也」.

【戍】지킬수. 「-守所以止寇賊」. 䟽「遏止也」. 곽박이 말한 「-守所以止寇賊」은 『춘추(春秋)』에 「公子買-衛」라 했다. ※수자리수.

사
師 뭇사람이다
人也 【人】사람인. 모든 사람.

【師】뭇사람사. 「謂人衆」. 䟽「衆也」. 『주례(周禮)』 대사마(大司馬)에 「二千五百人爲-故郭璞云謂人衆(2천5백 사람을 師라 한다)」이라 했다.

확 굳다, 견고하다
硞 鞏也

【鞏】굳을공. 견고하다. 疏 혁괘(革卦) 초구(初九)에 「鞏用黃牛之革」이라 했다.

【硞】굳을각. 「－然堅固」. 疏 확고할각. 「謂確固」. 『주역』문언(文言)에 「確乎其不可拔」이라 했고 『주역』혁괘(革卦) 초구(初九)에 「鞏用黃牛之革」이라 했다. 「若如此說 －當從告」. 『설문』의 「別有－」에서 '硞'은 苦八切로 「石堅也」라 했다. 「字雖小異其義則同(글자가 조금 다르나 그 의의는 같다)」.

기 잊다
棄 忘也

【忘】잊을망. 기억하지 못하다. 염두에 두지 않다. 개의치 않다. 소홀하다.

【棄】버릴기. 잊어버리다. 疏 마음에서버릴기. 「心遺志」. 『시경』소아 곡풍(谷風)편에 「－我如遺」라 했다.

효 한가한 모양이다
嚚 閑也 【閑】한가할한.

【嚚】한가할효. 「－然閑暇貌(嚚然히 한가한 모양)」. 疏 주석이 없다. ※들렐효. 떠들썩하다.

모 마음을 쓰다
謀 心也 【心】마음쓸심.

【謀】꾀할모. 마음을 쓰다. 「－慮以心」. ※책략을 세우다. 일을 상의하다. 계획하다. 물을모.

헌 성스럽다
獻 聖也

【聖】성스러울성. 어진이성. 지덕이 가장 뛰어나고 사리에 통하지 않는 것이 없는 사람.

【獻】어진이헌. 「謚法曰聰明睿智曰－」. 疏 곽박의 말에서 「謚法」은 주서(周書)의 편명(篇名)이다. ※현재 『서경』에는 일법편이 없다.

리 사는 곳이다
里 邑也 【邑】고을읍. 큰마을읍. 사람이 모여 촌락을 이룬 곳.

【里】거할리. 마을리. 「謂邑居」. 疏 「謂邑居也」. 『논어』에 「里仁爲美」가 있으며 『예기』왕제(王制)편에 「凡居民量地以制邑」이 있다. ※헤아릴기.

양
襄 제거하다
除也【除】딜제. 제거할제. 「去也」. 없애버리다. ※섬돌제.

【襄】치울양.『시경』에 「不可 -」이라 했다. 疏 제거할양. 「謂除去也」.『시경』은 용풍(鄘風) 장유자(墻有茨)편의 문장. ※오를양. 이룰양. 높을양. 탈것양.

진
振 옛날이다
古也【古】옛고. 예전. ※옛일고. 묵을고. 선조고. 옛스러울고.

【振】옛진. 「詩曰 - 古如玆 : 猶云久若此」. 疏 「言久故也(오랜 옛날을 뜻한다)」. 「詩曰 - 古如玆 : 猶云久若此」는『시경』주송(周頌) 재삼(載芟) 편에 「匪今斯今 - 古如玆」라 했는데『모전』에 「- 自也」라 했다.

대
懟 원망하다
怨也【怨】원망할원. 불평을 품고 원망하다. 미워하다. 적대하다.

【懟】원망할대. 疏 「謂怨恨」.『좌전』에 「以死誰 - (죽는 데 누구를 원망할 것인가)」라 했다.

리
縭 매다
介也【介】맬개. 매달다. ※낄개. 격할개. 도울개. 작을개.

【縭】맬리. 잡아 묶다. 「- 者繫介猶闔」. 疏 곽박이 말한 「- 者繫介猶闔」은 제13편 석수(釋水)에 「- 綏也」라 했는데 「綏繫著則介闔也」이다.

호
號 부르다
謼也【謼】부를호. 부르다. '呼'와 통한다. 「今江東皆言 -」.

【號】부를호. 호칭. 「今江東皆言謼」. 疏 부르짖다. 「謂叫謼也」.『시경』소아 빈지초연(賓之初筵)편에 「載 - 載呶」라 했다. ※호령호. 이름호.

흉
凶 재앙이다
咎也【咎】재앙구. 재화. ※미워할구. 허물구. 나무랄구.

【凶】재앙흉. 疏 「謂咎惡也通見詩書」. 사나운 재앙.『서경』에 「天降之 -」이라 했다. ※흉할흉. 흉년들흉. 요사흉. 두려울흉.

포
苞 더부룩이 나다
稹也【稹】모일진. 더부룩이 나다. 모여져 있다. ※고울진.

【苞】더부룩이날포. 덤불포. 「今人呼物叢緻者爲稹」. 疏 손염(孫炎)은 「物叢生曰 - 齊人名曰稹」이라 했다.『시경』당풍(唐風) 보우(鴇羽)편에 「集于 - 栩(상수리나무 떨기에 모여 있네)」라 했다. ※풀이름포. 쌀포. 밀포.

오
寤 깨다
寤也【寤】깰오. 잠에서 깨어나다. 「寐而覺之曰-」.

【寤】깰오.「相干寤(서로 간여하여 깨우다)」. 疏「謂相干也」.「寐而覺之曰
寤(잠을 자다 깨는 것을 寤라 한다)」. 곽박은 「相干寤」라 했다.

정
頲 이마이다
題也【題】이마제. 눈썹 위로부터 머리털이 시작하는 사이를 말한다.

【頲】이마정.「題額也」.『시경』에 「麟之定」이라 했다. 疏「皆謂額也(다 이마를
뜻한다)」.『시경』은 주남(周南) 인지지(麟之趾)편의 문장. 定과 통한다.

유 긍
猷 肯 허가하다
可也【可】가히가. 긍정하는 말. ※들을가. 쯤가. 옳을가.

【猷】가히유.『시경』에 「-來無棄」라 했다. 疏「皆肯可也(다 긍정하는 뜻이
다)」.『시경』은 위풍(魏風) 척호(陟岵)편의 문장. ※꾀유.
【肯】가히긍.「今通言」. 疏「皆-可也(다 긍정하는 뜻이다)」.『시경』패풍 종
풍(終風)편에 「惠然-來」라 했다. ※즐길긍.

모
務 업신여기다
侮也【侮】업신여길모. 경멸하다. 남을 업신여기다.

【務】업신여길모.『시경』에 「外禦其-」라 했다. 疏 경멸하다.「謂輕侮也」.
『시경』은 소아 상체(常棣)편의 문장. ※본래는 힘쓸무.

이
貽 끼치다, 남기다
遺也【遺】끼칠유. 후세에 끼치다. 남겨주다.

【貽】끼칠이.「相歸遺」. 疏「謂相歸遺」.『시경』진풍(陳風) 동문지분(東門
之枌)편에 「-我握椒(내게 산초 한 줌을 뜯어 주네)」라 했다. ※줄이.

무
貿 장사하다, 사다
買也【買】살매. 돈을 주고 물건을 구하다. 「廣二名」.

【貿】살무. 장사할무.「廣二名(넓게는 두 가지 뜻이 있다)」. 疏 시장에서 파는
것.「-市也又爲買」.『시경』위풍 맹(氓)편에 「抱布-絲」라 했다.

회　　재물이다
賄　**財也**　【財】재물재. 물자나 또는 금전.

【賄】재물회. 疏「財帛摠名曰－」.『주례(周禮)』총재직(冢宰職)에「商賈
阜通貨」라 했는데 정현의 주에「布帛曰－」라 했다. ※뇌물회.

압　　친압하다
甲　**狎也**　【狎】친압할압. 허물없이 가까이 하다.

【甲】친압할압.「謂習狎」. 疏「謂狎習也」.『시경』위풍(衛風) 환란(芄蘭)편에
「能不我－」이라 했고『좌전』에「水懦弱民狎而翫之」라 했다. ※갑옷갑.

담　　물억새풀이다
菼　**騅也**

【騅】오추마추. 오추마는 검푸른 털에 흰털이 섞여 있는 말. 담초(菼草)가
오추마의 색깔과 비슷하여 이름이 붙여졌다.「菼草色如－在靑白之間」.

담　　물억새풀이다
菼　**薍也**

【薍】물억새완. 포아풀과에 속하는 다년초. 억새와 비슷하다.

【菼】물억새담.『시경』에「毳衣如－」이라 했다.「－草色如騅在靑白之間」.
　　疏「廣異言也(다른 말을 넓게 말한 것이다)」.『시경』은 왕풍(王風) 대
거(大車)편의 문장.『모전(毛傳)』에「－騅也 蘆之初生者也」라 했으며 정현의
주석에「－薍也 以傳解－色未辨草名故定之也」라 했다. 곽박이 말한「－草色
如騅在靑白之間」은 제20편 석축(釋畜)에는「蒼白雜毛騅」라 했다.

찬　　밥이다
粲　**餐也**　【餐】밥손. 저녁밥손. ※먹을찬. 음식찬.

【粲】밥찬.「今河北人呼食爲餐」. 疏「謂餐食也」.『시경』정풍(鄭風) 치의
(緇衣)편에「還予授子之－兮」라 했는데 정현의 주에는「自館還在采地
之都我則設餐以授之愛之欲飮食之」라 했다.

투　　변하다
渝　**變也**　【變】변할변. 달라지다. 변하다.

【渝】변할투.「謂變易」. 疏「謂變易也(변역되는 것을 이른다)」.『시경』에
「舍命不－」라 했다.

의
宜 안주이다
肴也【肴】안주효. 술안주. 疏「謂－饌也」.

【宜】안주의.『시경』에「與子－之」라 했다. 疏「謂肴饌也」. 이순은「飲酒之肴也」라 했다.『시경』은 정풍(鄭風) 여왈계명(女曰鷄鳴)편의 문장.

이
夷 기뻐하다
悅也【悅】기뻐할열. 즐거워하다. 좋아하다.

【夷】기뻐할이.『시경』에「我心則－」라 했다. 疏「謂喜悅也(희열을 뜻한다)」.『시경』은 소남(召南) 초충(草蟲)편의 문장. ※오랑캐이.

전
顚 정수리이다
頂也【頂】쥐독정. 꼭대기정. 머리의 최상부. 머리의 맨 꼭대기.

【顚】머리전.「頭上」. 쥐독. 疏「謂頭上也(머리의 최상부를 이른다)」.『시경』진풍(秦風) 거인(車隣)편에「有馬白－」이라 했다.

질
耋 늙은이이다
老也
【老】늙을로. 나이를 많이 먹은 사람. 늙어서 은퇴한 사람. 시일을 오래 끌어 피로한 사람.

【耋】늙을질.「八十爲－」. 疏「－鐵也」. 손염(孫炎)이「老人面如鐵色」이라 했다.『시경』진풍(秦風) 거인편에「逝者其－」이라 했는데『모전』에는「八十曰－」이라 했다.『주역』이괘(離卦)에「大－之嗟」라 했다.

유
輶 가볍다
輕也【輕】가벼울경. 무게가 없다. 정도가 대단치 않다.

【輶】가벼울유.『시경』에「德－如毛」라 했다. 疏「謂輕微也(가볍고 미세한 것이다)」.『시경』은 대아 증민(烝民)편의 문장.

천
俴 얕다, 엷다
淺也
【淺】얕을천. 물이 깊지 않다. 지식이나 소견·학문 등이 깊지 않다.

【俴】얕을천. 엷을천.『시경』에「小戎－收」라 했다. 疏「謂淺近(얕고 가깝다)」.『시경』은 진풍(秦風) 소융(小戎)편의 문장.

도
綯　노끈이나 새끼를 꼬다
綯　**絞也**

【絞】꼴교 묶을교 노끈이나 새끼를 꼬다. 노끈이나 새끼로 묶다. ※초록빛효. 죌효.

【綯】노도. 새끼도. 꼴도. 「糾絞繩索」. 疏「謂糾絞繩索也」. 이순(李巡)이 「－繩之絞也」라 했고 『시경』 빈풍 칠월(七月)편에 「宵爾索－」라 했다.

와
訛　변화하다
訛　**化也**　【化】변화화. 변화하다.

【訛】변할와. 『시경』에 「四國是－」라 했다. 疏「匡正之化也(광정하여 변화시키다)」. 『시경』은 빈풍 파부(破斧)편의 문장.

발
跋　밟다
跋　**躐也**　【躐】밟을렵. 발로 디디다.

치
疐　넘어지다
疐　**跲也**　【跲】넘어질겁. 물건에 걸려서 넘어지다.

【跋】밟을발. 『시경』에 「狼－其胡」라 했다. 疏 이순(李巡)은 「－前行曰躐」이라 했다. 『시경』은 빈풍 낭발(狼跋)편의 문장.

【疐】넘어질치. 『시경』에 「載－其尾」라 했다. 疏 이순은 「跲卻頓曰－」라 했다. 『시경』은 빈풍 낭발편의 문장.

증
烝　티끌, 먼지이다
烝　**塵也**　【塵】티끌진. 먼지. 이 세상. 속세의 티끌.

【烝】티끌증. 김오를증. 「人衆所以生塵埃」. 疏 손염(孫炎)이 「－物久之塵」이라 했다. 『시경』 소아 남유가어(南有嘉魚)편에 「－然罩罩」이라 했다.

융
戎　돕다
戎　**相也**　【相】도울상. 보좌하다.

【戎】도울융. 「相佐助(서로 보좌하여 돕다)」. 疏「相助也(서로 돕다)」. ※오랑캐융.

어
飫　사사로움이다
飫　**私也**　【私】사사로이사. 자기에게 관계된 것. 공적인 것이 아닌 것.

【飫】사사잔치어. 「宴飲之私」. 疏 손염이 「－非公朝私飲酒也」라 했다. 『시경』 소아 상체(常棣)편에 「飲酒之－」라 했는데 『모전』에는 「－私也不脫屨升堂謂之－」라 했으며 정현의 주에 「私者圖非常之事 若議大疑於堂則有－禮焉聽朝爲公」이라 했다. 『주어(周語)』에 「王公立－」라 했다.

유
孺 親族이다
屬也【屬】살붙이속. 혈족. 족속.

【孺】 살붙이유. 딸릴유.「謂親屬」. 疏 이순(李巡)이「−骨肉相親屬也」라 했다.『시경』소아 상체(常棣)편에「和樂且−」라 했다.『모전』에「九族會日和−屬也」라 했다. 정현의 주에「屬者 昭穆相次序」라 했다. ※젖먹이유.

막
幕 어두운 밤이다
暮也【暮】밤모. 어두울모. 캄캄한 밤을 뜻한다.

【幕】 밤막. 어두울막.「−然暮夜」. 疏「−然暮夜也(막연히 어두운 밤이다)」. ※장막막. 덮을막.

선
煽 성(盛)하다
熾也【熾】불이성할치. 불이 활활 타다. 불기운이 왕성하다.

치
熾 성하다이다
盛也【盛】성할성. 왕성하다. 번성하다.

【煽】 성할선.「互相訓」.「−義見詩」. 疏「轉相解也」.「嬖寵熾盛也」.「−義見詩」라 한 것은『시경』소아 시월지교(十月之交)편에「豔妻−方處」라 했다.

저
柢 근본이다
本也【本】근본본. 밑본. 나무의 밑둥, 곧 뿌리.

【柢】 뿌리저.「謂根本」. 疏「謂根本也(근본을 뜻한다)」.『주례』전서(典瑞)에「四圭有邸」라 했는데 정사농(鄭司農)이「於中央爲璧圭著其四面−玉俱成卽引」이라 했다. 邸는 本이다.'邸'와'柢'는 음과 뜻이 같다.

조
窕 조용하다
閒也【閒】조용할한. 안정하는 상태. 곧 쉬어 편안한 상태.

【窕】 조용할조.「窈−閒隙」. 疏「窈−閒隙也」.『시경』주남(周南) 관저(關雎)편에「窈−淑女」라 했는데『모전(毛傳)』에「窈−幽閒」이라 했으며 정현의 주에는「幽閒深宮 皆謂淑女所處之宮形狀 窈−然」이라 했며.

륜
淪 거느리다
率也【率】거느릴솔. 인솔하다.

【淪】 거느릴륜.「相率使」. 疏「謂相率率(서로 이끌어 인솔하다)」.『시경』소아 우무정(雨無正)편에「無−胥以鋪」라 했다.

리 **罹** 근심하다
毒也 【毒】근심할독. 우려하다.

【罹】근심할리. 「憂思慘毒」. 제1편 석고(釋詁)에는 「-憂也」라 했으며 『시경』 소아 소반(小弁)편에 「我獨于-」라 했다.

검 **檢** 한 가지, 본이다
同也 【同】한가지동. 본동. 모범동. 일률적으로 동일한 것.

【檢】본검. 한가지검. 「模範同等」. 疏「-模範也(모범적인 것이다)」. 곽박이 말한 「模範同等」은 『설문』에 「書署也」라 했다.

우 **郵** 지나다
過也 【過】지날과. 세월을 보내다. 때를 보내다.

【郵】역말우. 지날우. 「道路所經過」. 疏「-謂-亭過經過也」. 곽박이 말한 「道路所經過」는 『예기』 교특생(郊特牲)편에 「-表畷」이라 했다.

손 **遜** 달아나다
遯也 【遯】달아날둔. 도망치다.

【遜】달아날손. 「謂逃去」. 疏「謂逃去也(도망치다)」. 『춘추』 장공(莊公) 원년에 「夫人姜氏孫于齊」라 했다. 『공양전』에 「孫者何孫猶孫也內諱奔謂之孫」이라 했고 『곡량전』에 「孫之爲言猶孫諱奔也」라 했다. '孫'은 '遜'과 통한다.

폐 **斃** 넘어지다
踣也 【踣】넘어질복. 앞으로 넘어지다.

분 **僨** 넘어지다
僵也 【僵】넘어질강. 쓰러지다.

【斃】넘어질폐. 「前覆」. 疏「前卻顚倒之名也」. 「前覆也」. 『예기』 단궁(檀弓)편에 「射之-」라 했는데 정현의 주에 「-仆也」라 했다.

【僨】넘어질분. 「卻偃」. 疏「前卻顚倒之名也(앞으로 거꾸러지는 것의 명칭이다)」. 「仰偃也」. 『좌전』에 「鄭伯之車-於濟」라 했다.

진 **畛** 끊다
殄也 【殄】끊을진. 사이사이를 긋다. 끊다.

【畛】두둑진. 지경진. 「殄絶」. 疏「-絶也」. 『시경』 주송 재삼(載芟)편의 「徂隰徂-」을 『모전(毛傳)』에 「-場也」라 했다. 『주례』에 「地官遂人云十夫有溝 溝上有-則-謂地畔之徑路也 至此而易之故以-爲場易則 地絶故得爲畛」이라 했다.

갈 어찌 아니하다
曷 盍也

【盍】어찌아니할합. 어찌 ~하지 않겠느냐의 뜻. '何'와 '不'의 절음(切音)이며 의문사의 반어(反語).

【曷】어찌갈. 「盍何不」. 어찌 아니하리. 疏『논어』의 「盍各言爾志(어찌 각각 너의 뜻을 말하지 않는가)」이다.

홍 어지럽다
虹 潰也【潰】어지러울궤. 혼란한 모양. 무너지기 직전의 상태.

【虹】어지러울홍. 「潰敗」. 疏「潰敗亂也」.『시경』대아 억(抑)편에 「實ー小子」라 했고, 소민(召旻)편에 「蟊賊內訌」이라 했다. ※무지개홍.

엄 어둡다
隂 闇也【闇】어두울암. 밝지 아니하여 캄캄하다.

【隂】어두울엄. 「ー然冥貌(엄연히 어두운 모양)」. 疏「謂冥昧也(어둡고 어두운 것을 이른다)」.

닐 차지다
黏 膠也【膠】붙을교. 차져서 서로 엉켜 붙다. 아교풀교.

【黏】차질닐. 「膠黏ー」. 疏「膠黏ー也(아교풀처럼 붙는 것을 黏이라 한다)」.『방언』에 「ー黐黏也 齊魯靑徐自關而東或曰ー 或曰黐」라 했다.

공 매우, 심하다
孔 甚也【甚】심할심. 매우심. 정도에 지나치다. 대단히 심하다.

궐 그것, 그이다
厥 其也【其】그기. 그것기. 그것의. 가리키는 말. 그것. 대명사.

알 예절, 예의이다
夏 禮也【禮】예도례. 예절례. 오상(五常)의 하나. 예절. 예의. 의식.

【孔】매우공. 심히공. 매우 심히. 疏孔은 甚과 厥은 其라는 것은 서로 통한다. 「通見詩書」.

【厥】그궐. 그것. 대명사. 疏孔은 甚과 厥은 其라는 것은 서로 통한다. 「通見詩書」.

【夏】법알. 예알. 「謂禮」. 疏제4편 석훈(釋訓)에 「ー常也」라 했다. 그러므로 곽박이 「謂常禮(떳떳한 예를 이른다)」라 했다.

도　성문대(城門臺)이다
闍　臺也【臺】성문대. 성의 문. 성 위의 겹문.

【闍】성문도.「城門臺」. 疏「謂城門臺也」.『시경』정풍(鄭風) 출기동문(出其東門)편의「出其闍 ―」를『모전(毛傳)』에는「闍曲城也」라 했다.

수　잡다
囚　拘也【拘】잡을구. 체포하다. 구속하다.

【囚】가둘수. 죄인을 가두다.「謂拘執」. 疏「謂拘執也」.『예기』월령(月令)에「挺重 ―」라 했고『좌전』의「南冠而縶者楚 ―也」는「縶則拘執也」이다.

유　곳, 바이다
攸　所也【所】곳소 바소 어조사. 방법 또는 일을 나타내는 어사(語辭).

전　마침내, 펴다이다
展　適也【適】마침적. 우연히.

【攸】바유. 어조사(語助辭).「得自申展皆適意(얻어 스스로 펴나가는 뜻)」. 疏『주역』에「利有 ―」라 했다.

【展】펼전. 열다. 벌리다.「得自申 ― 皆適意(얻어 스스로 펴나가는 뜻)」. 疏「皆適意也(다 뜻에 맞다)」.

울　기, 기운이다
鬱　氣也【氣】기운기. 만물이 성장하는 근원의 기운. ※기기.

【鬱】성할울. 사물이 왕성한 모양.「― 然氣出」. 疏「― 然氣出也(鬱然히 기운이 나오다)」.「謂 ― 蒸之氣也(액체가 증발하여 생긴 기체를 이른다)」.

택　살다
宅　居也【居】살거. 거주하다. 거주하게 하다.

【宅】살택. 살다. 疏「謂居處也(거처하다)」.『시경』대아 문왕유성(文王有聲)편에「― 是鎬京」이라 했다.

휴　경사이다
休　慶也【慶】경사경. 좋은 일. 기쁜 일. 축하할 만한 일.

【休】경사휴. 기쁨휴. 疏「謂嘉慶也(아름다운 경사를 이른다)」.『시경』상송(商頌) 장발(長發)편에「何天之 ―」라 했다.

기 　울부짖다
祈　叫也
【叫】울부짖을규. 큰소리로 울다. 큰소리로 부르다. 기도할 때 큰소리로 간절히 애원하다.

【祈】기도기.「－祭者 叫呼而請事」. 疏「－猶禱也求也(기도하다, 구하다)」.
『주례』에「春官大祝掌六祝之辭 以－福祥求永貞」이라 했다.

준 유 　심원하다, 깊다
濬 幽　深也　【深】깊을심. 심원하다.

철 　슬기롭다
哲　智也　【智】슬기로울지. 지혜. 꾀. 모략. 슬기가 있는 사람.

【濬】깊을준.「－亦深也」. 疏 밑으로 깊다.「사인』에「－下之深也」라 했다.
『서경』우서(虞書) 순전(舜典)에「－哲文明」이라 했다. 공안국(孔安
國)이「舜有深智言其智之深所知不淺近也」라고 주석했다.

【幽】깊숙할유. 깊을유.

【哲】슬기철. 밝을철. 疏「－大智也(큰 지혜)」. 『서경』우서 순전편에「濬－
文明(깊디 깊고 어질며 우아하고 명석하다)」이라 했다.

롱 　장난하다
弄　玩也　【玩】장난할완. 심심풀이로 하다. ※노리개완.

【弄】장난할롱. 희롱할롱. 疏「謂玩好也」. 『시경』소아 사간(斯干)편에「載－
之璋」이라 했으며 정현의 주에「玩以璋者欲其比德焉」이라 했다.

윤 　바르다
尹　正也　【正】바를정. 바로잡을정. 관리가 올바른 것. 다스려 바로잡다.

황 광 　바르다, 바로잡다
皇 匡　正也　【正】바를정. 바르게 하다.

【尹】바로잡을윤.「謂官正也」. 疏「正長也(바로잡은 것이 오래이다)」. 곽박
이「謂官正也」라 했는데「言爲一官之長也」이다. 『서경』주서(周書) 군
진(君陳)편에「－ 玆東郊」라 했다.

【皇】바로잡을황. 『시경』에「四國是－」이라 했다. 疏「－君成之正(군주가
바르게 이루다)」. 『시경』은 빈풍 파부(破斧)편의 문장.

【匡】바로잡을광. 疏「－救諫之正(간하는 것을 구하여 바르게 되다)」. 『효경
(孝經)』에「－救其惡(그의 나쁜 것을 바로잡다)」이라 했다.

복
服 가지런하다
整也【整】가지런히할정. 정돈하다. 정돈되다.

【服】다스릴복. 가지런할복.「-御之令齊整」. 疏「謂整治也」. 곽박이 말한「-御之令齊整」은『시경』주남(周南) 갈담(葛覃)편에「-之無斁」이라 했다.

빙
聘 찾다, 묻다
問也【問】찾을문. 방문하다. 사람을 찾아 방문하다.

【聘】찾을빙. 방문하여 안부를 묻다.「見穀梁傳」. 疏 찾아 묻다.「問謂存省之對而言之則 - 問異」.『주례』대행인(大行人)에「時 - 以結諸侯之好 間問以諭諸侯之德」이라 했다. 또「凡諸侯之邦交歲相問也 殷相 - 也」라 했다.『의례』빙례(聘禮)에「小 - 曰問」이라 했는데 빙(聘)과는 다르다.「散而言之皆謂相存省」이므로「- 問也」라 했다. 곽박이「見穀梁傳」이라고 한 것은「隱九年春天王使南季來 - 穀梁傳曰南氏姓也季字也 - 問也」인데 이것은 그 일이다.

괴
愧 부끄럽다
慙也【慙】부끄러울참. 양심의 가책을 느껴 타인을 대할 면목이 없다.

【愧】부끄러워할괴. 疏「謂慙恥也 (부끄러움을 느끼다)」.『소이아(小爾雅)』에「不直失節謂之慙 慙 - 也 面慙曰戁 心慙曰悪 體慙曰逡」이라 했다.『방언』에「梅惈赧慙也」라 했다.「晋曰梅或曰惈秦晋之間 凡 - 而見上謂之赧梁宋曰惈又云悈悪慙也 荊楊靑徐之間曰悈 若梁益秦晋之間言心內慙矣 山之東西自 - 曰悪 趙魏之間謂之恥」.

극
殛 죄를 주다
誅也【誅】죄줄주. 벨주. 죄인을 죽이다. 형벌에 처하다.

【殛】죄줄극.『서경』에「鯀則 - 死」라 했다. 疏「謂誅責(죄인을 죽이다)」.『서경』은 주서(周書) 홍범(洪範)편의 문장.

극
克 능하다
能也【能】능할능. 충분히 할 수 있다. 능하게 하다. 능히.

익
翌 이튿날이다
明也

【明】새벽명. 밝을명. 다음날 새벽. 전하여 이튿날을 명일(明日)이라 한다.

【克】능할극. 극극. 충분히 할 수 있다. 능히. 疏「- 能通見書傳(克은 능하다고 한 것은 서경에 많이 나와 있다)」.

【翌】이튿날익.『서경』에「- 日乃瘳(이튿날에 이에 낳았다)」라 했다. 疏『서경』은 주서(周書) 금등(金縢)편의 문장.

흉
訩 訟也【訟】송사송. 시비곡직이 정해지지 않아 서로 토론하다. 서로 다투다.
다투다, 송사이다

【訩】 떠들썩할흉. 「言-譹」. 疏「多爭訟」. 곽박이 말한 「言-譹」는 「譹卽讙譹」이다. 『시경』 소아 절피남산(節彼南山)편에 「降此鞠-」이라 했다.

회
晦 冥也【冥】어두울명. 캄캄하다. 밝지 않다. 疏「-謂闇-」.
어둡다

분
奔 走也【走】달릴주. 빨리 달려가다. 바삐 다니다.
달리다

준
逡 退也【退】물러날퇴. 뒤로 물러서다. 물러가다.
물러나다

【晦】 어두울회. 캄캄하다. ※그믐회(음력의 매월 말일). 감출회(숨기다). 시들회(초목이 시들다).

【奔】 달릴분. 빨리 가다. 바삐 가다. 疏『공양전』에 「-大走也(크게 달아나다)」라 했다. 『좌전』에 「車馳卒-」이라 했다.

【逡】 뒷걸음칠준. 물러날준. 『외전(外傳)』에 「已復於事而-」이라 했다. 疏「-却退也(뒤로 물러나다)」. 『외전』의 말은 「齊語管仲對桓公辭也」이다.

치
疐 仆也【仆】넘어질부. 쓰러지다. 넘어지다.
넘어지다

【疐】 넘어질치. 쓰러지다. 엎어지다. 「頓躓倒仆」. 疏「卽前文跲與踬也(앞 문장에서 疐는 跲과 踬으로 해석했다)」.

아
亞 次也【次】버금차. 다음이 되는 차례. 둘째.
버금가다

심
諗 念也【念】생각할념. 생각하다.
생각하다

【亞】 버금아. 다음이 되는 차례. 疏뒷차례아. 「-下次也」. 『서경』에 나와 있다.

【諗】 생각할심. 「相思念」. 疏 서로생각할심. 「-者相思念也(서로 생각하다)」. 『시경』 소아 사모(四牡)편에 「將母來-」이라 했다. ※간할심.

계
屆 極也【極】극한극. 다할극. 한계에 도달하다.
다하다

【屆】 극한계. 다할계. 「有所限極」. 疏지극히다한한계계. 「有所限極也」. 『시경』 대아 첨앙(瞻卬)편에 「靡有夷-」라 했다.

엄
弇
　같이하다
　同也【同】같이할동. 한가지동. 합치다. 함께하다.

엄
弇
　덮다
　蓋也【蓋】덮을개.「謂覆 - 」. ※덮다의 넓은 뜻을 의미한다.

【弇】같이할엄.『시경』에「弇有龜蒙」이라 했다.「謂覆蓋」. 疏「廣異言也」.『시경』
은 노송 비궁편의 문장.『주역』에「惡積而不可 - 」이라 했다. '奄' 과 같다.

통
恫
　상심하다
　痛也【痛】상심할통. 슬퍼할통. 슬퍼서 마음이 아프다.

【恫】상심할통.『시경』에「神罔時 - 」이라 했다. 疏「謂痛傷(애통하여 마음을
상한 것을 이른다)」.『시경』은 대아 사제(思齊)편의 문장. 왕숙(王肅)
이「文王之德能上順祖宗安寧百神無失其道無所怨痛」이라 했다. ※의심할통.

악
握
　갖추다, 구비(具備)하다
　具也【具】갖출구. 골고루 갖추고 있다. 준비되어 있다.

【握】갖출악.「謂備具」. 疏 갖추다.「主持辦具也」,「郭璞云謂備具 李巡本
作幄釋云 居位處之具也」.『시경』진풍(秦風) 권여(權輿)편에「夏屋渠
渠」라 했다. 정현의 주에「屋具也義其同乎」라 했다.

진
振
　분발하여 일어나다
　訊也【訊】분신할신. 분발하여 일어나다. 기세가 대단하다.

【振】떨칠진.「 - 者奮迅」. 疏 분발하여 일어나다.「謂 - 訊去塵也」.『예기』
곡례편에「 - 書端書」라 했다.

혁
閱
　원한(怨恨)이다
　恨也【恨】원망할한. 유감으로 생각하다. 원한을 품다.

【閱】원한혁.「相怨恨」. 서로 다투어 시비하다. 疏 곽박이 말한「相怨恨」을 손염은
「本作很解云相很戾」라 했다.『시경』소아 상체편에「兄弟 - 于墻」이라 했다.

월
越
　떨치다
　揚也【揚】날릴량. 들칠량. 드러나게 하다.「發揚」.

대
對
　대답하다
　遂也【遂】이를수. 일로 인하여. 일을 이루다. 疏「 - 者因事之辭」.

【越】떨칠월.「謂發揚」. 疏「揚謂稱美(떨치다는 아름다운 것을 말한 것이
다)」. 곽박은「발하여 떨치다」라고 했다.

【對】대답할대『시경』에「 - 揚王休」라 했다. 疏『시경』은 대아 강한(江漢)
편의 문장. ※이루어 주는 것은 대답하는 것과 상통한다.

훼
燬 불타다
火也

【火】불사를화. 물체의 연소하는 상태. 주로 음식을 조리할 때 사용한다.

【燬】탈훼. 열에 타다.『시경』에「王室如 － 」라 했다.「 － 齊人語」. 疏 불훼. 이순(李巡)이「 － 一名火」라 했고, 손염(孫炎)이「方言有輕重故謂火爲 － 」라 했고, 곽박(郭璞)이「 － 齊人語方言云㷄火也」라 했는데「楚轉語也 猶齊言㷄火也」라 했다.『시경』은 주남(周南) 여분(汝墳)편의 문장.

해
懈 게으르다
怠也 【怠】게으를태. 태만하다. 나태하다.

【懈】게으를해. 나태하다. 疏 태만할해.「謂怠慢也」.『시경』대아 증민(烝民)편에「夙夜匪 － 」라 했다.

선
宣 느리다
緩也 【緩】느릴완. 더디다. 바쁘지 않다.「寬 － 」.
우
遇 만나다
偶也 【偶】만날우. 길에서 만나다.「 － 爾相値遇」.

【宣】느릴선.「謂寬緩(느슨하게 늘어지다)」. ※베풀선. 펼선(의사를 펴다).

【遇】만날우.「偶爾相値 － 」. 疏 서로만날우. 곽박이 말한「偶爾相値 － 」는『춘추(春秋)』은공(隱公) 8년에「春宋公衛侯 － 于垂」라 했다.『곡량전(穀梁傳)』에「不期而會曰 － (기약하지 않고 만나는 것을 遇라 한다)」라 했다.

낭
曩 접때, 지난번이다
鄕也 【鄕】접때향. 지난번에. 이전에. 지난날에.

【曩】접때낭.『국어(國語)』에「 － 而言戲也」라 했다. 疏 지난날낭.「在今而道旣往 或曰 － 或曰曩」.

황
偟 겨를이다
暇也 【暇】겨를가. 틈. 여가. 한가하다.

【偟】겨를황.『시경』에「不遑啓處」라 했다. 疏 한가할황.「謂閒暇」.『시경』은 소아 사모(四牡)편의 문장. ※遑과 서로 통한다.

소
宵 밤이다
夜也 【夜】밤야. 낮의 대(對). 깊은 밤.

【宵】밤소. 낮의 대(對). 疏『사인(舍人)』에「 － 陽氣消也」라 했다.『시경』에「肅肅 － 征」이라 했다.『서경』에「 － 中星虛」라 했다.

오
懊
탐하다, 아끼다
忨也【忨】탐할완. 아낄완. 소중하게 여기다.

개
愒
탐내다
貪也【貪】탐낼탐. 욕심을 내다.「謂貪羨」.

【懊】아낄오. 한할오.「謂愛忨」.疏 아끼고탐낼오.「皆謂愛忨」.

【愒】탐낼개.「謂貪羨」.疏「皆謂貪羨也」.『좌전』소공(昭公) 원년에「主民
「玩歲而一日」이라 했는데 두주(杜注)에「忨－皆貪也」라 했다.

지
楮
버티다
柱也【柱】버틸주. 집의 기둥밑 버팀목. 넘어지지 않게 버티다.

【楮】버틸지.「相－柱」.疏 버팀목지. 곽박이「相－柱」라 했다.『설문(說文)』
에「－柱砥古用木今以石」이라 했다.

재
裁
존절하다
節也【節】존절할절. 사물을 알맞게 조절하다.

병
竝
나란히하다
併也【併】나란히할병. 들쭉날쭉하지 않고 가지런히 줄이 맞다.

【裁】존절할재. 사물을 알맞게 줄이다.疏 가지런히재.『주역』태괘(泰卦)에
「后以財成天地之道」라 했는데 이곳의 '財'와 음과 뜻이 같다.

【竝】나란히할병.『시경』에「－坐鼓瑟」이라 했다.疏 가지런히병.「－併古今
字」.『시경』은 진풍(秦風) 거인(車隣)편의 문장.

졸
卒
이미, 벌써, 마치다
旣也【旣】이미기. 다할기. 벌써.

【卒】마칠졸. 이미 끝내다.「旣已」.疏「皆謂盡已也(다 이미 다했다)」.

수
憛
꾀, 계책이다
慮也【慮】꾀려. 모책(謀策). 모려(謀慮).

【憛】꾀수.「謂謀慮也」.疏 모려수. 곽박이「謂謀慮也」라 했다.「字書作愶
(사전에는 愶으로 되어 있다)」.

장
將
돕다
資也【資】도울자. 도와주다. ※재물자. 자리자.

【將】도울장.「謂資裝」.疏 도와줄장.「行所資也」. 원조해 주다. ※장수장. 나
아갈장.

치 꿰매다
黹 紩也【紩】꿰맬질. 옷을 꿰매다. 바느질하다.

【黹】꿰맬치. 바느질할치. 수치.「今人呼縫紩衣爲 -」. 疏 바늘로꿰맬치.「謂
縫剌也」. 곽박이 말한「今人呼縫紩衣爲 -」는 정현의 주에「司服云黼黻
希繡 希讀爲 - 謂刺繡也」라 했다.

체 갈마들다
遞 迭也【迭】갈마들질. 번갈아질. 교대하다. ※범할일.

【遞】갈마들체. 번갈아체.「更迭」. 疏 이순(李巡)은「- 者更迭間厠相代之義」라
했다.『시경』패풍(邶風) 백주(柏舟)편에「胡迭而微」라 했다. ※두를대.

신 하물며이다
矧 況也【況】하물며황.「況次」. ※비유할황. 이에황. 견줄황.

【矧】하물며신.「譬況」. 疏 『설문(說文)』에「- 況辭從矢取辭之所之如矢也」
라 했다. 곽박이 말한「譬況」은 사씨(謝氏)가「志譬況」이라 했다.

름 곳집, 창고이다
廩 廯也【廯】곳집선. 창고선.「或說云卽倉廩所未詳」.

【廩】곳집름. 창고름.「或說云卽倉 - 所未詳」. 疏 『광아(廣雅)』에「廯倉也
則 - 廯皆囷倉之別名」이라 했는데 손염(孫炎)은「廯藏穀鮮絜也」라
했다.『사인(舍人)』에는「- 少鮮也」라 했다.

환 달아나다
逭 逃也【逃】달아날도. 도망치다. 탈출하다. 벗어나다.

【逭】달아날환.「亦見禮記」. 疏 「謂遁逃」.『서경』상서(商書) 태갑(太甲)편
에「自作孼不可 -」이라 했는데 주에「亦見禮記」라 한 것은 치의(緇衣)
편의「子曰小人溺於水 君子溺於口 大人溺於民 皆在其所褻也」이다.

신 말하다
訊 言也【言】말할언. 발언하다. 말로 나타내다. ※말씀언.

【訊】물을신. 질문하다.「相問 -」. 疏 서로질문할신.「-問以言也」.『시경』
소아 출거(出車)편에「執 -獲醜」라 했다. ※訊은 신문하는 사람.

간 　염탐하다
間 　覵也 【覵】염탐꾼현. 엿볼현. 간첩. ※비유할견.

【間】염탐꾼간. 엿볼간. 「左傳謂之諜今之細作也」. 疏「反－一名覵今之細作也」. 『좌전』환공(桓公) 12년에 「使伯嘉諜之」라 했다. 적진이나 또는 적지(敵地)에 들어가 사정(事情)을 정탐(偵探)하는 사람. 염탐꾼. 두주(杜注)에 「諜伺也」라 했다. 「兵書謂之反－也」는 『설문』에 「諜軍中反－也 謂詐爲敵國之人 入其軍中伺候－隙以反報其主」라 했으며 정현이 주한 『주례』 장륙(掌戮)에 「諜謂姦寇反－者」라 했다.

운 　넓다
汻 　汍也 【汍】넓을함. 강이나 호수가 광대한 모양. 물이 넓게 흐르는 모양.

【汻】넓을운. 광대한 모양. 「水流溔汍」. 疏 광대하게흐를운. 『설문』에 「－轉流也一曰汍」이라 했다. 「溔汍水大貌」.

간 　막다
干 　扞也 【扞】막을한. 방어하다. ※호위할한. 당길한. 범할간.

【干】막을간. 「相扞衛」. 疏 방어할간. 곽박은 「相扞衛」라 했다. 손염(孫炎)은 「－盾自蔽扞」이라 했다. 『시경』 주남(周南) 토저(兎罝)편에 「公侯－城」이라 했는데 「言公侯以武夫自固爲扞蔽如盾爲防守如城然」이다.

지 　발이다
趾 　足也 【足】발족. 하지(下肢). 「足脚」. 복사뼈 아랫부분.

비 　발꿈치를 베다
跀 　刖也

【刖】발꿈치벨월. 발꿈치를 베는 옛날의 오형(五刑) 가운데 하나. 「斷足」.

【趾】발지. 복사뼈 아래의 부분. 「足脚」. 疏 『주역』에 「賁其－」라 했는데 「－則足也亦謂之脚」이다. ※터지.

【跀】종지뼈잘라낼비. 「斷足」. 疏「－一名刖斷足刑也」. 『서경』 여형(呂刑)편에 「荆罰五百」이라 했는데 공안국(孔安國)이 「刖足曰荆」이라 했다.

양 　올라 타다
襄 　駕也 【駕】탈것가. 탈가. 마차에 타다. 거마에 올라가다.

【襄】탈것양. 타고 다니는 물건. 『서경』에 「懷山－陵」이라 했다. 疏 타고다닐양. 「謂乘駕也」. 『시경』 정풍(鄭風) 대숙우전(大叔于田)편에 「兩服上－」이라 했다. 『서경』은 요전(堯典)의 문장.

첨
忝 욕되게 하다
辱也【辱】욕되게할욕. 욕보일욕. 수치를 당하게 하다.

욱
煜 따뜻하다
煖也【煖】따뜻할난. 따뜻이할난.「煖溫也」.

【忝】욕되게할첨. 더럽힐첨. 疏 치욕스러울첨.「－謂恥辱也」『시경』소아 소완(小宛)편에「無－爾所生」이라 했다.

【煜】따뜻이할욱. 온난하다.「今江東通言－(지금 강동에서는 煜으로 통한다)」. 疏 따뜻할욱.「－溫也」.『서경』홍범(洪範)편에「哲時－若」이라 했다.

괴
塊 흙덩어리이다
墣也【墣】흙덩이픽.「土塊也(흙이 뭉친 덩어리다)」.

【塊】흙덩이괴. 덩어리진 흙을 뜻한다.「土－也」『외전(外傳)』에「枕凷以墣」이라 했다. 疏「－者結土也」.『설문』에「－俗凷字也 凷一名墣」이라 했다.

장
將 받들어 함께하다
齊也【齊】같이할제. 받들어 함께하다.

【將】받들장. 받들어 같이 하다.「謂分齊也」.『시경』에「或肆或－」이라 했다. 疏『시경』은 소아 초자(楚茨)편의 문장.『모전』에「肆陳－齊也 或陳于牙 或齊其肉」이라 했는데 왕숙(王肅)은「分齊其肉所當用也」라 했다.

호
餬 묽은죽, 된죽이다
饘也【饘】죽전. 된죽.

【餬】죽호. 묽게 끓인 밥의 일종.「糜也」. 疏「郭璞云糜也 下云鬻糜」「郭璞云淖糜 然則－饘鬻糜 相類之物 稠者曰糜 淖者曰鬻－饘是其別名」.『좌전』소공(昭公) 7년에「饘於是鬻於是以－余口」라 했다.

계
啓 꿇어앉다
跪也【跪】꿇어앉을궤. 무릎을 꿇고 앉다.

【啓】꿇어앉아절할계. 여쭐계.「小跽」. 疏 꿇어 앉아 절하다.「謂跪拜也」.『시경』소아 사모(四牡)편에「不遑－處」라 했다. 곽박이 말한「小跽」는『설문』에「跽長跪也」라 했고『장자(莊子)』에「擎跽曲拳臣之禮也」라 했다.

면
瞑 빽빽하다
密也【密】치밀할밀. 빽빽할밀. 밀집해 있다.

【瞑】빽빽할면.「謂緻密」. 疏 곽박이「謂緻密(빽빽히 들어 서 있는 것을 이른다)」이라 했다.

개 　열다
開 　**闢也** 【闢】열벽. 문을 열다.

【開】열개.『서경』에「闢四門」이라 했다. 疏『서경』은 우서(虞書) 순전(舜典)편의 문장. ※문을 열다.

포 　솜옷이다
袍 　**襺也** 【襺】솜옷견. 솜을 넣은 옷.『좌전』에「重-衣裘」라 했다.

【袍】솜옷포. 솜을 넣은 옷.『좌전』에「重襺衣裘」라 했다. 疏솜넣은옷포.『예기』옥조(玉藻)에「纊爲繭縕爲-」라 했다. 정현의 주에「衣有著之異名也」라 했다.「纊謂今之新緜 縕謂今之纊及舊絮也 然則襺是-之別名 謂新緜著-者也」.『좌전』의「重襺衣裘」는 양공(襄公) 21년 전(傳)에「楚子使薳子馮爲令尹遂以疾辭方暑闕地下氷而牀焉重繭衣裘鮮食而寢」이라 했다.

장 　지경이다
障 　**畛也** 【畛】지경진. 경계를 짓다. 한계.

【障】지경장. 칸막이장. 경계「謂-」. 疏곽박이「謂壅-一名畛(막아 경계를 지은 것을 畛이라 이른다)」이라 했다.『좌전』에「封畛土畧」이라 했다.

전 　빤히 보다
覢 　**姡也** 【姡】낯부끄러울활. 쳐다보면 부끄러움을 느끼다.

【覢】빤히볼전. 부끄러워할전. 사람을 대면하고 보다.「面姡然」. 疏빤히 보다. 손염(孫炎)은「-人面姡然」이라 했다.『설문』에「-面見人 姡面-也 然則-與姡皆面見人之貌」라 했다.『시경』에「有-面目」이라 했다.

죽 　묽은죽, 된죽이다
粥鬻 　**糜也** 【糜】죽미. 된죽.

【粥鬻】죽죽. 묽은죽.「淖糜」. ※죽(粥)과 같다.『좌전』에「饘於是-於是(죽을 먹다)」라 했다.

서 　느리다
舒 　**緩也** 【緩】느릴완. 더디다. 바쁘지 않다.

【舒】느릴서. 천천히서.「謂遲緩」. 疏『시경』 소남 야유사균편에「-而脫脫兮(서둘지 말고 천천히 하여)」라 했다.

도 　 깃발이다
翿 　 纛也

【纛】기도. 소꼬리로 장식한 큰 기. 군중(軍中)이나 천자(天子)의 거가(車駕) 왼쪽에 세우는 깃발이다.「今之羽葆幢」. ※기독.

도 　 깃일산이다
纛 　 翳也

【翳】깃일산예. 새의 깃으로 만든 춤출 때 쓰는 기구의 하나. 무악(舞樂)에서 춤을 추는 사람이 이것을 머리 위로 들어서 가린다.「舞者所以自蔽 —」.

【翿】기도.「今之羽葆幢」.「舞者所以自蔽翳」. 疏 깃발도. 이순이「— 舞者所持纛也」라 했다. 손염은「纛舞者所持羽也」라 했다.

황 　 구렁, 골짜기이다
隍 　 壑也 【壑】구렁학. 두 산 사이의 골짜기. 곧 오목하게 들어간 곳.

【隍】구렁황. 해자황.「城池空者爲壑」. 疏 「城池無水者」. 곽박이 말한「城池空者爲壑」은『주역(周易)』태괘(泰卦) 상육(上六)에「城復於 —」이라 했다. 성밖에 둘러싼 물 없는 못. ※물 있는 못은 '호(壕)'라 한다.

모 　 뽑다
芼 　 搴也 【搴】뽑을건. 뽑아 가지다.「某氏曰 — 猶拔也」.

【芼】뽑을모. 솎을모.「謂拔取菜(채소를 뽑아 가려내다)」. 疏 손염이「皆釋菜也」라 했다.『사기(史記)』에「斬將搴旗謂拔取敵人之旗也」라 했다.『시경』주남(周南) 관저(關雎)편에「參差荇菜左右 — 之」라 했는데『모전』에「— 擇亦謂拔菜而擇之也」라 했다.

전 　 법이다
典 　 經也

【經】법경. 길경. 항상 변치 않는 도리. 상법(常法).「邦國官府謂之禮」.

위 　 법칙이다
威 　 則也 【則】법칙칙. 국가의 제도. 행위의 준칙. 천지의 정도(定道).

【典】법전. 떳떳한 법. 疏 『주례(周禮)』에「大宰之職掌建邦之六 —」이라 했고 정현의 주에「— 常也 經也 法也 王謂之禮經常所秉以治天下也 邦國官府謂之禮法 常所以守爲法式也」라 했고 또「常者其上下通名」이라 했다.

【威】거동위. 법칙위.「— 儀可法則」. 疏 『시경』대아 억(抑)편에「敬愼 — 儀 維民之則」이라 했다. ※위의위. 위엄위.

가
苛 까다롭다, 시새우다
妎也 【妎】시새울혜. 시기하다. ※덖을혜.

【苛】까다로울가. 책망하다.「煩－者多嫉妎」. 疏『설문(說文)』에「妎妬也」라 했다.「言煩－之人多嫉妬(까다로운 사람은 질투가 많다)」.

패
芾 작다
小也 【小】작을소 조그마한 모양.

【芾】작을패.「－者小貌」. 疏「－是木榦及葉之小者也(나무의 줄기나 잎이 작은 것)」.『시경』소남 감당(甘棠)편에「蔽－甘棠」이라 했다.

미
迷 미혹되다
惑也 【惑】미혹할혹. 의심이 나서 정신이 헛갈리고 어지럽다.

뉴
狃 되풀이하다
復也 【復】다시부. 반복하다. 배운 것을 되풀이하여 익히다.

【迷】미혹할미. 헛갈려 헤매다. 길을 잃어 헤매다. 疏『시경』소아 절피남산편에「俾民不－」라 했는데 주에「迷는 미혹되지 않는 것을 이른다」라 했다.

【狃】되풀이할뉴. 다시뉴.「－忕復爲」. 疏「復習也(되풀이 하여 익히다)」. 손염은「－忕前事復爲也」라 했다.『설문』에「－狃也忕習」이라 했다.『시경』정풍(鄭風) 대숙우전(大叔于田)에「將叔無－」라 했다.

핍
逼 닥치다
迫也 【迫】닥칠박. 가까이할박. 가까이 다가오다. ※궁할박.

반
般 돌다
還也 【還】돌선. 선회하다. ※돌아올환. 돌아볼환. 갚을환.

【逼】닥칠핍. 가까이 다다르다. 疏「－相急迫也(서로 급박한 상태이다)」.

【般】돌반.『좌전(左傳)』에「－馬之聲」이라 했다. 疏「－還反也」.『좌전』의「－馬之聲」은 양공(襄公) 18년의「晋大夫邢伯告中行伯之辭也」이다.

반
班 주다
賦也 【賦】줄부. 수여하다.

【班】나눌반. 분배하다. 나누어주다.「謂布與」. 疏고루나눌반.『좌전』환공(桓公) 6년에「諸侯之大夫戍齊齊人饋之餼使魯爲其－」이라 했다.『예기』빙례(聘禮)에「肦肉及庮車」라 했다. ‘肦’은 ‘班’과 음과 뜻이 같다.

제
濟 건너다
渡也 【渡】건널도. 물을 건너다. 지나가다.

제
濟 이루다
成也 【成】이룰성. 성취하다.

제
濟 더하다
益也 【益】더할익. 보태다.

【濟】건널제. 이룰제. 더할제.「所以廣異訓 各隨事爲義」. 疏『방언』에「過渡 謂之涉 -」라 했는데 그 주에「猶今云 -渡」라 했다.『좌전』에「- 河焚 舟」라 했는데「- 又爲成」이다.『좌전』에「以欲從人則可以人從欲鮮 -」라 했 는데「- 又爲增益」이다. ※세 가지의 뜻을 가지고 있다.

민
緡 낚시줄이다
綸也 【綸】낚시줄륜. 낚시를 맨 줄. ※실륜.

【緡】낚시줄민. 낚시를 맨 줄.『시경』에「維絲伊 -」이라 했다.「-繩也」.「江東 謂之綸」. 疏노끈이름민. 손염(孫炎)은「皆繩名也」라 했다.『시경』은 소 남(召南) 하피농의(何彼穠矣)편의 문장.

벽
辟 지내다
歷也 【歷】지날력.〈뜻이 자세하지 않다.〉

시
漦 거르다
盝也 【盝】거를록. 여과시키다.

【辟】〈뜻이 자세하지 않다.〉 疏주석이 없다. ※물리칠벽. 임금벽.

【漦】거를시.「漉漉出涎沫」. 疏액체를 거르다. 이순이「吐沫 - 也」라 했다. 곽박이 말한「漉漉出涎沫」은「鄭語云訓語有之曰夏之衰也褒人之神化 爲二龍以同于庭而言曰余褒之二君夏后卜殺之輿去之輿止之莫吉卜請其 -而 藏之吉 韋昭云 -龍所吐沫龍之精氣也」이다.

관
寬 너그럽다
綽也 【綽】너그러울작. 관대한 모양.

【寬】너그러울관.「謂 -裕也」. 疏성품이너그러울관. 손염이「性之裕者」라 했다.『서경』고요모(皐陶謨)에「-而栗」이라 했다.

곤
袞 수, 곤룡포이다
黻也

【黻】수불. 고대 천자(天子)의 예복에 놓은 수. 반흑반청의 색으로 기(己)자 두 개를 서로 반대로 하여 수를 놓았다.

【袞】곤룡포곤. 수곤.「-衣有黻文」. 疏고대의 천자(天子) 또는 상공(上公)의 예복. 용의 무늬가 있었다.『시경』소아 채숙편에「玄 -及黼」라 했다.「-必 兼有黼黻(袞은 반드시 黼黻을 겸했다)」.『모전(毛傳)』에「玄 -卷龍也」라 했다.

화
華 皇也【皇】클황. 크고 번성하다. 굉장히 크다. ※임금황.

크고 번성하다

【華】번성할화. 제14편 석초(釋草)에「葟 – 榮」이라 했다. 疏「草木之 – 一名
皇」. 번광(樊光)이 『시경』을 인용하여「皇皇者 –」라 했다. 손염(孫炎)
은「皇皇猶煌煌」이라 했다. 곽박이「제14편 석초(釋草)에 '葟 – 榮'이라 했다」
고 한 것은「之以證皇亦 – 榮之名」을 인용한 것이다.

곤
昆 後也【後】뒤후. 나중에. 뒤에.

뒤, 나중이다

【昆】뒤곤.「謂先後方俗語」. 疏『서경』대우모(大禹謨)편에「官占 惟先蔽
志 – 命于元龜(관청에서 점을 치는 것은 먼저 뜻을 정하고 뒤에 큰 거북
에게 명하는 것이다)」라 했다.

미
彌 終也【終】마칠종. 일을 끝내다. 성취하다. 완료하다.

마치다

【彌】마칠미.「終竟也」. 疏곽박은「終은 마치다」라고 했다. 『시경』대아 생
민(生民)편에「誕 – 厥月(그 달을 마치다)」이라 한 것은「彌는 크다는
뜻이다」로 곧 후직이 그의 어머니 뱃속에 있을 때 인도(人道)를 다하고 10개월
만에 태어난 것을 이른 것이다.

제4편 석훈(釋訓)

석(釋)은 풀이하다. 훈(訓)은 말하다, 이야기하다, 새기다의 뜻이다. 본래는 먼 지방에 있는 토지의 상태와 지방의 풍물들을 보고 외워서 천자(天子)에게 이야기하는 것이었다.

정현(鄭玄)의 주석에도 "토지의 선악(善惡)의 세(勢)와 천하사방에서 흘러다니는 말과 인민에게 급하게 시행해야 할 일들을 왕에게 보고하는 것이었다."라고 했다. 그러나 이곳의 '석훈'은 『시경(詩經)』의 뜻을 해석한 것에 불과할 뿐이다.

明明   斤斤   察也
명명   근근   살피다

다 총명(聰明)하게 감찰(鑑察)하는 것이다〔皆聽明鑑察〕. 疏『사인(舍人)』에 「明明은 言其明甚이다」라 했고, 손염(孫炎)은 「明明性理之察也」라 했고,『시경』대아 상무(常武)편에「赫赫明明」이라 했다.『사인(舍人)』에「斤斤은 物精詳之察也」라 했으며, 손염은「斤斤은 重愼之察也」라 했고『시경』주송 집경(執競)편에「斤斤其明」이라 했는데 다 '살피다' 이다.

條條   秩秩   智也
조조   질질   슬기롭다

다 지혜롭게 생각함이 깊고 길다〔皆智思深長〕. 疏 다 슬기로운 생각이 깊고 길다. 지혜가 깊고 오래가다.『시경』소아 빈지초연(賓之初筵)편의「左右秩秩」은 그 위의를 지혜롭게 살펴 예의를 잃지 않은 것을 뜻한다. ※조조는 질서가 잡힌 모양.

穆穆 _{목목} 肅肅 _{숙숙} 敬也 _{공경하다}

다 거동을 엄숙하게 하여 공경하는 것이다〔皆容儀謹敬〕. **疏**『시경』주송(周頌) 옹(雝)편에 「有來雝雝 至止肅肅 相維辟公 天子穆穆」이라 했는데 다 천자가 체제(禘祭)를 지낼 때 기거동작을 조심하고 공경하는 모습이다.

諸諸 _{제제} 便便 _{편편} 辯也 _{말을 잘하다}

다 말을 여유있게 잘하는 것이다〔皆言辭辯給〕. **疏** 다 말을 잘하는 것이다.『논어』에 「便便言」이라 하고『시경』소아 채숙(采菽)편에 「平平左右」라 했는데『모전』에는 「平平辯治也」라 했다. ‘便’과 ‘平’은 古今字.

肅肅 _{숙숙} 翼翼 _{익익} 恭也 _{공경히 하다}

다 공경하는 모습이다〔皆恭敬〕. **疏** 다 공경함이다.『시경』대아 사제(思齊)편에 「肅肅在廟」라 하고,『시경』대아 대명(大明)편에 「維此文王 小心翼翼」이라 했는데 이것은 다 문왕(文王)과 모든 신하들이 공경하는 모습을 말한 것이다.

雝雝 _{옹옹} 優優 _{우우} 和也 _{사이좋게 즐거운 모습이다}

다 화락(和樂)하는 모습이다〔皆和樂〕. **疏**『시경』대아 사제(思齊)편에 「雝雝在宮」이라 하고 상송(商頌) 장발(長發)편에 「敷政優優」라 했는데, 이것은 다 군주가 덕정(德政)을 펴서 백성이 화락한 것을 뜻한다.

兢兢 _{긍긍} 憴憴 _{승승} 戒也 _{경계하고 삼가다}

다 경계하고 삼가하는 것〔皆戒愼〕. **疏**『시경』소아 소민(小旻)편의 「戰戰兢兢」과『시경』대아 억(抑)편의 「子孫繩繩」은 다 소심하여 경계하고 삼가하는 것이다. ‘憴’과 ‘繩’은 음과 뜻이 같다. ※ 현재의 승승은 번성하는 모양.

戰戰 _{전전} 蹌蹌 _{창창} 動也 _{움직이다}

매우 두려워하고 조심조심 움직이다〔皆恐動趨步〕. **疏**『시경』소아 소민편에 「戰戰兢兢」이라 하고,『시경』소아 초자(楚茨)편에 「濟濟蹌蹌」이라 했는데, 이는 다 매우 두려워하며 조심조심 나아가 위의를 세워 삼가하고 공경하는 것이다.

晏晏 _{안안} 溫溫 _{온온} 柔也 _{부드럽다}

다 유순하고 온화함이다〔皆和柔〕. **疏**『시경』위풍(衛風) 맹(氓)편에 「言笑晏

晏」이라 했고 『시경』 대아 억(抑)편에 「溫溫恭人」이라 했는데, 다 마음이 넓고
너그러우며 온화하고 부드러운 것이다.

業業 翹翹 危也
업업 교교 위험이다

다 위험한 상태이다〔皆縣危〕. **疏** 『시경』 대아 소민(召旻)편에 「兢兢業業」이라
했고 『시경』 빈풍(豳風) 치효(鴟鴞)편에 「予室翹翹」라 했는데, 다 위태하여 두
려워하는 것이다. ※ 현재 『시경』은 위대한 모양.

惴惴 僥僥 懼也
체체 효효 두려워하다

다 두려워하는 것〔皆危懼〕. **疏** 『시경』 진풍(秦風) 황조(黃鳥)편에 「惴惴其栗」
이라 했고 『시경』 빈풍(豳風) 치효(鴟鴞)편에 「予維音曉曉」라 했는데, 다 매우
위태로워서 두려워 떠는 상태. '僥'와 '曉'는 음과 뜻이 같다. ※ 효효는 급한 모양.

番番 矯矯 勇也
파파 교교 용맹이다

다 씩씩하고 용맹스런 모양이다〔皆壯勇之貌〕. **疏** 『시경』 대아 숭고(崧高)편의
「申伯番番」와 『시경』 노송(魯頌) 반수(泮水)편의 「矯矯虎臣」은 다 무사가 씩씩
하고 용맹스런 모습이다.

桓桓 烈烈 威也
환환 열열 위엄이 있는 모습이다

다 엄하고 용맹스러운 모습이다〔皆嚴猛之貌〕. **疏** 다 위무(威武)가 엄하고 용맹
스러운 모습이다. 『시경』 주송(周頌) 환(桓)편에 「桓桓武王」이라 했고 『시경』 소
아 서묘(黍苗)편에 「烈烈征師」라 했다.

洸洸 赳赳 武也
광광 규규 무용(武勇)이 있다

다 헌걸차다, 헌걸찬 모습이다〔皆果毅之貌〕. **疏** 『시경』 대아 강한(江漢)편에 「武
夫洸洸」이라 했고 『시경』 주남(周南) 토저(兔罝)편에 「赳赳武夫」라 했는데, 다
무사가 헌걸찬 모습이다. 『좌전』에 「殺敵爲果致果爲毅」라 했다.

藹藹 濟濟 止也
애애 제제 조용한 모양이다

다 어진 선비의 성다(盛多)한 동작을 형용한 것이다〔皆賢士盛多之容止〕. **疏** 『시
경』 대아 권아(卷阿)편의 「藹藹王多吉士」와 『시경』 소아 초자(楚茨)편의 「濟
濟蹌蹌」은 다 왕의 조정에서 어진 선비가 많이 활동하는 모양이다.

^{유유} ^{양양} ^{근심하는 모양이다}
悠悠 洋洋 思也

다 근심하는 모양을 형용한 것이다〔皆憂思〕. ^疏『시경』정풍 자금(子衿)편에「悠悠我思」라 했고, 패풍 이자승주(二子乘舟)편에「中心養養」이라 했는데, 다 근심하는 것을 나타낸 것이다. '洋'과 '養'은 음과 뜻이 같다. 또『중용』에「齊明盛服以承祭祀 洋洋乎如在其上 如在其左右」라 했다. 정현(鄭玄)의 주에는「洋洋은 人想思其傍儵之貌」라 했다. ※유유는 오랫동안 생각하다.

^{궤궤} ^{석석} ^{민첩한 모양이다}
蹶蹶 踖踖 敏也 【敏】민첩할민.

다 민첩한 상태를 형용한 것이다〔皆便速敏捷〕. ^疏『시경』당풍 실솔(蟋蟀)편에「良士蹶蹶」라 했고, 소아 초자(楚茨)편에「執爨踖踖」이라 했는데, 다 일에 민첩한 것을 형용한 것이다.

^{횡횡} ^{증증} ^{많은 모양이다}
薨薨 增增 衆也

다 많다는 것을 형용한 것이다〔皆衆夥之貌〕. ^疏『시경』주남 종사(螽斯)편에「螽斯羽薨薨兮」라 했고, 노송(魯頌) 비궁(閟宮)편에「烝徒增增」이라 했는데, 다 많은 사람들이 웅성거리는 상태를 뜻한다. 초(楚)나라 사람은「多爲夥」라 했다.

^{증증} ^{수수} ^{일어나는 모양이다}
烝烝 遂遂 作也

다 만물이 흥하여 일어나는 상태다〔皆物盛興作之貌〕. ^疏다 만물이 성대하게 흥하여 일어나는 상태를 뜻한다.『시경』노송 반수(泮水)편에「烝烝皇皇」이라 했다.

^{위위} ^{타타} ^{아름다운 모양이다}
委委 佗佗 美也

다 아름답고 고운 얼굴의 형용이다〔皆佳麗美豓之貌〕. ^疏이순(李巡)은「관용의 아름다움이다」라 했다. 손염은「委委는 행동의 아름다움이요, 佗佗는 성장함의 아름다움이다」라고 했다.『시경』용풍 군자해로(君子偕老)편에「委委佗佗」라 했고『모전』에는「委委者는 행하는데 委曲從迹也요, 佗佗者는 德이 平易也」라 했다. 이것은 다 아름답고 자태가 어여쁜 것을 뜻한다. ※점잖고 의젓하게 걷는 모습.

^{제제} ^{척척} ^{그리워하는 것이다}
愄愄 惕惕 愛也 【愛】사랑애. 그리워할애.

애간장이 타는 뜻으로 그리움이 배어있다〔詩云心焉惕惕韓詩以爲悅人故言愛也愄愄〕.〈뜻이 자세하지 않다〉. ^疏이순은「愄愄는 화목해 가는 사랑」이라 했다. 주(注)의「詩云心焉惕惕」은『시경』진풍(陳風) 방유작소(防有鵲巢)편의 문장이다.「韓詩以爲悅人故言愛也」는「燕人韓嬰爲詩作傳名曰韓詩以此惕惕爲悅人故言愛也」라 했다. ※제제는 '기기'로도 발음한다.

청칭　　격격　　　들어올리는 모양이다
俏俏　格格　　　舉也

다 사물을 잡아 들어올리는 모양이다〔皆擧持物〕. **疏** 다 사물을 잡아 들어올리는 모양을 형용한 것이다.

진진　　얼얼　　　머리에 물건을 인 모양이다
蓁蓁　孼孼　　　戴也 【戴】일대.

다 머리에 인 모습이다〔皆頭戴物〕. **疏** 『시경』 주남(周南) 도요(桃夭)편에 「其葉蓁蓁」이라 했고 위풍(衛風) 석인(碩人)편에 「庶姜孼孼」이라 했는데, 다 부인들이 머리의 장식을 성대하게 꾸민 모양을 형용한 것이다.

염염　　제제　　　편안한 모양이다
懕懕　媞媞　　　安也

다 좋은 사람의 편안하고 자세한 모양이다〔皆好人安詳之容〕. **疏** 『시경』 진풍(秦風) 소융(小戎)편에 「厭厭良人」이라 했는데 『모전』에 「厭厭은 安靜也」라 했다. 손염은 「媞媞는 걸어가는 데 편안함이다」라고 했다. 『시경』 위풍(魏風) 갈구(葛屨)편에 「好人提提」라 했는데 『모전』에 「提提安諦는 걸어가는 데 편안하여 자세히 살피는 것이다」라고 했다. 이 모두가 좋은 사람들의 편안한 상태를 형용한 것이다. ※ '懕'은 '厭'과 통하고 '媞'는 '提'와 통한다.

기기　　지지　　　천천히 여유있게 하는 모양이다
祁祁　遲遲　　　徐也

다 천천히 여유있게 하는 모양이다〔皆安徐〕. **疏** 다 여유가 있어 편안한 상태를 말한다. 『시경』 빈풍 칠월(七月)편에 「春日遲遲 采繁祁祁」라 했다.

비비　　간간　　　큰 모양이다
丕丕　簡簡　　　大也

다 많은 것을 형용한 것이다〔皆多大〕. **疏** 『서경』 입정(立政)편에 「以竝受此丕丕基」라 했고 『시경』 주송 집경(執競)편에 「降福簡簡」이라 했는데, 이것은 다 많은 것을 형용한 말이다.

존존　　맹맹　　　존재함이다
存存　萌萌　　　在也

존재하는 것을 형용한 것이다. 맹맹은 어디에서 유래했는지 알 수 없다〔萌萌未見所出〕. **疏** 존재하는 것을 이른다. 『주역』 계사전(繫辭傳)에 「成性存存」이라 했다. '萌萌'은 『자서(字書)』에 「作薨」이라 했다. 『설문(說文)』에는 「作茵」이라 했다. 곽박은 「未見所出」이라 했다. ※ 맹맹은 출전(出典)이 없다.

<ruby>懋懋<rt>무무</rt></ruby> <ruby>慔慔<rt>모모</rt></ruby> <ruby>勉也<rt>스스로 힘쓰는 것이다</rt></ruby>

다 스스로 힘써 하는 모양이다〔皆自勉强〕. 疏 다 스스로 힘쓰는 것이다.『서경』에 「懋哉懋哉」라 했다. '慔'와 '慕'는 같다.

<ruby>庸庸<rt>용용</rt></ruby> <ruby>慅慅<rt>초초</rt></ruby> <ruby>勞也<rt>수고하는 모양이다</rt></ruby>

다 힘쓰는 모양을 형용한 것이다〔皆劬勞也〕. 疏 다 힘쓰는 것이다. 공적을 쌓은 자는 모두 힘을 썼기에 이룬 것이다.『시경』소아 항백(巷伯)편에 「勞人草草」라 했는데『모전』에 「草草는 勞心也」라 했다. 또『시경』진풍(陳風) 월출(月出)편에「勞心慅兮」이라 했다. '慅'와 '草'는 음과 뜻이 같다.

<ruby>赫赫<rt>석석</rt></ruby> <ruby>躍躍<rt>적적</rt></ruby> <ruby>迅也<rt>빠른 모습이다</rt></ruby> 【迅】빠를신.

다 신속한 모양이다〔皆盛疾之貌〕. 疏 다 대단히 빠른 모양이다. 손염은 「赫赫은 현저하게 빠른 것」이라 했다.『시경』대아 상무(常武)편에 「赫赫業業」이라 했는데『모전』에 「赫赫은 然盛也」라 했다. 소아 교언(巧言)편에「躍躍毚兔」라 했는데, 이것은 다 매우 빠른 모습을 형용한 것이다. ※躍은 본래는 뛸약.

<ruby>綽綽<rt>작작</rt></ruby> <ruby>爰爰<rt>원원</rt></ruby> <ruby>緩也<rt>느린 모습이다</rt></ruby>

※다 느릿하여 바쁘지 않은 모습이다. 疏 다 느릿하여 여유가 있는 모습이다〔皆寬緩也〕.『시경』소아 각궁(角弓)편에「綽綽有裕」라 했는데『모전』에 「綽綽은 寬也」라 했다. 또 왕풍(王風) 토원(兎爰)편에「有兎爰爰」이라 했는데『모전』에「爰爰은 緩意」라 했다. 곽박(郭璞)이 「悠悠・偁偁・丕丕・簡簡・存存・懋懋・庸庸・綽綽은 모두 중복된 말로 이 여러 글자의 단어들이 모두 뜻이 동일하다. 다만 옛사람들이 중복으로 말했으므로 반복되어 나왔다」고 했다.

<ruby>坎坎<rt>감감</rt></ruby> <ruby>墫墫<rt>준준</rt></ruby> <ruby>喜也<rt>기뻐하는 것이다</rt></ruby>

다 고무되어 환희하는 모습이다〔皆鼓舞懽喜〕. 疏 다 고무되어 환희하는 모양이다.『시경』소아 벌목(伐木)편에 「坎坎鼓我墫墫舞我」라 했다. 정현의 주에 「나를 위해 북을 치는데 감감연(坎坎然)하고 군사를 위해 군무를 추는데 준준연(墫墫然)하다」고 했는데 음악으로써 즐거운 것이다. '墫'과 '蹲'은 음과 뜻이 같다.

<ruby>瞿瞿<rt>구구</rt></ruby> <ruby>休休<rt>휴휴</rt></ruby> <ruby>儉也<rt>검소한 것이다</rt></ruby>

다 어진 선비가 검소한 모습이다〔皆良士節儉〕. 疏 이순은 「다 어진 선비가 예절을 돌아보고 검소한 것이다」라고 했다.『시경』당풍(唐風) 실솔(蟋蟀)편에「良士瞿瞿」라 했는데『모전』에 「瞿瞿然顧禮義也」라 했다. 또「良士休休」는『모전』에 「休休는 도를 즐기는 마음」이라 했는데, 다 어진 선비가 검소한 모습이다.

旭旭 蹻蹻 憍也 【憍】교만할교

욱욱 갹갹 교만하고 뽐내는 모습이다

다 소인이 뜻을 얻어 뽐내는 모습이다〔皆小人得志憍蹇之貌〕. 疏 곽박은 '旭旭'을 '好好'로 읽었다. 『시경』 소아 항백(巷伯)편에 「驕人好好」라 했다. 정현의 주에 「好好者는 喜讒言之人也」라 했다. 『시경』 대아 판(板)편에 「小子蹻蹻」이라 했고 『모전』에 「蹻蹻은 교만한 모습」이라 했는데, 이것은 다 소인이 뜻을 얻어 교만하고 뽐내는 모습이다.

夢夢 訰訰 亂也

몽몽 순순 어지러운 것이다

다 어둡고 어지러운 모습이다〔皆闇亂〕. 疏 손염은 「夢夢은 어둡고 어두운 어지러움이다」라 했다. 『시경』 대아 억(抑)편에 「視爾夢夢」이라 했고 또 「誨爾諄諄」이라 했는데, 이것은 다 어둡고 혼란한 모습을 뜻한다. '訰'과 '諄'은 음과 뜻이 같다.

懆懆 邈邈 悶也

박박 막막 번민하는 모습이다

다 번민하는 모양이다〔皆煩悶〕. 疏 「懆懆은 煩悶也」. 『사인』에 「邈邈은 憂悶也」라 했다. 『시경』 대아 억편에 「聽我藐藐」이라 했는데 『모전』에 「藐藐然하여 들어가지 않는 것이다」라고 했다. 이것은 다 번민하는 것을 말한다. '藐'과 '邈'은 통한다.

儚儚 泂泂 惛也

몽몽 위위 헤매는 모습이다

다 정신이 어두워 헤매는 모습이다〔皆迷惛〕. 疏 다 정신이 흐려져 헷갈려 어지러운 것이다. 곽박은 「泂는 본래 𥣫로 음을 '위'라 해야 한다」고 했다.

版版 盪盪 僻也

판판 탕탕 사벽하다

다 사벽(邪僻)한 모양이다〔皆邪僻〕. 疏 다 사특하고 편벽된 모양이다. 이순은 「版版은 도를 잃어버린 편벽된 모양이요, 盪盪은 생각하지 않는 편벽됨이다」라 했다. 『시경』 대아 판(板)편에 「上帝板板」이라 했는데, 『모전』에는 「板板反也 上帝以稱王者也」라 했고 정현의 주에는 「王爲政反先王與天之道」라 했다. 『시경』 대아 탕(蕩)편에 「蕩蕩上帝」라 했는데, 정현의 주에는 「蕩蕩은 法度廢壞之貌」라 했다. '版'과 '板', '盪'과 '蕩'은 음과 뜻이 서로 같다.

燼燼 炎炎 薰也

충충 염염 훈자〔薰炙〕함이다

다 가뭄의 더운 열기가 사람을 찌는 모양이다〔皆旱熱薰炙人〕. 疏 다 가뭄의 열기가 사람을 찌는 것을 형상한 것이다. 『시경』 대아 운한(雲漢)편에 「蘊隆蟲蟲」이라 했는데 『모전』에 「蘊蘊而暑하고 隆隆而雷하고 蟲蟲而熱한다」고 했다. 또 「赫赫炎炎」은 『모전』에 「赫赫은 氣也요, 炎炎은 熱氣也」라 했다. '燼'과 '蟲'은 음과 뜻이 같다.

거거   구구   미워하다

居居 究究 惡也

다 서로 미워하는 것이다〔皆相憎惡〕. 疏 이순은 「居居는 친근하지 않아 미워하는
것」이라 했다. 손염은 「究究는 窮極人之惡」라 했다. 『시경』 당풍(唐風) 고구(羔
裘)편에 「羔裘豹袪 自我人居居」라 하고 또 「自我人究究」라 했는데, 『모전』에
는 「居居는 증오하여 서로 친근하지 않은 모양이요, 究究는 居居와 같다」고 했다.
이것은 다 서로가 매우 미워하는 것을 뜻한다.

구구   오오   거만하다

仇仇 敖敖 傲也

다 어진이에게 오만한 것이다〔皆傲慢賢者〕. 疏 『시경』 소아 정월(正月)편에 「執
我仇仇」라 했는데 『모전』에는 「仇仇는 謷謷와 같다」고 했고, 정현의 주에는 「王
旣得我執留我其禮 待我謷謷然 亦不問我在位之功力 言其有貪賢之名 無用賢
之實」이라 했다. 『시경』 대아 판(板)편에 「我卽爾謀 聽我嚻嚻」라 했는데 『모전』
에 「嚻는 謷謷와 같다」라 했으며, 정현의 주에는 「我就女而謀欲忠告以善道女反
聽我言謷謷然不肯受」라 했다. 이것은 다 어진이에게 오만한 것이다. '敖' '謷'
'嚻' 는 음과 뜻이 같다.

차차   쇄쇄   작다

佌佌 瑣瑣 小也

다 재주와 그릇이 작은 것의 형상이다〔皆才器細陋〕. 疏 다 재주와 그릇이 작고 비
루한 모양이다. 『시경』 소아 정월(正月)편에 「佌佌彼有屋」이라 했는데 『모전』에
는 「佌佌는 작다」라 했고, 정현의 주에는 「소인이 부자가 된 것을 말한 것이」라
했다. 『사인(舍人)』에 「瑣瑣는 꾀가 얕은 것을 형용한 말」이라 했다. 『시경』 소아
절피남산(節彼南山)편에 「瑣瑣姻亞」라 했는데, 정현의 주에는 「瑣瑣는 혼인한
아내의 무리인 소인들」이라 했다.

초초   참참   발끈 화를 내다

悄悄 慘慘 慍也 【慍】성낼온. 화온.

다 어진이가 근심하고 원망하는 것이다〔皆賢人愁恨〕. 疏 慍은 발끈 화를 내는 것
으로 다 어진이가 근심하고 원망하는 것이다. 『시경』 패풍 백주(柏舟)편에 「憂心
悄悄慍于群小」라 했는데 『모전』에는 「慍은 화내는 것이고, 悄悄는 근심하는 모
습이다」라고 했다. 이순은 「慘慘은 근심하여 발끈하는 것이다」라 했다. 『시경』 대
아 억(抑)편에 「我心慘慘」이라 했는데 『모전』에는 「慘慘은 근심하여 즐겁지 않
은 것」이라고 했다.

관관   유유   병든 모양이다

瘝瘝 瘐瘐 病也

다 어진이가 뜻을 잃고 근심을 품고 있는 병을 형상한 것이다〔皆賢人失志懷憂病
也〕. 疏 『시경』 소아 체두(杕杜)편에 「四牡瘝瘝」이라 했는데 『모전』에는 「瘝瘝

은 파리한 모양」이라 했다. 또 대아 판(板)편에 「靡聖管管」이라 했는데『모전』에
는 「管管은 의지할 바가 없는 것이다」라고 했다. 소아 정월(正月)편에 「憂心愈
愈」라고 했는데『모전』에는 「愈愈는 근심하고 두려워하는 것이다」라고 했다. 이
것은 다 어진 사람이 뜻을 잃고 회우(懷憂)병에 걸려 있는 것을 뜻한다.

은은　　경경　　도도　　단단　　흠흠　　경경　　충충
殷殷　慱慱　切切　博博　欽欽　京京　忡忡

철철　　병병　　혁혁　　근심하다
惙惙　恌恌　弈弈　　憂也

이것은 다 시를 지은 자가 근심하는 모습을 읊은 것이다〔此皆作者歌事以詠心憂〕.
疏『시경』소아 정월(正月)편에 「憂心慇慇」이라 했는데『모전』에는 「慇慇然은
아픈 것이다」라고 했다. 또 이르기를 「憂心慱慱」이라 했는데『모전』에는 「慱慱
은 근심하는 것이다」라고 했다.『시경』회풍(檜風) 고구(羔裘)편에 「勞心忉忉」
라 했는데 정현의 주(注)에 「三諫不從 待放而去 思君如是心忉忉然」이라 했다.
또 회풍 소관(素冠)편에 「勞心博博」이라 했는데『모전』에 「博博은 근심으로 수
고로운 것이다」라고 했다. 진풍(秦風)에는 「憂心欽欽」이라 했는데『모전』에 「思
望의 心中이 欽欽然하다」고 했다. 소아 정월편에 「憂心京京」이라 했는데『모전』
에는「京京은 근심하여 떠나지 못하는 것이다」라고 했다. 또 소남(召南) 초충(草
蟲)편에 「未見君子 憂心忡忡」이라 했는데『모전』에는 「忡忡은 衝衝과 같다」고
했고 정현의 주에는 「未見君子는 길에 있을 때이니 길에서 근심하면 근심이 군자
에게 미치지 못하고 부모를 편안히 할 수 없으므로 마음이 衝衝然하다」라고 했다.
또 「憂心惙惙」이라 했는데『모전』에는 「惙惙은 근심함이다」라고 했다. 소아 기
변(頍弁)편에 「憂心恌恌」이라 했는데『모전』에는 「恌恌은 근심하는 것이 대단
한 것이다」라고 했다. 또 「憂心弈弈」이라 했는데『모전』에는 「弈弈然하여 박하
게 대하는 바가 없다」라고 했다. 이것은 다 시를 짓는 자가 노랫말에 있는 근심스
런 뜻을 읊은 것이다.

균균　　　밭을 갈다
畇畇　　田也

밭을 경작하고 토지를 개척하다, 개간하여 넓히다〔言墾辟也〕. 疏 밭을 경작하고 토
지를 넓히는 것을 균균연(畇畇然)이라 한다.『시경』소아 신남산(信南山)편에 「畇
畇原隰」이라 했는데『모전(毛傳)』에 「畇畇은 개척하고 넓히는 것」이라고 했다.

측측　　　날카로운 보습이다
畟畟　　耜也　　【耜】보습사. 예리한 모습.

날카로운 것을 뜻한다〔言嚴利〕. 疏『사인(舍人)』에 「畟畟은 보습이 땅속으로 들
어가는 모습」이라 했다.『시경』주송 양사(良耜)편에 「畟畟良耜 俶載南畝」라 했
는데『모전』에 「畟畟은 測測과 같다」고 했고 정현의 주에는 「良은 善이다. 농사
짓는 사람이 測測하게 하는 것을 예리한 보습으로 한다」고 했다. 이것은 보습의 예
리한 것을 말한 것이다.

석석 논밭을 갈다
郝郝 耕也 【耕】갈경. 논밭을 갈다.

흙을 풀어지게 하다〔言土解〕. 疏 땅을 갈아 흙이 풀어져 흩어지는 것이 郝郝然이
다. 『시경』주송(周頌) 재삼(載芟)편에 「其耕澤澤」이라 했는데 정현의 주에 「땅
의 기운이 더워져서 갈아 엎으면 澤澤然하게 풀어져 흩어진다」고 했다. '郝郝'과
'澤澤'은 다같이 '석'으로 발음하고 그 뜻도 같다.

역역 자라다
繹繹 生也 【生】날생. 자랄생.

나서 고르게 자라는 것을 말한다〔言種調〕. 疏 『사인(舍人)』에 「곡식이 자라는 모
양」이라 했다. 『시경』주송 재삼(載芟)편에 「驛驛其達」이라 했고, 『모전』에는 「達
은 射也」라 했으며, 정현의 주석에는 「達은 땅에서 나오는 것이다」라 했다. 이것을
곽박은 「종자가 나서 고르게 자라다」라고 말했다. 다 땅에서 나와서 자라는 것이다.
'繹'과 '驛'은 음과 뜻이 같다.

수수 곡식의 싹이다
穟穟 苗也 【苗】싹묘. 자랄묘.

곡식의 싹이 무성한 것을 말한다〔言茂好也〕. 疏 『시경』대아 생민(生民)편에 「禾
役穟穟」라 했는데 『모전』에는 「役은 列이다. 穟穟는 싹이 아름다운 것」이라 했
다. 이것은 곡식의 싹이 무성하여 아름다운 것을 말했다.

면면 김을 매다
緜緜 穮也 【穮】김맬표. 제초하다.

김을 매다〔言芸精〕. 疏 손염(孫炎)은 「緜緜은 세밀함을 말한다」라 했다. 『시경』
주송 재삼(載芟)편에 「緜緜其麃」라 했고 『모전』에는 「麃는 김매다」라 했다. 『설
문(說文)』에는 「穮耨鉏田也」라 했고 『자림(字林)』에는 「穮耕禾間也」라 했다.
이것을 곽박은 「芸耨精也」라 했다. '穮'와 '麃', '耘'과 '芸'은 음과 뜻이 같다.

질질 벼를 베다
挃挃 穫也 【穫】벼벨확. 거둘확. 화곡(禾穀)을 베다.

율률 많다
栗栗 衆也 【衆】무리중. 많을중. 군중. 무리.

질질은 벼를 베는 소리〔刈禾聲〕. 율률은 빽빽하게 쌓아두다〔積聚緻〕. 疏 손염은
「挃挃은 穫聲也」라 했고 이순(李巡)은 「栗栗은 積聚의 衆이다」라 했다. 『시경』
양사(良耜)편에 「穫之挃挃 積之栗栗」이라 했고 『모전』에는 「挃挃은 穫聲이요,
栗栗은 衆多」라 했으며, 『소이아(小爾雅)』에는 「截穎謂之挃」이라 했다. 그러
므로 곽박은 「刈禾聲 積聚緻也」라고 했다. '緻'는 '密'을 말한다.

소소 쌀을 이는 소리이다
溞溞　淅也　【淅】일석. 인쌀석. 쌀을 일다. 물의 쌀을 일다.

부부 김이 오르다
烰烰　烝也　【烝】김오를증. 찔증. 더운 김이 오르다. 수증기.

소소는 쌀을 이는 소리〔洮米聲〕. 부부는 김이 오르며 내는 소리〔氣出盛〕. 疏 『시경』 대아 생민(生民)편에 「釋之叟叟烝之浮浮」라 했는데 『모전』에는 「釋은 淅米也」라 했고, 「叟叟는 聲也 浮浮는 氣」라 했다. 정현의 주석에는 「釋之烝之는 술을 담는 보궤(簠簋)의 실상이다」라 했다. 그러므로 곽박은 「洮米聲 氣出盛也」라 했다. '溞'와 '叟'는 음이 다르고 뜻은 같다. '烰'와 '浮'는 음과 뜻이 같다.

구구 옷의 장식이다
俅俅　服也

예복을 입고 머리에 쓰는 것을 말한다〔謂戴弁服〕. 疏 『시경』 주송 사의(絲衣)편에 「載弁俅俅」라 했는데 『모전(毛傳)』에는 「俅俅는 공순한 모양」이라 했다. 정현의 주석에는 「載는 戴와 같고 弁은 爵弁이다. 爵弁은 제사때 왕과 선비의 예복에 따르는 차림이다」라 했다. 그러므로 곽박이 「謂戴弁服」이라 했다.

아아 제사지내는 모습이다
峨峨　祭也　【祭】제사제. 제사지낼제. 신이나 선조에게 제사지내는 것.

예식 때 쓰이는 귀중한 옥을 잡고 제사지내는 모습〔謂執圭璋助祭〕. 疏 『시경』 대아 역복(棫樸)편에 「奉璋峨峨」라 했는데 『모전(毛傳)』에는 「半珪曰璋이요. 峨峨는 盛壯也」라 했으며, 정현의 주석에는 「璋은 璋瓚(옥으로 만든 그릇)이다. 제사를 지낼 때, 왕이 규찬(圭瓚)으로 강신할 때는 모든 신하가 돕고 다음 강신할 때는 장찬(璋瓚)으로 하는 것으로 '奉璋之儀峨峨然'이다」라고 했다. 그러므로 곽박은 「執圭璋助祭也」라 했다.

황황 음악을 연주하다
鍠鍠　樂也
【樂】풍류악. 악기가 서로 어우러져 화음을 내는 소리로, 즐거움을 뜻한다.

종소리와 북소리〔鐘鼓音〕. 疏 『시경』 주송 집경(執競)편에 「鐘鼓喤喤」이라 했는데 『모전』에는 「喤喤은 和이다」라 했고 정현의 주석에는 「무왕(武王)이 천하를 평정하고 조고(祖考)의 사당에 제사지낼 때 음악을 연주하는데 8음(八音)이 어우러져 고른 소리를 냈다」고 했다. 『자서(字書)』에는 「鍠鍠은 음악을 연주하는 소리」라고 했는데 이것을 보고 곽박이 「鐘鼓音(종고의 소리)」라 했다. '鍠'과 '喤'은 음과 뜻이 같다.

양양 복받다
穰穰　福也　【福】복복. 복내릴복. 복을 내려 주다. 복조복.

복을 넉넉하게 받다〔言饒多〕. 疏 『시경』 주송 집경(執競)편에 「降福穰穰」이라 했는데 『모전』에는 「穰穰은 많은 것이다」라 했고 정현의 주석에는 「신이 복을 내려 많고 큰 것이 하사(嘏辭 : 크다)와 같다」고 했으므로 이것을 「得福饒多也」라 했다.

자 자 손 손　　　이끌어 다함이 없다
子子孫孫　引無極也

대대로 창성하여 길이 다함이 없다〔世世昌盛長無窮〕. **疏** '子子孫孫'은『시경』소아 초자(楚茨)편의 문장이고, '引無極也'는 지은이가 해석한 해석문이다.『사인(舍人)』에「子孫長行美道引無極也」라고 했으며 곽박이 말한「世世昌盛長無窮」도 여기서 유래했다.

옹옹　　　앙앙　　　임금의 덕이다
顒顒　卬卬　君之德也

임금의 덕망을 말한다〔道人君者之德望〕. **疏** 임금의 덕망이 높은 것을 뜻한다. '顒顒卬卬'은『시경』대아 권아(卷阿)편에 있는 문장. '君之德也'는 지은이의 해석이다.『시경』의「顒顒卬卬 如圭如璋 令聞令望」을 고찰해 보면『모전』에는「顒顒은 온화한 모양, 卬卬은 성대한 모양」이라 했고, 정현의 주에는「令은 善하다. 왕이 어진 신하를 두고 예의로써 서로 절차탁마하는데, 풍채의 모양은 顒顒然하며 공경하고 따르는 뜻과 기운은 卬卬然하여 대단히 명랑한 것이 옥의 규장(圭璋)과 같다. 사람이 들으면 좋은 소문이 나고 사람들이 바라면 아름다운 위의와 덕행이 있어 서로 부합한다」고 했다.

정정　　　앵앵　　　서로 정성스럽고 바르다
丁丁　嚶嚶　相切直也

정정(丁丁)은 나무를 베는 소리요, 앵앵(嚶嚶)은 두 마리의 새가 우는 소리로 정정과 앵앵은 벗과 벗이 서로 절차탁마하여 바르게 되는 것을 뜻한다〔丁丁砍木聲 嚶嚶兩鳥鳴 以喩朋友切磋相正〕. **疏** '直'은 '正'과 같다.『시경』소아 벌목(伐木)편에「伐木丁丁 鳥鳴嚶嚶」이라 했다. 정현의 주석에는「옛날에 아직 지위가 없어 농사를 지을 때 벗과 더불어 산중에서 사는데 나무를 베며 어렵게 지낸 일은, 도덕으로 切磋琢磨하여 서로 바르게 된 것과 비슷한 것이다」라고 했다. 그러므로 곽박은「丁丁은 나무를 베는 소리이고 嚶嚶은 두 마리 새가 우는 소리로, 朋友가 서로 절차탁마하여 바르게 된 것」으로 비유했다

애애　　　처처　　　신하가 힘을 다 쏟다
藹藹　萋萋　臣盡力也

옹옹　　　개개　　　민중이 함께 복종하다
噰噰　喈喈　民協服也

藹藹萋萋는 오동이 무성하고 어진 선비가 많으며 모든 땅이 굴복하고 신하가 충성을 다하는 것〔梧桐茂賢士衆地極化臣竭忠〕이고, 噰噰喈喈는 봉황이 덕에 감응하여 서로 노래부르고 모든 민중이 따라서 함께 송덕가를 부르는 것이다〔鳳凰應德鳴相和 百姓懷附興頌歌〕. **疏**『시경』대아 권아(卷阿)편에「藹藹王多吉士」라 했는데 정현의 주석에「왕의 조회 때 선(善)한 선비가 많아 藹藹然하다」했다. 또「萋萋喈喈雝雝喈喈」는『모전』에「오동이 무성하고 봉황이 울고 신하가 정성을 다하고 모든 지역이 감화되어 천하가 평화스러우면 봉황이 덕을 즐긴다」라고 했

고 정현의 주석에 「莘莘萋萋는 임금의 덕이 융성함을 비유한 것이요, 離離嗜嗜 는 민중과 신하가 和協하는 것이다」라고 했으므로 곽박이 「梧桐茂 賢士衆 地極 化 臣竭忠 鳳凰應德鳴相和 百姓懷附興頌歌」라 했다.

佻佻 契契　愈遐急也

조조　결결　　더욱 멀고 급하다

【愈】더욱유.【遐】멀하. 어찌하

부역이 고르지 못하고 작은 나라는 더욱 곤궁하고 어진이가 앞날이 너무 걱정스럽 고 급박한 것을 탄식한 것[賦役不均小國困竭賢人憂歎遠益急切].【疏】'愈'는 '益'과 같다. '遐'는 '遠'과 같다. 부역이 형평을 잃고 작은 나라가 곤궁해지고 어 진이가 근심하여 탄식함이 더욱 절박한 것을 뜻한다.『시경』소아 대동(大東)편에 「糾糾葛屨 可以履霜 佻佻公子 行彼周行」이라 했는데『모전』에는「佻佻는 홀 로 행하는 모양, 公子는 譚公子」라 했고 정현의 주석에는「葛屨는 夏屨요, 周行 은 주나라의 列位」라 했다. 이 때는 재화(財貨)가 다 떨어져 공자(公子)의 옷과 신발이 계절에 맞지 못하여 여름에 신는 칡으로 만든 신발로 이제 서리를 밟으며 전송하는 것이다. 인하여 주나라에 조회오는 자가 폐백 바치는 일을 비록 궁핍해도 그치지 못하는 것을 말한다. 또『시경』소아 대동편에「契契寤歎哀我憚人」이라 했는데『모전』에는「契契은 근심하고 괴로워하는 것」이라고 했고, 정현의 주석에 는「이제 담대부(譚大夫)가 근심하고 괴로워하며 민중의 노고를 애처롭게 여겨 탄 식한 것이 이와 같다」고 했다.

宴宴 粲粲　尼居息也

연연　찬찬　　가까이에서 휴식하게 하다

【尼】가까울니.【息】쉴식.

성대하게 잔치를 베풀고 가까운 곳에서 휴식을 취하게 하다[盛飾宴安近處優閑]. 【疏】'尼'는 '近'이다. 잔치를 성대하게 베풀고 근처에서 여유롭게 휴식을 취하는 것을 말한다.『시경』소아 북산(北山)편에「或燕燕居息」이라 했는데『모전』에는 「燕燕은 편안히 쉬는 모양」이라 했다. 또 대동편에「東人之子 職勞不來 西人之 子 粲粲衣服」이라 했는데,『모전』에는「東人은 譚人이요, 來는 勤이요, 西人은 京師人이고 粲粲은 고운 모습」이라 했고, 정현은「職은 主다. 東人은 고생스러워 도 와보지 않고 京師人은 의복이 깨끗하고 편안한 것으로, 왕의 정치가 매우 불공 평한 것을 말한다」라고 했다.

哀哀 悽悽　懷報德也

애애　처처　　은덕 갚을 것을 생각하다

노역에 나가 고통을 당하며 낳아준 부모를 생각하다[悲苦征役思所生也].【疏】회 (懷)는 생각하다. 부역에 나가 많은 고통을 당하면서 부모의 은덕 갚을 것을 생각 하다.『시경』소아 육아(蓼莪)편에「哀哀父母 生我劬勞」라 했는데 정현은「哀哀 는 부모 봉양함을 마치지 못하고 그 길러준 은혜를 갚지 못하는 것을 한탄하는 것 이다」라고 했다. '悽'는 '萋'로 쓰는데『시경』소아 출거(出車)편의「赫赫南仲 薄伐西戎春日遲遲卉木萋萋」가 이것이다. 이로써 곽박은「부역에 나가 낳아준 바 를 생각하다[悲苦征役思所生也]」라고 주석했다. 소생(所生)은 부모를 뜻한다.

척척   혜혜   재앙과 독을 만나다

儵儵 嘒嘒 罹禍毒也 【罹】걸릴리. 근심리. 【毒】해칠독.

왕도(王道)가 꽉 막혀 있는데도 매미는 한가롭게 우는 것을 부러워하며, 자신은 상처받고 참소까지 당하는 것을 슬퍼함이다〔悼王道穢塞羨蟬鳴 自得傷己失所遭讒賊〕. 疏 '罹'는 '遭'의 뜻. 『시경』소아 소반(小弁)편에 「踧踧周道 鞠爲茂草」라 했는데 『모전』에는 「踧踧은 平易하다, 周道는 周室의 通道, 鞠은 窮이다」라 했고 정현의 주에는 「이것은 유왕(幽王)이 포사의 참소를 믿고 덕정을 어지럽히며 사방으로 통하지 못하게 한 것」이라고 했다. 또 소반편에 「菀彼柳斯 鳴蜩嘒嘒」라고 했는데 『모전』에는 「蜩는 蟬이고 嘒嘒는 소리」라 했고, 정현의 주에는 「버드나무가 무성하면 매미가 많다」라 했다. 『시경』의 서(敍)를 참고해 보면 「소반은 유왕을 풍자한 것으로 태자의 스승이 지었다」고 했다. 『모전』에는 「유왕이 신녀(申女)를 취하고 태자 의구(宜咎)를 낳았다」고 했고 일설에는 「포사가 백복(伯服)을 낳자 세워서 후(后)로 삼고 의구를 추방하고 장차 죽였다」고 하였다. 그러므로 곽박은 「왕도가 막혀도 매미는 한가하게 우는데 자신은 상처를 받고 또 참소까지 당하는 것을 슬퍼하였다」고 한 것이다. '儵'과 '踧'은 음이 척이다.

안안   단단   그르친 것을 후회하다

晏晏 旦旦 悔爽忒也 【爽】어그러질상. 【忒】틀릴특.

버림을 받고 마음이 상하다. 남편에게 버림을 받고 뉘우치다〔傷見絶棄恨士失也〕. 疏 회(悔)는 한(恨), 상특(爽忒)은 그르치다의 뜻으로 모두 부인이 남편에게 버림을 받고 행실 그르친 것을 뉘우치는 것이다. 『시경』위풍(衛風) 맹(氓)편에 「總角之宴 言笑晏晏 信誓旦旦」이라 했는데 『모전』에는 「총각은 결발(結髮)이고, 晏晏은 和柔하다」라 했다. '信誓旦旦然'은 정현의 주석에 「내가 처녀로 머리 묶고 비녀 꽂기 전에 잔치할 때에는 너와 내가 말씨와 웃음이 晏晏然하여 和柔하더니 내가 믿음으로 서로 맹세할 때는 旦旦하여 간절하게 하였다」고 했다. 『시경』의 서문을 참고해 보면 맹(氓)편은 시대를 풍자한 것이다. 선공(宣公) 시대에 예의가 소멸되고 음란한 풍속이 유행하며 남녀가 분별 없이 서로 도망하고 환락에 유혹되고 색에 빠져 서로 버리고 배신하여 이에 혹은 괴로워하고 그 짝 잃은 것을 후회하기도 하였다. 그 시대의 일을 나열하여 풍자한 것으로 곽박이 「傷見絶棄恨士失也」라고 했다.

고고   현현   공밥 먹는 것을 풍자한 것이다

皋皋 琄琄 刺素食也 【刺】찌를자. 헐뜯을자. 【素】본디소

아무런 공덕도 없이 시동처럼 총애받고 녹봉받는 것을 희롱하다〔譏無功德尸寵祿也〕. 疏 소(素)는 공(空)이다. 덕이 없이 공짜로 그 녹(祿) 먹는 것을 풍자한 것이다. 『사인(舍人)』에 「皋皋는 다스리지 못하는 모양」이라 했다. 『시경』대아 소민(召旻)편에 「皋皋訿訿 曾不知玷」이라 했는데 『모전』에 「皋皋는 완악하여 그 도를 알지 못하는 것이다」라 했고 정현의 주에는 「玷은 缺이다. 왕의 정치가 크게 무너져, 소인들이 벼슬자리에 있어 일찍부터 대도(大道)가 결함이 있는 것을 알지 못하다」라 했다. 어떤이는 「鞙鞙은 덕이 없이 패옥을 차다」라고 했다. 『시경』소아 대동(大東)편에 「鞙鞙佩璲 不以其長」이라 했는데 『모전』에는 「鞙鞙은 옥의 모양이고 璲는 瑞이다」라 했고 정현의 주석에는 「佩璲는 상서로운 옥을 찼는데 찬 것이 鞙鞙然하고 그 관직에 있는 것이 그 재주에 장점이 있어서가 아니다. 한갓 그

찬 것을 아름답게 여기고 그 덕이 없으면서 공밥 먹는 것을 풍자한 것이 이와 같다」
고 했다. 곽박은「譏無功德尸寵祿也」라고 했고 정현의 주석에「예기에 '尸謂不
知人事無辭讓也'라고 했다. 시동이라는 것은 신의 상징으로 자리에 있으나 말이
없고 다만 제사를 받을 뿐이다. 소인이 지위에 있음도 또한 말이 없고 총애와 녹봉
만 받는 것이 시동과 같으므로 '尸寵祿也'라고 했다」고 했다. '琂'과 '鞘'은 음
과 뜻이 같다.

관관 요요　하소연 할 곳 없음을 근심하다
懽懽 愮愮　憂無告也

어진이가 하소연할 곳이 없음을 근심하고 두려워하다〔賢者憂懽無所訴也〕. 疏 어
진이가 하소연 할 곳이 없음을 근심하고 두려워하는 것을 말한다.『시경』대아 판
(板)편에「老夫灌灌」이라 했는데『모전』에는「灌灌은 欵欵와 같다」고 했고 정
현은「老夫가 그대를 간하는데 欵欵然하다」고 했다. 또『시경』왕풍(王風) 서리
(黍離)편에「中心搖搖」라고 했는데『모전』에는「搖搖는 하소연 할 곳이 없음을 근
심하다」라 했다. '懽'과 '灌', '愮'와 '搖'는 음과 뜻이 서로 같다.

헌헌 예예　법칙을 제정하다
憲憲 洩洩　制法則也

학정을 도와 일으키고 교령을 만들다〔佐興虐政 設敎令也〕. 疏 이순(李巡)은「다
악당들이 법칙을 만드는 것이다」라고 했다. 손염(孫炎)은「여왕(厲王)이 바야흐
로 모질고 모든 신하가 함께 법령을 만들다」고 했다.『시경』대아 판(板)편에「天
之方難無然憲憲 天之方蹶無然泄泄」라고 했는데『모전』에는「憲憲은 欣欣과 같
다. 蹶는 動이다. 泄泄는 沓沓과 같다」고 했고 정현의 주석에는「하늘이 왕을 배
척함이다. 왕이 바야흐로 천하의 백성을 힘들고 어지럽게 하고자 하고 또 바야흐로
선왕의 도를 바꾸고자 하는데 신하인 그대는 憲憲然도 없고 沓沓然함도 없이 법
도를 제정하고 그 뜻에 맞추어 그 악행을 이루게 한다」고 했다. 이것을「佐興虐政
設敎令也」라고 했다.

학학 학학　간특함을 높이다
謔謔 謞謞　崇讒慝也　【讒】헐뜯을참.【慝】간사할특.

재앙을 즐기고 학정을 도와 헐뜯고 증오심을 더하다〔樂禍助虐增讒惡也〕. 疏 숭
(崇)은 증(增), 참(讒)은 참(譖), 특(慝)은 오(惡)의 뜻으로 '재앙을 즐거워하
고 잔학을 도와 헐뜯고 미워하는 것을 보태다'이다.『사인(舍人)』에는「謔謔 謞謞
은 다 성대하게 솟은 모양」이라 했고, 손염은「厲王이 대신에게 포악하게 하는 것
이 謔謔하고 謞謞然하게 매우 헐뜯고 미워하는 마음을 일으키다」라고 했다.『시
경』대아 판(板)편에「天之方虐無然謔謔」이라 했는데『모전』에는「謔謔然은 喜
樂이다」라 했고 정현의 주에는「왕이 바야흐로 혹독한 학정을 베푸는데 그대는 謔
謔然함 없이 헐뜯고 미워함을 돕는다」고 했다. 또「多將熇熇 不可救藥」이라 했
는데『모전』에는「熇熇然은 세력이 강대하고 왕성하다」라 했고 정현의 주에는「많
은 행실이 활활 타는 불과 같은 독을, 누가 능히 그 재앙을 그치리오」라 한 것이 이
것이다. '謞'과 '熇'은 음과 뜻이 같다.

翕翕 訿訿　莫供職也
흡흡　자자　공직에 이바지함이 없다

어진이가 멸시를 당하고 간신배들이 득실거리며 공적인 것을 등지고 사사로운 것을 구제하며 임무를 소홀히하다〔賢者陵替姦黨熾背公恤私曠職事〕. 疏어진이가 아랫사람에게 멸시당하고 간신배들이 우글거리며 공적인 것은 도외시되고 사사로운 일들이 행해져 그 직책을 소홀히하여 자신이 맡은 직책에 불만이 가득한 것을 말한다.『시경』소아 소민(小旻)편에「潝潝訿訿亦孔之哀」라 했는데『모전』에는「潝潝然은 그 위를 근심한 것이요, 訿訿然은 위의 뜻을 얻지 못한 것을 생각한 것이다」라 했고, 정현의 주에는「신하가 임금을 섬기지 않아 어지러운 때로 매우 슬픈 것이다」라고 했다. 또 대아 소민(召旻)편에「皐皐訿訿」라 했는데『모전』에는「訿訿는 게을러서 함께 일하지 않는 것이다」라고 했다. 그러므로 곽박이「어진이가 능멸당하고 간신배들이 득실거리며 공적인 것을 등한시하고 사적인 일에 빠져 맡은 임무를 소홀히한다」고 했다.『설문(說文)』에「瓜는 懶(게으르다)이다. 초목이 다 스스로 서 있는 데 오직 오이나 표주박 종류가 엎어져 일어나지 않는 것과 같은 것이고, 게으른 사람이 항상 집안에서 누워있는 것 같은 것이다」라 했다.

速速 蹙蹙　惟逑鞫也 【逑】모을구.【鞫】궁할국.
속속　척척　곤궁한 상태를 생각하다

비루한 사람이 봉록을 전횡하고 국가는 침략받아 줄어들어 어진 선비가 길게 탄식하고 급박한 상태를 생각하다〔陋人專祿國侵削賢士永哀念窮迫〕. 疏유(惟)는 염(念)이다. 구(逑)는 급박(急迫)이다. 국(鞫)은 궁(窮)의 뜻으로 비루한 소인이 작록(爵祿)을 전횡하고 국토는 침략받아 줄어들고 어진 선비가 길게 슬퍼하며 그 급박한 것을 생각하는 것이다.『시경』소아 정월(正月)편에「蔌蔌方有穀」이라 했는데 '蔌蔌'는 陋也(비루하다)이다. 정현의 주석에는「穀은 祿이다. 이 말은 소인(小人)이 부자가 된 것은 비루한 것이 귀하게 된 것이다」라 했다. 또 절피 남산(節彼南山)편에「蹙蹙靡所騁」이라 했는데『모전』에는「騁은 極이다」했고 정현은「蹙蹙은 축소된 모양으로, 내가 사방을 보니 국토가 날마다 오랑캐에게 침략받아 줄어들어 蹙蹙然하여 비록 힘껏 달리고자 하나 갈 곳이 없다는 뜻이다」라 했다. '速'과 '蔌'은 음과 뜻이 같다.

抑抑　密也 【密】빽빽할밀. 촘촘하다.
억억　빈틈이 없다

秩秩　清也 【清】맑을청. 맑아질청.
질질　맑다

억억은 위의(威儀)가 밝다〔威儀審諦〕. 질질은 덕음(德音:착한 말)이 맑다〔德音清泠〕. 疏抑抑은 위의(威儀)가 심체(審諦:밝다)한 것이고, 秩秩은 덕음(德音)이 맑은 것이다.『사인(舍人)』에는「위의가 밀정(密靜)하다」라 했다.『시경』대아 가락(假樂)편에「威儀抑抑德音秩秩」이라 했는데 정현의 주석에「주나라 성왕이 조회에 나가 서는데 위의가 치밀하여 왕의 교령(教令:명령)이 위엄을 잃지 않고 또한 청명하여 천하의 백성이 다 즐거워하고 우러러본다」라 했다.

병봉 끌어당기다
甹夆　　摰曳也 【摰】끌제. 끌어당기다. 【曳】끌예. 끌어당기다.

끌어당기는 것을 말한다〔謂牽扡〕. 疏손염은 「서로 이끌어 악한 곳으로 들어가는
것을 이른다」고 했고 곽박은 「견타(牽扡)」라고 했다. 『시경』주송(周頌) 소비(小
毖)편에는 '왕의 대를 이어 도움을 구한다'는 뜻으로 「莫予荓蜂」이라 했는데 『모
전』에는 「荓蜂은 끌어당기다」라 했고 정현의 주에는 「모든 신하인 소인이 나를 이
끌어 나쁜 곳으로 인도하니 가히 신용치 못하겠다 했으니, 摰曳는 따라 끌려가는
것」이라고 했다. 이것은 정도(正道)를 떠나 사벽(邪僻)한 곳으로 나아가게 하는
것을 말한다. '甹'과 '荓', '夆'과 '蜂'은 음과 뜻이 서로 같다.

삭 북쪽방향이다
朔　　北方也 【朔】북녘삭. 북쪽. ※초하루삭.

북쪽 오랑캐의 땅〔謂幽朔〕. 疏『사인』에 「삭(朔)은 진(盡)이다. 북쪽은 만물이 다
한 것으로 삭(朔)이다」라고 말했다. 이순은 「만물은 北方에서 다한다」라 했다. 『시
경』소아 출거(出車)편에 「城彼朔方」이라 했고 『모전』에는 「朔方은 北方이다. 단
북방은 대명(大名)이요, 다 삭방(朔方)이라 한다」고 했다. 『서경』요전(堯典)에
「宅朔方」이라 했으므로 곽박은 「유삭(幽朔 : 북쪽 오랑캐의 땅)」이라 했다.

불사 오지 않는다
不俟　　不來也 【俟】기다릴사. 오는 것을 바라다.

기다리지 않는 것은 돌아오지 않는다〔不可待是不復來〕. 疏사(俟)는 대(待)이
다. 이미 기다리지 않으면 이에 오지 않는다. 곽박이 「不可待 是不復來」라고 했다.

불휼 따르지 않다
不遹　　不蹟也 【遹】따를휼. 쫓을휼. 뒤따르다. 【蹟】쫓을적. ※자취적.

뒤를 따르지 않는 것을 말한다〔言不循軌跡也〕. 疏휼(遹)은 순(循)이며, 궤(軌)
는 적(跡)이다. 도(道)를 따르지 않는 자를 부적(不蹟)이라 하는데 곽박은 이것
을 「言不循跡也」라고 했다. 『시경』소아 면수(沔水)편에 「念彼不蹟」이라 했는
데 『모전』에는 「不蹟은 不循道也」라고 했다.

불철 통하지 않다
不徹　　不道也 【徹】통할철.

통하지 않다〔徹亦道也〕. 疏『시경』소아 시월지교(十月之交)편에 「天命不徹」
이라 했는데 『모전』에 「徹은 道」라 하고 정현의 주에 「不道者는 임금이 하늘의
정교(政敎)를 따르지 않는 것이다」라 한 것이 이 뜻이다.

물념 잊지 말라
勿念　　勿忘也 【念】생각할념. 【忘】잊을망.

잊고 지내지 말라〔勿念念也〕. 疏「勿念念也」. 생각하면 잊지 않는 것이다. 『시경』
대아 문왕(文王)편의 「無念爾祖」와 같은 뜻이다.

훤	훤	잊어버리다
萲	諼	忘也

【忘】잊을망.

잊어버리다의 뜻이 시경 위풍(衛風) 백혜(伯兮)와 고반(考槃)편에 나왔다〔義見伯兮考槃詩〕. 疏『시경』위풍(衛風) 백혜(伯兮)편에「焉得諼草」라고 했는데『모전』에「諼草는 사람이 먹으면 근심을 잊게 한다」고 했다. 또 고반(考槃)편에는「永矢弗諼」이라 했다. 백혜편에는 본래 '萲'자였다고 한다.

매유	아무리 그렇다고 하나(비록)이다
每有	雖也

【每】매양매.【雖】비록수.

시경에 아무리 좋은 벗을 두었다 하나라고 했다. 곧 비록의 뜻〔詩曰每有良朋 辭之雖也〕. 疏『시경』소아 상체(常棣)편에「每有良朋 況也永嘆」이라 했는데『모전』에는「況은 玆의 뜻이요, 永은 長의 뜻이다」라 했고 정현의 주석에는「每有는 雖의 뜻이요, 良은 善이다. 마땅히 위급할 때에는 비록 착한 동문(同門)이 있을지라도 와서 보고 길이 탄식할 뿐이다」라 했다. 그러므로 곽박이「辭之雖也」라고 한 것은 발어사에 불과할 뿐이요, 다른 뜻은 없다.

치	술과 음식이다
饎	酒食也

【饎】술과밥치. 주식치. 술과 음식을 뜻한다.

지금의 술과 밥의 뜻이며 한 마디로 겸하여 통한다〔猶今云饎饌皆一語而兼通〕. 疏『시경』소아 천보(天保)편에「吉蠲爲饎」라 했는데『모전』에는「吉은 善, 蠲은 絜, 饎는 酒食이다」라 했다. 곽박이「猶今云饎饌皆一語而兼通」이라고 한 것은 饎의 한 글자가 술과 음식의 두 명칭으로 함께 쓰이고 있기 때문이다. 이순도「得酒食則喜歡也」라 했다.

무	호	기우제다
舞	號	雩也

【舞】춤을출무. 춤출무.【號】부를호.【雩】기우제우. 비를 비는 기우제.

기우제를 지낼 때 춤추는 자는 아- 아- 하며 비가 내리기를 빈다〔雩之祭舞者吁嗟而請雨〕. 疏손염은「雩之祭有舞有號」라고 했는데『좌전』에는「龍見而雩服」이라 했다. 두개(杜皆)는「雩之言遠也. 遠은 모든 곡식을 위하여 기름진 비를 내려 달라고 기원하는 것이다」라 했다.『예기』월령(月令)편 중하(仲夏)에는「大雩帝」라고 했다. 정현의 주에는「雩吁嗟求雨之祭也」라 했고 곽박은「雩之祭舞者吁嗟而請雨」라고 했는데 정현의 뜻과 같다.

기	미치지 못하다
曁	不及也

【曁】미칠기.

공양전(公羊傳)에 내가 하고자 하는 것을 미처 얻지 못하다. 미처 얻지 못한 것은 이에 미치지 못한 것이다라 했다〔公羊傳曰及我欲之曁不得已 曁不得已 是不得及〕. 疏『춘추(春秋)』를 참고하면 은공(隱公) 원년(元年) 3월에「공(公) 및 주루의보(邾婁儀父)가 매(昧)에서 맹서하다」라 했는데『공양전(公羊傳)』에는「及者는 何與也라. 會及曁는 다 與의 뜻이다. 어째서 혹은 會가 되고 혹은 及이 되고 혹은 曁가 되는가. 會는 最와 같고 及은 汲汲과 같고 曁는 曁曁와 같다」고 했다. 「及我欲之曁不得已也」에서 '曁'의 뜻은 '내가 하고자 하는 일을 미처 얻지 못하다'이며 이것이 曁가 된다. 그러므로 미치지 못한다고 했다.

준　　　겸손하지 않다
蠢　　不遜也　【蠢】무식할준. 어리석을준. 움직일준.

준동하여 나쁜 것을 일삼아 겸손하지 못하다〔蠢動爲惡不謙遜也〕 疏 준(蠢)은 동(動)이다. 손(遜)은 순(順)이다. 준동하여 나쁜 것을 일삼아 겸손하지 못한 것을 말했다. 『시경』 소아 채기(采芑)편에 「蠢爾蠻荊 大邦爲讐」라고 했다.

여 절 여 차　　　학문을 말한다
如切如磋　　道學也

골상(骨象:뼈)은 자르고 다듬으면 기구가 되고 사람은 학문을 함으로써 덕을 이룬다〔骨象須切磋而爲器 人須學問以成德〕

여 탁 여 마　　　스스로 닦다
如琢如磨　　自脩也

옥과 돌을 쪼아내고 갈아 쓰는 것은 사람이 스스로 닦아 꾸미는 것과 같다〔玉石之被琢磨猶人自脩飾〕

슬 혜 한 혜　　　마음 속으로 두려워하다
瑟兮僩兮　　恂慄也　항상 두려워하다〔恒戰竦〕.

혁 혜 훤 혜　　　밖으로 나타나는 위의이다
赫兮烜兮　　威儀也　모양이 광채가 나다〔貌光宣〕

유 비 군 자　　　종 불 가 훤 혜
有斐君子　終不可諼兮　예절에 맞는 태도〔斐文貌〕

덕이 성대하고 지극히 선함을 백성이 잊을 수 없다
道盛德至善民之不能忘也　항상 생각하고 읊다〔常思詠〕

　자르는 듯 다듬는 듯한 것은 학문을 말한 것이요.
　쪼는 듯 가는 듯한 것은 스스로 닦는 것이요.
　엄밀하고 꿋꿋한 것은 마음 속으로 두려워 삼가하는 것이요.
　뚜렷이 빛나고 성대한 것은 밖으로 나타나는 위의요.
　문채가 빛나는 군자를 마침내 잊을 길이 없다고 한 것은
　덕이 성대하고 지극한 선에 이른 것을 백성이 잊을 수가 없다는 것이다.

疏 이 문장은 『시경』 위풍(衛風) 기욱(淇奧)편의 문장을 해석한 것이다.
　'如切如磋'는 기욱편의 시구이고 '道學也'라고 한 것은 작자의 해석이다. 도(道)는 언(言)이다. 사람의 학문으로 덕을 이루는 것이 骨象으로 切磋(자르고 다듬다)하여 기구를 만드는 것과 같다. 『모전』에는 「治骨曰切 象曰磋」라고 했다. 도(道)는 학문으로써 이루는 것이므로 곽박은 「骨象須切磋而爲器 人須學問以成德」이라 했다.
　'如琢如磨'는 기욱편의 시구요, '自脩也'는 해석문이다. 사람이 스스로 닦고

꾸미는 것이 옥과 돌을 쪼고 가는 것과 같다.『모전』에는「治玉曰琢 石曰磨」라고 했으며 그 바르게 간한 것을 듣고 스스로 닦는 것이 옥과 돌을 쪼고 가는 것과 같다는 뜻이다. 그러므로 곽박은「玉石之被琢磨猶人自脩飾(옥과 돌의 쪼아내는 것은 사람이 스스로 닦고 꾸미는 것과 같다)」이라 했다.

'瑟兮僩兮'는 기욱편의 시구요, '恂慄也'는 해석이다.「嚴恂戰栗也」라 했으므로 곽박은「恒戰竦」이라 했다.『모전』에「瑟은 矜莊貌요, 僩은 寬大貌」라 한 것은 외모는 씩씩하고 엄숙하며 안으로는 너그럽고 크다는 뜻이다.

'赫兮烜兮'는 기욱편의 시구이고 '威儀也'는 해석이다.「赫烜」이라고 말한 것은 용모요, 거동의 발양을 말한 것으로 위의를 뜻했다.『모전』에「赫은 밝은 덕이 赫赫然함이 있는 것이요, 烜은 위의와 기거동작이 확연히 나타난 것을 뜻한다」고 했다. 그러므로 곽박이「貌光宣」이라 했다.

'有斐君子終不可諼兮'는 기욱편의 시구이고 '道盛德至善民之不能忘也'는 해석문이다.『모전』에「斐는 문장이 있는 모양. 諼은 잊다」라 했는데 도(道)가 빛나 문장이 있는 군자의 덕이 성대하고 선에 이르름이 이와 같은 것으로 백성의 칭찬이 항상 입에 오르내려 영원히 잊혀지지 않을 것이라는 말이다.『시경』의 군자(君子)는 무공(武公)을 일컬은 것이다.

기 미 차 종은　　한양이 미가 되고　　종족이 종이 된다
旣微且尰　肝瘍爲微　腫足爲尰
【旣】이미기.【微】작을미. 천할미.【且】또차.【尰】수종다리종.【肝】정강이뼈한.【瘍】부스럼양.【腫】부스럼종.

한은 정강이고 양은 부스럼이다〔肝脚脛瘍瘡也〕. 疏 '旣微且尰'은『시경』소아 교언(巧言)편의 문장. '肝瘍爲微 腫足爲尰'은 해석이다. 손염은「다 습진이다」라고 했다. 곽박은「肝은 각경(脚脛)이요, 瘍은 창(瘡)」이라 했는데 무릎정강이 아래에 종기가 있는 것은 물을 건널 때 생기는 것으로 정현의 주석에 또한「사람이 습기가 많은 곳에 살기 때문에 微尰의 병이 생긴다」고 했다.『시경』의「居河之麋」는 낮은 습지를 뜻한다.

시 예 시 확의　확은　삶다
是刈是濩　濩　煮之也
칡을 삶아서 고운 것이 치(絺)가 되고 거친 것이 격(綌)이 된다〔煮葛爲絺綌〕. 疏 '是刈是濩'은『시경』주남(周南) 갈담(葛覃)의 문장이고 '濩煮之也'는 해석이다.『사인(舍人)』에는「是刈刈取之是濩煮治之」라고 했다. 곽박은「煮葛爲絺綌은 달이고 삶는 것으로 濩라 했고, 濩으로 煮를 해석한 것은 아니다」라 했다. 아래에「爲絺爲綌」으로 인하여 칡을 삶으면 치격(絺綌)이 되는 것을 알 수 있다.『모전』에는「정밀한 것을 치(絺)라 하고 거친 것을 격(綌)이라 한다」고 했다.

이 제 무 민의　　무는 자취이다　　민은 엄지발가락이다
履帝武敏　武迹也　敏拇也
무적은 엄지발가락이다〔拇迹大指處〕. 疏「履帝武敏」은『시경』대아 생민(生民)편의 문장.「武迹也敏拇也」는 해석이다.「拇迹大指處」는 정현의 시(詩) 주석에「들에 나가 제사를 지낼 때 그때 대신(大神)의 발자취가 있었다. 강원(姜嫄)이 밟고 있는 발이 그 엄지발가락에도 이르지 못했는데 이로 인하여 임신이 되어 후직(后稷)을 낳았다고 한 일」이라고 했다.

장중효우는　　부모를 잘 모심은 효가 되고　형제에게 잘함이 우가 된다.
張仲孝友　善父母爲孝　　善兄弟爲友

장중은 주(周) 선왕(宣王) 때의 어진 신하〔周宣王時賢臣〕. 疏 '張仲孝友'는 『시경』소아 유월(六月)편의 문장이고 '善父母爲孝 善兄弟爲友'는 해석이다. 이 순은 「張은 성씨이고 仲은 字이다. 그 사람이 효도했으므로 '효우'라고 칭했다」고 했다. 『모전』에는 「張仲은 어진 신하」라 했고 정현의 주석에는 「張仲은 吉甫의 벗으로 그 본성이 효도하고 우애했다」고 했다. 『시경』의 서(敍)에 「6월에 선왕(宣王)이 북쪽을 정벌하였다」하였으므로 곽박은 「周宣王時賢臣」이라고 했다.

유 객 숙 숙은　　재숙을 말한다　　유 객 신 신은　　사숙을 말한다
有客宿宿　言再宿也　　有客信信　言四宿也

― 손님이 하루 묵는 것을 재숙(再宿)이라 하고 또 하루를 묵는 것을 사숙(四宿)이라 한다. ※客은 손객. 宿은 잘숙. 再는 두재.

하루를 묵고 또 묵는 것은 신(信)이며 거듭 말한 것으로 4숙을 알 수 있다〔再宿爲信重言之故知四宿〕. 疏 '有客宿宿·有客信信'은 『시경』주송(周頌) 유객(有客)편의 문장이고 '言再宿也·言四宿也'는 해석이다. 『모전』에는 「一宿曰宿 再宿曰信」이라 했다. 각각 거듭 말한 것으로 「再宿及四宿」을 알 수 있다.

미녀는 원이라 한다
美女爲媛　【媛】아름다운원. 미녀원.

아름다운 미녀의 결론이다〔所以結好媛〕. 疏 『시경』 용풍(鄘風) 군자해로(君子偕老)편의 「展如之人兮 邦之媛也」를 해석한 것이다. 곽박이 「所以結好媛」이라 했다. 손염은 「군자(君子)가 도움을 주는 것이 아름답다」라 했다. 군자가 원조하는 것으로 「美女爲媛」이라 한다.

아름다운 선비는 언이라 한다
美士爲彥　【彥】선비언.

사람들이 크게 옳다〔人所彥詠〕. 疏 『시경』 정풍(鄭風) 고구(羔裘)편의 「彼其之子 邦之彥兮」를 해석한 것이다. 『모전(毛傳)』에는 「彥은 士의 아름다운 칭송이다」라 했다. 곽박은 「人所彥詠」이라 했고 『사인(舍人)』에는 「나라에 미사(美士)가 있는 것을 사람들이 다 일컫는 것이다」라 했다.

기 허 기 서는　　위의와 기거동작이다
其虛其徐　威儀容止也　【虛】빌허.【徐】서서히서.

온화한 용모가 우아하다〔雍容都雅之貌〕. 疏 '其虛其徐'는 『시경』 용풍(鄘風) 북풍(北風)편의 문장이고 '威儀容止也'는 해석문으로 곽박은 「雍容都雅之貌」라고 했다. 손염은 「虛徐는 위의와 겸손함」이라 했다. 이 「虛·徐」는 겸허하고 한가한 뜻이 있는 것으로 정현의 주에는 「위의가 한가하고 온화하다」라고 했다. 『시경』에 「其邪」라 했는데 이곳에 「其徐」는 비록 음이 다르나 실상은 한 가지이므로 정현의 주석에는 「邪는 徐로 읽는다」고 했다.

176 이아 주소(爾雅注疏)

의 차 명 혜는   눈 위를 일컫는 것이다
猗嗟名兮   目上爲名【猗】탄식할의. 아의.【嗟】탄식할차. 아차.
눈썹과 눈의 사이〔眉眼之間〕.【疏】'猗嗟名兮(아~ 훌륭하다)'는『시경』제풍(齊風) 의차(猗嗟)편의 문장이고 '目上爲名'은 해석이다. 손염은「上平博」이라 했고 곽박은「眉眼之間」이라 했다.

식 미 식 미 자는   미약하고 미약한 것이다
式微式微者   微乎微者也【式】발어사식.【微】미약할미.
지극히 미약한 것을 말한다〔言至微〕.【疏】'式微式微'는『시경』패풍(邶風) 식미(式微)편의 문장이고 '微乎微者'는 해석이다. 곽박은「言至微」라 했고 정현은「式은 發聲」이라 했다.『시경』서문을 고찰하면 '式微'는 여후(黎侯)가 위(衛)나라에 의탁하고 있는데 그의 신하가 돌아가기를 권장한 것으로, 임금이 쫓기게 되어 미약하고 또 비천한 것을 보고 이것은 지극히 미약한 것이라고 했다. '式' 자는 뜻을 취하지 않은 것으로 정현은 '發聲'이라고 했다.

지 자 자는   이 사람(이 아이)이다
之子者   是子也【之】어조사지.【子】아들자. 그대자.【是】이시.
읊는 것을 나타내다〔斥所詠〕.【疏】『시경』에는 '之子者'가 많이 나온다. 그러므로 해석했다. 이순은「之子者는 五方의 언어로 '是子'라 한다」고 했다. 그렇다면 '之'는 어조사가 된다. 사람이 '之子者'라고 하는 것은「是此子也」와 같다.『시경』도요(桃夭)편 전(傳)에 '嫁子'라 했는데 그 설명은 '嫁事'로「시집가는 아가씨」라 했고, 한광(漢廣)편의 '之子'는「정결(貞絜)한 아가씨」요, 동산(東山)편의 '之子'는「그 아내」를 뜻하고, 백화(白華)편의 '之子'는「유왕(幽王)」을 나타낸 것으로 각각 그 일에 따라 이름지어진 것으로 곽박은「斥所詠」이라 했다.

도 어 불 경은   손으로 끄는 수레다
徒御不驚   輦者也
【徒】걸어다닐도. 무리도.【御】마부어. 어거할어.【驚】놀랄경.【輦】수레연. 임금이 타는 수레.
사람이 끄는 수레다〔步挽輦車〕.【疏】'徒御不驚'은『시경』소아 거공(車攻)편의 문장이고 '輦者也'는 해석이다. 이것은 '徒'를 해석함에 그친 것이다. '諸徒'는 다 무리로 행하는 것인데 유독 '輦'이라고 한 것은 분별한 것이다.『주례』지관향사(地官鄕師)에「大軍旅會同治其輦」이라 했는데 주석에는「輦人輓行은 任器를 싣는다」고 했다.

단석   웃옷을 벗어 어깨를 드러내다
襢裼   肉袒也
【襢】웃통벗을단. ※소복적.【裼】웃통벗을석. ※포대기체.【袒】웃통벗을단.
포호   맨손으로 잡다
暴虎   徒搏也【暴】맨손으로칠포.【虎】호랑이호.【搏】칠박.
단석은 웃을 벗고 몸을 드러내는 것〔脫衣而見體〕이고 포호는 맨손으로 잡는 것이다〔空手執也〕. **疏**『시경』정풍(鄭風) 대숙우전(大叔于田)편에「禮裼暴虎」라 했으므로 이렇게 해석했다. 『모전』에는「禮裼肉袒也」라 했다. 이순은「禮裼은 脫衣見體로 肉袒이라 한다」고 했다. 손염은「袒去裼衣」라 했고 곽박은「脫衣而見體」라 했다. 또『모전』에「暴虎는 空手以搏之」라 했다.『사인(舍人)』에「병사도 없이 맨손으로 치면 공허한 것이다」 했으므로 곽박이「空手執也」라 했다.

빙하
馮河　　　걸어서 건너다
　　　　徒涉也　【馮】맨발로건널빙. ※성풍. 【河】물하. 【涉】건널섭.

배와 돛대가 없다〔無舟楫〕. **疏**『시경』소아 소민(小旻)편에「不敢馮河」라 했으며 이것을 해석한 것이다. 이순은「배 없이 물을 건너는 것을 徒涉이라 한다」고 했으며, 곽박은「無舟楫」이라 하고『모전』에는「馮은 陵이다. 그런즉 空涉水陵波而渡故訓馮爲陵也」라고 했다.

거제
籧篨　　　입으로 아첨하다
　　　　口柔也　【籧】새가슴거. 【篨】새가슴제. 【柔】복종할유.

척시
戚施　　　얼굴로 아첨하다
　　　　面柔也　【戚】꼽추척. 【施】곱사등이시. ※베풀시.

거제의 병은 엎드릴 수가 없다. 입으로 아첨하는 자는 사람의 안색을 살피며 항상 엎드리지 않으므로 이와 같은 이름을 얻었다〔籧篨之疾不能俯口柔之視人顏色常亦不伏因以名云〕. 척시의 병은 몸을 펴지 못한다. 얼굴로 아첨하는 자의 항상 엎드려 있는 것이 비슷하여 이와 같은 이름을 얻었다〔戚施之疾不能仰面柔之人常俯似之亦以名云〕. **疏**『시경』패풍 신대(新臺)편에「籧篨不鮮」이라 하고 또「得此戚施」라고 한 문장을 해석한 것이다.『모전』에는「籧篨는 엎드리지 못하는 자, 戚施는 우러르지 못하는 자」라고 했다. 이순은「籧篨」는 교묘한 말과 좋은 언사로 입으로써 남에게 아첨하는 것이며 이것을 口柔라 한다. '戚施'는 온화한 얼굴에 기쁜 낯빛으로 남을 유혹하는 것이며 이것을 面柔라 한다」고 했다. 다만 '籧篨'와 '戚施'는 본래 사람이 않는 병의 이름으로『진어(晉語)』에는「籧篨不可使俯 戚施不可使仰」이라 했다. 사람이 입으로 아첨하는 자는 반드시 얼굴을 우러러 사람의 안색을 살피고 말을 하는데 이것이 '籧篨'의 엎드리지 못하는 사람과 같아서 '口柔者'라 이름하였고 또 '籧篨'가 되었다. '面柔者'는 반드시 머리를 숙이고 남의 아래에 처하여 낯빛으로 아첨하는데 이것이 '戚施'의 사람과 같아 '面柔者'라고 이름하였으며 '戚施'가 되었다. 그러므로 곽박의 주석이 위와 같다.

과비
夸毗　　　몸으로 아첨하다
　　　　體柔也　【夸】아첨할과. ※풍칠과. 【毗】도울비.

자신을 굽히고 몸을 낮춰 남에게 유순하게 하다〔屈己卑身以柔順人也〕. **疏**『시경』대아 판(板)편에 있는「無爲夸毗」의 문장을 해석한 것이다.『모전』에는「夸毗는 柔人也」라 했다. 이순은「자신을 굽히고 몸을 낮춰 남에게 구하는 것을 體柔라고 하므로 夸毗는 그 발을 편벽되게 하여 앞으로 나아가 공손하게 하고 남에게 몸 전체로 순종하는 것이다」라 했다. 그러므로 곽박도「屈己卑身以柔順人也」라 했다.

파사　　　춤추다
婆娑　　舞也　【婆】할미파. 늙은 여자.【娑】춤출사. 빠를사.【舞】춤출무.

춤추는 사람의 모습〔舞者之容〕. 疏『시경』진풍(陳風) 동문지분(東門之枌)편
에 있는「婆娑其下」의 문장을 해석한 것이다. 이순(李巡)은「婆娑는 盤辟舞」라
고 했다. 곽박은「舞者之容」이라 했고 손염(孫炎)은「舞者之容을 婆娑라고 한다
면 婆娑는 춤추는 자의 모습을 형상한 것이다」라고 했다.

벽　　　가슴을 치다
撕　　拊心也　【撕】가슴칠벽.【拊】칠부.

가슴을 두드리는 것을 말한다〔謂椎胸也〕. 疏『시경』패풍 백주(柏舟)편에「寤撕
有摽」라 했고 '拊心也'는 해석문이다. 곽박은「謂椎胸也」라 했다. ※현재의『시
경』에는 '撕'은 '辟'으로 되어있다. 뜻은 같다.

긍련　　　어루만지고 감싸다
矜憐　　撫掩之也

【矜】불쌍히여길긍.【憐】불쌍히여길련.【撫】어루만질무.【掩】칠엄. 등을 치다.

무엄(撫掩)은 어루만지고 두드리는 것과 같으며 위로하고 구제하는 것을 말한다〔撫掩
猶撫拍謂慰卹也〕. 疏 '撫掩'은 '撫拍'과 같으며 위무하고 구제하는 것을 뜻한다.『시
경』소아 홍안(鴻雁)편에 있는「爰及矜人」의 문장에서 인용되었다.

역　　　양가죽옷의 바느질을 뜻한다
緎　　羔裘之縫也　【緎】꿰맬역.【羔】염소고.【裘】갖옷구.【縫】꿰맬봉.

양가죽 바느질의 명칭이다〔縫飾羔皮之名〕. 疏『시경』소남(召南) 고구(羔裘)
편에 있는「羔羊之革 素絲五緎」의 문장을 해석한 것이다. 손염은「緎의 경계부분
이 緎이 되는 것으로 양의 가죽을 봉합한 것이 가죽옷이고, 꿰매어 가죽의 경계를
緎이라 하였으므로 이름을 얻어 가죽옷을 꿰맨 것이 緎이 되었다」고 했다. 그러므
로 곽박이「縫飾羔皮之名」이라 했다.

전히　　　신음하다
殿屎　　呻也　【殿】끙끙거릴전.【屎】끙끙거릴히. ※똥시.【呻】끙끙거릴신.

끙끙거리는 소리〔呻吟之聲〕. 疏『시경』대아 판(板)편에 있는「民之方殿屎」의
문장을 해석한 것이다.『모전』에는「殿屎는 신음이다」라 했는데 지금의 뜻으로 설
명했다. 곽박도「呻吟之聲」이라 했고 손염은「人愁苦呻吟之聲」이라고 했다.

주는 이른바 휘장이다
幬謂之帳　【幬】휘장주. 홑이불.【謂】이를위. 말하다.【帳】휘장장. 홑이불.

지금 강동(江東)에서는 휘장을 주(幬)라 한다〔今江東亦謂帳爲幬〕. 疏 장(帳)
은 일명 주(幬)라고 한다.『시경』소남(召南) 소성(小星)편에「抱衾與裯」라 했
는데 정현의 주석에는「幬는 평상의 휘장」이라 했고 곽박은「今江東亦謂帳爲幬」
라 했다. '裯'와 '幬'는 음과 뜻이 서로 같다.

주장 · 속이다
俯張　誆也 【俯】속일주. 가릴주.【張】속일장. 베풀장.【誆】속일광.

서경에 서로 속이고 현혹시킴이 없다고 했다. 환(幻)은 사람을 현혹시켜 속이다〔書曰無或俯張爲幻 幻惑欺誆人者〕.疏『시경』진풍(陳風) 방유작소(防有鵲巢)편에「誰俯予美」라 했는데『모전(毛傳)』에는「俯는 張誆이다」라 했고, 정현의 주석에는「너희의 무리가 사람을 참소하고 누군가를 속이며 거짓말을 하니 내 아름답게 여길 사람이 어디 있는가의 뜻이다」라 했다. 곽박이 말한「書曰無或俯張爲幻」은『서경』주서(周書) 무일(無逸)편의 문장.「引之者以證俯張謂幻惑欺誆人者」.※현재의『서경』주서(周書) 무일(無逸)편에는「백성들은 서로 속이고 어지럽게 함이 없다(民無或胥 譸張爲幻)」라 했다.

수석 · 옛날이다
誰昔　昔也 【誰】누구수. 어떤 사람.【昔】옛석. 접때.

수(誰)는 발어사다〔誰發語辭〕.疏『시경』진풍(陳風) 묘문(墓門)편에「誰昔然矣」라 했는데『모전(毛傳)』에는「昔久也(오래)」라 했다. 곽박은「誰는 발어사」라고 했으며『모전』과 같다.

불신 · 제때가 아니다
不辰　不時也 【辰】때신. 열두간지진.

신(辰)은 때(시간)다〔辰亦時也〕.疏신(辰)은 시(時)다. 불신(不辰)은 그 때를 얻지 못한 것이다.『시경』대아 상유(桑柔)편에「我生不辰 逢天僤怒」라고 했다.

범곡자는 통발이다
凡曲者爲罶 【凡】무릇범.【曲】굽을곡.【罶】통발류, 고기잡는 그물의 일종.

모시전(毛詩傳)에 류는 굽은 통발이라 했다〔毛詩傳曰罶曲梁也〕. 무릇 얇은 것으로 물고기 잡는 기구를 만드는데, 그 이름을 통발이라고 한다〔凡以薄爲魚笱者名爲罶〕.疏곡(曲)은 박(薄)이다. 무릇 얇은 것으로 물고기를 취하는데 이것을 '통발'이라고 한다. 곽박이 말한「毛詩傳曰罶曲梁也」는『시경』소아 어리(魚麗)편의 전문(傳文)이다. 또「凡以薄爲魚笱者名爲罶」는 곧 제7편 석기(釋器)에「과부의 통발을 '罶'라 한다」고 했다.

귀를 귀(歸 : 돌아감)라고 한다
鬼之爲言歸也 【鬼】귀신귀.【歸】돌아갈귀. 돌아올귀.

시자(尸子)에 옛날 사람들은 죽은 사람을 귀인(歸人)이라 했다고 했다〔尸子曰古者謂死人爲歸人〕.疏사람이 죽으면 '鬼'가 된다.『시경』소아 하인사(何人斯)편에「爲鬼爲蜮」이라 했다.『주례(周禮)』에「享大鬼謂之鬼者」라 했는데「鬼는 '歸'와 같으며 '돌아간다' 는 뜻과 같다. 그러므로『시자(尸子)』에「옛날 사람은 죽은 사람을 귀인(歸人)이라고 했다」고 한 것이다.

제5편 석친(釋親)

『예기』대전(大傳)에 "성인(聖人)이 옥좌에 남면(南面)하고 앉아 천하에서 제일 먼저 시행할 일 가운데 백성과 함께하지 않는 것 5가지를 듣는데, 그 첫째가 친척을 다스리는 것이다."라고 했다.

창힐(蒼頡)은 "친(親)은 사랑함이며 가까운 것이다."라고 했다. 그러므로 '친(親)'이란 베풀어 주고 사랑하고 친압하고 가까이하여 멀어지지 않는 것의 총칭이다.

『서경』에 "지극히 높고 큰 덕을 밝혀 구족을 화목하게 하다〔克明俊德以親九族〕."라고 했다.

『상복소기(喪服小記)』에 "친친(親親)은 셋으로써 다섯이 되고 다섯으로써 아홉이 되니 위에서 깎고 아래로 깎고 옆으로 깎으면 친함을 마친다."했으며 구족(九族)의 친함으로 이름하였다.

1. 나의 종족(宗族)

아버지는 고(考)라 하고 어머니는 비(妣)라 하며 아버지의 아버지는 왕부(王父 : 할아버지)라 하고 아버지의 어머니를 왕모(王母 : 할머니)라 한다. 할아버지의 아버지를 증조왕부(曾祖王父)라 하고 할아버지의 어머니를 증조왕모(曾祖王母)라고 하며 증조할아버지의 아버지

를 고조왕부(高祖王父)라 하고 증조할아버지의 어머니를 고조왕모
(高祖王母)라고 한다.

　아버지의 세부(世父 : 큰아버지)와 숙부(叔父 : 작은아버지)는 종조
조부(從祖祖父)가 되고 아버지의 세모(世母 : 큰어머니) 숙모(叔
母 : 작은어머니)는 종조조모(從祖祖母)가 된다. 아버지의 형과 동생
은 먼저 태어난 분이 세부가 되고 뒤에 태어난 분이 숙부가 된다.

　남자로서 먼저 태어나면 형(兄)이 되고 뒤에 태어나면 동생〔弟〕이
되며, 여자로서 먼저 태어나면 자(姉 : 손위누이)가 되고 뒤에 태어나
면 매(妹 : 손아래누이)가 된다. 아버지의 자(姉)와 매(妹)는 고모〔姑〕
라 한다.

　아버지의 종부(從父)의 곤제(晜弟 : 곧 할아버지의 형제)는 종조부
(從祖父)가 되고 아버지의 종조(從祖)의 곤제(晜弟)는 족부(族父)
가 되며 족부(族父)의 아들들은 서로 족곤제(族晜弟 : 族兄弟)라 하
고 족곤제의 아들들은 서로 친동성(親同姓)이라고 한다.

　형의 아들이나 동생의 아들은 서로 종부곤제(從父晜弟)라 하고 아
들의 아들은 손자가 된다. 손자의 아들은 증손(曾孫)이라 하고 증손의
아들은 현손(玄孫)이라 하며 현손의 아들은 내손(來孫)이라고 한다.
내손의 아들은 곤손(晜孫)이라 하고 곤손의 아들은 잉손(仍孫)이라
하며 잉손의 아들은 운손(雲孫)이라고 한다.

　할아버지의 자(姉)와 매(妹)를 왕고모〔王姑〕라 하고 증조할아버지의
자(姉)와 매(妹)를 증조왕고모〔曾祖王姑〕라 하고 고조할아버지의 자
(姉)와 매(妹)를 고조왕고모〔高祖王姑〕라고 한다.

　아버지의 종부(從父)의 자(姉)와 매(妹)를 종조고모〔從祖姑〕라
하고 아버지의 종조(從祖)의 자(姉)와 매(妹)를 족조고모〔族祖姑〕
라 하고 아버지의 종부형제의 어머니를 종조왕모(從祖王母 : 종조할머
니)라 하고 아버지의 종조(從祖)형제의 어머니를 족조왕모(族祖王

母)라고 한다.

아버지의 형의 아내를 세모(世母 : 큰어머니)라 하고 아버지 동생의
아내를 숙모(叔母)라 하고 아버지의 종부(從父)형제의 아내를 종조
모(從祖母)라 하고 아버지의 종조(從祖)형제들의 아내를 족조모(族
祖母)라 한다. 아버지의 종조조부(從祖祖父)를 족증왕부(族曾王父)
라 하고 아버지의 종조조모(從祖祖母)를 족증왕모(族曾王母)라고
한다.

아버지의 첩(妾)을 서모(庶母)라고 한다.

조(祖)는 왕부(王父)를 말하는 것이요 곤(晜)은 형(兄)을 말한다.

이상을 종족(宗族)이라 한다.

父爲考　母爲妣[1]　父之考爲王[2]父　父之妣
爲王母^{如王者
尊之}　王父之考爲曾[3]祖王父　王父之
妣爲曾祖王母^{曾猶
重也}　曾祖王父之考爲高[4]祖王
父　曾祖王父之妣爲高祖王母^{高者言
最在上}　父之世父
叔父爲從祖[5]祖父　父之世母叔母爲從祖祖
母^{從祖而別
世統異故}　父之晜弟　先生爲世[6]父　後生爲叔
父^{世有爲嫡者
嗣世統故也}　男子先生爲兄　後生爲弟　謂女子先
生爲姊　後生爲妹　父之姊妹爲姑　父之從父
晜弟爲從祖父　父之從祖晜弟爲族父　族父
之子相謂爲族晜弟　族晜弟之子相謂爲親同
姓[7]^{同姓之親
無服屬}　兄之子　弟之子相謂爲從父[8]晜
弟^{從父
而別}　子之子爲孫[9]^{孫猶
後也}　孫之子爲曾孫^{曾猶
重也}　曾
孫之子爲玄[10]孫^{玄者言親
屬微昧也}　玄孫之子爲來[11]
孫^{言有往
來之親}　來孫之子爲晜[12]孫^{晜後也汲冢竹書
曰不窋之晜弟}　晜孫之
子爲仍[13]孫^{仍亦
重也}　仍孫之子爲雲[14]孫^{言輕遠
如浮雲}　王父

之姉妹爲王姑 曾祖王父之姉妹爲曾祖王姑
高祖王父之姉妹爲高祖王姑 父之從父姉妹
爲從祖姑 父之從祖姉妹爲族祖姑 父之從
父晜弟之母爲從祖王母 父之從祖晜弟之母
爲族祖王母 父之兄妻爲世母 父之弟妻爲
叔母 父之從父晜弟之妻爲從祖母 父之從
祖晜弟之妻爲族祖母 父之從祖祖父爲族曾
王父 父之從祖祖母爲族曾王母 父之妾爲
庶母 祖 王父也 晜 15) 兄也 今江東人通言晜 宗族

注 1) 父爲考母爲妣(부위고모위비):『예기』곡례(曲禮) 하편에「生曰父母妻 死曰考妣嬪」이라 했는데 지금 학자들은『예기』의 관례를 따른다.『서경』의 강고(康誥)편을 참고해 보면「大傷厥考心」이라 했고 또 주고(酒誥)편에는「事厥考厥長」「聰聽祖考之彝訓」이라 했으며『서경』순전(舜典)에는「如喪考妣」라 했다.『공양전(公羊傳)』은공(隱公) 원년에는「惠公者何隱之考也 仲子者何桓之母也」라 했다. 창힐(蒼頡)편에「考妣延年」이라 했고『서경』요전(堯典)에는「嬪于虞」라 했고『시경』대아 대명(大明)편에「聿嬪于京」이라 했다.『주례(周禮)』에는「有九嬪之官」이 있다고 했다. 이런 것들로 보면 생사(生死)에 따른 명칭이 아닌 것이 분명하다. 그 뜻이 지금의 형은 곤(晜)이라 하고 매(妹)는 위(媚)라 하는 것과 같은 것이다.

2) 王(왕) : 높인다는 존칭어이다.

3) 曾(증) : 중(重)과 같다.

4) 高(고) : 제일 높다는 뜻이다.

5) 從祖(종조) : 계통이 다른 것. 곧 직계가 아닌 것을 구별하는 것이다.

6) 世(세) : 적(嫡)의 뜻으로 대를 잇는 직계(直系)를 뜻한다.

7) 同姓(동성) : 일가라는 뜻으로 여기서부터 상(喪)에 복(服)이 없다.

8) 從父(종부) : 갈라지는 한계로 여기서부터 구별된다. 아버지의 형제.

9) 孫(손) : 후(後)와 같다.

10) 玄(현) : 친속(親屬)이 아주 가늘어지다. 미미하다의 뜻.

11) 來(내) : 가고 오는 친(親). 곧 왔다갔다 하는 친분관계를 의미한다.

12) 晜(곤) : 후(後)와 같다. '급총죽서(汲冢竹書)'에는「不窋之晜弟」라고 했는데 불굴(不窋)은 후직(后稷)의 아들이라고 했다.

13) 仍(잉) : 중(重)과 같다.

14) 雲(운) : 아주 경미하여 뜬구름과 같다는 뜻이다.

15) 晜(곤) : 현재(글자를 채록할 때)의 강동(江東) 사람들은 형을 곤(晜)이라고 부른다.

疏 이상은 같은 일가의 친족(親族)을 구별한 것이다. 『백호통(白虎通)』에는 「부(父)는 법도(法度)를 뜻하며 법도로써 자식을 가르치는 것이다. 또 고(考)가 되며 고(考)는 이루다의 뜻으로 덕(德)을 이루다의 뜻이 있다」고 했다. 『광아(廣雅)』에는 「모(母)는 목(牧)으로 자식을 길러 키우는 것을 말한다. 또 비(妣)가 되는데 비(妣)는 비(媲)로 짝이라는 뜻이며 아버지에 짝하다이다」라고 했다. 『광아』에 또 이르기를 「형(兄)은 황(況)으로 아버지에 비유된다. 또 곤(晜)이라고도 한다. 제(弟)는 제(悌)이며 형에게 온순한 것을 말한다. 자(子)는 부지런하다의 뜻으로 효도로써 아버지 섬김을 항상 부지런히 하는 것이다. 손(孫)은 순(順)으로 할아버지에게 순(順)한 것이다. 남(男)은 임(任)이며 '가사를 책임지다' 이다. 여(女)는 여(如)이다」라고 했다. 『백호통』에는 「사람같다」고 말했다. 서개(徐鍇)는 「여자는 아버지의 가르침을 따르고 지아비의 명령을 따르는 것으로 '姑故' 와 같다. 높이는 것을 고(故)와 같다고 하고 또 이를 일러 '거물(嫛)' 이라 한다」고 했다. 서개(徐鍇)는 「土盛於戌 土陰之主也」라고 했는데 故字가 戌을 따랐다고 했다. 『한률(漢律)』에는 「婦告威姑」라고 한 것이 이것이다. 자(姉)는 자(咨)이다. 먼저 태어났으므로 가히 '자문을 하다' 라고 말한 것이다. 『설문』에는 「매(妹)는 손아래누이이며 위(媚)라 한다」고 했다. 첩(妾)은 접(接)이다. 정현의 주석에 「예기에 '저쪽이 예의가 있다는 소문을 듣고 달려가서 군자(君子)의 접견을 얻다.' 고 했다」고 했다. 서모(庶母)는 아버지의 첩이다. 이는 모두 같은 일가의 친척이다. 『백호통』에는 「종(宗)은 무엇을 말하는가. 종(宗)은 높다이며 선조(先祖)의 주인이요, 종인(宗人)이 존경하는 바이다」고 했다. 『예기』에 종인(宗人)은 장차 일이 있을 때 족인(族人)이 다 모시는 것이며 모시는데 반드시 종(宗)이 있는 것은 무엇인가? 오래도록 화목하기 위해서이다. 족(族)이라는 것은 무엇인가. 족(族)이라는 것은 주(湊)이며 취(聚)이다. 은애(恩愛)가 서로 흘러 모여, 살아서는 서로 친애(親愛)하고 죽어서는 서로 애통(哀痛)해 하며 모이는 도(道)가 있는 것으로 이것을 족(族)이라고 한다. '汲冢竹書' 는 『문속석전(文束晳傳)』에 이르기를 「태강(太康) 원년에 급군(汲郡)의 백성이 위(魏)나라 안리왕(安釐王)의 묘를 도굴할 때 죽서칠자(竹書漆字)인 과두문자(科斗文字)를 얻었다고 했다. 과두(科斗)문자란 주(周)나라 때의 고문(古文)이다. 그 글자가 머리는 거칠고 꼬리는 가늘어 올챙이처럼 생긴 것으로 일반적인 명칭이다. 불굴(不窋)은 후직(后稷)의 아들이다. 곤손(晜孫)은 훼유(毀楡)를 이른다.

2. 어머니의 일가[母黨]

어머니의 아버지를 외왕부(外王父 : 외할아버지)라 하고 어머니의 어머니를 외왕모(外王母 : 외할머니)라 한다. 어머니의 할아버지를 외증왕부(外曾王父 : 외증조부)라 하고 어머니의 할머니를 외증왕모(外曾王母 : 외증조모)라고 한다.

어머니의 남자형제들은 구(舅 : 외삼촌)라 하고 어머니의 종부(從父) 형제는 종구(從舅)라 한다. 어머니의 자매(姉妹)를 종모(從母 : 이모)라 하고 종모의 아들은 종모곤제(從母晜弟 : 종모형제. 이종형제)라 하고 그 딸들은 종모자매(從母姉妹 : 이종자매)라고 한다.

이상은 어머니의 일가이다.

母之考爲外[1]王父 母之妣爲外王母 母之
王考爲外曾王父 母之王妣爲外曾王母^{異姓故
言外}
母之晜弟爲舅 母之從父晜弟爲從舅 母之
姉妹爲從母 從母之男子爲從母晜弟 其女
子子爲從母姉妹 母黨

注 1) 外(외) : 성씨가 다른 것으로 외(外)라고 한다.

疏 이상은 어머니 일가의 무리를 구별한 것이다. 당(黨)은 마을의 미약한 것이다. 이것은 외족(外族)에 어머니가 속해 있는 것이 당(黨)에 향(鄕)이 속해 있는 것과 같은 것으로 모당(母黨)이라고 말했다. 구(舅)라고 이른 것을 손염(孫炎)은 「구(舅)는 옛 존장(尊長)을 일컫는다」고 했다. 『시경』진풍(秦風) 위양(渭陽)편의 「我送舅氏 曰至渭陽」은 이를 이른 것이다.

3. 아내의 일가〔妻黨〕

아내의 아버지는 외구(外舅 : 장인)라 하고 아내의 어머니는 외고(外姑 : 장모)라 한다. 처고모의 아들도 생(甥)이라 하고 처외삼촌의 아들도 생(甥)이라 하고 아내의 남자형제들도 생(甥 : 처남)이라 하고 아내의 자(姉) 매(妹)의 남편도 생(甥)이라 한다.

아내의 자(姉 : 언니)와 매(妹 : 동생)는 함께 출가하면 이모〔姨〕가 된다. 여자는 자(姉)와 매(妹)의 지아비를 사(私 : 자매의 남편)라고 한다.

남자는 자(姉)와 매(妹)의 아들을 출(出 : 外出)이라 하고 여자는 남자형제의 아들을 질(姪 : 조카)이라 한다. 출(出 : 外出)의 아들을 이손(離孫)이라 하고 질(姪)의 아들을 귀손(歸孫)이라고 한다.

딸의 아들은 외손(外孫)이라 하고 여자가 함께 시집가서 먼저 낳은 아이가 사(姒 : 언니)가 되고 뒤에 낳은 아이가 제(娣 : 손아래누이)이다.

여자인 형(兄)의 아내를 수(嫂)라 하고 동생의 아내를 부(婦)라고 한다. 장부(長婦)는 치부(稚婦)라 이르고 제부(娣婦)라고도 하며 제부(娣婦)는 장부(長婦)라 이르고 사부(姒婦)라고도 한다.

이상은 처의 일가이다.

妻之父爲外舅¹⁾ 妻之母爲外姑^{謂我舅者吾謂之甥然則亦宜呼壻爲甥孟子曰帝館甥于二室是}
姑之子爲甥 舅之子爲甥 妻之昆弟爲甥 姊妹之夫爲甥²⁾^{四人體敵故更相爲甥甥猶生也今人相呼皆依此} 妻之姊妹同出³⁾爲姨^{同出謂俱已嫁詩曰邢侯之姨} 女子謂姊妹之夫爲私⁴⁾^{詩曰譚公維私} 男子謂姊妹之子爲出⁵⁾^{公羊傳曰蓋舅出} 女子謂昆弟之子爲姪⁶⁾^{左傳曰姪其從姑} 謂出之子爲離孫 謂姪之子爲歸孫 女子子之子爲外孫 女子同出⁷⁾ 謂先生爲姒後生爲娣^{同出謂俱嫁事一夫公羊傳曰諸侯娶一國二國往媵之以姪娣從娣者何弟也此卽其義也} 女子謂兄之妻爲嫂 弟之妻爲婦⁸⁾^{猶今言新婦是也} 長婦謂稚婦爲娣婦 娣婦謂長婦爲姒婦⁹⁾^{今相呼先後或云妯娌} 妻黨

注 1) 舅(구):나의 구(舅)라고 하는 자는 내가 생질(甥)이 되니 그렇다면 또한 서(壻)를 생(甥)이라고 부르는 것이 당연하다.『맹자』만장(萬章) 하편의「帝館甥于二室(帝가 甥을 二室에 館하다)」이 이와 같다.

2) 甥(생):생은 생(生)과 같다. 네 사람의 생(甥)은 몸체가 짝〔敵〕하는 것으로 번갈아 서로 생(甥)이라 한다. 현재 사람들도 서로 이와 같이 호칭한다.

3) 同出(동출):함께 시집가는 것.『시경』에「邢侯之姨」라고 했다.

4) 私(사):자매의 남편.『시경』위풍 석인편에「譚公維私」라 했다.

5) 出(출):『공양전』에「蓋舅出」이라 했다. 외출(外出).

6) 姪(질):조카.『좌전』에「姪其從姑」라고 했다.

7) 同出(동출):함께 한 지아비에게 시집가는 것.『공양전』에「諸侯娶一國 二國往媵之 以姪娣從娣者 何弟也」라 한 것이 곧 이 뜻이다.

8) 婦(부) : 지금 신부(新婦)를 말하는 것과 같다.

9) 娣婦·長婦·姒婦(제부장부사부) : 지금 서로 선후로 부르거나 축리 (妯娌 : 동서)라 하는 것과 같다.

疏 이상은 아내의 일가친척을 구분한 것이다.『예기』내칙(內則)편에「聘則爲妻」 라 했고『백호통』에는「처(妻)라는 것은 제(齊)다. 지아비와 더불어 몸을 가 지런하게 하는 것으로 천자(天子)로부터 아래로 서인(庶人 : 일반 백성)에 이 르기까지 그 뜻이 같다」고 했다. 곽박이 말한 '孟子曰帝館甥于二室'은『孟子』 에 이르기를「순임금이 올라가 요(堯)임금을 뵈었는데 요임금이 생(甥 : 순 임금)을 이실(貳室 : 副宮)에 관(館)하게 하시고 또 순임금이 베푼 연회에 나 아가 서로 번갈아 손님과 주인이 되었다」고 했는데 이것이 천자(天子)가 필부 를 벗한 것이다」라고 했다.『맹자』의 주석에는「상(尙)은 상(上)으로 순임금 이 시골에 있을 때도 요임금이 벗으로 예우했고 순임금이 상경하여 요임금을 뵐 때에도 이실(貳室)에 머물게 했다. 이실은 부궁(副宮)이다. 요임금이 또한 순 임금이 주최한 연회에도 나아가 번갈아 손님과 주인이 되었다」고 했다.『예기』 에「妻父曰外舅」라 했고 곽박은 '謂我舅者 吾謂之甥'이라고 한 것은「요임 금이 딸을 순임금의 아내로 주었으므로 요임금이 생(甥)이라고 말하고 마침내 는 천자의 지위까지 주었으니 이것을 '천자가 필부를 벗했다'고 한 것이다」했 고「四人尊卑體敵更相爲甥云甥猶生也」는 서로 친한 뜻을 취한 것이다. 주에 말한 '詩曰邢侯之姨' '詩曰譚公維私'는『시경』위풍(衛風) 석인(碩人)편 의 문장이다. 손염은 사(私)는 정친(正親)이 없는 말이므로 나의 이모라는 것 은 나에게 사(私)가 된다. '형후(邢侯)·담공(譚公)'은 다 장강(莊姜)자매 의 지아비로 서로간에 부르는 것이다.『춘추』의「譚子奔莒」에서 담은 자작(子 爵)인데 공(公)이라고 한 것은 대개 칭하기 편리하게 한 것이다. '蓋舅出'은 『춘추』양공(襄公) 5년 여름에「숙손표(叔孫豹)가 증(鄫)나라 세자 무(巫) 와 진(晋)나라로 가다」와 같다.『공양전』에「외상(外相)이 간 것은 쓰지 않았 다고 하고 여기는 어째서 숙손표가 거느리고 함께 갔다고 썼는가. 숙손표가 어 째서 거느리고 함께 갔다고 했는가. 이것을 구출(舅出)이라 한다」고 했다. 하 휴(何休)는「무(巫)는 증전부인(鄫前夫人)이며 양공(襄公)의 어머니 자부 (姉夫)의 아들이다. 거(莒)나라의 외손과 함께 한 것으로 그것을 구출(舅出) 이라 한다」고 했다.『광아(廣雅)』에「娣姒妯娌」라 하고「娣姒先後也」라 했 다. 세상 사람들이 제사(娣姒)의 명칭에 대한 의심이 많다. 대개 형의 아내가 동생의 아내를 부를 때 제(娣)가 되고 동생의 아내가 형의 아내를 부를 때 사 (姒)라고 한다. 그러나 이 명칭이 어디에 근거했는지 알 수가 없다. 다만 지금 의 어머니와 며느리의 호칭도 지아비의 높고 낮음에 따르고 제사(娣姒)의 명 칭도 어른과 어린이에 따라서 갖추어져 온 것이다.

4. 혼인으로 인한 일가〔婚姻〕

며느리는 남편의 아버지를 구(舅 : 시아버지)라 하고 남편의 어머니 를 고(姑 : 시어머니)라고 칭한다. 고구(姑舅)가 살아계실 때는 군구 (君舅)와 군고(君姑)라 하고 돌아가셨을 때에는 선구(先舅)와 선고

(先姑)라고 한다.

남편의 서모(庶母)는 소고(少姑)라 하고 남편의 형은 형종(兄公)이라 하고 남편의 동생은 숙(叔)이라 하며 남편의 누이는 여종(女公)이라 하고 남편의 여동생은 여매(女妹)라고 한다.

아들의 아내를 부(婦 : 며느리)라 한다. 장부(長婦 : 큰며느리)를 적부(嫡婦)라 하고 중부(衆婦)는 서부(庶婦)라고 한다. 딸의 지아비(남편)는 서(婿 : 사위)라 하고 서(婿)의 아버지는 인(姻)이라 하고 며느리의 아버지는 혼(婚)이라고 한다.

아버지의 일가를 종족(宗族)이라 하고 어머니와 아내의 일가들은 형제라 하고 며느리의 부모와 사위의 부모는 서로 혼인(婚姻)관계라고 한다.

사위와 사위들은 서로 아(亞 : 동서)라 하고 며느리의 일가들을 혼(婚)형제라 하고 사위의 일가들은 인(姻)형제라고 한다.

빈(嬪)은 며느리이다. 내가 구(舅 : 외삼촌)라고 하는 자는 나를 생(甥 : 생질)이라고 한다.

이상은 혼인으로 인해 이루어진 일가이다.

婦稱夫之父曰舅 稱夫之母曰姑 姑舅在則曰君舅君姑 沒則曰先舅先姑[1] 國語曰吾聞之先姑 謂夫之庶母爲少姑 夫之兄爲兄公[2] 今俗呼兄鍾語之轉耳 夫之弟爲叔 夫之姊爲女公 夫之女弟爲女妹[3] 今謂之女妹是也 子之妻爲婦 長婦爲嫡婦 衆婦爲庶婦 女子子之夫爲婿 婿之父爲姻 婦之父爲婚 父之黨爲宗族 母與妻之黨爲兄弟 婦之父母婿之父母相謂爲婚姻 兩婿相謂爲亞[4] 詩曰瑣瑣姻亞今江東人呼同門爲僚婿 婦之黨爲婚兄弟 婿之黨爲姻兄弟[5] 古者皆謂婚姻爲兄弟 嬪[6]

婦也 ^{書曰嬪·}_{于虞} 謂我舅者吾謂之甥也 ^{公音鐘嬪音}_{的嬪音頻} 婚姻

注 1) 先姑(선고) : 『국어(國語)』에 「吾聞之先姑(나의 선고다)」라고 했다.

2) 兄公(형종) : 지금 세속에서 형종(兄鍾)이라 부르는 것과 같다. 공 (公)의 음은 종(鍾)이다. 종(妐)과 같다.

3) 女妹(여매) : 여자누이동생. 지금도 여자누이동생이라고 한다.

4) 亞(아) : 「詩曰瑣瑣姻亞」라고 했으며 지금도 강동(江東) 사람들은 동문(同門)을 부를 때 요서(僚壻)라고 한다. 『시경』 소아 절피남산 (節彼南山)편의 문장.

5) 婚兄弟·姻兄弟(혼형제·인형제) : 옛날에는 혼인을 맺으면 형제로 삼았다.

6) 嬪(빈) : 『서경』 요전(堯典)에 「嬪于虞(유우씨의 집안 며느리가 되다)」라고 했다.

疏 이상은 부부와 혼인의 관계를 분별한 것이다. 『설문』에는 「부(婦)는 복(服)이 다. 여자가 비를 가지고 따라서 청소하는 것이다」라고 했다. 『백호통』에는 「부 부란 어떤 것인가. 부(夫)는 붙잡는 것으로 도(道)로써 붙잡고 접하는 것이다. 부(婦)는 복종하는 것으로 예로써 굴복하는 것이다」라 했다. 구고(舅姑)라고 이른 것은 어떤 뜻인가. 구(舅)는 옛이요, 고(姑)도 옛으로 옛날 노인이란 뜻 이다. 남편의 부모를 구고(舅姑)라고 하는 것은 어떤 뜻인가. 존경하는 것을 아 버지같이 하지만 아버지는 아닌 것이 구(舅)요, 친한 것이 어머니와 같으나 어 머니는 아닌 것이 고(姑)이다. 정현의 주에 「喪服傳에 女子子者는 자녀이며 남자와 구별한 것이다」라고 했고 『설문』에는 「서(壻)는 딸의 지아비다. 글자 가 士를 따르고 胥를 따라 하나를 듣고 열을 아는 것으로 사서(士胥)가 되어 재주와 지혜가 있음을 일컬은 것으로 딸의 지아비를 서(壻)라고 한다」고 했다. 『광아』에는 「서(壻)는 천(倩 : 사위)이다」라고 했다. 『방언(方言)』에는 「동제 (東齊)의 사이에서는 서(壻)를 천(倩)이라 한다」고 했다. 『백호통』에는 「혼 인은 무엇인가. 어두울 때에 예를 행한 것으로 혼(婚)이요, 부인(婦人)은 지아 비로 인하여 이루어지는 것으로 인(姻)이다」라고 했다. 유희(劉熙)의 『석명 (釋名)』에 이르기를 「兩壻相謂爲亞者」는 한 사람은 자(姉)를 취하고 한 사 람은 매(妹)를 취하면 서로 아차(亞次 : 동서간의 차례)라 한다고 했다. 또 여 자가 함께 온다면 자부(姉夫)는 앞에 하고 매부(妹夫)는 뒤에 하는 것으로 또 한 서로 버금하는 것이다. 곽박의 주에 '古者皆謂婚姻爲兄弟'라 한 것은 『예 기』에 「증자가 물었다. '혼례에 이미 예물을 보내고 날자가 정해졌는데 여자의 부모가 죽으면 어떻게 합니까?' 공자께서 말씀하셨다. '사위는 사람을 시켜 조 문하고 사위의 부모가 죽어도 여자의 집에서 또한 사람으로 하여금 조문하게 한 다'고 했다. 정현의 주에는 「사람을 시켜 조문하는 것은 형제로서 이루어지지 않았기 때문이다」라고 했다.

이아 주소 중권(爾雅注疏中卷)

중(中)은 상하(上下)의 대(對)로서 만들어진 이름이다. 간편 (簡編)에서는 거듭 상중하(上中下) 3권으로 나누는데 특별한 뜻 은 없다. 편의상 정했을 뿐이다.

곽박 주(郭璞 注) : 곽박(郭璞)의 자(字)는 경순(景純)이며 하동 사람 이다. 동진(東晋)의 홍농태수(弘農太守)와 저작좌랑(著作左郎)을 지냈다. 주 (注)라는 것은 저(著)의 뜻이며 경(經)의 뜻을 해석하고 뜻이 드러나게 한 것 을 말한다. 이미 곽박이 풀이한 주의 뜻으로 이 글을 해석했다. 시(詩)와 서(書) 를 전(傳)이라고 한 것은 전(傳)은 전해 주는 뜻으로 경의(經意)에 박식하여 후인에게 전해 보여주는 것을 뜻한다. 이것도 다 그 사람들이 스스로 제목을 정 한 것으로 어떤 것은 전(傳)이요, 어떤 것은 주(注)라고 한 것은 의례(義例)가 없다.

형병 소(邢昺 疏) : 형병의 자(字)는 숙명(叔明)이며 조주(曹州)의 제 음(濟陰) 사람이고 북송(北宋)의 경학가(經學家)이다. 공부상서(工部尙 書)와 예부상서(禮部尙書)를 지냈으며 『효경정의(孝經正義)』와『십삼경주 소(十三經注疏)』가 있다.

❖문장 안의 ※표시는 편저자의 추가 설명이다.

제6편 석궁(釋宮)

『주역』계사(繫辭)전에 "상고 시대에는 구멍집에서 살고 들에서 생활했다. 후세의 성인(聖人)이 이것을 궁실(宮室)로 바꾸어 위에는 대들보를 놓고 아래에는 서까래를 놓아 비와 바람을 대비했으니 이것이 그 시작이다."라 했다.

『백호통(白虎通)』에는 "황제(黃帝)가 궁실(宮室)을 만들었다."고 했고 『세본(世本)』에는 "우(禹) 임금이 궁실을 지었다."고 했다.

대(臺)와 정자와 누각의 다름이나 문(門)이나 용(墉 : 담)이나 행보(行步)의 명칭이 다 궁(宮)으로부터 시작된 것이다. 그러므로 '석궁(釋宮)'으로 총괄했다.

궁(宮)은 실(室)이라 하고 실(室)은 궁(宮)이라 한다.
宮謂之室 室謂之宮

注 다 옛날과 지금의 말이 다르고 실상은 같은 두 가지 이름을 밝혔다.

疏 두 개의 명칭을 구분했다. 곽박이 말한 「皆所以通古今之異語明同實而兩名」은 『석명(釋名)』에 「궁(宮)은 궁(穹 : 하늘)이다. 지붕이 담 위로 나타나 집이 숭연(崇然)하다. 실(室)은 실(實)이다. 인물(人物)이 그 속에 가득하다」라 했다. 이것은 서로 연결된 것으로 말이 다른 것이다. 『시경』 용풍(鄘風) 정지방중(定之方中)편의 「作于楚宮」과 『시경』 빈풍(豳風) 칠월(七月)편의 「入此室處」가 이것이다. 옛날에는 귀천(貴賤)에 관계없이 사는 곳을 다 궁(宮)이라 일컬었다. 그러므로 『예기』에 「由命士以上父子皆異宮」이라 했고

또「喪服傳繼父爲其妻 前夫之子 築宮廟」라 했는데 이것은 사(士)와 서인(庶
人)이 다 궁(宮)이라 칭한 것이다. 진(秦)나라와 한(漢)나라 이래로부터 지
존(至尊 : 임금)이 사는 곳만 궁(宮)이란 칭호로 고정되었다.

들창과 문의 사이를 의(扆 : 병풍으로 두른 자리)라 하고 그 안을 가
(家)라고 한다.

牖戶之間謂之扆 其內謂之家

注 창(窓)은 동쪽이고 호(戶)는 서쪽이다.『예기』에「斧扆」라고 한 것은 그
있는 곳으로 이름한 것이다. 지금 사람들이 가(家)라고 하는 것이 이곳에
서 나온 것이다. ‘扆’의 음은 ‘의(倚)’이다.

疏 유(牖)라는 것은 호(戶 : 문)의 서쪽 창이다. 여기서는「牖東戶西 爲牖戶之
間其處名扆」라고 했으며 그 안은 의내(扆內)라 했는데 의내는 곧 가(家)라
고 했다.『설문』에「가(家)는 거(居)다」라 했다.『예기』에「已受命君言 不宿
於家」라고 했는데 곽박이「‘今人稱家’의 뜻이 여기에 근거하였으며 집이라고
일컫는 뜻도 이곳에서 나왔다」고 했다.『예기』의「斧扆」는『근례(覲禮)』를 참
고하면「天子設斧依於戶牖之間 左右几」라고 했는데 정현의 주에는「의(依)
는 지금의 흰명주 병풍이며 도끼무늬를 수놓아 위엄을 보이는 것이다」라 했다.
부(斧)는 수(繡)라고 하는 것이 이 뜻이다.「以其所在處名之」는 본래「牖戶
之間名扆」라 하고『근례(覲禮)』의「天子設屏風 之扆於牖戶之間」으로 이
름을 얻은 것이다. 이 병풍이 의(扆)이고 이로써 의(扆)가 있는 곳을 곧 이름
하여 의(扆)라고 했다.

동서쪽의 담을 서(序)라고 한다.

東西牆謂之序

注 서(序)는 안과 밖을 분별한 것이다.

疏 이는 실(室) 앞 당상(堂上)의 동쪽행랑(곁방)과 서쪽행랑의 담을 말한 것이
다. 안과 밖, 가깝고 먼 것을 구분하고 차례한 것으로 서(序)라고 했다.『서경』
고명(顧命)편에「서쪽행랑에는 동쪽을 향하여 창포로 총총히 짠 자리를 깔고
동쪽행랑에는 서쪽을 향하여 가느다란 대로 총총히 짠 자리를 깐다」고 했다.『예
기』의 이곳 저곳에 보이는「東序西序」는 다 이와 같은 것이다.

서남쪽 모퉁이를 오(奧 : 아랫목)라 하고 서북쪽 모퉁이를 옥루
(屋漏 : 집에서 제일 깊숙한 곳)라 하고 동북쪽 모퉁이를 이(宧)라
하고 동남쪽 모퉁이를 요(窔 = 突 : 구석)라 한다.

西南隅謂之奧 西北隅謂之屋漏 東北隅謂
之宧 東南隅謂之窔

注 오(奧)는 실(室) 가운데 은오한 곳. 옥루(屋漏)는『시경』에「尙不愧於
屋漏」라 했는데 그 뜻이 자세하지 않다. 이(宧)는『예기』에 보이는데 또

한 뜻이 자세하지 않다. 요(㝔)는『예기』에「掃室聚㝔」라 했는데 '㝔'는 또한 어둡다이다.

疏 이상은 궁중(宮中)의 사방 모퉁이의 다른 명칭을 분별한 것이다. '奧'는 손염은 「室中隱奧之處也」라 했다. 옛날에 실호(室戶)를 만들 때 중앙에 위치하지 않고 동쪽에 가깝게 했으므로 서남쪽의 모퉁이가 가장 깊숙한 것으로 오(奧)라 하고 제사를 지내거나 또는 높은 사람이 항상 거처하였다.『예기』곡례(曲禮)편의 「几爲人子者居不主奧」가 이 뜻이다. '西北隅名屋漏 東北隅名宧 東南隅名㝔'에서 요(㝔)는 또한 '어둡다'의 뜻이다. 요(㝔)와 오(奧)는 서로 같은 뜻이므로 곽박이 또한 '어둡다'고 했다.「尙不愧於屋漏」는『시경』대아 억(抑)편의 문장이다. 정현의 주에는「오히려 공경하는 마음이 없으므로 귀신이 있어 사람을 보는 으슥한 곳에서도 부끄럽지 않다」고 했다. 옥(屋)은 소장(小帳)이고 누(漏)는 은(隱)이다. 예에는 "오(奧)에서 제사하고 이미 끝나면 다시 서북쪽 모퉁이인 은밀한 곳에 음식을 차려 놓는데 이것이 제사의 끝이다"라고 했다. 손염은「屋漏는 실(室)에 햇빛이 비치면 사람을 가린다」고 했다. 곽박이 '뜻이 자세하지 않다'고 한 것은 손염과 정현의 설명이 다 근거가 없으므로 취하지 않은 것이다.「宧見禮亦未詳」을 이순은「동북쪽은 양(陽)이 비로소 일어나 만물을 육성하는 곳으로 이(宧)라 한다」고 했다. 이(宧)는 '기르다'이다.『설문(說文)』에는「또한 곽박이 '亦未詳'을 말한 것은 이(頤)로, 기르다의 뜻이다. 이(頤)는 또 실(室) 안에서 네 모퉁이의 음양의 뜻을 취할 수 없는 것이 '屋漏'와 마찬가지이므로 또한 자세하지 않다」고 했다.「禮曰掃室聚㝔」는『석기(夕記)』를 참고해 보면「초하룻날 동자(童子)가 비를 잡고 물러나 왼손으로 받들고 한가한 자를 따라 들어가 펼쳐져 있는 자리를 들고 방을 쓸고 여러 요(㝔)를 취하여 자리를 깔고 처음과 같이 하고 마친다. 청소할 사람으로 정해지면 비를 늘어뜨려 끝단을 잡고 촛불을 잡은 자를 따라 동쪽으로 한다」고 한 것이 이것이다.

문지방을 역(閾)이라 하고 문설주를 설(楔)이라 하며 문미를 양(梁 : 들보)이라고 한다. 지도리를 외(根)라고 하며 지도리가 북쪽에 닿는 것을 낙시(落時)라 하고 낙시(落時)를 사(厎 : 지도리)라고도 한다.

柣謂之閾 根謂之楔 楣謂之梁 樞謂之根 樞達北方謂之落時 落時謂之厎

注 '閾'은 문의 한계이다. '楔'은 문 양쪽 곁의 나무이다. '梁'은 문의 드나드는 곳 위에 가로댄 들보이다. '根'는 집을 드나드는 곳 문짝의 지도리이다. '樞達北方'은 문을 지탱하는 지도리가 북쪽 끝에 도달하면 견고함이 된다. '厎'는 두 가지 명칭을 말한 것이다.

疏 이상은 문호(門戶)의 위와 아래와 양옆의 나무 이름을 구별한 것이다. '柣'은 손염은「문의 한계」라 했다. '경전(經傳)'의 모든 주석이 다 역(閾)으로 문의 한계를 삼고 문 아래의 횡목으로 안과 바깥의 한계를 삼았다. 속된 말로 지질(地柣)이라 이르는데 일명 역(閾)이라 한다.『예기』곡례에「不履閾」이라 했다. '根'은 문 양옆의 긴 나무를 뜻하며 일명 설(楔)이라고 한다. 이순은「根은 謂楣上兩旁木」이라 했고『예기』옥조편에「君入門 士介拂根」이라 했는데 정현의 주석에는「根門楔也」라 했다. '楣'는 곧 들보이다. 여백옹(呂伯雍)이

「門樞之橫梁也」라 했다. 곽박은 「門戶上橫梁」이라 했고 『향사기(鄕射記)』
에 「堂則物當楣」라 했다. '樞'는 문짝이 열리고 닫히는 일이 기인하는 곳으로
일명 외(椳)라고 한다. 『주역』의 「樞機之發」이 이 뜻이다. 지도리를 버티어내는
나무가 혹 북쪽 끝 용마루에 닿으면 견고하게 되는데 그것을 '낙시(落時)'라
고 이름하며 용마루〈檼〉는 동(棟)이다. 낙시는 또 사(㕓)라고 하는데 이는 지
도리를 버티어내는 한 나무가 이와 같은 두 가지 이름으로 쓰이는 것이다.

경계지점(모서리)을 점(坫 : 모서리)이라 하고 담을 용(墉)이라
하고 흙 바르는 연장을 오(杇 : 흙손)라고 하며 도끼받침을 건
(椝 : 모탕)이라 하며 땅바닥을 유(黝 : 흙칠하다)라 하고 담장을
악(堊)이라고 한다.

坫謂之坫 牆謂之墉 鏝謂之杇 椹謂之椝 地
謂之黝 牆謂之堊

注 점은 집모퉁이에 있는 모서리이다. 용(墉)은 『서경』주서 자재(梓材)편에
「旣勤垣墉」이라 했다. 오(杇)는 니만(泥鏝)이다. 건(椝)은 나무를 팰 때
쓰는 받침대이다. 유(黝)는 검은 흙으로 꾸민 땅이다. 악(堊)은 흰흙으로
꾸민 담을 뜻한다.

疏 이상은 궁실의 담과 벽을 닦고 꾸미는 명칭을 분별한 것이다. 점(坫)은 집의 모
서리이며 일명 궤(㙓)라고 한다. 장(牆)은 집의 방벽이며 일명 용(墉)이라 한
다. 이순은 원장(垣牆 : 담)이라 했다. 만(鏝)은 흙손이며 일명 오(杇)라고 한
다. 벽을 바를 때 쓰는 도구이다. 『논어』에 「糞土之牆不可杇」가 이 뜻이다. 침
(椹)은 나무를 팰 때 사용하는 도끼받침대 나무이름으로 일명 건(椝)이라 한
다. 손염은 「斲木質也」라 했다. 『시경』상송 은무(殷武)편의 「方斲是虔」은
이 뜻이다. 검은 흙으로 바닥을 꾸미는 것을 유(黝)라 하고 흰흙으로 담을 꾸
미는 것을 악(堊)이라고 한다.

말뚝은 익(杙 : 말뚝, 걸이의 일종)이라 한다. 벽에 있는 것을 휘(楎 :
옷걸이)라 하고 땅에 있는 것을 얼(臬 : 땅말뚝)이라 하고 큰 것을
공(栱 : 두공)이라 하고 긴 것을 각(閣 : 찬장, 선반)이라고 한다.

樴謂之杙 在牆者謂之楎 在地者謂之臬 大
者謂之栱 長者謂之閣

注 익(杙)은 궐(橜)이다. 휘(楎)는 옷걸이로 『예기』내칙편에 「不敢縣於夫
之楎椸」라고 했다. 얼(臬)은 문에 있는 걸이이다. 공(栱)은 두공으로 기
둥 위의 걸이이다. 각(閣)은 찬장, 선반 등의 일종이다. 이상은 말뚝(걸이)
이 있는 곳과 길고 짧음의 이름을 분별한 것이다.

疏 이상은 말뚝(걸이)이 있는 곳과 길고 짧음의 이름을 구별한 것이다. 익(杙)은
곧 궐(橜)이다. 일명 직(樴)이라고도 한다. 익을 두는데 담장에 있으면 휘(楎),
땅이나 문 가운데 있는 것은 얼(臬)이라 하는데 『예기』옥조(玉藻)편에 「公事
自闑西 私事自闑東」이라 했다. 또 큰 것을 공(栱), 긴 것은 각(閣)이라 한다.

망대를 대(臺 : 사방을 볼 수 있다)라 하고 나무가 있는 것은 사
(榭 : 정자)라고 한다.

闍謂之臺 有木者謂之榭

注 대(臺)는 흙을 쌓아올려 사방을 관찰할 수 있는 곳. 사(榭)는 대(臺) 위
에 정자를 지어 쉴 수 있게 한 곳.

疏 대와 사(榭)의 지어진 것을 구분한 것이다. 「積土四方而高者名臺」는 곧 사방
이 높은 것을 일명 도(闍)라 한다고 했다. 이순은 「積土爲之所以觀望」이라 했
고 『시경』국풍(國風) 출기동문편에 「出其闍闍」라 했는데 『시경』은 도(闍)
를 성대(城臺)로 보았다. 「臺上有木起屋者名榭」는 『예기』월령(月令) 중하
(仲夏)편에 「可以處臺榭」라 한 것이 이 뜻이다.

닭이 홰에 깃드는 것을 걸(榤 : 홰)이라 하고 담에 구멍을 뚫고
깃드는 것을 시(塒)라고 한다.

雞棲於弋爲榤 鑿垣而棲爲塒

注 시(塒)는 추운 고을에서는 담에 구멍을 뚫고 닭을 키웠기에 뜻한 것이다.
『시경』에 나왔다.

疏 이순은 「닭을 기르는 곳의 명칭을 구별한 것이다」라고 했다. 익(弋)은 橜(궐 :
홰, 횃대, 걸이)이다. 『시경』에 나왔다고 한 것은 『시경』왕풍 군자우역(君子
于役)편의 「雞棲于塒」「雞棲于桀」이 이 내용이다.

집에 심는 것을 전(傳)이라 이르고 전(傳)을 돌(突 : 울타리)이
라고도 한다.

植謂之傳 傳謂之突

注 집을 지키기 위해 울타리로 심는 것이다.

疏 식(植)은 집을 유지하는 자물쇠(울타리)이다. 나무를 심어서 만드는 것으로 전
(傳)이라 하고 일명 돌(突)이라고 한다.

망류(杗廇 : 큰들보)를 양(梁 : 집의 큰들보)이라 이르고 그 위의
기둥을 절(梲 : 들보 위의 짧은 기둥)이라 하고 대접받침을 질(椳 :
두공)이라 하고 두공을 절(棳 : 동자기둥, 쪼구미)이라 하며 용마루
를 부(桴 : 마룻대)라 하며 서까래를 최(榱 : 서까래)라고 하며 서
까래가 곧게 이루어진 것을 열(閱)이라 하고 곧아서 처마에서
받지 못하는 것을 교(交)라 하고 처마를 적(楠)이라고 한다.

杗廇謂之梁 其上楹謂之梲 開謂之椳 楠謂
之棳 棟謂之桴 桷謂之榱 桷直而遂謂之閱

直不受檐謂之交 檐謂之樀

注 양(梁)은 집의 큰들보이다. 절(梲)은 동자기둥이다. 질(榱)은 두공으로 기둥 위의 처마받침이다. 절(栾)은 두공이다. 부(桴)는 마룻대이다. 최(榱)는 서까래이다. 열(闑)은 오가옥(五架屋)의 사이에 서까래가 바르게 맞닿은 것을 뜻한다. 교(交)는 오가옥(五架屋) 사이에 서까래가 곧지 않고 위의 처마가 용마루 위에서 합하는 것이다. 적(樀)은 집의 처마이다.

疏 이상은 들보, 기둥, 용마루, 서까래의 이름을 구분한 것이다. 양(梁)은 집의 큰 들보로 일명 망류(朶鶹)라고 한다. 영(楹)은 기둥이다. 그 들보 위의 짧은 기둥을 절(梲)이라 한다.『예기(禮記)』의 「藻梲者」는 들보 위의 기둥에 문채를 그린 것을 말한다고 했다. 일명 주유(侏儒)라고 한다. 기둥이 짧고 작기 때문이다. 변(閞)은 기둥 위의 나무 이름이다. 일명 질(榱)이라 하고 박(欂)이라 하고 계(枅)라고도 한다.『자림(字林)』에 「계(枅)는 기둥 위의 둥근 나무의 이름」이라고 한 것이 이 뜻이다. 이(栭)는 일명 절(栾)이라고 하는데 곧 여(櫨)이다. 모두 두공(斗栱)을 말하는 것이다. 동(棟)은 용마루를 뜻하며 일명 부(桴)라고 하는데 지금의 용마루를 뜻한다. 각(桷)은 집의 서까래이다. 일명 최(榱)라고 한다. 여심(呂沈)은 「제(齊)와 노(魯)의 사람들은 각(桷)이라 하고 주(周)나라 사람은 최(榱)라 한다」고 했다.

수용(용납)하는 것을 방(防)이라고 한다.

容謂之防

注 형상이 지금의 평상 같고 머리부분이 조금 굽어져 병풍같은데 활쏘기에서 소리치는 사람이 그 뒤에 숨어 스스로 몸을 보호하는 기구이다.『주례』에 보인다. ※자신을 수용하여 주다.

疏 용(容)이란『사례(射禮)』에 「포획했다고 소리치는 자가 자신을 가리는 기구이다 일명 방(防)이라 한다」고 했다. 자신을 화살로부터 방어하는 것이다. 일명 핍(乏)이라고 한다.

연결된 것(누각 곁채)을 이(簃)라고 한다.

連謂之簃

注 집 누각 곁의 조그마한 집을 이(簃)라고 한다. 주(廚)와 연관하여 본다.

疏 이(簃)는 누각 곁에 연결된 조그마한 집의 이름이다.

지붕 위가 좁은 것을 요(筄)라고 한다.

屋上薄謂之筄

注 지붕이 좁은 것을 말한다.

疏 지붕 위가 좁은 것을 일명 요(筄)라 한다. 지금의 옥착(屋笮)이다.

양쪽 계단 사이를 향(鄕)이라 하고 중정(中庭 : 안채와 바깥채의 사이)의 왼쪽과 오른쪽을 위(位)라 하고 문의 담 사이를 저(宁)라 하고 울타리를 수(樹 : 담)라고 한다.

兩階間謂之鄕 中庭之左右謂之位 門屛之間謂之宁 屛謂之樹

注 향(鄕)은 인군(人君)이 남쪽으로 향하는데 계단 사이로 이른른다. 위(位)는 모든 신하가 엎드리는 위치이다. 저(宁)는 임금이 조회를 볼 때 서는 위치. 수(樹)는 작은 담으로 문의 중앙에 다다른다.

疏 이상은 임금과 신하의 위치를 구별한 것이다. 임금이 남면(南面)하고 밝은 곳을 향하여 다스리는데 그 위치가 양쪽 계단 사이에 위치하므로 이름을 얻은 것이다. '中庭之左右謂之位者'에서 좌우는 동서와 같다. 위(位)는 여러 신하들의 배열하는 위치이다. 『예기』명당위(明堂位)편에 보인다. '門屛之間謂之宁'에서 노문(路門)의 밖과 병수(屛樹)의 안 임금이 조회를 보는 뜰에 서는 위치를 저(宁)라고 한다. 이순은 「正門內兩塾間曰宁」라 했다. 『예기』곡례(曲禮)에 '天子當宁而立諸公東面諸侯西面曰朝'라고 했다. '屛謂之樹'의 병(屛)은 가리다. 수(樹)는 세우다로 담을 문 옆에 세워 스스로 가리는 것이다. 이순은 「垣當門自蔽名曰樹」라 했다.

사당문을 문(門)이라 하고 정문(正門)을 응문(應門)이라 한다. 관(觀)을 궐(闕)이라 하고 궁중(宮中)의 문을 위(闈)라 하며 그 작은 것을 규(閨)라 하고 소규(小閨)를 합(閤)이라고 한다. 항문(衖門)을 굉(閎)이라 하며 문 옆의 당(堂)을 숙(塾)이라 하고 문지방을 얼(闑)이라 하며 문짝을 비(扉)라 하고 문짝을 막은 것을 굉(閾)이라고 한다.

閍謂之門 正門謂之應門 觀謂之闕 宮中之門謂之闈 其小者謂之閨 小閨謂之閤 衖門謂之閎 門側之堂謂之塾 橛謂之闑 闔謂之扉 所以止扉謂之閾

注 『시경』에 「祝祭于祊」이라 했는데 소아 초자편의 문장으로 방(祊)은 사당문. 응문(應門)은 조회하는 문. 궐(闕)은 궁문의 쌍궐(雙闕). 위(闈)는 서로 통하는 작은 문. 규(閨)와 합(閤)은 크고 작은데 따른 다른 명칭. 굉(閎)은 『좌전』에 「盟諸僮閎」이라 했는데 굉(閎)은 항두문(衖頭門)이다. 숙(塾)은 작은문이 있는 집. 얼(闑)은 문지방. 비(扉)는 『공양전(公羊傳)』에 「齒著于門闑」이라 했는데 합은 문짝. 굉(閾)은 「門辟旁長橛也」. 『좌전』에 「高其閈閎 閎長杙卽門橜也」라 했는데 굉(閾)은 문턱.

疏 이상은 문이나 대궐문의 다른 이름을 구별한 것이다. 이순은 「방(閍)은 묘문

(廟門)이고 그 노문(路門)의 밖에서 조회를 받는 정문(正門)을 일명 응문(應門)이라 하고 응문의 외문(外門)을 치문(雉門)이라 하고 치문 곁의 이름을 관(觀)이라 하고 또 궐(闕)이라 한다」고 했다. 궁중(宮中)에서 서로 통하는 작은 문의 이름을 위(闈)라 이름하고 위의 작은 것을 규(闈)라 하고 규의 작은 것을 합(閤)이라 하고 항두(術頭)의 문을 굉(閎)이라 이름하고 문엽의 당(堂)인 협문(夾門)의 동쪽과 서쪽을 숙(塾)이라 하고 문 가운데 문턱을 얼(闃)이라 하며 일명 합(闔)이라고 하는데 합문은 문짝이다.

기와와 벽돌을 벽(甓)이라고 한다.

瓴甋謂之甓

注 벽(甓)은 녹전(瓴甋 : 기와)이다. 강동(江東) 지방에서는 령(瓴)을 벽(甓)이라 한다.

疏 '영적(瓴甋)을 일명 벽(甓)'이라고 했는데 곽박은「녹전(瓴甋)이다. 지금 강동에서는 기와를 벽(甓)이라고 부른다」고 했다.『시경』진풍(陳風) 방유작소(防有鵲巢)편에「中唐有甓」이라 했다.

궁중 별채(뒤쪽)의 길을 곤(壼)이라 이르고 사당 가운데 길을 당(唐 : 뜰안)이라 이르고 당(堂)의 길을 진(陳 : 길)이라 한다. 로(路)와 려(旅)는 길이다. 로(路)와 장(場)과 유(猷)와 행(行)은 길을 뜻한다. 하나로 통하는 길을 도로(道路)라 하고 두 곳으로 통하는 길을 기방(歧旁 : 갈림길)이라 하고 세 곳으로 통하는 길은 극방(劇旁)이라 하고 사방으로 통하는 길을 구(衢)라고 한다. 다섯 곳으로 통하는 길을 강(康)이라 하고 여섯 곳으로 통하는 길을 장(莊)이라 하고 일곱 곳으로 통하는 길을 극참(劇驂)이라 하고 여덟 곳으로 통하는 길을 숭기(崇期)라 하고 아홉 곳으로 통하는 길을 규(逵)라고 한다.

宮中術謂之壼 廟中路謂之唐 堂途謂之陳 路旅 途也 路 場 猷 行 道也 一達謂之道路 二達謂之歧旁 三達謂之劇旁 四達謂之衢 五達謂之康 六達謂之莊 七達謂之劇驂 八達謂之崇期 九達謂之逵

注 '곤(壼)'은 항합(巷閤) 사이의 길이다. 당(唐)은 뜰안의 길로『시경』에「中唐有甓」이라 했다. 진(陳)은 당 아래 문에 이르는 지름길. 도(途)는 도(道)와 같다. '路' '場' '猷' '行'은 길의 다른 명칭이다. 도로(道路)는 긴 길이다. 기방(歧旁)은 갈림길이다. 극방(劇旁)은 세 갈래 길이다. 구(衢)는 사거리. 강(康)은『사기』의「康莊之衢」와 같다. 장(莊)은『좌전』

에「得慶氏之木百車於莊」이라 했다. 극참(劇驂)은 세 갈래 길이 엇갈리고 한 갈래 길이 있는 것으로 지금의 북해 극현(劇縣)에 이런 길이 있다. 숭기(崇期)는 네 갈래 길이 엇갈린 것. 규(逵)는 네 갈래 길이 엇갈리고 다시 곁으로 통하는 길이 있는 것.

疏 이상은 항(衖)과 도(道)의 다른 명칭을 구분한 것이다. 궁중의 항합(衖閤) 사이의 길 이름을 곤(壼)이라고 한 것을 손염은「항사(巷舍) 사이의 길」이라 했다. 왕숙(王肅)은「지금 후궁(後宮 : 별채)을 영항(永巷)이라고 일컫는데 궁 안의 길 이름이다. 사당 가운데의 길 이름을 당(唐)이라 하고 당 아래의 문에 이르는 지름길 이름은 진(陳)이다」라고 했다. 로(路)와 여(旅)는 다 길의 별명이다. 도(途)는 곧 길이다. 노(路)·장(場)·유(猷)·행(行)의 네 명칭은 길의 다른 이름을 반복한 것이다. 한 곳으로 통하는 긴 길을 도로(道路)라 하고 두 곳으로 통하도록 갈라진 곳을 기방(歧旁)이라 하는데 곁으로 나가는 것을 말한 것이다. 기(歧)는 나누어지다. 세 곳으로 통하는 것을 극방(劇旁)이라고 한 것을 손염은「곁으로 나가는 갈래가 많은 것으로 극(劇)이라 한다」고 했다. 사방으로 교차되는 것을 구(衢)라 했으며 사방으로 교차하고 또 한 갈래로 통하는 것이 있는 것을 강(康)이라 했다. 손염은「강(康)은 즐거움이다. 사귀어 모여 도를 즐긴다」고 했다. 여섯 곳으로 교차하는 길을 장(莊)이라 했다. 손염은「장(莊)은 성대하다. 길이 번성하다는 뜻」이라 했다. 세 갈래 길이 교차하고 또 한 곳으로 다시 나갈 수 있는 길을 극참(劇驂)이라 했다. 네 갈래 길이 서로 교차하는 길을 숭기(崇期)라 했으며 네 갈래 길이 서로 교차하고 또 한 갈래 길이 있는 것을 규(逵)라 한다고 했다.『시경』은 진풍(陳風) 방유작소편의 문장.『사기』는 사기열전을 참조.『좌전』은 양공(襄公) 28년을 참조.

실중(室中 : 방)을 시(時)라 하고 당상(堂上)을 행(行)이라 하며 당하를 보(步)라 한다. 문외(門外)를 추(趨)라 하며 중정(中庭)을 주(走)라 하고 대로(大路)를 분(奔)이라고 한다.

室中謂之時 堂上謂之行 堂下謂之步 門外謂之趨 中庭謂之走 大路謂之奔

疏 이상은 다 사람이 걸어다니고 총총걸음으로 빨리 달리는 곳을 인용하여 이름한 것이다. '室中名時'는 때가 된 후에 활동하는 것이요, '堂上曰行'은 평소의 행동이다. '堂下曰步'는『백호통(白虎通)』에「人踐三尺法天地人再擧足曰步備陰陽也」라 했다. '門外曰趨'는 정현은「行而張拱曰趨」라 했다. '中庭曰走'는 빠르게 달리는 것이다. '大路曰奔'은 크게 달리는 것이다.

방죽을 양(梁 : 다리)이라 하고 돌다리를 기(徛)라고 한다.

隄謂之梁 石杠謂之徛

注 양(梁)은 곧 다리다. 어떤 사람은「돌로 물을 단절시킨 것을 말한다」고 했다.『시경』에 나와 있다. 기(徛)는 돌을 수중에 모아 건너도록 한 것.『맹자』에「歲十月徒杠成」이라 했다. 어떤 사람은「지금의 석교(石橋)」라 했다.

疏 이상은 다리와 외나무다리의 이름을 분별한 것이다. 제(隄)를 일명 양(梁)이라

한다. 곽박은 곧 '다리'라 하고 두 가지 뜻으로 해석했는데 하나는 나무로 만든 것이요, 다른 하나는 돌로써 물을 끊어 만든 다리라고 했다. '석강(石杠)을 일명 기(徛)라고 한 것'을 곽박은 또한 두 가지 해석을 했는데 그 하나는 돌을 모아 물 속에 넣어 건너는 다리를 만든 것으로『광아』에는 「彴步橋也」라 했다. 또 하나는 지금의 돌다리라고 했다. '或曰石絶水 爲梁見詩傳'은 『시경』위풍(衛風) 유호(有狐)편에 「在彼淇梁」이라 했고 주석에 양은 돌다리라고 했다.

집에 동서쪽 곁채가 있는 것을 묘(廟 : 사당)라 하고 동서쪽에 곁채가 없고 집만 있는 것을 침(寢 : 침실)이라 하고 집이 없는 것을 사(榭 : 당황, 내실 없는 사당)라 하고 사방이 높은 것을 대(臺)라 하고 좁고 길게 굴곡된 것을 누(樓)라고 한다.

室有東西廂曰廟　無東西廂有室曰寢　無室曰榭　四方而高曰臺　陝而脩曲曰樓

注 묘(廟)는 협실(夾室)의 앞 당(堂)이다. 침(寢)은 대실(大室)이 있다. 사(榭)는 지금의 당황(堂隍)이다. 수(脩)는 길다의 뜻.

疏 이상은 능침, 사당, 당황, 누대의 제도를 밝힌 것이다. 태실(大室)에는 동서쪽으로 곁채가 있고 협실 및 전당(前堂)에 차례로 담이 있는 것을 '사당'이라고 하고 다만 태실(大室)만 있는 것을 '침(寢)'이라고 한다.『예기』월령(月令) 중춘(仲春)에 「寢廟畢備」라고 했는데 정현의 주에 「前曰廟後曰寢 以廟是接神之處」라고 했다. 그곳이 높은 곳으로 앞에 있다. 침(寢)은 의관을 보관하는 곳이다. 사당을 대하여 마치게 되므로 뒤에 있다고 했다. 실(室)이 없는 것을 사(榭)라고 이름한 것은『춘추(春秋)』선공(宣公) 16년에 「夏成周宜榭火」라고 했다. 곽박이 「사(榭)는 지금의 당황(堂隍)」이라고 했는데 현재의 전(殿)과 같다. 전(殿)은 또한 실(室)이 없는 것으로 지금의 당황이라고 했다. '四方而高者名臺'는 곧 상도(上闍)이다. 수(脩)는 장(長)의 뜻. 무릇 대상(臺上)에 집이 있고 협소하고 길며 굴곡이 있는 것을 누(樓)라고 했다.

제7편 석기(釋器)

『설문(說文)』에는 '기명(器皿 : 그릇)'이라고 했는데 기(器)자가 견(犬 : 개)을 따른 것은 '개는 지키는 것이기 때문이다.'라고 했다.

이 편은 모든 그릇의 명칭을 풀이한 것으로 '석기(釋器)'라 했다.

나무그릇(제기)을 두(豆)라고 한다.

木豆謂之豆

注 두(豆)는 제사 또는 손님 접대의 예기(禮器)이다.
疏 『주례』에 「旅人爲豆實三而成穀崇尺」이라 하고 정현(鄭玄)의 주석에 「숭(崇)은 높다. 두실(豆實)은 4승(四升)이다」라고 했다. 두(豆)는 제사를 받들고 잔치를 베푸는데 쓰이는 예기(禮器)라고 했다.

대나무그릇(제기)을 변(籩)이라고 한다.

竹豆謂之籩 【籩】대그릇변. 변변.

注 변(籩) 또한 제사나 손님 접대의 예기(禮器)이다.
疏 변(籩)은 대나무로 입구를 만들고 덩굴로 형태를 만든 것이 두(豆)와 같다. 또한 4승(四升)을 담는다. 대추, 밤, 복숭아, 매실, 마름, 가시연, 포, 엿밥, 고기 찜 등을 담는 그릇이다. 이것 또한 제사를 모시고 잔치를 여는 데 쓰이는 예기(禮器)이다.

기와로 만든 그릇(제기)을 등(登)이라고 한다.

瓦豆謂之登

注 곧 고등(膏登)이다.
疏 앞의 대조문에서 「木曰豆 瓦曰登」이라고 했는데 흐트러뜨리면 다 두(豆)라고

이름할 수 있으므로 '瓦豆謂之登'이라 했다. 와(瓦)도 또 두(豆)라고 이름한다.『시경』대아 생민(生民)편에「于豆于登」이라 했고『모전』에「豆薦菹醢登大羹也」라 했다.『예기』에「大羹湆不和實於登」이라 했다. 읍(湆)은 고기국이다. 소금이나 나물로 맛을 내지 않고 그냥 순수한 것으로 와기(瓦器)에 담는다. 그러므로 곽박이 곧 고등(膏登)이라고 했다.

동이는 부(缶 : 장군, 양병)라고 한다.

盎謂之缶 【盎】동이앙.

注 물이나 술을 담는 동이이다.

疏 손염(孫炎)은「부(缶)는 기와그릇이다」라고 했다. 곽박은 '동이[盆]'라고 했다.『시경』진풍(陳風) 완구(宛丘)편에「坎其擊缶」라고 했는데 부(缶)는 악기(樂器)이다.『주역』이괘(離卦) 구삼(九三)효에「不鼓缶而歌則大耋之嗟」라고 했다. 또 부(缶)는 물을 담거나 술을 담는 것으로 지금의 기와로 된 동이를 뜻한다.

단지(항아리)를 이(瓵 : 술단지)라고 한다.

甌瓿謂之瓵 【甌】사발구. 단지구. 【瓿】단지부. 【瓵】단지이.

注 부루(瓿甊)이며 작은 술단지. 장사(長沙) 지방에서는 이(瓵)라고 한다.

疏 구(甌)는 일명 부루(瓿甊)라고 하고 일명 이(瓵)라고 한다. 곽박이「瓿甊小甖長沙謂之瓵」라고 한 것은『방언(方言)』에 앵(甖 : **작은 술단지**)이라 했기 때문이다.

강호(康瓠 : 질그릇 병)를 계(甈 : 깨지는 병)라고 한다.

康瓠謂之甈

注 호(瓠)는 호(壺)이다. 가의(賈誼)가 말한 보강호(寶康瓠)가 이 뜻이다.

疏 '강호(康瓠)는 일명 계(甈)'라고 했다. 호(瓠)는 호(壺 : 병)이다.『설문』에「깨지는 항아리」라고 했다.『방언』에「계(甈)를 앙(盎)이라고 한다」고 했는데 곽박의 뜻이 잘못됐다.

찍는 것을 정(定 : 괭이)이라고 한다.

斫斸謂之定 【斫】찍을구. 【斸】찍을촉. 찍을착.

注 호미 종류이다.

疏 구촉(斫斸)은 일명 정(定)이라고 했는데 곽박은 호미에 소속된다고 했다. 이순(李巡)은「호미의 별도 이름이다」라 했고『광아(廣雅)』에는「정(定)은 괭이라고 이른다」고 했으며『세본(世本)』에는「垂作耨」라 했다.『여씨춘추(呂氏春秋)』에「耨柄尺此其度也其耨六寸所以間稼也」라 했는데 고유(高誘)의 주석에「누(耨)는 묘목에 김을 매는 것이다. 육촌(六寸)은 묘목간의 들어가는 사이를 뜻한다」고 했다.『시경』주송 신공(臣工)편에「庤乃錢鎛」라 했

는데『모전(毛傳)』에는 「부(鎛)는 팽이」라 했다. 누(耨 : 팽이) 및 정(定)은
마땅히 한 가지 그릇이다. 다만 앞의 학자가 혹은 호미라고 하고 혹은 호미의 일
종이라고 했는데 옛날 그릇의 변천과정은 알 길이 없을 뿐이다.

찍는 것을 작(斸 : 팽이) 이라고 한다.

斫謂之鐯

注 큰 호미로 팽이〔钁〕이다.
疏 작(斫)은 일명 작(鐯)이라고 했는데 곽박은 팽이라고 했다.『설문(說文)』에
「곽(钁)은 큰 호미다」라고 했다.

분량을 헤아리는 것을 삽(疀 : 가래) 이라고 한다.

斛謂之疀

注 삽은 옛날의 가래이다.
疏 곽박이 「皆古鍫鍤字」라고 한 것은『방언(方言)』에는 연(燕)의 동북쪽, 조선
(朝鮮)이나 간수(澗水)의 사이에서는 조(斛)라 하고 강회(江淮)나 남초(南
楚)의 사이에서는 삽(臿)이라 하고 조(趙)나라 위(魏)나라의 사이에서는 소
(梁)라고 했는데 이것은 모두 지금의 '초(鍫 : 가래)' 이다.

종고(緵罟)를 구역(九罭) 이라 하는데 구역은 물고기를 잡는
그물이다. 이부(嫠婦 : 홀어미, 과부)의 통발을 류(罶)라 하고 자
루 달린 그물을 산(汕) 이라 하고 가리를 조(罩)라 하고 섶을 잠
(涔 : 섶다발) 이라 하고 새를 잡는 그물을 라(羅)라 하고 토끼그
물을 저(罝)라 하고 사슴그물을 모(罞)라 하고 돼지그물을 만
(羉) 이라 하고 물고기그물을 고(眾)라 하고 수레 위의 그물을
동(罿) 이라 하고 동(罿)을 철(罬 : 연결) 이라 한다. 연결된 것
을 부(罦)라 하는데 부는 수레 위를 덮는 것이다.

緵罟謂之九罭 九罭 魚罔也 嫠婦之笱謂之罶 罺謂之汕 篧謂之罩 槮謂之涔 鳥罟謂之羅 兎罟謂之罝 麋罟謂之罞 彘罟謂之羉 魚罟謂之眾 罬謂之罿 罿 罬也 罬謂之罦 罦覆車也

注 구역(九罭)은 지금의 백낭고(百囊罟)다. 이는 또한 뇌(罳)라 하고 지금
의 강동에서는 종(緵) 이라고 부른다. 류(罶)는『모시전』에서 「류는 곡량
(曲梁) 이다」라 했는데 물고기 통발을 맡은 것을 이른다. 산(汕)은 지금의
요고(撩罟)다. 조(罩)는 대나무로 엮은 고기잡는 발. 잠(涔)은 지금의

삼(椮)이다. 나무를 물속에 쌓아 물고기가 추울 때 그곳에서 숨어있으면 발을 치고 몰아서 잡는 것을 뜻한다. 라(羅)는 그물이다. 저(罝)는 덮는 그물이다. 『시경』에 보인다. 모(罞)는 머리를 덮어 씌우는 그물이다. 란(羉)은 덮는 장막이다. 고(眾)는 큰 그물이며 강동 사람들이 부르는 이름이다. 복거(覆車)는 지금의 번거(飜車)이다. 罝·罞·罞는 수레의 양 끌채 가운데에 쳐서 새를 잡는 그물들로 표현이 다른 것이다.

疏 이상은 그물의 다른 이름을 구별한 것이다. 고(罟)는 그물이다. 종고(緵罟)는 일명 구역(九罭)이라 하는데 곧 어망(魚罔)이다. '과부의 통발'은 물고기를 취하는 그릇이며 일명 류(罶)라고 한다. 조(罺)는 일명 산(汕)이라 한다. 조(罺)는 물고기를 잡는 대발로 일명 착(籗)이라 한다. 물속에 나무를 쌓아 고기를 모으는 것을 삼(椮)이라 이름하고 또 잠(涔)이라고도 한다. 새그물은 라(羅), 토끼그물은 저(罝), 사슴그물은 모(罞)인데 모는 덮어 씌우는 것으로 그 머리를 덮어 씌우는 것이다. 체(彘)는 돼지라는 뜻이며 그물 이름은 만(羉)이라고 하는데 장막으로 되었으며 돼지의 몸을 장막으로 엮는다. 물고기를 잡는 큰 그물은 고(眾)라고 한다. 수레를 덮는 조그마한 새 잡는 그물을 벽(罦)이라고 한다. 동(罿), 철(罬), 부(罞)는 모두 수레를 덮는 것이다. 『시경』에 보인다고 한 것은 주남 토저편에 「肅肅兎罝」라 했다.

신코장식하는 것을 구(絇)라고 한다.
絇謂之救

注 구사(救絲)는 신코장식을 하는 것이다. 어떤이는 덫이라고도 했다.

疏 곽박이 두 가지 해석을 했다. 『예기』 사관례(士冠禮)편에 「玄端黑履靑絇」라고 했고 정현의 주에는 「구(絇)는 얽는 것이다」라 했다. 또 구(絇)는 덫의 별칭이라고도 했다.

가락〔음조(音調)〕은 분(分)이라고 한다.
律謂之分 【律】가락률. 피리률. 법률.

注 율관(律管)은 기(氣)를 나누는 것이다.

疏 률(律)은 일명 분(分)이라 한다. 정현의 『예기』 월령(月令) 주석에 「律候氣之管也 以銅爲之」라고 했고 『율력지(律曆志)』에 「황제(黃帝)가 영윤(伶倫)에게 대하(大夏)의 서쪽에서부터 곤륜의 북쪽까지에서 취하여 대나무의 막힌 곳을 뚫고 두 마디 사이를 끊어 붙게 하여 황종(黃鍾)의 궁(宮)으로 삼았다. 12대롱으로 만들어 봉황의 울음소리를 듣고 그 수컷의 울음소리로 육률(六律)을 만들고 암컷의 울음소리에 맞추어 육려(六呂)를 만들었다」고 했다. 양관(陽管)은 률(律)이 되고 률(律)은 법(法)이다. 양기(陽氣)와 음기(陰氣)로 법(法)을 삼았다. 정현의 주(注)에 「律은 述也로 述氣之管陰이요, 管은 爲呂다」라 했다. 『율력지』에 「呂는 助也」라 했다. 양(陽)을 도와 기운이 적당하게 한다고 했다. 또 이르기를 여(呂)는 거(拒)다. 양(陽)과 함께 서로 이어져 경질되어 이르는 것을 뜻한다. 또 음률(陰律)이 동일하다고 한 것은 양(陽)과 같다는 뜻이다. 총체적으로 말하면 음양(陰陽)을 다 률이라고 말하는 것으로 월

령(月令) 12월에는 다 「律中」이라고 하였다. 또 기후를 12월의 기(氣)로 나누므로 '분(分)'이라고 했으며 곽박도 「律管可以分氣」라 했다.

큰 담틀을 업(業)이라 하고 노끈을 축(縮 : 묶다)이라고 한다.

大版謂之業 繩之謂之縮之

注 업(業)은 담을 쌓을 때 쓰는 틀이다. 축(縮)은 묶는 것이다. 『시경』에 「縮版以載」라고 했다.

疏 이상은 『시경』 대아 면(緜)편의 「縮版以載」를 설명한 것이다. 대판(大版 : 큰담틀)을 업(業)이라 하고 노끈으로 판을 묶는 것을 축(縮)이라 했으며, 주(注)에는 「축은 담을 쌓는 틀」이라 했다. 손염은 「업(業)은 악기틀을 달고 판을 새기고 업을 빠르게 하는 것으로 톱니같은 것이다」라 했다. 『모전』에 「業大版也」라 했다. 악기틀을 꾸미는 것을 달아맨다고 하는 것이다. 첩업(捷業)은 톱니와 같다.

이(彝 : 술그릇)와 유(卣 : 술통)와 뢰(罍 : 술그릇)는 그릇이며 작은 술그릇은 감(坎)이라고 이른다.

彝 卣 罍 器也 小罍謂之坎

注 이(彝), 유(卣), 뢰(罍)는 다 술을 담는 술잔이고 이는 전체의 명칭이다. 뢰(罍)는 모양이 병과 같고 큰 것은 10말이나 들어간다.

疏 술잔의 크고 작은 것의 다른 명칭을 구별한 것이며 전체의 명칭은 이(彝)라고 한다. '이'라는 것은 법(法)을 뜻한다. 모든 술잔의 법규가 되는 것이다. 유(卣)는 중간술잔이라 했다. 손염은 「尊彝爲上 罍爲下 卣居中」이라 했고 곽박은 「不大不小者 是在罍彝之間」이라 했다. 곧 『주례』의 「犧象壺著太山等六尊」이 이 뜻이다. 뢰(罍)는 술잔의 큰 것이다. 곧 『주례』의 「尊彝云皆有罍諸臣之所酢」이 이 뜻이다. 뢰(罍)의 작은 것은 별명(別名)으로 감(坎)이라고 한다.

옷이 떨어진 것을 예(祝)라 하고 수놓은 옷깃을 박(襮)이라 하고 가선두른 것을 준(純)이라 하고 옷깃구멍을 형(褮)이라 하고 옷깃을 금(襟)이라 하고 옷자락을 거(裾)라 하고 작은옷깃을 존(裾)이라 하고 두르는 띠를 원(褑)이라 하고 옷섶 잡는 것을 결(袺)이라 하고 옷섶 거두는 것을 힐(襭)이라 하고 옷의 앞가리개를 첨(襜 : 행주치마)이라 하고 부인의 옷을 이(繡)라 하며 이(繡)는 향주머니끈이다. 치마의 폭이 좁은 것을 복(襮)이라 한다.

衣 梳謂之祝 黼領謂之襮 緣謂之純 袆謂之褮 衣皆謂之襟 衱謂之裾 衿謂之裾 佩衿謂之褑 執衽謂之袺 扱衽謂之襭 衣蔽前謂之

襜 婦人之褘謂之縭 縭 緌也 裳削幅謂之纀

注 예(裞)는 누더기 옷이다. 제(齊)나라 사람은 련(攣)이라 한다. 어떤 사람은 「규의(袿衣)의 꾸밈」이라 했다. 박(襮)은 도끼무늬의 수를 놓은 가로된 옷깃. 준(純)은 녹색으로 가선을 두른 것. 형(䋰)은 지금의 단추구멍. 금(襟)은 옷깃. 거(裾)는 옷자락. 존(袸)은 작은옷깃. 원(褑)은 허리 위의 옥을 차는 띠. 결(袺)은 옷섶의 위쪽을 잡는 것. 힐(襭)은 옷섶 위쪽을 띠에 끼우는 것. 첨(襜)은 행주치마로 지금 무릎을 가리는 것. 이(縭)는 향낭의 끈. 위(褘)는 사특하게 사귀는데 끈을 풀어 몸에 매도록 하는 것으로 명칭을 얻었는데 위(褘)는 유계(緌繫)이다. 복(纀)은 치마의 폭을 좁게 한 것이다.

疏 이상은 의복의 다른 명칭을 구별한 것이다. 의(衣)는 조목을 뜻한다. 류(裗)를 일명 예(裞)라고 했다. 도끼무늬를 옷깃에 수놓은 것을 박(襮)이라 하고 녹색으로 가선 두른 것을 준(純)이라고 이름 붙였는데 『예기』 심의(深衣)편에 「衣純以繢衣純以青之」라 했다. 혈(袕)은 옷에 구멍을 뚫은 것으로 형(䋰)이라고 했는데 『설문』에는 「鬼衣也」라 했다. 옷이 주름진 것을 금(襟)이라고 이름한 것은 옷깃을 뜻한다. 『방언』에 「衿謂之交」라 했다. 겁(衱)을 일명 거(裾)라고 한 것은 곧 옷자락을 뜻한다. 금(衿)은 옷의 작은 띠이며 일명 존(袸)이라고 한다. 『의례』 사혼례(士昏禮)에 「施衿結帨」라 했다. 아래에 두르는 띠를 원(褑)이라고 이름하였다. 임(衽)은 치맛자락이다. 손으로 그 자락을 잡는 것을 결(袺)이라고 이름했다. 옷섶을 띠에 끼우는 것을 힐(襭)이라고 이름한 것은 『시경』 주남편에 「薄言袺之 薄言襭之」라 했다. 옷 앞가리개를 첨(襜)이라 하고, 부인(婦人)의 향주머니끈을 매는 데에서 뜻을 취했다. 옷 가운데 아래를 상(裳)이라고 한 것은 밑으로 갈수록 그 폭이 작아진 것을 복(纀)이라고 이름하는데 심의(深衣 : 귀인의 옷)의 치마를 말한 것이다.

수레의 앞 가죽을 흔(鞎 : 장식가죽)이라 하고 뒤의 가죽을 불(笰)이라 하고 앞의 대자리를 어(禦)라 하고 뒤의 대자리를 폐(蔽)라 하고 고리를 연(捐)이라 하고 재갈을 알(钀)이라 하고 고삐 꾸미는 것을 의(轙)라 하고 고삐머리를 혁(革)이라고 한다.

輿 革前謂之鞎 後謂之笰 竹前謂之禦 後謂之蔽 環謂之捐 鑣謂之钀 載轡謂之轙 轡首謂之革

【鑣】재갈표. 【轡】고삐비.

注 흔(鞎)은 부드러운 가죽으로 수레의 앞턱을 꾸민 것. 불(笰)은 부드러운 가죽으로 뒤를 꾸민 것. 어(禦)는 대자리로 수레 앞턱을 입힌 것. 폐(蔽)는 대자리로 수레 뒷턱을 입힌 것. 연(捐)은 수레에 붙은 고리를 뜻한다. 알(钀)은 말의 굴레옆에 있는 쇠. 의(轙)는 수레 멍에 끝의 고리로 고삐를 꿰뚫은 것이다. 혁(革)은 고삐의 굴레로 『시경』에 보인다.

疏 이상은 수레와 말의 장식 명칭을 구별한 것이다. '수레 앞의 가죽장식을 흔(鞎)'

이라고 한 것을 이순은「수레 앞의 가죽은 수레 앞을 가죽으로 장식한 것으로 흔(鞎)이라 한다」고 했고 곽박은「고삐가죽으로 수레 앞턱의 가로나무 장식을 매는 것을 말한 것」이라고 했다. '뒤에 꾸미는 것을 불(第)'이라고 한 것을 이순은「第車後戶名」이라 했고 곽박은「고삐가죽으로 뒤를 꾸민다」고 했다. '앞의 대자리를 어(禦)라 한다'고 한 것의 어(禦)는 그치다의 뜻이다. 비수(轡首)는 가죽 이름이다.『시경』대아 한혁(韓奕)편에「鞗革金厄」이라 했다.

냄새나는 것을 훼(餯 : 썩다)라 하고 밥이 쉰 것을 애(餲)라 하고 뭉친 것을 란(糷 : 진밥)이라 하고 설익은 쌀을 벽(糪 : 설익은 밥)이라 하고 살코기가 썩은 것을 패(敗 : 부패)라 하고 물고기가 썩은 것을 뇌(餒 : 썩어 문드러지다)라고 한다.

餯謂之餯 食饐謂之餲 搏者謂之糷 米者謂之糪 肉謂之敗 魚謂之餒 【搏】뭉칠박.

注 훼(餯)는 음식이 냄새나는 것. 애(餲)는 음식이 쉰 것을 말하며 '밥이 쉬었다는 것'은『논어』에 나와 있다. 란(糷)은 진밥을 뜻한다. 벽(糪)은 설익은 밥으로 밥가운데 생것이 있는 것을 뜻한다. 패(敗)는 고기가 썩은 것. 뇌(餒)는 물고기가 썩어서 문드러진 것을 뜻한다.

疏 이상은 물질이 악취를 풍기는 것의 다른 명칭을 구별한 것이다. 이순(李巡)은「애(餒)와 훼(餯)는 더러운 냄새다」라 했다. 사(食)는 밥이다. 애(饐)는 밥냄새로 일명 애(餲)라 한다. 밥이 서로 붙어 있는 것을 란(糷)이라 한다. 이순은「糷은 진흙처럼 서로 붙은 것이다」라 했다. 밥 속에 생쌀이 있는 것을 벽(糪)이라 한다고 했는데 이순은「米飯半腥半熟名糪」이라 했고『논어』에는「失飪不食」이라 했다.「肉臭壞曰敗 魚肉爛曰餒」는『논어』에「魚餒而肉敗不食」이라 했다.

고기〔肉〕는 벗긴다고 하고 물고기는 깎는다고 한다.

肉曰脫之 魚曰斮之

注 탈(脫)은 그 가죽을 벗긴다는 뜻이며 지금의 강동(江東)에서 사슴의 무리를 육(肉)이라고 통용하여 부른다. 착(斮)은 비늘을 벗기는 것이다.

疏 이상은 어(魚)와 육(肉)을 손질하는 것을 구별하여 논한 것이다. '고기의 가죽을 벗기는 것을 탈(脫)'이라고 명명한 것을 이순은「肉去其骨曰脫」이라 했다. 황간(皇侃)은「治肉除其筋膜取好者」라 했다.

기름은 비계이다.

氷脂也

注『장자』에「肌膚若氷雪」이라 했는데 빙설(氷雪)은 비계이다.

疏 지고(脂膏)를 일명 빙(氷)이라 한다.「肌膚若氷雪」은『장자』내편 소요(逍遙)편의 문장. 脂膏를 손염은「膏凝曰脂則似脂與膏異」라고 했다.

고기로 끓인 것을 갱(羹)이라 하고 어류(魚)로 담은 것을 지
(鮨 : 젓)라 하고 고기로 만든 것을 해(醢 : 육장)라 하고 뼈가
붙은 것으로 만든 것을 니(臡 : 장조림)라고 한다.

肉謂之羹 魚謂之鮨 肉謂之醢 有骨者謂之臡

注 갱(羹)은 고기국의 뜻.『광아』에「읍(湆 : 국)」이라 했고『좌전』에 보인다.
지(鮨)는 젓갈이며 공(公)이 대부를 대접하는 예에 보인다. 해(醢)는 육장
(肉醬). 니(臡)는 여러 가지 고기를 섞어 조린 것으로『주례』에 나와 있다.

疏 이상은 어(魚)와 육(肉)으로 만드는 음식의 이름을 구분한 것이다. 고기로 국
을 만드는 것을 갱(羹)이라 하고 물고기로 젓을 담는 것을 지(鮨)라 한다. 고
기로장을 담는 것을 해(醢)라 하고 뼈가 있는 것을 서로 섞어 만든 것은 니(臡)
라 한다.『좌전』은 은공(隱公) 원년에 보인다.『주례』는 해인직(醢人職) 참조.

쌀껍질을 고(蠱)라 하고 찌꺼기를 은(垽)이라고 한다.

康謂之蠱 澱謂之垽

注 고(蠱)는 쌀껍질, 은(垽)은 찌꺼기이다. 강동 지방에서 은(垽)이라 부른다.

疏 강(康)은 쌀껍질로 일명 고(蠱)라고 하며『좌전』에「穀之飛亦名蠱」라 했다.
전(澱)은 찌꺼기로 일명 은(垽)이라고 하는데 곽박은 강동 지방에서 '은(垽)
이라 부른다' 고 했다.

최대로 큰 솥을 내(鼐 : 가마솥)라 하고 몸체가 둥글고 위를 덮은
것(옹달솥)을 재(鼒)라 하고 귀가 밖에 붙어있는 솥을 익(鈨)이
라 하고 발이 굽은 솥을 력(鬲)이라고 한다.

鼎絶大謂之鼐 圓弇上謂之鼒 附耳外謂之 鈨 款足者謂之鬲

注 내(鼐)는 솥 중에서 가장 큰 것. 재(鼒)는 솥의 위를 오무려 입구가 작은 것
이다. 익(鈨)은 솥 귀가 밖에 있는 것. 력(鬲)은 솥의 다리가 굽은 것이다.

疏 이상은 솥의 이름을 구분한 것이다. 솥의 가장 큰 것을 내(鼐)라 한다. 솥의 몸
체가 둥글고 위를 오무려 입구가 작은 것을 재(鼒)라 하는데『시경』주송 사의
(絲衣)편에「鼐鼎及鼒」라 했다. 귀가 솥 밖에 붙어있는 것을 익(鈨)이라 한다.
관(款)은 드물다로 솥의 발이 서로 떨어져 드물게 있는 것을 력(鬲)이라 한다.

시루를 심(鬵 : 큰 가마솥)이라고 하는데 심(鬵)은 이(鉹)이다.

甑謂之鬵 鬵鉹也 【甑】시루증.

注 심(鬵)은『시경』에「溉之釜鬵」이라 했다. 심을 양주(涼州)에서는 이
(鉹)라고 부른다.

疏 증(甑)은 일명 심(鬵)이라 한다. 양주(涼州)에서는 이(鉹)라고 이름한다.

『방언』에는「甂自關而東或謂之瓽 或謂之䀀」이라 했다.『시경』은 회풍(檜風)
비풍(匪風)편의 문장.

허리띠에 차는 옥은 서(瑞)이다. 옥(玉)이 10개 되는 것을 구
(區)라고 한다.

璲瑞也 玉十謂之區

注 수(璲)는 상서로운 옥(玉)이다.『시경』에「鞙鞙佩璲」라 했다. 쌍옥(雙
玉)을 각(瑴)이라 하고 오각(五瑴)은 구(區)가 된다.

疏 수(璲)는 서옥(瑞玉)의 이름이다. 옥(玉) 10개를 구(區)라고 이름했다.『시
경』은 소아 대동(大東)편의 문장.

깃의 밑둥을 핵(翮 : 깃촉)이라 하고 하나의 깃을 잠(箴 : 침)이
라고 하며 10개의 깃을 전(縛 : 10묶음)이라 하고 100개의 깃을
혼(緷 : 100개의 깃)이라고 한다.

羽本謂之翮 一羽謂之箴 十羽謂之縛 百羽謂之緷

注 핵(翮)은 깃의 뿌리, 곧 밑둥이다. 이상은 깃 수의 많고 적은 것을 구별했다.

疏 이상은 깃의 많고 적은 것의 이름을 구별한 것이다. 본(本)은 근(根)이다. 새
의 깃 뿌리를 핵(翮)이라 하고 하나의 깃을 침(箴)이라 하며 10개의 깃을 전
(縛)이라 하고 100개의 깃을 혼(緷)이라고 이름한다.

나무를 거(虡 : 쇠북 거는 틀)라 한다.

木謂之虡

注 종경(鍾磬)을 걸어놓는, 나무로 만든 틀이다.

疏 곽박이「종경을 걸어놓는, 나무로 만든 틀을 거(虡)라 이름한다」고 한 것은『주
례』고공기(考工記)편에「梓人爲筍虡」라 했는데 정현의 주에는「樂器所縣
橫曰筍植曰虡」라 하였으며「縣鍾磬者兩端有植木其上有橫木謂直立者爲虡
謂橫牽者爲栒 栒上加大版爲之飾名業」이라 했다. 또『시경』대아 영대(靈
臺)편에「虡業維樅」이라고 했다.

소꼬리로 만든 기를 피(旄)라고 한다.

旄謂之藣

注 모(旄)는 소꼬리로 만든 기이다.

疏 곽박이「모는 소꼬리로 만든 기라 하고 이것을 일명 피(藣)라고 한다」고 한 것
은 무무(武舞)를 추는 자가 잡고 추는 것을 말한다.

나물은 속(萩 : 푸성귀)이라고 한다.

荣謂之萩

注 속(萩)은 여러 가지 나물을 아울러 일컬을 때 쓰는 이름이다.『시경』에 나와 있다.

疏 채여(荣茹)를 속(萩)이라고 이름한다. 곽박은 속(萩)은 모든 나물의 총체적인 이름이라고 했다.『시경』대아 한혁(韓奕)편에「其萩維何 維筍及蒲」라 했으며『모전(毛傳)』에는「萩은 채효(荣殽)이다」라고 했다.

흰띠로 엮은 것을 점(苫 : 거적)이라고 한다.

白蓋謂之苫 【蓋】덮을개. 합으로도 발음함.

注 백모(白茅)는 점(苫)이라고 한다. 지금 강동(江東) 사람들이 합(蓋)이라고 부른다.

疏 손염은「白蓋茅苫也」라 했고 곽박은「白茅苫也 今江東呼爲蓋」라 했다. 그러므로 합(蓋)은 곧 점(苫)이다. 흰띠로 만든 것으로 백합(白蓋)이라 했다.『좌전』양공(襄公) 14년에「晉將執戎子駒支范宣子親數諸朝曰乃祖吾離被苫蓋」라 했다.

황금(黃金)을 탕(盪 : 금)이라 하고 그 아름다운 것을 류(鏐)라고 한다. 흰금을 은(銀)이라 하고 그 아름다운 것을 료(鐐)라고 한다. 떡모양의 금을 판(鈑)이라 하고 주석을 인(鈏)이라고 한다.

黃金謂之盪 其美者謂之鏐 白金謂之銀 其美者謂之鐐 鉼金謂之鈑 錫謂之鈏

注 이상은 금과 주석의 별도 명칭과 정제(精製)된 것을 말했다. 류(鏐)는 자마금(紫磨金)이다. 판(鈑)은『주례(周禮)』에「祭五帝卽供金鈑」이라 했다. 인(鈏)은 백랍(白鑞)이다.

疏 이상은 금과 주석의 다른 이름을 구별한 것이다. 황금을 일명 탕(盪)이라 하고 그 정제되어 아름다운 것을 류(鏐)라 하며 백금(白金)을 은(銀)이라 하고 그 정제되어 아름다운 것을 료(鐐)라 한다. 곽박은 다 금과 은의 다른 이름과 정제된 것을 말한 것이라고 했다. 류(鏐)는 곧 자마금(紫磨金)이라고 했다. 병금(鉼金)은 판(鈑)이라 이름하고 주석은 지금의 백랍(白鑞)이며 일명 인(鈏)이라 한다.『주례』에「祭五帝卽供金鈑」이라 한 것은 추관사금직(秋官司金職)에「旅于上帝則共其金鈑」이라 했는데「祭五帝者旅則祭也上帝則五帝也」이다.

상아를 다듬는 것을 곡(鵠)이라 하고 뿔 다듬는 것을 악(礐)이라 하고 물소뿔 다듬는 것을 착(刓 : 꾸미다)이라 하고 나무 다듬는 것을 탁(劇)이라 하고 옥 다듬는 것을 조(雕)라고 한다.

象謂之鵠 角謂之觷 犀謂之劀 木謂之劇 玉
謂之雕 【犀】물소서.

注 이상의 5가지는 다 아름답게 꾸미는 명칭을 뜻한다. 『좌전』에 「山有木工
則劇之」라 했다.

疏 곽박이 「五者皆治樸之名」이라고 한 것은 질박한 것을 다스리고 아울러 기구
가 이루어지지 않은 5가지의 명칭이다. 『좌전』은 은공(隱公) 11년의 전문
(傳文)이다.

쇠에 새기는 것을 루(鏤)라 하고 나무에 새기는 것을 각(刻)이
라 하고 뼈를 가는 것을 절(切)이라 하고 상아를 가는 것을 차
(磋)라 하고 옥을 가는 것을 탁(琢)이라 하고 돌을 가는 것을 마
(磨)라고 한다.

金謂之鏤 木謂之刻 骨謂之切 象謂之磋 玉
謂之琢 石謂之磨

注 이상의 6가지는 다 기구를 만들기 위해 다듬는 것을 말한다.

疏 곽박이 「六者皆治器之名」이라고 한 것은 기구를 만들기 위해 가공하는데 쓰이
는 명칭이다. 그러므로 『논어』에 「切嗟琢磨 以成寶器」라고 했다.

구림(璆琳 : 아름다운 옥)은 옥(玉)이다.

璆琳玉也

注 구림(璆琳)은 아름다운 옥의 이름이다.

疏 곽박은 「구림(璆琳)은 미옥(美玉)의 이름」이라 했다. 『서경』 우공(禹貢) 양
주(梁州)에 「厥貢璆鐵銀鏤」라 했고 또 옹주(雍州)에 「球琳琅玕」이라 했다.

편지를 필(畢 : 간찰)이라고 한다.

簡謂之畢 【畢】간찰필. 그물필. 마칠필. 다할필.

注 지금의 간찰(簡札 : 편지)을 뜻한다.

疏 간(簡)은 대조각이다. 옛날에는 종이가 없어 대쪽에 글을 써서 보냈으므로
간찰(簡札)이라 했고 일명 필(畢)이라 한다. 『예기』 학기(學記)편의 「呻
其佔畢」은 다만 '외워서 대쪽에 기록하여 보여주는 글'이라는 뜻에서 「簡
爲畢也」라 했다.

불률(不律 : 붓)을 필(筆 : 붓)이라고 한다.

不律謂之筆

注 촉인(蜀人)은 필(筆)이라 부르는데 불률(不律)이다. 말이 변하여 달라진 것이다. ※불률은 중국식 '필'의 발음이다.

疏 필(筆)은 일명 불률(不律)이다. 허신(許愼)은 「楚謂之聿 吳人謂之不律 燕謂之弗 秦謂之筆」이라 했다. ※三寸不律이라고도 한다.

지우는 것은 점(點)이라고 한다.

滅謂之點

注 붓으로 글자를 없앨 때에는 점(點)으로 한다.

疏 글자를 지울 때 점으로써 한다는 것은 지금도 똑같다.

유난히 빛나는 것을 선(銑 : 날)이라고 한다.

絶澤謂之銑

注 선(銑)은 아름다운 금이며 최고의 빛이 있는 것을 뜻한다. 『국어』에 「珧之以金銑者」는 이를 뜻한다.

疏 금(金)이 최고로 빛나는 것을 선(銑)이라고 한다.

쇠화살촉에 깃을 가지런히 한 것을 후(鏃)라 하고 뼈화살촉에 깃이 가지런하지 않은 것을 지(志)라 한다. 둘러맬 수 있는 활을 궁(弓)이라 하고 두를 수 없는 것을 미(弭 : 활고자)라 한다. 쇠로써 한 것을 선(銑)이라 하고 조개껍질로 박은 것을 요(珧)라 하고 옥으로써 한 것을 규(珪)라고 한다.

金鏃翦羽謂之鏃 骨鏃不翦羽謂之志 弓有緣者謂之弓 無緣者謂之弭 以金者謂之銑 以蜃者謂之珧 以玉者謂之珪

注 후(鏃)는 지금의 비전(錍翦)이다. 지(志)는 지금의 골박(骨骹 : 뼈화살)이다. 연(緣)은 얽어매는 것으로 곧 지금의 완전(宛轉 : 구르는 모양)이다. 미(弭)는 지금의 각궁(角弓)으로 『좌전』에 「左執鞭弭」라 했다. 선(銑)과 요(珧)와 규(珪)는 금(金 : 쇠)과 방(蚌)과 옥(玉)으로 활을 밀 때 양쪽 머리에 댄 그 종류에 따라 이름을 삼은 것이다. 요(珧)는 소방(小蚌)이다.

疏 이상은 활과 화살의 이름을 구별한 것이다. 족(鏃)은 화살촉, 전(翦)은 가지런하다. 쇠로 활촉을 만들어 깃을 가지런히 한 것을 후(鏃)라 한다. 손염은 「金鏑斷羽使前重也」라 했다. 뼈로써 활촉을 만들고 깃이 가지런하지 않은 것을

지(志)라 한다. 『방언』에는 「箭自關而東謂之矢 江淮之間謂之鍭 關西曰箭」
이라 했다. 궁(弓)은 『설문』에 「以近窮遠象形」이라 했다. 옛날에는 수(倕)를
궁(弓)이라 했다. 『주례』에 「六弓은 王弓 弧弓 以授射甲革椹質 夾弓庾弓以
授射豻侯鳥獸 唐弓大弓以授學射者」라 했는데 이것은 궁(弓)의 종류이다.
'有緣者名弓 無緣者名弭'를 이순은 「骨飾兩頭曰弓 不以骨飾兩頭曰弭」라
고 했다. 활을 꾸밀 때 양쪽 머리에 쇠로 한 것을 선(銑)이라 하고 방합조개껍
질로 한 것을 요(珧)라 하고 옥(玉)으로 한 것을 규(珪)라고 한다. 선(銑)은
최고의 광채가 나는 것이요, 요(珧)는 작은 방합조개 껍질이요, 규(珪)는 옥
을 다듬어 만든 것이다. 『좌전』에 「左執鞭弭」라 한 것은 희공(僖公) 23년의
전문(傳文)이다. 「珧小蚌」은 제17편 석어(釋魚)편에 「蜃小者珧」라 했다.

규(珪)의 길이가 1자 2치 되는 것을 개(玠)라 하고 장(璋)의
길이가 8치 되는 것을 숙(琡)이라 하고 벽(璧)의 길이가 6치 되
는 것을 선(宣)이라 이른다. 둘레가 구멍의 2배가 되는 것을 벽
(璧)이라 하고 구멍이 둘레보다 배가 큰 것을 원(瑗)이라 하고
둘레와 구멍이 서로 같은 것을 환(環)이라고 한다.

珪大尺二寸謂之玠 璋大八寸謂之琡 璧大六寸謂之宣 肉倍好謂之璧 好倍肉謂之瑗 肉好若一謂之環

注 개(玠)는 『시경』에 「錫爾介圭」라고 했는데 개규(介圭)는 개규(玠珪)와
같다. 장(璋)은 반규(半珪)이다. 선(宣)은 『한서(漢書)』의 「瑄玉」과 같
다. 육(肉)은 둘레이고 호(好)는 구멍이다. 원(瑗)은 구멍이 크고 둘레가
작은 것. 환(環)은 둘레와 구멍이 똑같은 것이다.

疏 이상은 규(珪 : 홀)와 옥의 무리를 분별한 것이다. 규(圭)는 옥기(玉器)이며 잡
고 있으면 상서로운 것이다. 대(大)는 길이이다. 규(珪)의 길이가 1자 2치 되는
것을 개(玠)라고 한다. 장(璋)은 반규(半珪)이며 길이가 8치인 것을 숙(琡)이
라 한다. 벽(璧) 또한 옥기(玉器)로 자작(子爵)이나 남작(男爵)이 잡는 것이
다. 길이가 6치인 것을 선(宣)이라 한다. 이상은 벽(璧)의 제도를 말한 것이다.
육(肉)은 변(邊 : 둘레)이다. 호(好)는 공(孔 : 구멍)이다. 둘레가 구멍보다 갑
절이나 큰 것을 벽(璧)이라 하고 구멍이 크고 둘레가 작은 것을 원(瑗)이라 하
고 둘레와 구멍이 같은 것을 환(環)이라 한다. 『좌전』 소공(昭公) 16년에 「宣
子有環其一在鄭商」이라 했다. 『시경』은 대아 숭고(崧高)편의 문장.

인끈은 수(綬)이다.

繸 綬也

注 옥을 차는 끈이다. 상서로운 옥을 차는 것을 모두 수(繸)라고 한다.

疏 옥을 차는 것을 수(璲)라 하고 옥을 매는 끈을 수(綬)라고 이름한 것은 옥을
매는 것으로 이름을 얻은 것이다.

한 번 물들인 것을 전(縓 : 분홍빛)이라 하고 두 번 물들인 것을 정(頳 : 붉은빛)이라 하고 세 번 물들인 것을 훈(纁)이라고 한다. 푸른 것을 총(蔥)이라 하고 검은 것을 유(黝)라 하고 도끼의 무늬를 보(黼)라고 한다.

一染謂之縓 再染謂之頳 三染謂之纁 靑謂之蔥 黑謂之黝 斧謂之黼

注 전(縓)은 지금의 홍(紅)색이다. 정(頳)은 엷은 적색이다. 훈(纁)은 짙은 홍색이다. 총(蔥)은 엷은 청색, 유(黝)는 검푸른색으로『주례』에「陰祀用黝牲」이라 했다. 보(黼)의 무늬는 도끼 모양이기 때문에 이것으로 인해 이름이 지어졌다.

疏 이상은 여러 색의 이름을 구분한 것이다. '一染謂之縓者'는 진홍색을 물들이는 법을 기술한 것이다. 일염(一染)은 한 번 색이 들어간 것으로 전(縓)이라고 이름하며 지금의 홍색(紅色)이다.『설문』에는「帛黃赤色」이라고 했다.『의례』상복기(喪服記)에「公子爲其母練冠麻衣縓緣」이라 했다. '再染名頳'은 곧 엷은 적색(赤色)이다. '三染名纁'은 이순은「三染其色已成爲絳」이라 했다. '纁'과 '絳'은 똑같은 뜻이다.『주례』고공기(考工記)에「三入爲纁」이라 했는데 정현은「染纁者三入而成」이라 했다.『서경』하서(夏書) 우공(禹貢)편에는「厥篚玄纁」이라 했다. '淺靑一名蔥'은『예기』옥조(玉藻)편에「三命赤韍蔥衡」이라 했다. '黑色名黝'는 백과 흑의 2가지 색을 뜻한다.「畫之爲斧形名黼」는『주례』고공기에「白與黑謂之黼」라 했고『서경』에「黼黻絺繡」라 했다.『주례』의「陰祀用黝牲」은 지관(地官) 목인직(牧人職)의 문장인데 정현의 주에「陰祀祭地北郊及社稷也」라 했다.

사물의 밑을 저(柢)라고 한다.

邸謂之柢

注 근저(根柢)이며 다 사물의 밑이다. 저(邸)는 곧 저(底)와 통용되는 말이다.

疏 '根柢名邸'의 저(邸)는 근본이다. 곽박은「根柢皆物之邸邸卽底通語也」라고 했다. 무릇 사물의 밑은 반드시 뿌리에 있으므로 이름을 얻은 것이다. 이것은『주례』전서(典瑞)편에「四圭有邸以祀天 兩圭有邸以祀地」라고 했는데 이것은 다 저(邸)를 본저(本柢)로 삼은 것이다.

새기는 것을 탁(琢)이라고 한다.

雕謂之琢

注 옥을 다듬는 작업의 이름이다.

疏 위의 문장에서 옥의 원석을 다듬는 것을 조(雕)라 하고 옥그릇을 만드는 것을 탁(琢)이라 했다. 조(雕)와 탁(琢)은 둘 다 옥을 다듬는다는 뜻으로 옥덩어리와 그릇을 구분하지 않은 것이다.

깔개를 자(茲)라고 한다.

蓐謂之茲

注『공양전(公羊傳)』에「屬負茲」라 했다. 자(茲)는 깔개라는 뜻이다.

疏 '蓐一名茲'는 곽박이「자(茲)는 깔개이다」라고 했다. 곧 풀로 만든 깔개이다. 『좌전(左傳)』 선공(宣公) 12년에「軍行右轅左追蓐」이라 했다. 『공양전』은 환공(桓公) 16년의 전문(傳文)이다.

횃대를 이(箷)라고 한다.

竿謂之箷 【竿】횃대간. 【箷】횃대이.

注 옷걸이이다. ※시렁에 달아 매놓은 대나무로 만든 옷걸이.

疏 무릇 횃대로 옷걸이를 삼는 것을 이(箷)라고 한다. 『예기』 곡례편에「男女不同椸枷」라고 했다.

대자리를 책(策)이라고 한다.

簀謂之策

注 상판(牀版 : 마루 위에 깐 것)이다. ※대로 엮어 마루에 깐 것 같다.

疏 책(簀)은 상판(牀版)이며 일명 책(策)이라고 한다. 『예기』 단궁(檀弓)편에「華而睆大夫之簀」이라 했다. 『좌전』에「牀策之言不踰閾」이라 했다. 『방언(方言)』에는「齊魯之間謂之簀陳楚之間或謂之策」이라 했다.

가죽이 중간이 끊어진 것을 변(辨)이라 하고 가죽이 또 한번 끊어진 것을 권(䊎)이라고 한다.

革中絶謂之辨 革中辨謂之䊎

注 변(辨)은 가운데가 끊어진 가죽이다. 권(䊎)은 다시 반으로 나누어진 것이다.

疏 털을 제거한 가죽을 혁(革)이라 한다. 이상은 가죽이 나누어져 끊어진 이름을 구별한 것이다. 가운데가 끊어진 것을 변(辨)이라 하고 다시 중간이 나누어진 변(辨)을 권(䊎)이라고 한다.

아로새기는 것은 수(鎪)이다.

鏤 鎪也

注 물건에 아로새기는 것이 수(鎪)이다. ※쇠에다 조각하는 것.

疏 두 가지로 된 이름을 말하였다. 곽박이 말한「刻鏤物爲鎪」는 『시경』 대아 한혁(韓奕)편의「鉤膺鏤錫」에서 취한 것이다.

중간술통은 중준(中尊)이다.

卣 中尊也

注 크지도 않고 작지도 않은 것이다.

疏 유(卣)는 중간 크기의 술통이다. 앞에 해석이 나와 있다.

제8편 석악(釋樂)

　『악기(樂記)』를 참고하면 "풍류란 즐거운 것이다. 군자는 그 도(道) 얻는 것을 즐거워하고 소인(小人)은 그 욕망을 채우는 것을 즐거워한 다."고 했다.

　『설문(說文)』에는 "음악은 다섯 소리와 여덟 가지 음(音)의 총칭이 다. 전쟁에서 치는 북인 고비(鼓鞞)를 본뜬 것이다. 쇠북 거는 것과 맑 은 노래는 종경(鍾磬)을 본뜬 것이다."라고 했다.

　오성(五聲)은 궁상각치우(宮商角徵羽)이다.

　『율력지(律歷志)』에 "상(商)은 법도를 말한 것으로 사물이 성숙할 때의 법도가 되는 것이요, 각(角)은 촉(觸)으로 대지르다이다. 사물이 땅을 떠받치고 까끄라기를 이고 나온다는 것이다. 궁(宮)은 중앙이다. 중앙에 있어 사방을 빛나게 하여 처음을 창(唱)하고 생을 베풀어 사성 (四聲)의 벼리가 된다. 치(徵)는 그치다로 만물이 성대하여 번화한 것 이 그치는 것이다. 우(羽)는 덮는다[宇]이다. 만물을 집합하여 저장하 고 덮는 것이다."라고 했다.

　또 『율력지』에 "팔음(八音)은 '土曰塤 匏曰笙 皮曰鼓 竹曰管 絲 曰絃 石曰磬 金曰鍾 木曰柷' 이다."라 했다.

　이상은 오성(五聲)의 이름과 팔음(八音)의 기구를 총괄하여 해석 한 것으로 '음악을 해석하다(釋樂)' 라고 한 것이다.

궁(宮)음을 중(重)이라 하고 상(商)음을 민(敏)이라 하고 각
(角)음을 경(經)이라 하고 치(徵)음을 질(迭)이라 하고 우
(羽)음을 유(柳)라고 한다.

宮謂之重 商謂之敏 角謂之經 徵謂之迭 羽
謂之柳

注 이상은 다 다섯 음의 별도 명칭이다. 그러나 그 뜻은 자세하지 않다.

疏 이상의 내용인 '宮一名重 商一名敏 角一名經 徵一名迭 羽一名柳'는 그 뜻이
어디에서 나왔는지 알 수 없다고 했다. 위의 오음(五音)이란 정현이 주석한『악
기』를 참고하면「雜比曰音謂宮商角徵羽 淸濁相雜和比謂之音 單出曰聲謂
五聲之內 唯單有一聲更無餘聲相雜也然則 初發口單出者 謂之聲 衆聲相合
成章 謂之音 金石干戚羽旄謂之樂則聲爲初音爲中樂爲末 此云 五音者 擧中
而言也〔혼동된 것을 음(音)이라고 하는데 궁상각치우(宮商角徵羽)를 이르
며 청탁이 서로 섞이고 고르게 따르는 것을 음(音)이라고 한다. 단독으로 나오
는 것을 '소리'라고 하며 오성(五聲)의 안에서 오직 단 하나의 소리가 있고 여
타의 다른 소리가 섞임이 없는 것을 이른 것이다. 그리하여 처음으로 입에서 나
오는 단 하나를 '성(聲 : 소리)'이라 하고 여러 소리가 서로 합하여 하나의 장
(章)을 이루는 것을 '음(音)'이라 하며 금석간척우모(金石干戚羽旄)를 '악
(樂)'이라 한다면 성(聲)은 '시작'이 되고 음(音)은 '중간'이 되고 악(樂)
은 '끝'이 된다. 여기에서 오음을 말한 것은 중(中)을 말한 것이다〕라 했다.
또 별명(別名)이라고 한 것은 중민경질류(重敏經迭柳)를 이른 것이요, 이는
궁상각치우의 별명이기도 하다.

대슬(大瑟)을 쇄(灑)라고 한다.

大瑟謂之灑

注 길이가 8자 1치, 넓이가 1자 8치에 27줄로 되어있다.

疏 슬(瑟 : 큰 거문고)이란 노래를 시작할 때 쓰이는 악기(樂器)이다. 그러므로
먼저 해석했다.『세본(世本)』에는「포희(庖犧 : 복희)씨가 50현(絃)을 만들
었고 황제(黃帝)가 소녀(素女)로 하여금 큰 거문고를 치게 했더니 슬픔을 스
스로 이기지 못하여 이에 없애고 25현으로 두 개를 만들었더니 소리가 고르게
되었다」고 했다.『예도구(禮圖舊)』에「아슬(雅瑟)은 길이가 8자 1치 넓이가
1자 8치에 23현인데 그 보통 쓰이는 것은 19현이요, 그 나머지 4현은 번(番)이
라고 하며 번(番)은 순서이다. 송슬(頌瑟)은 길이가 7자 2치, 넓이가 1자 8치
에 25현인데 모두 쓴다」고 했다. 쇄(灑)를 손숙연(孫叔然)은「음이 변화가 많
아져서 느릿하게 나오는 것을 뜻한다」고 했다.

대금(大琴)을 이(離)라고 한다.

大琴謂之離

注 어떤이는 금(琴)의 큰 것은 27현이라 했는데 그 길고 짧은 것이 자세하지 않
다.『광아(廣雅)』에는「금(琴)의 길이는 3자 6치 6푼이며 5현이다」라 했다.

疏 『금조(琴操)』에는 「복희씨가 금(琴)을 만들었다」고 했다. 『세본』에는 「신농(神農)이 금(琴)을 만들었다」고 했다. 『백호통』에는 「금(琴)은 금지하다의 뜻으로 사특한 것을 금지시켜 인심을 바르게 하는 것이다」라고 했다. 금(琴)의 큰 것을 별명으로 이(離)라 한 것은 손숙연(孫叔然)은 「음이 변화가 많은 소리로 서로 떨어진 것 같다」고 했다. 『광아』의 「琴長三尺六寸六分五絃」은 항상 쓰이는 금(琴)으로 366일을 본뜨고 5현은 오행(五行)을 본뜬 것이다. 또 큰 줄은 군왕을 상징하고 작은 줄은 신하를 상징한다. 문왕과 무왕(武王)은 두 줄을 더했는데 임금과 신하의 은혜를 합한 것이다. 또 5현(五絃)에서 첫째줄은 궁(宮)이고 그 다음으로 상각치우(商角徵羽)가 되고 문왕과 무왕의 두 줄은 소궁(少宮)과 소상(少商)이 된다. 『금조(琴操)』에는 「廣六寸象六合也」라 했다. 또 위는 연못으로 그 평탄을 말했고 아래는 가까운 것으로 복종을 말했으며 앞이 넓고 뒤가 좁은 것은 지위의 높고 낮음을 본뜨고 위가 둥글고 아래가 모난 것은 하늘과 땅을 본받았다. 그러나 금(琴)은 악기(樂器)일 따름이다. 『시경』과 『서경』에 자주 나오므로 여기에서 해석한 것이다.

큰 북을 분(鼖)이라 하고 작은 북을 응(應)이라고 한다.

大鼓謂之鼖 小者謂之應

注 분(鼖)은 길이가 8치이다. 응(應)은 『시경』에 「應棘縣鼓」라 했는데 큰 북 옆에 있는 작은 북을 뜻한다.

疏 북의 크고 작은 것의 이름을 구별하였다. '鼓之大者名鼖'은 『주례』 고인직(鼓人職)편에 「以鼖鼓鼓軍事」라 했다. '其小者名應'은 소리가 큰북에 응하여 나기 때문이다. 이순은 「작은 것은 소리가 서로 이어지는 것으로 응(應)이라 한다」고 했다. 손염은 「큰북에 화응(和應)한다」고 했다. 『시경』은 주송 유고(有瞽)편의 문장으로 지금 『시경』에는 '棘'이 '田'으로 되어 있다. '棘'은 인(引)이다. 작은 북을 쳐서 음악의 소리를 이끄는 것을 말한다.

큰 경쇠를 효(鷬)라고 한다.

大磬謂之鷬

注 효(鷬)는 모양이 검은 비녀장과 같고 옥석(玉石)으로 만들었다.

疏 경(磬)은 악기의 이름이며 옥석(玉石)으로 만들었다. 『세본』에 「無句作磬」이라 했다. 『석명(釋名)』에 「경(磬)은 경쇠다. 소리가 견고하고 경경(磬磬)하다」라 했다. 효(鷬)를 손염은 「교(喬)요, 교는 높다로 그 소리가 높은 것을 말한다」고 했다.

큰 생황을 소(巢)라 하고 작은 생황을 화(和)라고 한다.

大笙謂之巢 小者謂之和

注 생(笙)은 관(管)을 벌리고 중앙에 혀를 넣은 것으로 관의 끝이 큰 것을 19황(簧)이라 한다. 화(和)는 13황이다. 『향사기(鄕射記)』에 「3황(簧) 1화(和)가 음을 이룬다」고 했다.

疏 『세본(世本)』에 「隨作笙」이라 했다. 『예기』에 「女媧之笙簧」이라 했다. 『석명

『釋名)』에 「생(笙)은 생(生)이다. 사물이 땅을 뚫고 나오는 것을 본떴다」라
고 했다.『설문』에는「생(笙)은 정월의 음(音)이며 만물이 태어나는 것으로 생
(笙)이라 하고 13황(簧)이 있으며 봉황의 몸체를 본뜬 것이다」라 했다. '其大
者名巢'의 소(巢)는 높다로 그 소리가 높은 것을 말하였다. '小者名和'를 이
순은 「작은 것은 소리가 작고 음(音)이 서로 화락한다」고 했다. 손염(孫炎)은
「應和於笙」이라 했다.

대지(大篪)는 은(沂)이라고 한다.

大篪謂之沂 【沂】물이름기. '은'으로 발음한다.

注 지(篪)는 대나무로 만든 것이다. 길이가 1자 4치, 둘레가 3치이며 구멍 하
나는 위로 뚫려 있고 1치를 셋으로 나누어 교(翹)라 이름하고 가로로도 분
다. 작은 것은 1자 2치이다.『광아』에는「구멍이 8개이다」라고 했다.

疏 이순은「대지(大篪)는 그 소리가 하나가 아니다」라고 했다. 손염은「지(篪)의
소리는 슬프다. 은(沂)은 슬프다의 뜻이다」라고 했다.『석명(釋名)』에는「지
(篪)는 울다이며 소리가 어린아이 울음과 같다」고 했다. 정사농(鄭司農)이 주
(注)한『주례』에「篪七空蓋不數其上出者故七也」라 했다.

대훈을 교(𡲢)라고 한다.

大塤謂之𡲢

注 훈(塤)은 흙을 불로 구워서 만든다. 큰 것은 거위알 같은데 위가 뾰족하고
밑이 평평하며 저울추 같이 생겼고 구멍이 여섯이다. 작은 것은 달걀처럼
생겼다.

疏『설문』에「훈(壎)은 악기 이름이다」라 했다. 토(土)와 훈(熏)의 합한 음을 따
른다. '훈(塤)'과 '훈(壎)'은 고금(古今)의 통용되는 글자이다.『석명(釋
名)』에는「훈(塤)은 훤(喧)이다. 소리가 탁하고 시끌벅적하다」라고 했다.

대종(大鐘)은 용(鏞)이라 하고 그 중간 종을 표(剽)라 하고 작
은 종을 잔(棧)이라고 한다.

大鐘謂之鏞 其中謂之剽 小者謂之棧

注 용(鏞)은『서경』에「笙鏞以間」이라 했다. 또한 박(鎛)이라고 한다.

疏 종(鐘)의 크고 작은 것의 이름을 구분했다.『설문』에「종(鐘)은 악기다」라고
했다.『세본』에는「垂作鐘」이라 했다.『주례』고공기(考工記)에는「鳧氏爲
鐘」이라 했다.『석명(釋名)』에는「종(鐘)은 공(空)이다. 안이 비어 기(氣)를
많이 받는다」고 했다. '其大者名鏞'을 이순은「大鐘音聲大鏞大也」라 했다.
손염은「鏞深長之聲」이라 했다. '不大不小者名剽'를 손염은「剽者는 聲輕
疾也」라 했다. 이순은「其中微小故曰剽 剽小也」라 했다. '其小者名棧'을 이
순은「棧은 淺이다」라고 했다. 동진(東晋) 태흥(太興) 원년(元年)에 회계(會
稽) 염현(剡縣) 사람이 집안의 우물 속에서 하나의 종(鐘)을 얻었는데 길이
가 3치, 지름이 4치이고 위에 명(銘)이 고문으로 되어 있었고 잔(棧)이라고 했

다. 이 종은 작은 종으로 길이가 3치였으므로 천(淺)이었다. 『서경』은 익직(益稷)편의 문장이다.

큰 통소를 언(言)이라 하고 작은 통소를 교(筊)라고 한다.

大簫謂之言 小者謂之筊

注 언(言)은 23관(管)으로 매어졌으며 길이가 1자 4치이다. 교(筊)는 16관(管)이며 길이가 1자 2치이다. 소(簫)는 일명 뢰(籟)라고 한다.

疏 이상은 통소의 크고 작은 것의 이름을 구별했다. 『풍속통(風俗通)』에 「순(舜) 임금이 통소를 만들었는데 그 모양이 가지런하여 봉황의 날개를 본떴으며 10관(管)에 길이가 2자였다」고 했다. 『박아(博雅)』에는 「통소의 큰 것은 23관에 밑이 없고 작은 것은 16관에 밑이 있다」고 했다. '其大者名言'을 이순은 「大簫는 소리가 큰 것이다. 言은 言의 뜻이다」라고 했다. 교(筊)는 소(小)의 뜻이다.

대관(大管)은 교(簥)라 하고 그 중간을 널(篞)이라 하고 작은 것을 묘(篎)라고 한다.

大管謂之簥 其中謂之篞 小者謂之篎

注 교(簥)는 관(管)의 길이가 1자, 둘레가 1치로 함께 칠을 칠하여 밑이 있다. 가씨(賈氏)는 「지(箎)와 같고 구멍이 여섯이다」라고 했다.

疏 피리의 크고 작은 것의 이름을 구분했다. '大管名簥'를 이순은 「소리가 높고 큰 것으로 교(簥)이며 교는 높다이다」라고 했다. 관(管)은 적(笛)과 같고 모양이 작아 두 관을 함께 분다고 『주례』 소사(小師)편의 주석에 말했다.

대약(大籥)을 산(產)이라 하고 그 중간을 중(仲)이라 하고 작은 것을 약(籥)이라고 한다.

大籥謂之產 其中謂之仲 小者謂之籥

注 약(籥)은 적(笛)과 같고 구멍이 셋이며 짧고 작다.

疏 약(籥)은 악기 이름이다. '其大者名產 其中者名仲 小者名籥'을 곽박은 「籥如笛三孔而短小」라고 했다. 『광아』에는 「七孔」이라 했다. 『주례』에 「笙師掌敎吹籥」이라 했고 정현의 주에 「籥如篴三空」이라 했다. 『시경』 패풍(邶風)에 「左手執籥」이라 했다.

그냥 거문고만 뜯는 것을 보(步)라 하고 그냥 불기만 하는 것을 화(和)라 하고 반주 없이 노래만 부르는 것을 요(謠)라 하고 그냥 북만 치는 것을 악(咢)이라 하고 그냥 종(鐘)만 치는 것을 수(修)라 하고 그냥 경쇠만 치는 것을 건(謇)이라고 한다.

徒鼓瑟謂之步 徒吹謂之和 徒歌謂之謠 徒

擊鼓謂之咢 徒鼓鐘謂之修 徒鼓磬謂之寋

注 도(徒)는 홀로 하는 것이다. 요(謠)는 『시경』에 「我歌且謠」라고 했다. 악(咢)은 『시경』에 「或歌或咢」이라 했다. 건(寋)은 유래처를 알 수 없다.

疏 무릇 팔음(八音)이 갖추어져야 악(樂)이라고 하는데 한 음〔一音〕만 갖추어져서는 악(樂)이라는 이름을 얻지 못하는 것이다. 이것은 그 다른 명칭을 분별했다. 도(徒)는 공(空 : 비다)의 뜻으로 정현(鄭玄)이 주석한 『주례』 소사(小師)편에 「出音曰鼓空作一器 以出其音者 謂之徒鼓」라고 했는데 곽박이 독작(獨作)이라고 한 것이다. '徒擊鼓曰咢'을 손염은 「경악하는 소리」라고 했다. 『시경』의 「我歌且謠」는 위풍(魏風)·원유도(園有桃)편의 문장이다. 「或歌或咢」은 대아 행위(行葦)편의 문장이다.

축(柷)을 치는 것을 지(止)라 하고 어(敔)를 두드리는 것을 진(籈)이라고 한다.

所以鼓柷謂之止 所以鼓敔謂之籈

注 축(柷)은 칠통(漆桶)과 같고 모서리가 2자 4치며 깊이가 1자 8치로 가운데에 방망이(몽치) 자루가 있어 밑에까지 연결되어 밀었다 당겼다 할 수 있어서 좌우로 칠 수 있게 한 악기이다. 지(止)는 그 몽치(방망이)의 이름이다. 어(敔)는 엎드린 호랑이와 같고 등 위는 27개의 서로 어긋나게 깎은 무늬가 있다. 나무의 길이가 1자 되는 것으로 문지르는데 진(籈)은 그 이름이다.

疏 이상은 축(柷)과 어(敔)의 이름을 구별했다. 『주례』에 「小師掌教鼓籈柷敔」라 했다. 柷敔는 대개 나무로 되어 있으므로 대사(大師) 주에 「木柷敔也」라 했다.

큰 땡땡이를 마(麻)라 하고 작은 것을 료(料)라고 한다.

大鼗謂之麻 小者謂之料

注 마(麻)는 음(音)이 감동스럽고 길다. 료(料)는 소리가 맑고 어지럽지 않다.

疏 『시경』 주송(周頌) 유고(有瞽)편에 「鞉磬柷圉」라고 했다. '도(鞉)'는 '도(鼗)'와 같고 '어(圉)'는 '어(敔)'와 같다. 『주례』 소사직(小師職)에 「鼗如鼓而小持其柄搖之旁耳還自擊」이라 했다.

화락(和樂)한 것을 절(節)이라 한다.

和樂謂之節

疏 팔음(八音)이 극히 고르고 서로 차례를 빼앗음이 없는 것을 화락(和樂)이라 하고 화락하면 절(節)에 응한다. 『악기(樂記)』에 「治世之音安以樂其政和」라 했고 또 「大樂與天地同和 大禮與天地同節(큰 즐거움은 天地와 함께 하고 큰 예절은 천지와 節이 같다)」이라 했는데 이 두 구절을 총괄하여 말한 것은 예와 악이 서로 나아가는 것이기 때문이다. 여기서 화락을 또한 절(節)이라고 했다. 어떤 곳에서는 절(節)은 악기 이름이며 상(相)이라고 했다. 『악기』에 「治亂以相」이라 했고 정현의 주에 「相卽拊也」라 했다.

제9편 석천(釋天)

『하도괄지상(河圖括地象)』에 "역(易)에는 태극(太極)이 있고 이 태극이 양의(兩儀 : 음양)를 낳는데 양의가 분리되지 않았을 때는 그 기운이 혼돈청탁(混沌淸濁)하고 이미 나누어지면 복자(伏者)는 하늘이 되고 언자(偃者)는 땅이 된다."고 했다.

또 『석명(釋名)』에는 "천(天)은 나타난 것(밝은 것)이다. 위에 있어 높고 밝은 것이다."했고, 또 "천(天)은 평탄하다. 탄연(坦然)히 높고 멀다."고 했다.

『설문(說文)』에는 "천(天)은 전(顚)이다. 지극히 높고 위가 없으며 하나의 큰 것을 따른다."고 했다.

『춘추(春秋)』의 제사(題辭)를 말하는데 "천(天)을 진(鎭)이라고 말한 것은 높은 곳에 있어서 아래를 다스려 사람의 경기(經紀)가 되는 것이다. 그 글자가 일(一)과 대(大)자로 진압시켜서 이것을 천(天)의 이름의 뜻으로 한다."라고 했다.

'하늘의 몸체된 것이 속으로 땅을 감싸고 해와 달과 별과 별들이 붙어 있다. 그러나 천지(天地)는 고하(高下)의 형상이 있고 사시(四時)는 승강(升降)의 이치가 있고 일월(日月)은 운행의 법칙이 있고 성신(星辰)은 차사(次舍)의 떳떳함이 있다.'

이것은 하늘을 풀어놓은 것이며 '석천(釋天)'이라고 한다.

1. 네 계절의 호칭〔四時〕

궁(穹)과 창창(蒼蒼)은 하늘이다. 봄은 창천(蒼天)이라 하고
여름을 호천(昊天)이라 하고 가을을 민천(旻天)이라 하고 겨울
을 상천(上天)이라 하는데 이것을 '사시(四時)'라고 한다.

穹 蒼蒼 天也 春爲蒼天 夏爲昊天 秋爲旻天 冬爲上天 四時

注 하늘의 모양이 궁륭(穹隆)하고 그 빛은 창창(蒼蒼)한 것에서 이름을 얻었
다. 봄의 하늘을 창천(蒼天)이라고 한 것은 만물이 창창(蒼蒼)하게 태어
나기 때문이다. 여름의 하늘을 호천(昊天)이라고 한 것은 여름의 기운이
광채가 나기 때문이다. 가을의 하늘을 민천(旻天)이라고 했는데 민(旻)은
민망하다의 말이다. 곧 모든 만물이 마르고 떨어지는 것을 민망하게 여긴
다는 뜻이다. 겨울의 하늘을 상천(上天)이라고 한 것은 이 때는 일이 없어
위에 있는 하늘이 아래에 군림하기 때문이다.

疏 이상은 네 계절의 '하늘'의 별칭을 말한 것이다. '穹蒼蒼天也'는 『시경』대아 상
유(桑柔)편에 「靡有旅力 以念穹蒼」이라 했으므로 이것을 해석한 것이다. '春
爲蒼天'은 『시경』왕풍(王風) 서리(黍離)편에 「悠悠蒼天」이라 했으므로 이
것을 해석한 것이다. '夏爲昊天'은 『시경』소아 우무정(雨無正)편에 「浩浩昊
天」이라 했으므로 이것을 해석한 것이다. 호(昊)는 원기가 박대(博大)한 모양
이다. '秋爲旻天'은 『시경』대아 소민(召旻)편의「旻天疾威」를 해석한 것이다.
「冬爲上天」은 『시경』소아 신남산(信南山)편의「上天同雲」을 해석한 것이다.

2. 상서로운 것의 호칭〔祥〕

봄을 청양(靑陽)이라 하고 여름을 주명(朱明)이라 하고 가을을
백장(白藏)이라 하고 겨울을 현영(玄英)이라 하는 것은 네 계절
의 기운이 고른 것이며 이를 옥촉(玉燭)이라고 한다. 또 봄을 발
생(發生)이라 하고 여름을 장영(長嬴)이라 하고 가을을 수성(收
成)이라 하고 겨울을 안녕(安寧)이라 하는 것은 네 계절이 고르
고 바르게 통하는 것이며 이런 것을 경풍(景風)이라 한다. 단비
가 때에 내리고 만물이 아름다운 것을 예천(醴泉)이라고도 하는
데 이것은 상서(祥瑞)로운 것이다.

春爲靑陽 夏爲朱明 秋爲白藏 冬爲玄英 四氣和謂之玉燭 春爲發生 夏爲長嬴 秋爲收成 冬爲安寧 四時和爲通正 謂之景風 甘雨

時降 萬物以嘉 謂之醴泉 祥

注 청양(靑陽)은 기운이 푸르고 온양(溫陽)한 것이다. 주명(朱明)은 기운이 붉고 광명(光明)한 것이다. 백장(白藏)은 기운이 희고 수장(收藏)한 것이다. 현영(玄英)은 기운이 검고 청영(淸英)한 것이다. 옥촉(玉燭)은 밝게 비치는 것을 말한다. 발생(發生)·장영(長嬴)·수성(收成)·안녕(安寧)은 네 계절의 별도 명칭이다.『시자(尸子)』에「태평시대의 상서로운 바람이다」라고 했다. 통(通)은 고루 평등하게 창성한 것이다. 경풍(景風)은 경풍에 이르는 것이다. 가(嘉)는 선하지 않은 것이 없다의 뜻이다. 예천(醴泉)은 예천에서 나오는 것이다.

疏 이상은 태평성세에 네 계절의 기운이 화창하여 아름다운 상서(祥瑞)를 이루는 일을 해석했다. '春爲靑陽'을「春之氣和則靑而溫陽」이라 말하고 '夏爲朱明'을「夏之氣和則赤而光明」이라 말하고 '秋爲白藏'을「秋之氣和則色白而收藏」이라 말하고 '冬爲玄英'을「冬之氣和則黑而淸英」이라 말하고 '四氣和謂之玉燭'은 주석에「道光照」라 했는데 도(道)는 언(言)의 뜻이다. 네 계절의 기운이 고르고 온유하고 밝게 비추는 것으로 옥촉(玉燭)이라고 했다. 이순(李巡)은「옥촉(玉燭)은 인군(人君)이 갖춘 덕의 아름다움이 옥과 같고 밝은 것은 촛불과 같다」고 했다.

3. 재앙(災殃)의 호칭〔災〕

곡식 등이 익지 않은 것을 기(饑)라 하고 나물 등이 자라지 않은 것을 근(饉)이라 하고 과일 등이 익지 않은 것을 황(荒)이라 하고 자주 굶주린 것을 천(荐)이라 하는데 이를 재앙이라고 한다.

穀不熟爲饑 蔬不熟爲饉 果不熟爲荒 仍饑 爲荐 災

注 기(饑)는 오곡이 성숙하지 않은 것이다. 무릇 풀과 채소 종류로 먹을 수 있는 것을 소(蔬)라 한다. 황(荒)은 나무의 열매인 과일이 열리지 않은 것이요, 천(荐)은 해마다 흉년이 든 것으로『좌전』에「今又荐饑」라고 했다.

疏 이상은 세흉재황(歲凶災荒)의 이름이다. 곡(穀)은 오곡인 서(黍)와 직(稷)과 마(麻)와 맥(麥)과 두(豆)를 뜻한다. 숙(熟)은 성(成)의 뜻이다.

4. 세양(歲陽 : 太歲)과 세명(歲名)의 호칭

태세(太歲 : 그 해의 간지)가 갑(甲)에 있는 것은 알봉(閼逢)이라 이르고 을(乙)에 있으면 전몽(旃蒙)이라 이르고 병(丙)에 있으면 유조(柔兆)라 이르고 정(丁)에 있으면 강어(强圉)라 이르고 무(戊)에 있으면 착옹(著雍)이라 이르고 기(己)에 있

으면 도유(屠維)라 이르고 경(庚)에 있으면 상장(上章)이라
이르고 신(辛)에 있으면 중광(重光)이라 이르고 임(壬)에 있
으면 현역(玄黓)이라 이르고 계(癸)에 있으면 소양(昭陽)이라
고 이른다. 이것을 세양(歲陽)이라고 한다.

태세(太歲: 그해의 간지)가 인(寅)에 있으면 섭제격(攝提格)이
라 이르고 묘(卯)에 있으면 단알(單閼)이라 이르고 진(辰)에
있으면 집서(執徐)라 이르고 사(巳)에 있으면 대황락(大荒落)
이라 이르고 오(午)에 있으면 돈장(敦牂)이라 이르고 미(未)
에 있으면 협흡(協洽)이라 이르고 신(申)에 있으면 군탄(涒灘)
이라 이르고 유(酉)에 있으면 작악(作噩)이라 이르고 술(戌)
에 있으면 엄무(閹茂)라 이르고 해(亥)에 있으면 대연헌(大淵
獻)이라 이르고 자(子)에 있으면 곤돈(困敦)이라 이르고 축
(丑)에 있으면 적분약(赤奮若)이라고 이른다.

太歲在甲曰閼逢 在乙曰旃蒙 在丙曰柔兆
在丁曰强圉 在戊曰著雍 在己曰屠維 在庚
曰上章 在辛曰重光 在壬曰玄黓 在癸曰昭
陽 歲陽

太歲在寅曰攝提格 在卯曰單閼 在辰曰執徐
在巳曰大荒落 在午曰敦牂 在未曰協洽 在
申曰涒灘 在酉曰作噩 在戌曰閹茂 在亥曰
大淵獻 在子曰困敦 在丑曰赤奮若

注 閼은 '알'로 발음하고 著은 '착'으로 발음하고 黓은 '익'으로 牂은 '장'
으로 발음한다.

疏 이상은 태세(太歲)와 일진(日辰)의 이름을 설명한 것이다. 갑(甲)에서 계(癸)
까지 이르는 것이 10일이 되고 일(日)은 양(陽)이요, 인(寅)에서 축(丑)까지
가 12진(辰)이 되고 진(辰)은 음(陰)이 된다. 『한서(漢書)』 율력지(律歷志)
에 「迺以前厤 上元泰初 四千六百二十七歲 至於元封七年復得 閼逢攝提格
之義中冬」이라 했고 맹강(孟康)이 말하기를 「言復得者는 上元泰初時로 이
것이 閼逢之歲이다. 한 해의 태세가 갑에 있는 것은 알봉(閼逢)이고 일진이 인
(寅)에 있으면 섭제격(攝提格)으로 이것을 갑인(甲寅)의 해라고 이른다. 을
묘의 해는 '旃蒙單閼', 병진년은 '柔兆執徐', 정사년은 '强圉大荒落' 무오
년은 '著雍敦牂', 기미년은 '屠維協洽', 경신년은 '上章涒灘', 신유년은 '重
光作噩', 임술년은 '玄黓閹茂', 계해년은 '昭陽大淵獻', 갑자년은 '閼逢困
敦', 을축년은 '旃蒙赤奮若'으로 이와 같이 유추(類推)하면 60갑자가 이루
어져서 다시 처음으로 되돌아 온다」고 했다.

재(載)는 세(歲)이다. 하(夏)나라는 세(歲)라 하고 상(商)나라
는 사(祀)라 하고 주(周)나라는 연(年)이라 하고 당(唐)이나 우
(虞)시대에는 재(載)라고 했다. 이것은 매 해〔每歲〕의 명칭이다.

載 歲也 夏曰歲 商曰祀 周曰年 唐虞曰載 歲名

注 세(歲)는 한해를 28수(宿)의 별자리가 한 차례 운행하는 것에서 취했
다. 사(祀)는 네 계절이 한 번 마치는 것에서 취했다. 연(年)은 벼가 한
번 익는 것에서 취했다. 재(載)는 만물이 한 번 마치고 다시 시작하는 데
에서 취했다.

疏 이상은 연세(年歲)의 이름을 분별한 것이다. 재(載)는 곧 세(歲)이다. 『백호
통(白虎通)』에 「왕자(王者)는 명을 받아 초하루를 개정한다」고 했다.

5. 월양(月陽)과 월명(月名)의 호칭

월이 갑(甲)에 있는 것을 필(畢)이라 하고 을(乙)에 있는 것을
귤(橘)이라 하고 병(丙)에 있는 것을 수(修)라 하고 정(丁)에
있는 것을 어(圉)라 하고 무(戊)에 있는 것을 여(厲)라 하고
기(己)에 있는 것을 즉(則)이라 하고 경(庚)에 있는 것을 질
(窒)이라 하고 신(辛)에 있는 것을 색(塞)이라 하고 임(壬)에
있는 것을 종(終)이라 하고 계(癸)에 있는 것을 극(極)이라고
하는데 이것은 월양(月陽)이다.

정월(正月)은 추(陬)가 되고 2월은 여(如)가 되고 3월은 병
(病)이 되고 4월은 여(余)가 되고 5월은 고(皐)가 되고 6월은
차(且)가 되고 7월은 상(相)이 되고 8월은 장(壯)이 되고 9월
은 현(玄)이 되고 10월은 양(陽)이 되고 11월은 고(辜)가 되고
12월은 도(涂)가 되는데 이것은 월(月)의 이름이다.

月在甲曰畢 在乙曰橘 在丙曰修 在丁曰圉 在戊曰厲 在己曰則 在庚曰窒 在辛曰塞 在 壬曰終 在癸曰極 月陽

正月爲陬 二月爲如 三月爲病 四月爲余 五 月爲皐 六月爲且 七月爲相 八月爲壯 九月爲 玄 十月爲陽 十一月爲辜 十二月爲涂 月名

注 『이소경(離騷經)』의 「攝提貞於孟陬」는 정월을 뜻한다. 『국어(國語)』의

「至於玄月」은 9월을 이른다. 양(陽)은 「純陰用事嫌於無陽故以名云」이라 했다. 이상은 월(月)의 별도 명칭을 말한 것이다. 세양(歲陽)으로부터 이곳까지가 그 일의 뜻이 자세히 통하지 않으므로 빼버리고 논하지 않았다.

疏 이상은 일(日)로써 월(月)을 짝한 이름을 분별한 것이다. 가령「正月得甲則日畢陬 二月得乙則日橘如 三月得丙則日修痾 四月得丁則日圉余 五月得戊則日厲皋 六月得己則日且 七月得庚則日窒相 八月得辛則日塞壯 九月得壬則日終玄 十月得癸則日極陽 十一月得甲則日畢辜 十二月得乙則日橘涂」와 같이 한 바퀴를 돌면 다시 처음으로 돌아오는 것을 가히 알 수 있다.『사기(史記)』역서(歷書)에「月名畢聚也」라 했다.

6. 바람과 비의 호칭〔風雨〕

남풍(南風)을 개풍(凱風)이라 이르고 동풍(東風)을 곡풍(谷風)이라 이르고 북풍(北風)을 양풍(涼風)이라 이르고 서풍(西風)을 태풍(泰風)이라 이른다. 분륜(焚輪)을 퇴(積)라 이르고 부요(扶搖)를 표(猋)라 이른다. 바람과 불은 돈(庉)이고 형풍(迴風)은 표(飄)이며 해가 솟고 바람부는 것은 포(暴)이며 바람불고 비와 흙이 흩날리는 것은 매(霾)이고 구름끼고 바람부는 것은 예(曀:음산하다)이다. 천기(天氣)가 내렸는데 땅이 응하지 않는 것을 몽(雺:안개)이라 하고 지기(地氣)가 발동했는데 하늘이 응하지 않는 것을 무(霧:안개, 땅 위의)라 한다. 무(霧)를 회(晦:그믐)라 이르고 체동(螮蝀:무지개)을 우(雩)라 이르는데 체동은 무지개이다. 예(蜺)는 결리(挈貳)이고 엄일(弇日)은 폐운(蔽雲)이고 질뢰(疾雷)는 정예(霆霓)이고 우예(雨霓)는 소설(霄雪)이다. 폭우(暴雨)를 동(涷:소나기)이라 하고 소우(小雨)를 맥목(霢霂:가랑비)이라 하고 오래 내리는 비를 음(淫:장마)이라 하며 음(淫)을 임(霖:장마)이라 하고 제(濟)는 제(霽:깨다)라고 한다. 이것은 바람과 비를 말한 것이다.

南風謂之凱風 東風謂之谷風 北風謂之涼風
西風謂之泰風 焚輪謂之積 扶搖謂之猋 風
與火爲庉 迴風爲飄 日出而風爲暴 風而雨
土爲霾 陰而風爲曀 天氣下地不應曰雺 地
氣發天不應曰霧 霧謂之晦 螮蝀謂之雩
螮蝀 虹也 蜺爲挈貳 弇日爲蔽雲 疾雷爲霆

霓 雨霓爲霄雪 暴雨謂之涷 小雨謂之霢霂
久雨謂之淫 淫謂之霖 濟謂之霽 風雨

注 '개풍(凱風)'은『시경』에「凱風自南(개풍이 남쪽에서부터 불다)」이라
했다. '곡풍(谷風)'은『시경』에「習習谷風(따스한 동풍)」이라 했다. '양
풍(凉風)'은『시경』에「北風其凉(싸늘한 북풍)」이라 했다. '태풍(泰
風)'은『시경』에「泰風有隧(큰 바람이 있다)」라 했는데 현재『시경』에
는 대풍(大風)으로 되어 있다. '퇴(穨)'는「暴風從上下(사나운 바람이
위에서 아래로 불다)」이다. '표(猋)'도「暴風從下上」이다. '돈(庉)'은
「庉庉熾盛의 모양」이다. '표(飄)'는「旋風也(회오리 바람)」이다. '포
(暴)'는『시경』에「終風且暴(온종일 부는 강한 바람)」라 했다. '매(霾)'
는『시경』에「終風且霾(온종일 부는 흙과 비가 날리는 바람)」라 했다. '예
(曀)'는『시경』에「終風且曀(온종일 흐리고 바람 불다)」라 했다. '몽
(雺)'은 몽매(蒙昧)한 것을 말한다. '회(晦)'는 어두컴컴한 것을 말한
다. 세속에서 미인을 홍(虹)이라고도 부르는데 강동(江東)에서는 우(雩)
라고 한다. '예(蜺)'는 암무지개〔雌虹〕이며『이소경』에 나와 있다. '挈
貳'는 예(蜺)의 별도 명칭이고『시자(尸子)』에 나와 있다. 엄일(弇日)
은 곧 햇무리로 5가지 색채가 해를 덮는 것이다. '질뢰(疾雷)'는 우레가
급하게 치는 것으로 곧 벽력(霹靂)과 같다. '우예(雨霓)'는『시경』에「如
彼雨雪先集維霰」이라 했다. 비와 눈이 섞여서 내리는 것을 소설(消雪)이
라 한다. '동(涷)'은 지금의 강동(江東) 사람들이 하월폭우(夏月暴雨)
를 동우(涷雨)라고 부른다.『이소경』에「令飄風兮先驅使涷雨兮灑塵」
이라 했다. '맥목(霢霂)'은『시경』에「益之以霢霂」이라 했다. '음(淫)'
은『좌전』에「天作淫雨」라 했다. '임(霖)'은 비가 3일 이상 계속되는 것
으로 장마라고 한다. '제(霽)'는 지금 남양(南陽) 사람들이 비가 그친 것
을 제라고 한다.「凱風自南(개풍이 남쪽에서부터 불다)」은 패풍(邶風)
개풍(凱風)편의 문장이다.「習習谷風(따스한 동풍)」은『시경』패풍 곡
풍(谷風)편의 문장이다.

疏 이상은 바람과 비의 이름을 해석한 것이다.『주역』에는「風以動之 雨以潤之」
라 했고 또「潤之以風雨」라고 했다.『서경』홍범(洪範)편에는「月之從星 則
以風雨」라고 했다. 곧 바람과 비는 서로 따르는 물(物)로 여기에서 모아 설명
한 것이다. '남풍(南風)'을 이순(李巡)은「모든 만물을 길이 양성하여 만물이
즐거워하는 것으로 개풍(凱風)이라 하는데 개(凱)는 락(樂)의 뜻이다」라 했
다.『시경』은 패풍 개풍(凱風)편의 문장이다. '곡풍(谷風)'은 손염(孫炎)이
「생장(生長)의 바람이다. 곡(谷)은 곡(穀)이고 생(生)이다」라 했다.『시경』
패풍 곡풍(谷風)편에「習習谷風」이라 했다. '北風謂之凉風'의 '양풍(凉
風)'은 북방의 한량(寒凉)한 바람이다.『예기』월령편에「맹추지월(孟秋之
月)에 양풍(凉風)이 이르다」고 했고『시경』패풍 북풍편에「北風其凉」이라
했다. '西風謂之泰風'을 손염은「서풍(西風)은 물(物)을 성장시키고 사물이

넉넉하고 크다의 뜻이다」라 했다. 『시경』 대아 상유(桑柔)편에 「泰風有隧」라 했다. '焚輪謂之積'를 이순은 「분륜(焚輪)은 폭풍(暴風)이 위에서 아래로 덮치는 것을 퇴(積)라 한다. 퇴(積)는 하(下)의 뜻이다」라 했다. 손염은 「迴風從上下曰積」라 했고 『시경』 소아에 「習習谷風維風及積」라 했다. '扶搖謂之猋'를 이순은 「扶搖는 暴風從下升上故曰猋. 猋는 위로하다」라 했다. 『예기』 월령(月令)에 「孟春에 秋令을 행하면 猋風暴雨가 함께 이른다」고 했다. '風與火爲庉'은 바람은 불에서 나오고 불은 바람으로 인하여 더욱 치열해져서 큰 바람이 되는 것이 庉이다. '迴風爲飄'를 곽박은 「旋風」이라 하고 이순은 「飄風別二名也」라 했다. 『시경』 육아(蓼莪)편에 「飄風發發」이라 했다. '日出而風爲暴'을 손염은 「음산한 구름이 일어나지 않고 큰바람이 폭기(暴起)한 것이다」라고 했다. 그러므로 바람이 사납고 빠른 것으로 『시경』 패풍 종풍(終風)편에 「終風且暴」라 했고 『모전』에는 「暴疾也」라고 했다. '風而雨土爲霾'를 손염은 「大風揚塵土從上下也」라 했다. 『시경』 패풍에 「終風且霾」라 했다. '陰而風爲曀'를 손염은 「雲風曀日光」이라 했다. 『시경』 패풍에 「終風且曀」라 했다. '天氣下地不應曰霧'은 천기(天氣)가 하강(下降)하고 지기(地氣)가 응하지 않아 어두운 것이다. '地氣發天不應曰霧霧謂之晦'를 곽박은 「회(晦)는 명(冥)」이라 했고, 『예기』 월령편에는 「仲冬行夏令 氛霧冥冥」이라 했고 정현의 주에 「霜露之氣散相亂也」라 했으므로 「地氣而上天不應之則爲氛霧 霧又名晦」이다. 『춘추』 희공(僖公) 15년에 「己卯晦震夷伯之廟」라 했다. '螮蝀謂之雩 螮蝀虹也」는 『시경』 용풍에 「蝃蝀在東」이라 했다. '虹'은 쌍무지개가 뜨면 빛깔이 선명한 것은 웅홍(雄虹)이고 희미하고 침침한 것은 자예(雌蜺)라고 한다. 홍(虹)은 이에 음양이 사귀어 모이는 기운이 순음순양(純陰純陽)일 때에는 홍(虹)이 보이지 않는다. 만약 구름이 엷고 가는 비가 내리는 날에 태양이 빗방울을 비치면 무지개가 생긴다. '螮'와 '蝃'는 음과 뜻이 같다. '蜺爲挈貳'의 예(蜺)는 자홍(雌虹)이며 일명 결이(挈貳)라 한다. 『설문』에 「예(蜺)는 굴홍(屈虹)으로 청적색(靑赤色) 또는 백색(白色)의 음기(陰氣)이다」라 했다. '弇日爲蔽雲'을 곽박은 「햇무리로 5가지 색채가 해를 덮은 것이다」라고 했다. 그러므로 暈氣弇日을 폐운(蔽雲)이라 한다고 했다. '疾雷爲霆霓'를 곽박은 「雷之急擊者謂霆霓」이라고 했다. 『설문』에 「정(霆)은 우레의 여운으로 鈴鈴所以挺出萬物也이다」라 했다. 또 「震劈歷振物者」라 했으니 「疾雷一名霆霓又名震」이다. 『춘추』에 「震夷伯之廟謂劈歷破之」라 했다. 霹靂은 속자(俗字)이다. '雨霓爲霄雪'에서 예(霓)는 「水雪雜下也」라 했다. 소(霄)는 소(消)와 같다. 『시경』 소아 기변편에 「如彼雨雪先集維霰」이라 했다. 정현의 주에 「將大雨雪始必徵溫雪自上下遇溫氣而摶謂之霰」이라 했다. '暴雨謂之涷'에서 폭우는 취우(驟雨 : 소나기)이다. '小雨謂之霡霖'은 『시경』 소아 신남산편에 「益之以霡霖」이라 했다. 이순은 「氷雪俱下」라 했다. '久雨謂之淫'에서 음(淫)은 과(過)의 뜻으로 「久雨過多 害於五稼故謂之淫」이다. 월령에 「季春行秋令則天多沈陰淫雨早降謂久雨也」라 했다. 『좌전』은 장공(莊公) 11년의 전문(傳文). '淫謂之霖'은 음우(淫雨)를 임(霖)이라고도 한다. '濟謂之霽'에서 제(濟)는 지(止)의 뜻으로 「雨止名霽」이다.

7. 별의 호칭〔星名〕

수성(壽星)은 각성(角星)과 항성(亢星)이다. 천근(天根 : 하늘의 뿌리)은 저성(氏星)이다. 천사(天駟 : 하늘의 사마)는 방성

(房星)이다. 대진(大辰 : 큰용)은 방성(房星)과 심성(心星)과 미성(尾星)이다. 대화(大火)를 대진(大辰)이라 하고 석목(析木 : 나무를 쪼개다)은 진(津)이라 하며 기성(箕星)과 두성(斗星)의 사이는 한진(漢津)이다. 성기(星紀 : 별의 법도)는 두성(斗星)과 견우성(牽牛星)이다. 현효(玄枵)는 허성(虛星)이요, 전욱(顓頊)의 허(虛)도 허성(虛星)이며, 북륙(北陸)도 허성(虛星)이다. 영실(營室)은 정해진 것을 이른다(바르다). 추자(娵觜)의 입은 영실동벽성(營室東壁星)이다. 강루(降婁)는 규성(奎星)과 누성(婁星)이다. 대량(大梁)은 묘성(昴星)이며 서륙(西陸)도 묘성(昴星)이다. 탁(濁)은 필성(畢星)이라 이르고 주(咮 : 부리)를 유성(柳星)이라고 이른다. 유성(柳星)을 순화성(鶉火星)이라고도 한다. 북극(北極)을 북신(北辰)이라고 이른다. 하고(何鼓)는 견우성을 이른다. 명성(明星)을 계명(启明)이라고도 이른다. 혜성(彗星)은 참창(欃槍)이라 하고 분성(奔星 : 운성)은 박약(彴約 : 별똥, 떨어지는 별)이라고 한다. 이상은 '별이름'을 말한 것이다.

壽星角亢也 天根氐也 天駟房也 大辰房心
尾也 大火謂之大辰 析木謂之津 箕斗之間
漢津也 星紀斗牽牛也 玄枵虛也 顓頊之虛
虛也 北陸虛也 營室謂之定 娵觜之口 營室
東壁也 降婁 奎婁也 大梁昴也 西陸昴也 濁
謂之畢 咮謂之柳 柳鶉火也 北極謂之北辰
何鼓謂之牽牛 明星謂之启明 彗星爲欃槍
奔星爲彴約 星名

注 '수성(壽星)'에서 여러 번 각성(角星)과 항성(亢星)을 거론하는 것은 여러 별자리의 으뜸(우두머리)이기 때문이며 수(壽)라 한다. '천근(天根)을 저성(氐星)'이라고 한 것은 각성과 항성이 저성(氐星)에 매어 있으므로 나무의 뿌리와 같아서이다. '천사(天駟)는 방성(房星)'이라 했는데 용(龍)은 하늘의 말이 되는 것으로 방성(房星)의 네 별을 천사(天駟)라고 한다. '대진(大辰)은 방성(房星)과 심성(心星)과 미성(尾星)'이라고 한 것은 용성(龍星)이 밝은 것은 기후가 되므로 대진(大辰)이라고 한다. '대화(大火)를 대진(大辰)이라고 한다'는 것은 대화는 불의 심(心)이다. 가운데에 있어 최고로 밝으므로 기후를 주재한다. '석목(析木)을 진(津)

이라 이른다'고 한 것은 곧 한진(漢津)이다. '기성(箕星)과 두성(斗星)의 사이는 한진(漢津)'이라고 했는데 기(箕)는 용미(龍尾)이고 두(斗)는 남두(南斗)로 천한(天漢 : 은하수)의 진량(津梁 : 나루)이라는 뜻이다. '별의 법도는 두성(斗星)과 견우성(牽牛星)'이라고 했는데 견우성과 두성(斗星)이라는 것은 해와 달과 다섯 별들의 시작과 끝이므로 별들의 실마리(법도)라고 했다. '현효(玄枵)는 허성(虛星)'이라 했는데 허성은 정북(正北)에 있다. 북방의 빛은 검다. 효(枵)의 모(耗)를 말하는데 모(耗)는 비다(虛)의 뜻이다. '전욱의 허(顓頊之虛)도 허성(虛星)'이라고 했는데 전욱임금이 수덕(水德)으로 자리하여 북방에 위치한다. '북륙(北陸)도 허성(虛星)'이라고 한 것은 허성(虛星)의 명칭이 네 가지라는 것이다. '영실(營室)을 정(定)이라고 이른다'는 것은 정(定)은 바르다이다. 궁실(宮室)을 지을 때 다 영실의 중앙을 바른 것으로 삼는다. '추자(娵觜)의 입은 영실동벽성(營室東壁星)'이라고 했는데 영실동벽성(營室東壁星)은 사방이 구(口)와 같아서 인하여 이름을 얻은 것이다. '강루(降婁)는 규성(奎星)과 누성(婁星)'이라고 했는데 규(奎)는 구독(溝瀆)이 되므로 강성(降星)이라고 했다. '대량(大梁)은 묘성(昴星)이고 서륙(西陸)도 묘성(昴星)'이라고 했는데 묘성은 서방(西方)의 별이름이며 별도 명칭을 모두(旄頭)라고 한다. '탁(濁)은 필성(畢星)이라 이른다'고 했는데 토끼를 가려버리는 필성(畢星)을 혹은 탁(濁)이라고 부르는 것은 별의 형상을 따라서 이름한 것이다. '주(咮)를 유성(柳星)이라 이른다'고 했는데 주(咮)는 주조(朱鳥)의 입이다. '유성(柳星)을 순화(鶉火)'라고 했는데 순(鶉)은 메추라기의 이름이고 화(火)는 남방(南方)에 소속된 것이다. '북극(北極)을 북신(北辰)이라 이른다'고 했는데 북극(北極)은 하늘의 중앙으로 네 계절을 바르게 하는 것이다. '하고(何鼓)를 견우(牽牛)라 이른다'고 했는데 지금의 초(楚)나라 사람들은 견우성을 첨고(檐鼓)라고 한다. 첨(檐)은 하(荷)와 같다. '명성(明星)을 계명(启明)이라 이른다'고 했는데 명성은 태백성(太白星)이다. 새벽에 동쪽에 나타나면 계명이라 하고 초저녁에 서방에 나타나면 태백(太白)이라고 한다. '혜성(彗星)은 참창(欃槍)'이라고 했는데 이것은 또한 패(孛 : 살별)라고 이르며 패패(孛孛)라고 형상한 것은 소혜(埽彗)와 같기 때문이다. '분성(奔星)은 박약(彴約)'이라 했는데 유성(流星)을 뜻한다.

疏 이상은 별의 이름을 구분한 것이다. 『주례』에 「보장(保章)씨가 성토(星土)로써 구주(九州)의 땅을 나누어 봉했는데 그 봉하는 지역을 다 별로써 나누었으며 그것으로 요사스럽고 상서로운 것을 관찰했다」고 했다. 정현(鄭玄)의 주석에 「큰 경계는, 구주(九州) 여러 나라의 봉한 지역을 별로써 지경을 삼아 또한 나누었는데 그 서적이 없어졌다」고 했다. 하늘과 땅이 비록 군국(郡國)이 있을지라도 넣어서 헤아리는 것은 옛날의 수가 아니다. 지금 그 존재하는 것은 12가지의 차례로 나눌뿐이다. 성기(星紀)는 오(吳)나라 월(越)나라요, 현효(玄枵)는 제(齊)나라요, 추자(娵觜)는 위(衛)나라요, 강루(降婁)는 노(魯)나라요, 대량(大梁)은 조(趙)나라요, 실침(實沈)은 진(晋)나라요, 순수(鶉首)

는 진(秦)나라요, 순화(鶉火)는 주(周)나라요, 순미(鶉尾)는 초(楚)나라요, 수성(壽星)은 정(鄭)나라요, 대화(大火)는 송(宋)나라요, 석목(析木)은 연(燕)나라이다. 또『한서율력지(漢書律歷志)』에는 「동방(東方)은 角亢氐房心尾箕인 7宿이요, 북방(北方)은 斗牛女虛危室壁인 7宿이요, 서방(西方)은 奎婁胃昴畢觜參인 7宿이요, 남방(南方)은 井鬼柳星張翼軫인 7수로 무릇 28수이다」라 했다. 이 경(經)에 해석한 차례는 오직 9수(宿)와 17수(宿)만 있다.『이아』의 지은이가 육예(六藝)를 해석할 때 실려 있던 것에서 기록되지 않은 것은 분실되었다.

8. 제사의 호칭〔祭名〕

봄에 지내는 제사를 사(祠)라 하고 여름에 지내는 제사를 약(礿)이라 하고 가을에 지내는 제사를 상(嘗)이라 하고 겨울에 지내는 제사를 증(蒸)이라고 한다.

하늘에 제사지내는 것을 번시(燔柴)라 하고 땅에 제사지내는 것을 예매(瘞薶)라 하고 산에 제사지내는 것을 기현(庪縣)이라 하고 개천에 제사지내는 것을 부침(浮沈)이라 하고 별에 제사지내는 것을 포(布)라 하고 바람에 제사지내는 것을 책(磔)이라 한다. 시류시마(是禷是禡)는 사제(師祭 : 무운〈武運〉이 오래도록 지속되기를 기도하는 것)이다.

기백기도(旣伯旣禱)는 마제(馬祭 : 말〈馬〉의 조상에게 기도하는 것)이다. 체(禘)는 큰 제사이다. 역(繹) 또한 제사이다. 주(周)나라는 역(繹)이라 하고 상(商 : 殷)나라에서는 융(肜)이라 하고 하(夏)나라에서는 복조(復胙)라고 했다.

이상은 제사지내는 것을 말했다.

春祭曰祠 夏祭曰礿 秋祭曰嘗 冬祭曰蒸 祭天曰燔柴 祭地曰瘞薶 祭山曰庪縣 祭川曰浮沈 祭星曰布 祭風曰磔 是禷是禡 師祭也 旣伯旣禱 馬祭也 禘 大祭也 繹 又祭也 周曰繹 商曰肜 夏曰復胙 祭名

注 '사(祠)'는 봄제사로 먹는 것을 뜻한다. '약(礿)'은 여름제사이며 새로운 나물을 바치는 제사이다〈하(夏)나라나 은(殷)나라 때는 천자가 행하던 봄제사였다〉. '상(嘗)'은 가을제사이며 새로운 곡식을 맛보게 하는 제사이다. '증(蒸)'은 겨울제사이며 모든 물품을 선조에게 올리는 제사이다. '번시(燔柴)'는 하늘에 지내는 것으로 이미 제사지내고 쌓아놓은 땔나무

를 불사르는 것이다. '예매(瘞薶)'는 땅에 지내는 것으로 이미 제사지낸 것을 땅에 묻는 것이다. '기현(庪縣)'은 산에 제사를 지내는 것으로 기(庪)나 현(縣)을 산에 두는 것이다. 『산해경』에 「縣以吉玉」이라 했다. '부침(浮沈)'은 개천에 제사지내는 것으로 물속으로 제사지낸 것을 던져 혹은 떠다니고 혹은 가라앉게 하는 것이다. '포(布)'는 별에 지내는 제사로 베를 땅에 펴놓고 제사를 지내는 것이다. '책(磔)'은 바람에 지내는 제사로 지금 풍속에서 큰길 가운데서 개를 찢는 것을 말한다. 바람을 그치게 하는 상(象)이다. '시류시마(是禷是禡)'는 출정하는 군사들의 사기를 진작시키는 제사이며 군사가 출정할 때 상제(上帝 : 하느님)에게 지내고 진을 친 땅에 제사하는 것이다. '기백기도(旣伯旣禱)'는 말의 조상에게 지내는 제사로 말의 조상에게 제사지내는 것을 백(伯)이라 하는데 장차 말의 힘을 사용하기 위해서는 반드시 먼저 말의 조상에게 제사한다. '체(禘)'는 큰제사로 5년마다 한 번씩 크게 제사지낸다. '역(繹)' 또한 제사 이름인데 제사지낸 다음날 이어서 다시 지내는 것이다. 역(繹)은 주(周)나라에서 지내던 봄제사로 『춘추』 경(經)에 「壬午猶繹」이라 했다. '융(肜)'은 상(商)나라에서 지낸 제사로 『서경』에 「高宗肜日」이라고 했다. '복조(復胙)'는 하(夏)나라에서 지낸 제사인데 그 뜻이 자세히 기록된 것이 없다.

疏 이상은 3대(三代 : 夏殷周)에 지내던 사시(四時)의 여러 제사 이름을 분별한 것이다. 「是禷是禡」는 『시경』 대아 황의(皇矣)편의 문장이고 「旣伯旣禱」는 『시경』 소아 길일(吉日)편의 문장이다. '체(禘)'는 『논어』에 「禘自旣灌及春秋禘于太廟謂宗廟之祭也」라 했다.

9. 무예연습의 호칭〔講武〕

춘렵(春獵 : 봄사냥)을 수(蒐)라 하고 하렵(夏獵 : 여름사냥)을 묘(苗)라 하고 추렵(秋獵 : 가을사냥)을 선(獮)이라 하고 동렵(冬獵 : 겨울사냥)을 수(狩)라 하고 소전(宵田 : 밤에 하는 사냥)을 요(獠)라 하고 화전(火田)을 수(狩)라고 한다. 이에 총토(冢土 : 토지신)를 세우고 융추(戎醜 : 많은 사람)가 행동하는 것은 큰 일을 일으키고 대중(大衆)을 움직이는데 반드시 먼저 사직(社稷)에 일이 있은 후에 출발하는 것으로 의(宜)라고 이른다. 진려전전(振旅闐闐)은 나아가서는 군사를 다스리는 것이므로 위엄있는 무용을 높이는 것이요, 들어와서는 진려(振旅)가 되는 것으로 높고 낮은 것을 돌아보는 것이다.

이상은 무예(武藝)를 연습하는 것을 말한 것이다.

春獵爲蒐 夏獵爲苗 秋獵爲獮 冬獵爲狩 宵

田爲獠 火田爲狩 乃立冢土 戎醜攸行 起大
事 動大衆 必先有事乎社而後出 謂之宜 振
旅闐闐 出爲治兵 尙威武也 入爲振旅 反尊
卑也 講武

注 '봄사냥을 수(蒐)'라 하는데 새끼를 배지 않은 것을 찾아서 잡는다. '여름
사냥을 묘(苗)'라 하는데 곡식의 심어놓은 묘를 해치는 것을 잡는다. '가
을사냥을 선(獮)'이라 하는데 억센 짐승을 잡아 짐승을 평화롭게 한다.
'겨울사냥을 수(狩)'라 하는데 아무 짐승이나 가리지 않고 잡는다. '밤에
하는 사냥을 요(獠)'라고 하는데『관자(管子)』에「獠獵畢弋(밤사냥을
필익〈畢弋〉이라 한다」고 했다. 지금 강동(江東)에서는 또한 사냥의 호칭
을 요(獠)라고 한다. 혹은 지금 밤사냥에 화로로 비추는 것이라고 했다.
'화전(火田)은 수(狩)'라고 했는데 불을 놓아 풀을 태우고 사냥하는 것
이다. 총토(冢土)는 대사(大社)이고 융추(戎醜)는 대중(大衆)이다. 의
(宜)는 일이 있어서 제사지내는 것이다. 주관(周官)의 이른바「사(社)에
의(宜)하라」와 같다. 진려(振旅)는 정돈된 대중을 뜻하고 전전(闐闐)은
군중이 행군하는 소리이다. 전전은 출동하면 병사를 다스리고 위엄있는 무
용을 숭상하며 어리고 천한 것들이 앞에 있어 용력(勇力)을 귀하게 여기
는 것을 뜻한다. 진려는 들어오면 군중이 정돈되어 높고 낮은 것을 돌아보
며 존귀하고 나이 많은 이들이 앞에 있어 다시 떳떳한 의(儀)이다.

疏 이상은 사냥을 하고 군사를 연습시키는 일을 말한 것이다. '봄사냥을 수(蒐)'라
하고 여름사냥을 묘(苗)라 하고 가을사냥을 선(獮)이라 하고 겨울사냥을 수
(狩)라고 한다'는 것은 봄·여름·가을·겨울에 사냥을 하는 각각의 명칭이
다.『관자』는 사칭(四稱)편의「管仲對桓公曰昔者無道之君誅其良臣敖其婦
女獠獵畢弋暴遇諸父者」를 말한다.「乃立冢土戎醜攸行」은『시경』대아 면
(緜)편의 문장.「振旅闐闐」은『시경』소아 채기(采芑)편의 문장으로 정현의
주에「至戰止將歸又振旅伐鼓闐闐然振猶止也旅衆也」라 했다.

10. 정기(旌旂)의 호칭

흰비단으로 깃대를 동여매고, 분홍색 비단으로 깃발을 삼아서, 흰
색으로 분홍빛 깃발에 승천하는 용을 그리고, 진홍색 끈을 9개로
드리우고, 꾸미는 것을 끈으로 하며, 매다는 것을 실로 하며, 검
게 물들여 폭을 채워, 길이가 8자가 되는 것을 조(旐)라고 한다.
조(旐)를 이은 것을 패(斾)라 하고 모(旄) 머리를 모이게 한
것을 정(旌)이라 하고 방울이 있는 것을 기(旂)라 하고 가죽에
새로 꾸며 넣은 것을 여(旟)라 하고 장(章)으로 말미암는 것을

전(旆)이라고 한다.
이상은 정기(旌旂)의 모든 것을 말한 것이다.

素錦綢杠 纁帛縿 素陞龍于縿 練旒九 飾以組 維以縷 緇廣充幅 長尋曰旐 繼旐曰旆 注旄首曰旌 有鈴曰旂 錯革爲曰旟 因章曰旆 旌旂

注 흰 바탕의 비단으로 깃대를 감싸고 분홍색 비단으로 깃발을 하는데 그것은 모든 깃발에서 눈에 띄게 하기 위한 것이다. 깃발에 흰용을 그려서 위로 향하게 한다. 련(練)은 강련(絳練). 조(組)는 적흑색 끈으로 깃발의 가장자리를 꾸미는 것이다. 루(縷)는 붉은색 실을 연결해서 가지고 다니는데 명령하지 않으려 할 때는 땅에 끌고 다닌다. 『주례』에는 「六人維王之大常」이라 했다. 조(旐)의 비단은 전체 폭의 길이가 8자인데 넓이는 위가 넓고 길이는 곧고 평평하다. 패(旆)는 비단을 이어서 조(旐) 끝에 제비꼬리를 만드는데 뜻이 『시경』에 나와 있다. 정(旌)은 모(旄)를 깃대 끝에 올린 것인데 지금의 당(幢)과 같은 것으로 또한 류(旒)도 있다. 기(旂)는 깃대 끝에 방울을 달고 교룡을 깃발에 그린 것이다. 여(旟)는 긴 깃털을 가진 새의 깃과 껍질을 함께 벗겨 깃대 끝에 두는 것으로 『예기』에 「載鴻及鳴鳶」이라 했다. '전(旆)'은 비단 누인 것으로 깃발을 만든 것인데 그 무늬를 다시 그리지 않은 것이다. 『주례』에 「通帛爲旆」라 했다.

疏 이상은 정기(旌旂)의 서로 다른 명칭을 구별한 것이다. '소금주강～유이루(素錦綢杠～維以縷)는 기(旂)의 법제를 설명한 것이다. '주(綢)'는 도(韜：감싸다)의 뜻이다. '강(杠)'은 간(竿：줄기)이다. '朱縷'는 『시경』 용풍에 「素絲紕之」라 했고 정현의 주에 「素絲者以爲縷以縫紕旌旗之旒縿或以維持之」라 했다. 『주례』는 하관(夏官) 절복씨직(節服氏職)의 문장이다. '緇'는 흑색(黑色)이다. 곽박이 『시경』에 보인다고 한 것은 『시경』 소아 유월(六月) 편에 「白旆央央」이라 했다. '注旄首曰旌'을 이순은 「旄牛尾著竿首」라고 했고 손염은 「析五采羽注旄上也其下亦有旌縿」이라 했고 곽박은 위와 같이 말했는데 이것은 곧 「竿之首有旄有羽也」와 같다. '旂'는 「畫二龍於上一升一降相交又縣鈴於竿是諸侯之所建也」이다. 『시경』 소아에 「旂旐央央」이라 했다. '錯革鳥曰旟'는 손염이 「錯은 置也, 革은 急也이다. 畫急疾之鳥於縿也」라 했다. 『예기』는 곡례편에서 참조했다. '因章曰旆'을 손염은 「因其繪色以爲旗章不畫之」라 했다.

제10편 석지(釋地)

『설문(說文)』을 고찰해 보면 "원기(元氣)가 처음에 분류되는데 가볍고 맑은 양기(陽氣)는 하늘이 되고 거듭되고 탁한 음기(陰氣)가 땅이 되며 만물이 그 속에 진열하는 것이다."라고 했다.

『백호통(白虎通)』에는 "땅이란 바꾸어지는 것이다."라고 했다. 만물을 포용하고 교역시키고 변화시키고 머금고 뱉고 절후에 응하는 것을 말한다.

『석명(釋名)』에 "지(地)는 밑이다."라고 했다. 그 몸체가 밑인 아래에 있어 만물을 싣고 있다.

『예기』에는 "지(地)는 베풀다, 살피다."라고 했다. 응하고 바꾸며 베풀고 변화시켜서 살피고 살펴 그르치지 않는다.

이 편은 땅을 풀어서 사방 중국의 주(州)와 부(府)와 능(陵)과 수(藪)와 그밖의 다른 것들을 등재한 것으로 '석지(釋地)'라고 했다.

1. 구주(九州)의 호칭

양하간(兩河間)을 기주(冀州)라 이르고 하남(河南)을 예주(豫州)라 이르고 하서(河西)를 옹주(雝州)라 이르고 한남(漢南 : 한수 남쪽)을 형주(荊州)라 이르고 강남(江南)을 양주(揚州)라 이르고 제하간(濟河間)을 연주(兗州)라 이르고 제동(濟

東)을 서주(徐州)라 이르고 연(燕)을 유주(幽州)라 이르고 제
(齊)를 영주(營州)라고 이른다.
이상은 구주(九州)를 말한 것이다.

兩河間曰冀州 河南曰豫州 河西曰雝州 漢
南曰荊州 江南曰揚州 濟河間曰兗州 濟東
曰徐州 燕曰幽州 齊曰營州 九州

注 동하(東河)에서 서하(西河)에 이르는 곳을 기주(冀州)라고 한다.
남하(南河)에서 한수(漢水)에 이르는 곳을 예주(豫州)라고 한다.
서하(西河)에서 흑수(黑水)에 이르는 곳을 옹주(雝州)라고 한다.
한남(漢南)에서 형산의 북쪽〔衡山之陽〕에 이르는 곳을 형주(荊州)라고 한다.
강남(江南)에서부터 바다에 이르는 곳을 양주(揚州)라고 한다.
하동(河東)에서 제(濟)에 이르는 곳을 연주(兗州)라고 한다.
제동(濟東)에서 바다에 이르는 곳을 서주(徐州)라고 한다.
역수(易水)에서 북적(北狄)에 이르는 곳을 유주(幽州)라고 한다.
대동(岱東)에서 바다에 이르는 곳을 영주(營州)라고 한다.
이상은 구주(九州)를 말한 것이며 대개 은(殷)나라의 제도이다.
疏 이상은 구주(九州)의 명칭과 그 경계를 설명한 것이다.

2. 습지 10곳의 호칭〔十藪〕

노(魯)나라에는 대야(大野)가 있고 진(晉)나라에는 대륙(大
陸)이 있고 진(秦)나라에는 양우(楊陓)가 있고 송(宋)나라에
는 맹저(孟諸)가 있고 초(楚)나라에는 운몽(雲夢)이 있고 오
(吳)나라와 월(越)나라의 사이에는 구구(具區)가 있고 제(齊)
나라에는 해우(海隅)가 있고 연(燕)나라에는 소여기(昭余祁)
가 있고 정(鄭)나라에는 포전(圃田)이 있고 주(周)나라에는 초
호(焦護)가 있다.
이것을 10개의 큰 숲이라고 한다.

魯有大野 晉有大陸 秦有楊陓 宋有孟諸 楚
有雲夢 吳越之間有具區 齊有海隅 燕有昭
余祁 鄭有圃田 周有焦護 十藪

注 '노(魯)나라의 대야(大野)'는 지금의 고평(高平) 거야현(鉅野縣) 동북
쪽의 대택(大澤)이 이곳이다. '진(晉)나라의 대륙(大陸)'은 지금의 거

록(鉅鹿) 북쪽인 넓은 하택(河澤)이 이곳이다. '진(秦)나라의 양우(楊陓)'는 지금의 부풍(扶風) 견현(汧縣) 서쪽에 있다. '송(宋)나라의 맹저(孟諸)'는 지금의 양국(梁國) 회양현(淮陽縣) 동북쪽에 있다. '초(楚)나라의 운몽(雲夢)'은 지금의 남군(南郡) 화용현(華容縣) 동남쪽 파구호(巴丘湖)가 이곳이다. '오월(吳越)의 사이에 있는 구구(具區)'는 지금의 오현(吳縣) 남대호(南大湖)로 곧 진택(震澤)이 이곳이다. '제(齊)나라의 해우(海隅)'는 해빈(海濱:해변가) 광척(廣斥)이다. '연(燕)나라의 소여기(昭余祁)'는 지금의 태원(太原) 오릉현(鄔陵縣) 북쪽 구택(九澤)이 이곳이다. '정(鄭)나라의 포전(圃田)'은 지금의 형양(熒陽) 중모현(中牟縣) 서쪽의 포전택(圃田澤)이 이곳이다. '주(周)나라의 초호(焦護)'는 지금의 부풍(扶風) 지양현(池陽縣) 호중(瓠中)이 이곳이다.

疏 이상은 10수(十藪:10개의 숲)의 이름을 말한 것이다. 광척(廣斥)은 동방을 척(斥)이라 하고 서방을 노(鹵)라고 했는데 소금기가 있는 땅이라는 뜻이다.

3. 여덟 큰 언덕의 호칭〔八陵〕

동릉(東陵)을 신(阯)이라 하고 남릉(南陵)을 식신(息愼)이라 하고 서릉(西陵)을 위이(威夷)라 하고 중릉(中陵)을 주등(朱滕)이라 하고 북릉(北陵)을 서유(西隃)라 하는데 안문(鴈門)이라고 하는 것이 이것이다. 능(陵)으로는 가릉(加陵)보다 큰 것이 없고 양(梁)은 격량(湨梁)보다 더 큰 것이 없고 분(墳)은 하분(河墳)보다 더 큰 것이 없다.
이상은 8개의 큰 언덕을 이름지어 말한 것이다.

東陵阯 南陵息愼 西陵威夷 中陵朱滕 北陵
西隃 鴈門是也 陵莫大於加陵 梁莫大於湨
梁 墳莫大於河墳 八陵

注 안문(鴈門)은 안문산(鴈門山)이다.

疏 신(阯)과 식신(息愼)과 위이(威夷)와 주등(朱滕)과 서유(西隃)·안문(鴈門)은 오방(五方:다섯 곳)의 언덕 명칭이다. 그 의의와 소재지가 자세하지 않다. 단 안문(鴈門)은 해복릉(解北陵)을 가리킨 것으로 곧 안문산(鴈門山)이 이것이다.

注 가릉(加陵)은 지금 어디에 있는지 듣지를 못했다.

疏 능(陵)은 큰 언덕이다. 가릉이 제일 큰 언덕이라고 했는데 지금은 그 소재를 듣지 못했다. '莫'은 '無'의 뜻이다.

注 '湨梁'의 격(湨)은 물 이름. 양(梁)은 제방이다.

疏 제6편 석궁(釋宮)에 「제(隄)는 지량(之梁)을 말한다」고 했다. 『시경』에 「石絶水曰梁(돌로 물을 끊는 것을 梁이라 한다)」이라고 했다. 그러므로 흙과 돌로써 둑(제방)을 만들어 물을 막는 것을 양(梁)이라고 한다. 『춘추』 양공(襄公) 16년에 「公會晉侯以下于湨梁」이라 했다.

注 '墳莫大於河墳'은 설명이 없다.

疏 분(墳)은 크게 막은 것으로 또한 제(隄)라고 한다. 비록 물마다 다 막은 것이 있으나 하분(河墳)이 가장 큰 것이다.

※ 이상은 또한 8릉을 제목한 것이다. 큰 언덕을 능(陵)이라 한다. 격량(湨梁) 하분(河墳)은 비록 큰 언덕이 아니지만 그 끊은 것이 커서 능(陵)과 같은 것으로 통하여 다 8릉(八陵)에 넣었다.

4. 구주(九州)의 보배 창고〔九府〕

동방(東方)의 아름다운 것은 의무려산(醫無閭山)의 순우기(珣玗琪)가 있고 동남(東南)의 아름다운 것은 회계산(會稽山)의 죽전(竹箭)이 있다. 남방(南方)의 아름다운 것은 양산(梁山)의 서상(犀象)이 있으며 서남(西南)의 아름다운 것은 화산(華山)의 금석(金石)이 있다. 서방(西方)의 아름다운 것은 곽산(霍山)의 많은 주옥(珠玉)이 있고 서북(西北)의 아름다운 것은 곤륜허(崐崙虛)의 구림낭간(璆琳琅玕)이 있다. 북방의 아름다운 것은 유도(幽都)의 근각(筋角)이 있고 동북(東北)의 아름다운 것은 척산(斥山)의 문피(文皮)가 있으며 가운데는 대악(岱岳)이 있고 더불어 그 오곡(五穀)과 물고기와 소금이 난다. 이것을 구부(九府)라고 한다.

東方之美者 有醫無閭之珣玗琪焉 東南之美者 有會稽之竹箭焉 南方之美者 有梁山之犀象焉 西南之美者 有華山之金石焉 西方之美者 有霍山之多珠玉焉 西北之美者 有崐崙虛之璆琳琅玕焉 北方之美者 有幽都之筋角焉 東北之美者 有斥山之文皮焉 中有岱岳 與其五穀魚鹽生焉 九府

注 '의무려(醫無閭)'는 산 이름이다. 지금 요동(遼東)에 있다. 순우기(珣玗琪)는 옥(玉)의 일종이다. '회계(會稽)'는 산 이름이다. 지금의 산음현(山陰縣) 남쪽에 있다. 죽전(竹箭)은 화살을 만드는 조릿대이다. '서

'(犀)'는 물소의 가죽과 뿔이고 상(象)은 이빨과 뼈이다. '금석(金石)'은 황금(黃金)과 연석(礝石)의 종류이다. '곽산(霍山)'은 지금 평양(平陽) 영안현(永安縣)의 동북쪽에 있다. 주(珠)는 지금의 잡주(雜珠)와 같아 정밀하고 좋은 것이다. '구림(璆琳)'은 아름다운 옥의 이름이요, 낭간(琅玕)은 모양이 주(珠)와 비슷하다. 『산해경』에 「곤륜산에 낭간수(琅玕樹)가 있다」고 했다. '유도(幽都)'는 산 이름이며 들소의 뼈와 뿔이 많은 것을 이른 것이다. '문피(文皮)'는 호랑이와 표범의 무리로 가죽에 무늬가 있는 것을 이른 것이다. '대악(岱岳)'은 태산(泰山)으로 태산에는 물고기와 소금이 풍부한 것을 말했다.

疏 이상은 팔방(八方 : 여덟 방면) 가운데 중국(中國)의 명산(名山)에서 생산되는 물건을 해석한 것이다.

5. 다섯 방위〔五方〕

동방(東方)에 비목어(比目魚 : 넙치)가 있다. 도움이 없으면 다니지 못하며 그것의 이름을 접(鰈)이라고 한다. 남방(南方)에 비익조(比翼鳥)가 있는데 도움이 없으면 날아다닐 수가 없으며 그것의 이름을 겸겸(鶼鶼)이라고 한다. 서방에 비견수(比肩獸)가 있는데 공공거허(邛邛岠虛)와 더불어 돕는다. 공공거허를 위해 감초를 깨물어 주며 어려운 일이 있으면 공공거허가 짊어지고 도망하는데 그것의 이름을 궐(蟨)이라고 한다. 북방(北方)에 비견민(比肩民)이 있는데 교대하여 먹고 교대하여 바라본다. 중앙에는 지수사(枳首蛇)가 있다. 이것은 사방(四方) 중국의 이상한 기운이다.

이상은 오방(五方 : 동·서·남·북·중앙)을 설명한 것이다.

東方有比目魚焉 不比不行 其名謂之鰈 南方有比翼鳥焉 不比不飛 其名謂之鶼鶼 西方有比肩獸焉 與邛邛岠虛比 爲邛邛岠虛齧甘草 即有難 邛邛岠虛負而走 其名謂之蟨 北方有比肩民焉 迭食而迭望 中有枳首蛇焉 此四方中國之異氣也 五方

注 '접(鰈)'은 형상이 소의 지라와 같고 비늘은 가늘며 자흑색(紫黑色)에 눈이 하나이다. 양편이 서로 합해야 다닐 수 있다. 지금 물 속에 살고 있다. 강동(江東)에서는 또 왕여어(王餘魚)라고 부른다. '겸겸(鶼鶼)'은 오

리와 같고 청적색(靑赤色)이며 눈이 하나이고 날개도 하나이기 때문에 두 마리가 서로 합해야 이에 날 수 있다. '궐(蟨)'은 『여씨춘추(呂氏春秋)』에 「북방에 짐승이 있는데 그 이름을 궐이라고 한다. 쥐보다 앞서고 토끼보다 뒤에 하며 빨리 걸으면 어지럽고 달리면 넘어진다」고 했다. 그러므로 공공거허는 또한 마땅히 쥐보다 뒤에 하고 토끼보다 앞에 하며 앞이 높아서 감초(甘草)를 취하지 못하므로 궐이 먹여 준다. 지금의 안문(鴈門) 광무현(廣武縣) 하옥산(夏屋山) 속에 짐승이 있는데 모양이 토끼와 같고 여섯 마리가 서로 짊어지고 함께 행동한다. 토속(土俗)에서 이름하기를 궐서(蟨鼠)라고 한다. '비견민(比肩民)'은 반쪽 몸체의 사람이다. 각각 눈이 하나 코가 하나 구멍도 하나 팔뚝도 하나 다리도 하나다. 또한 비목어나 비익조처럼 서로 합하여 다시 바라보고 놀라고 급한 것을 대비한다. '지수사(枳首蛇)'는 기두사(岐頭蛇)이다. 혹은 지금의 강동(江東)에서 양두사(兩頭蛇)라고 부른다. 월왕(越王) 약발(約髮)이 또한 노현(弩弦)이라고 했다.

疏 이상은 기이한 기운이 떳떳하지 않은 물건을 낳는 것을 해석한 것이다. 비익조는 『산해경』을 참조했으며 『여씨춘추』는 26편 대신람(大愼覽) 순설(順說)편의 문장이다.

6. 들의 호칭〔野〕

읍(邑)의 밖을 교(郊)라 이르고 교(郊)의 밖을 목(牧)이라 이르고 목(牧)의 밖을 야(野 : 들)라 이르고 야(野)의 밖을 임(林)이라 이르고 임(林)의 밖을 경(坰)이라고 이른다. 밑이 축축한 것을 습(隰)이라 하고 큰 들〔大野〕을 평(平)이라 하고 넓고 평평한 것을 원(原)이라 하고 높고 평평한 것을 육(陸)이라 하고 대륙(大陸)을 부(阜 : 언덕)라 하고 큰 언덕을 능(陵)이라 하고 큰 능을 아(阿)라고 한다. 가히 곡식을 심어 먹을 수 있는 것을 원(原)이라 하고 비탈진 것을 판(阪)이라 하고 밑으로 내려앉은 것을 습(隰)이라고 한다. 밭이 한 해가 된 것을 치(菑)라 하고 밭이 두 해가 된 것을 신전(新田)이라 하고 3년이 된 것을 여(畬)라고 한다.

이상은 들〔野〕을 설명한 명칭이다.

邑外謂之郊 郊外謂之牧 牧外謂之野 野外
謂之林 林外謂之坰 下溼曰隰 大野曰平 廣
平曰原 高平曰陸 大陸曰阜 大阜曰陵 大陵

曰阿 可食者曰原 陂者曰阪 下者曰隰 田一歲曰菑 二歲曰新田 三歲曰畬 野

注 '읍(邑)'은 나라의 수도(首都)이다. 가령 100리의 나라는 50리의 경계를 말하는데 경계는 각 10리이다. '원(原)'은 곡식을 심어 재배해서 식량을 만들 수 있는 땅을 말한다. 피(陂)는 비탈지고 평평하지 못한 것이다. '하자왈습(下者曰隰)'은 『공양전』에 「下平曰隰」이라 했다. '치(菑)'는 「지금 강동 사람들은 처음으로 개간한 땅을 치(菑)라 한다」고 했다. '신전(新田)'은 『시경』에 「于彼新田」이라 했다. '여(畬)'는 『주역』에 「不菑畬」라고 했다. 주(註)에는 「치(菑)는 개간한 지 1년 된 밭이고 여(畬)는 개간한 지 3년된 밭이다」라 했다.

疏 이상은 교야(郊野)의 땅이 멀고 가깝고 높고 낮고 하여 동일하지 않은 것의 이름을 해석한 것이다. '牧'은 『서경』 목서(牧誓)편에 「王朝至于商郊牧野乃誓」라 했다. '野'는 교외(郊外)의 일반적인 명칭이므로 『주례』에 「六遂在遠郊之外」라 했고 수인직(遂人職)에 「凡治野田」이라 했다. '可食者曰原陂者曰阪下者曰隰'의 3가지는 땅의 형상이 비록 높고 낮고 평평하지 못하지만 곡식을 심어 식량을 만들 수 있는 것을 해석했다. 높으면서 식량을 만들 수 있는 곳은 原이며 『시경』 대아에 「篤公劉于胥斯原」이라 했다. 비탈지고 평평하지 못하면서 식량을 공급할 수 있는 곳은 판(阪)인데 『시경』 소아 정월(正月)편에 「瞻彼阪田有菀其特」이라 했다. 낮고 평평하면서 식량을 공급할 수 있는 곳은 습(隰)이라 하는데 隰은 淫이다. 곽박이 말한 주(注)의 『공양전』은 소공(昭公) 원년의 전문(傳文). '菑'는 災이다. '畬'는 「和柔之意也」이다. 손염은 「菑始災殺其草木也 新田新成柔田也 畬和也田舒緩也」라 했다. 『시경』은 소아 채기(采芑)편의 문장. 『주역』은 무망(无妄)괘의 육이(六二)효사.

7. 사방의 극지〔四極〕

동쪽으로는 태원(泰遠)에 이르고 서쪽으로는 빈국(邠國)에 이르고 남쪽으로는 복연(濮鈆)에 이르고 북쪽으로는 축률(祝栗)에 이르는 것을 사극(四極)이라고 한다. 고죽(觚竹), 북호(北戶), 서왕모(西王母), 일하(日下)는 사황(四荒)이라고 이른다. 구이(九夷), 팔적(八狄), 칠융(七戎), 육만(六蠻)을 사해(四海)라고 이른다. 거제주(岠齊州)의 남쪽은 대구(戴口)로 단혈(丹穴)이라 하고 북대두(北戴斗)와 극(極)은 공동(空桐)이 되고 동쪽으로 해가 솟는 곳에 이르면 대평(大平)이 되고 서쪽으로 해가 들어가는 곳에 이르면 대몽(大蒙)이 된다. 대평(大平)의 사람들은 인(仁)하고 단혈(丹穴)의 사람들은 지혜(智慧)로우며 대몽(大蒙)의 사람은 신용(信用)이 있고 공동(空

桐)의 사람은 용감하다.

이상은 사방의 끝인 사극(四極)을 설명한 것이다.

東至於泰遠 西至於邠國 南至於濮鈆 北至
於祝栗 謂之四極 觚竹 北戸 西王母 日下 謂
之四荒 九夷 八狄 七戎 六蠻 謂之四海 岠
齊州以南 戴日 爲丹穴 北戴斗極 爲空桐 東
至日所出 爲大平 西至日所入 爲大蒙 大平
之人仁 丹穴之人智 大蒙之人信 空桐之人
武 四極

注 태원(泰遠)과 빈국(邠國)과 복연(濮鈆)과 축률(祝栗)은 다 네 곳의 지
극히 먼 곳에 있는 나라들이다. 고죽(觚竹)은 북쪽에 있고 북호(北戸)는
남쪽에 있고 서왕모(西王母)는 서쪽에 있고 일하(日下)는 동쪽에 있는데
모두 사방의 혼황(昏荒)의 나라들이다. 이는 사극(四極)에 다음하는 것
이다. 구이(九夷)는 동쪽에 있고 팔적(八狄)은 북쪽에 있고 칠융(七戎)
은 서쪽에 있고 육만(六蠻)은 남쪽에 있는데 사황(四荒)에 다음하는 것
이다. 거(岠)는 거(去)의 뜻이고 제(齊)는 중(中)의 뜻이다. 대(戴)는
치(値)이다. 몽(蒙)은 넘치다(氾)의 뜻이다. 대평(大平)의 사람이 인
(仁)한 것과 단혈(丹穴)의 사람이 지혜로운 것과 대몽의 사람이 믿음이
있는 것과 공동(空桐)의 사람이 용감한 것들은 땅의 기운이 시켜서 그렇
게 된 것이다.

疏 이상은 구주(九州) 밖 사방의 지극히 먼 곳의 나라 이름 및 그 나라 사람들의
성품이 같지 않은 것을 설명한 것이다. '고죽'은『한서지리지(漢書地理志)』
에「遼西令支有孤竹城」이라 했다. '북호'는 안사고(顔師古)가「言其在日之
南所謂北戸以向日者」라 했다. '서왕모'는『산해경』서황경(西荒經)과『목
천자전(穆天子傳)』에 보인다. '日下'는 해가 나오는 곳의 그 아래의 나라를
말한다.『산해경』동황경(東荒經)에 나온다. '구이·팔적·칠융·육만'의 사
해(四海)를 손염은「海之言晦晦闇於禮義也」라 했다.

제11편 석구(釋丘)

　『광아(廣雅)』에 "소릉(小陵)을 구(丘)라 한다."고 한 것을 참조하여 해석했다.

　『설문해자(說文解字)』에 "흙이 높이 쌓인 것이며 사람이 만든 것이 아니다. 산은 북쪽을 쫓아 한결같이 하나로 이어지는 땅이다. 사람은 구(丘)의 남쪽에 살므로 북쪽을 쫓아 중앙에 살아 곤륜의 동남쪽에 있다. 서쪽이 높고 중앙이 가라앉은 것이 언덕의 형상이다."라 했다.

　사람이 만든 것이 구(丘)가 아니기 때문에 흙이 자연히 높아져 작은 능(陵)이 된 것을 구(丘)라 이름한다. 그 몸은 비록 하나이지만 그 이름은 많다.

　혹 길이 가깝거나 혹 수택(水澤)에 말미암는 것들이 곧 능(陵)이나 묘(畝) 같아 각각 다르다. 그 겹친 즉 두번 세번이 같지 않다.

　이 편은 이것들을 갖추어 풀어놓은 것이므로 '석구(釋丘)'라 한다.

1. 언덕의 호칭〔丘〕

구(丘 : 언덕)가 한 번 거듭된 것은 돈구(敦丘)이다

丘一成爲敦丘 【丘】언덕구.

注 성(成)은 중(重)과 같다. 『주례』에 「爲壇三成」이라 했다. 지금 강동(江

東)에서 땅이 높게 쌓여진 것을 돈(敦)이라고 한다.

疏 성(成)은 거듭되다. 구(丘) 위에 다시 하나의 구(丘)가 있어 서로 거듭 쌓인 것을 돈구(敦丘)라고 이름한다. 『시경』 위풍(衛風) 맹(氓)편에 「送子涉淇 至于頓丘」라고 했다. 손염은 「形如覆敦敦器似盂」라 했다. 『주례(周禮)』는 추관(秋官) 사의직(司儀職)의 문장이다. 정사농(鄭司農)이 「三成三重也引之證成爲重也」라 했다.

두 번 거듭된 언덕은 도구(陶丘)이다.

再成爲陶丘 【陶】질그릇도.

注 지금 제음(濟陰) 정도성(定陶城) 가운데 도구(陶丘)가 있다.

疏 구(丘)의 형상이 위에 두 언덕이 있어 서로 겹쳐진 것을 도구(陶丘)라고 이름한다. 이순(李巡)은 「再成其形(두 번 거듭된 그 형상)은 재중(再重)이다」라고 했다. 『서경』 우공(禹貢)편에 「제수(濟水)는 동쪽 도구(陶丘)의 북쪽에서 나온다」고 한 것이 이것이다.

두 번 겹쳐져서 위가 뾰족한 언덕은 융구(融丘)이다.

再成銳上爲融丘

注 위가 가느다란 것을 뜻한다.

疏 언덕의 형상이 두 번 겹쳐지고 정상이 가느다란 것을 융구라 한다.

3번 겹쳐진 언덕은 곤륜구(崑崙丘)이다.

三成爲崑崙丘

注 곤륜산은 3번 겹쳐진 것으로 이름을 얻었다.

疏 언덕이 3번 겹쳐진 것을 곤륜구라고 했다. 『곤륜산기(崑崙山記)』에 「곤륜산을 일명 곤구(崑丘)라고 하며 3번 겹쳐져서 높이가 1만1천리다」라고 한 것이 이 뜻이다. 무릇 언덕의 형상이 3번 겹쳐진 것과 같아 이름을 얻은 것이다.

탈 수 있는 것처럼 생긴 것이 승구(乘丘)이다.

如乘者 乘丘 【乘】탈승. 乘과 같다.

注 모양이 수레의 탈 것처럼 생긴 것이다. 어떤 사람은 승(乘)은 벼밭의 밭두둑을 이른다고 했다.

疏 곽박이 두 가지로 해석했다. 허숙중(許叔重)이 「승날도전(塍圩稻田)은 밭두둑의 지경과 밭두둑의 경계이다」라고 했다. 『지리지(地理志)』에 「泰山有乘丘(태산에 승구가 있다)」라 했고 『춘추』 장공(莊公) 10년의 「公敗宋師于乘丘」가 이 뜻이다. ※塍 : 밭두둑승. 圩 : 둑날. 지경날.

모래톱처럼 생긴 것이 저구(渚丘)이다.

如渚者 渚丘

注 물 가운데 조그마한 모래톱을 저(渚)라고 한다.

疏 저(渚)는 물 가운데에 살 수 있는 조그마한 곳이 언덕의 형상과 같아서 저구(渚丘)라 이름했다.

길바닥에 빗물이 고여 있는 곳이 니구(泥丘)이다.

水潦所止 泥丘

注 위에는 파이고 아래는 더러운 것이다.

疏 수료(水潦)는 빗물이다. 언덕의 모양이 위는 파이고 아래는 더럽다고 한 것은 빗물이 고여 있으면 진창이 이루어지기 때문이며 이것을 니구(泥丘)라고 했다.

네모난 언덕이 호구(胡丘)이다.

方丘 胡丘

注 모양이 네모진 것을 말한다.

疏 언덕의 모양이 네모난 것을 호구(胡丘)라고 이름한다.

뛰어나게 높은 언덕이 경(京 : 언덕)이다.

絶高爲之 京

注 사람의 힘으로 만든 것이다.

疏 뛰어나게 높고 커 언덕과 같은 것이며 사람의 힘으로 언덕처럼 만든 것을 경(京)이라 이름한다. 『춘추좌전』선공(宣公) 12년에 「楚敗晉師於邲潘黨曰君盍築武軍而收晉尸以爲京觀楚子曰云云今罪無所而民皆盡忠以死君命又可以爲京乎」가 이것이다.

사람이 만들지 않은 언덕이 구(丘)이다.

非人爲之 丘

注 땅이 자연적으로 태어나게 한 것이다.

疏 이순(李巡)은 「사람의 힘으로 하지 않고 자연적으로 태어난 것이다」라고 했다. 손염(孫炎)은 「땅의 성질이 자연적으로 만들었다」고 했다.

빗물이 빙 둘러 있는 언덕이 날구(埒丘)이다.

水潦所還 埒丘 【埒】둑날. 제방날.

注 언덕이 가장자리에 경계가 있고 물이 빙둘러 있는 것을 이른다.

250 이아 주소(爾雅注疏)

疏 환(還)은 고리처럼 빙둘러 있는 것이다. 날(埒)은 조그마한 제방이다. 제단(祭壇)을 둘러싼 담의 흙을 말한 것과 같이 이 언덕은 가장자리에 경계가 있고 제방 밖에 물이 고리처럼 둘러 있어서 날구(埒丘)라고 이름한다.

위가 바른 언덕이 장구(章丘)이다.

上正 章丘

注 정상이 평평한 것이다.

疏 언덕의 정상이 평평하고 바른 것을 장구(章丘)라 한다. 장(章)은 평(平)의 뜻.

연못 가운데 있는 언덕이 도구(都丘)이다.

澤中有丘 都丘

注 연못 가운데에 언덕이 있다.

疏 도(都)는 물이 모이는 곳이다. 연못 가운데에 있다고 말한 것으로 인하여 도구(都丘)라고 했다.

중요한 길에 우뚝 솟은 언덕은 오구(梧丘)이다.

當途 梧丘

注 도(途)는 도(道)이다.

疏 도(途)는 도(道)이다. 오(梧)는 우(遇)이다. 마땅한 길에 있는 것을 오구(梧丘)라고 이름한 것은 서로 도로에서 만나는 것과 같은 일을 말한다.

길에서 그 오른쪽에 솟아 빙 둘러 있는 언덕은 획구(畫丘)이다.

途出其右而還之 畫丘

注 길을 위해 규제하여 그은 것처럼 생긴 것을 말한다.

疏 우(右)는 서(西)이다. 선(還)은 요(繞)이다. 획(畫)은 규획(規畫)이다. 길에서 언덕이 서쪽으로 솟아 다시 빙 두른 것처럼 생긴 것을 획구(畫丘)라고 이름한 것은 언덕이 길을 위하여 규제되어 그은 것 같기 때문이다.

길에서 그 앞에 솟은 언덕이 대구(戴丘)이다.

途出其前 戴丘

注 길에서 언덕이 남쪽에 있는 것이다.

疏 길을 갈때 언덕이 남쪽에 있는 것을 말하며 언덕을 짊어지고 있는 것 같은 형상으로 대구(戴丘)라고 한다.

길에서 그 뒤에 있는 언덕은 창구(昌丘)이다.

途出其後 昌丘

注 길에서 언덕이 북쪽으로 솟은 것이다.

疏 길을 갈 때 언덕이 북쪽에 있는 것을 창구(昌丘)라고 이름한다.

물에서 그 앞에 솟은 언덕이 성구(渻丘)이고 물에서 그 뒤에 솟은 언덕이 저구(沮丘)이고 물에서 그 오른쪽에 솟은 것이 정구(正丘)이고 물에서 그 왼쪽에 솟은 것이 영구(營丘)이다.

水出其前 渻丘 水出其後 沮丘 水出其右 正丘 水出其左 營丘

注 지금 제(齊)나라의 영구(營丘)에 치수(淄水)가 그 남쪽과 동쪽으로 지나간다.

疏 이것은 언덕의 전후좌우로 물이 흘러가는 것을 가지고 이름한 것이다. 전후는 남북이고 좌우(左右)는 동서(東西)이다.

엎은 사발 같은 언덕은 퇴구(敦丘)이다.

如覆敦者 敦丘

注 퇴(敦)는 우(盂 : 사발)와 같은 것이다.

疏 『주례』를 참고하면 구빈직(九嬪職)에 「凡祭祀贊玉齍」라 하고 그 주(注)에 「玉齍受黍稷器」라 했다. 곽박(郭璞)이 사발과 같다고 한 것은 그 종류를 말한 것이다. 언덕의 형상이 엎은 사발과 같아 퇴구(敦丘)라고 이름했다.

연이어 뻗은 언덕은 사구(沙丘)이다.

邐迤 沙丘

注 옆으로 이어져 계속 뻗은 것이다.

疏 『설문(說文)』에 「이(邐)는 행(行)이다. 이(迤)는 사행(斜行)이다」라고 했다. 그러므로 곽박이 주에 「옆으로 이어져 계속 뻗은 것이다」라고 했는데 연연(連延 : 계속 뻗은 것)은 연접되어 길게 뻗은 것으로 언덕의 형상이 비스듬이 행하여 계속 이어져 길게 되었으므로 사구(沙丘)라고 이름했다. 『지리지(地理志)』에 「鉅鹿有紂所作沙丘臺在東北七十里」라 했다.

왼쪽이 높은 언덕은 함구(咸丘)이고 오른쪽이 높은 언덕은 임구(臨丘)이며 앞이 높은 언덕은 모구(旄丘)이고 뒤가 높은 언덕은 능구(陵丘)이다.

左高 咸丘 右高 臨丘 前高 旄丘 後高 陵丘

注 모구(旄丘)는 『시경』에 「旄丘之葛兮」라 했다.

疏 이상 4가지의 언덕은 언덕의 형상이 전후좌우의 높은 데에 따라서 그 이름이 같지 않은 것을 설명한 것이다. 『시경』은 패풍(邶風) 모구(旄丘)편의 문장.

편벽되게 높은 언덕은 아구(阿丘)이다.

偏高 阿丘

注 『시경』에 「陟彼阿丘」라 했다.

疏 언덕의 형상이 네 모퉁이가 한쪽만 높고 전후좌우가 바르지 않은 것을 아구(阿丘)라 한다. 『시경』은 용풍(鄘風) 재치(載馳)편의 문장.

완연히 중앙이 높은 언덕은 완구(宛丘)이다.

宛中 宛丘

注 완(宛)은 중앙이 우뚝 높이 솟은 것을 말한다.

疏 『시경』 진풍(陳風)에 「宛丘之上兮」라 했다. 『모전(毛傳)』에 「사방이 높고 중앙이 아래한 것을 완구(宛丘)라 한다」고 했고 이순과 손염도 또한 「중앙이 아래이다」라 했는데 곽박은 「중앙이 높다」고 한 것은 곽박이 앞사람을 따르지 않은 것이다. 사방이 높고 중앙이 아래한 것으로 곧 이것은 앞에서 말한 '水潦所上泥丘也'이다. 또 뒤에 '丘上有丘爲宛丘'라고 나오는데 '丘上有丘'는 중앙이 높이 솟은 것이 아니다.

언덕의 등쪽에 있는 언덕이 부구(負丘)이다.

丘背有丘爲負丘

注 이곳은 완구(宛丘)의, 중앙이 높이 솟은 모양이 하나의 언덕을 등 위에 짊어진 것 같은 모양을 해석한 것이다.

疏 이상은 완구(宛丘)의 형상을 해석한 것이다. 중앙이 높이 솟아 언덕의 등 위에 다시 한 언덕이 있어서 짊어지고 있는 것 같은 것을 완구(宛丘)라고도 하고 또는 부구(負丘)라고도 한다.

왼쪽에 연못이 있는 언덕이 정구(定丘)이다.

左澤 定丘

疏 언덕의 동쪽에 연못이 있는 것을 정구(定丘)라고 이름한다.

오른쪽에 능(陵)이 있는 것이 태구(泰丘)이다.

右陵 泰丘

注 송(宋)나라에 태구(泰丘)가 있었는데 사직이 망했다. 『사기』에 나와 있다.

疏 언덕의 서쪽에 큰 언덕이 있는 것을 태구(泰丘)라고 한다. 『육국연표(六國年表)』에 「周顯王三十三年秦惠文王二年宋太丘社亡(주현왕 33년, 진혜문왕 2년에 송나라 태구의 사직이 망했다)」이라 했다. 송나라는 구(丘)에 의지해 사직을 세웠다. 송나라가 망할 때 제거되어 없어졌다. 그러므로 '태구사망(太丘社亡)'은 또한 '咎徵也(허물의 증표)'이다.

밭두둑 같은 것은 묘구(畝丘)이다.

如畝 畝丘

注 언덕이 밭두둑과 같은 경계가 있어 밭의 언덕 같은 모양이다.

疏 이순이 「언덕이 밭두둑 같은 것을 묘구(畝丘)라고 한다」고 했다. 손염(孫炎)은 「방백보(方百步)」라고 했다. 『시경』 소아 항백(巷伯)편에 「楊園之道 猗於畝丘」라고 했다.

능(陵)과 같은 언덕은 능구(陵丘)이다.

如陵 陵丘

注 능(陵)은 큰 언덕이다.

疏 언덕의 모양이 큰 언덕처럼 생긴 것을 능구(陵丘)라고 이름한다. 능(陵)을 대부(大阜)라고 한 것은 제10편 석지(釋地)에 해석이 있다.

언덕 위에 있는 언덕이 완구(宛丘)이다. 진(陳)나라에 완구(宛丘)가 있고 진(晉)나라에 잠구(潛丘)가 있고 회남(淮南)에 주려구(州黎丘)가 있다. 천하에 이름있는 언덕이 5개가 있는데 셋은 하남(河南)에 있고 그 둘은 하북(河北)에 있다.
여기까지는 언덕을 말하였다.

丘上有丘爲宛丘 陳有宛丘 晉有潛丘 淮南 有州黎丘 天下有名丘五 三在河南 其二在 河北 丘

注 완구(宛丘)는 의심하는 사람들이 그치지 않으므로 거듭 깨우쳤다. 진(陳)나라 완구는 지금 진군(陳郡) 진현(陳縣)에 있다. 잠구(潛丘)는 지금 태원(太原) 진양현(晉陽縣)에 있다. 주려구(州黎丘)는 지금 수춘현(壽春縣)에 있다. 어떤 사람이 「州黎丘·宛丘·營丘는 하남이 되고 潛丘·敦

丘는 하북이 된다」고 했다.

疏 곽박이 선유(先儒)들의 설명을 파괴한 것이다. 천하의 이름난 언덕을 설명한 것인데 마땅하지 못하다. 이상은 모든 언덕의 이름과 뜻을 설명한 것으로 제목을 '구(丘)'라고 했다.

2. 애(厓)와 안(岸)의 호칭

물가를 바라보면 깊고 높은 것이 안(岸)이다.

望厓 洒而高 岸

注 애(厓)는 물가의 뜻이고 선(洒)은 깊다의 뜻이다. 물가를 보았을 때 높고 물이 깊은 곳을 안(岸)이라 한다.

疏 망(望)은 시(視:보다)이다. 애(厓)는 수변(水邊)이다. 선(洒)은 수심(水深)이다. 물가를 바라보면 그 아래가 깊고 그 물가가 높은 것을 안(岸)이라고 이름한다.『시경』위풍(衛風)에「淇則有岸」이라 했다.

위는 평탄하고 아래가 깊은 것이 순(漘)이다.

夷上洒下 不漘 【洒】깊을선.

注 물가의 위가 평탄하고 아래의 물이 깊은 것을 순(漘)이라 한다. 불(不)은 발어사(發語辭)다.

疏 이순(李巡)은「이상(夷上)은 평상(平上)이고 선하(洒下)는 초하(陗下:가파르다)한 것으로 순(漘)이라고 이름한다」고 했다. 손염(孫炎)은「위는 평평하고 아래는 가파른 것으로 순(漘)이라 이름한다」라고 했다. 불(不)자는 연자(衍字)이다.『시경』왕풍(王風) 갈류(葛藟)편에「在河之漘」이라 했다.

숨어 있는 언덕은 외(隈)이다.

隩 隈

注 지금 강동(江東)에서는 포오(浦隩)라고 부른다.『회남자(淮南子)』에는「漁者不爭隈」라 했다.

疏 욱(隩)은 일명 외(隈)라 한다. 손염(孫炎)은「외(隈)는 물 가운데 굽어진 곳이다」라고 했다.『시경』위풍(衛風) 기욱(淇奧)편에「瞻彼淇奧」이라 했으므로 이것을 해석했다.『회남자』는 원도(原道)편의 문장이다.

애(厓)는 안으로는 욱(隩)이 되고 밖으로는 외(隈)가 된다.

厓內爲隩 外爲隈

注 애(厓:물가)의 겉과 속의 이름을 구별한 것이다.

疏 애(厓)의 겉과 속을 구분지어 이른 것이다. 손염(孫炎)은「내(內)는 곡리(曲

裏)이고 외(外)는 곡표(曲表)이다」라고 했다. 이순은「물가 안은 가까운 물로 옥(隩)이 되고 그 밖은 국(鞫)이 된다」고 했다. 이것은 구차히 되풀이하여 앞문장을 해석한 것이다. '外爲隈'에서 隈는 마땅히 국(鞫)이 되어야 하는데 전사(傳寫)의 잘못이다.『시경』대아 공류(公劉)편에「芮鞫之卽」이라 하고『모전(毛傳)』에「水之外曰鞫」이라 했으므로 물가의 물이 굽어지는 그 안을 옥(隩), 밖을 외(隈)·국(鞫)이라 이름한다.

필(畢)은 당(堂)의 담〔牆〕이다.
畢 堂牆

注 지금 종남산(終南山)의 길 이름이다. 필(畢)은 그 변두리 둘레가 집의 담장과 같다.

疏 이순(李巡)이「당장명애(堂牆名厓)는 집의 담장과 같은 것을 필(畢)이라 한다」고 했다. 곽박은「필은 종남산의 길 이름이다」라 했는데 그 가장자리의 물가가 집의 담장과 같아 평평하고 바른 것을 말한 것이다.『시경』진풍(秦風)에「終南何有 有紀有堂」이라 했다.

애(厓)가 거듭된 것이 안(岸)이다.
重厓 岸

注 두 물가가 겹쳐진 것이 안(岸)이다.

疏 두 개의 애(厓)가 서로 겹쳐진 것을 또한 안(岸)이라고 이름한다.

바닷가 언덕 위가 호(滸)이다.
岸上 滸

注 바닷가 언덕 위의 땅이다.

疏 안(岸 : 바닷가 언덕) 위의 평지로 물과의 사이가 점점 멀어지는 것을 호(滸)라고 이름한다.『시경(詩經)』대아(大雅) 면(縣)편에「率西水滸」라고 했다.

둑〔墳〕은 대방(大防 : 큰 둑)이다.
墳 大防

注 제방을 말하는 것이다.

疏 이순(李巡)은「분(墳)은 물가의 언덕 모양이 분묘(墳墓)와 같은 것을 이른 것으로 대방(大防)이라고 이름한다」고 했다.『시경』주남(周南)에「遵彼汝墳」이라 했고 제10편 석지(釋地)에「墳莫大於河漬」이라 했다.

사(涘 : 물가)는 애(厓)가 된다.

涘爲厓

注 물가를 말한다.

疏 이순은 「사일명애(涘一名厓)는 물의 가장자리를 이른다」고 했다. 『시경』 진풍
(秦風)에 「所謂伊人 在水之涘」라고 했다.

막힌 도랑은 사(汜)이다.

窮瀆 汜

注 물이 통하지 않는 것이다.

疏 막혀서 물이 통하지 않는 도랑을 사(汜)라고 이름한다.

골짜기라는 것은 미(滶)이다.
이상은 애(厓)와 안(岸)의 이름을 해석했다.

谷者 滶 厓岸

注 골짜기로 통한다.

疏 막힌 도랑을 사(汜)라고 이른 것은 능히 산골짜기로 통하는 것인데 별도의 이름을
미(滶)라고 한다. 이상은 모두 애(厓)와 안(岸)의 이름을 해석한 것이다. 그러므
로 제목을 '애안(厓岸)'이라고 했다.

제12편 석산(釋山)

『석명(釋名)』에 "산(山)이란 산(産 : 낳다)으로 만물을 산생(産生)한다는 말이다."라 했다.

『설문』에는 "산(山)은 선(宣 : 베풀다)이다. 기운을 베풀어서 모든 만물을 흩어 살게 하고 돌도 있으며 그 형상은 높은 것이다."라고 했다.

이 편은 모든 산의 이름을 나열하여 설명한 것으로 '석산(釋山)'이라고 한다.

하남(河南)은 화산(華山)이요, 하서(河西)는 악산(嶽山)이요, 하동(河東)은 대산(岱山 : 泰山)이요, 하북(河北)은 항산(恒山)이요, 강남(江南)은 형산(衡山)이다.

河南華 河西嶽 河東岱 河北恒 江南衡

注 화(華)는 화음산(華陰山)이요, 악(嶽)은 오악(吳嶽)이요, 대(岱)는 대종(岱宗)으로 태산(泰山)이요, 항(恒)은 북악(北岳)으로 항산(恒山)이요, 형(衡)은 남악(南岳)으로 형산(衡山)이다.

疏 편의 첫머리에 이 다섯 산을 기재한 것은 이 다섯 산이 중국의 명산(名山)이기 때문이다. 『주례』직방씨(職方氏)에 「河南曰豫州其山鎭曰華山 正西曰雍州其山鎭曰嶽山 正東曰兗州其山鎭曰岱山 正北曰幷州其山鎭曰恒山 正南曰荊州其山鎭曰衡山」이라 했고 정현의 주에 「鎭은 名山安地德者也」라 했다.

산이 3번 거듭된 것은 척(陟)이다.

山三襲 陟

注 습(襲)은 또한 거듭하다〔重〕이다.「襲亦重」.

疏 산의 형상이 산 3개가 겹쳐진 것 같은 것을 척(陟)이라 한다. 덧입은 옷을 습(襲)이라 이르므로 습(襲)은 거듭되는 것이다. 상편(上篇)의 주(注)에 이미 이르기를 성(成)은 중(重)과 같다 했으므로「襲亦重」이라 했다.

두 번 거듭된 것이 영(英)이다.

再成 英

注 두 산이 서로 거듭된 것이다.

疏 성(成)은 중(重)이다. 산의 모양이 2개가 거듭된 것을 영(英)이라고 이름한다. 지금의 남군(南郡) 영산현(英山縣)이 대개 이러한 이름을 취했다.

한 번 거듭된 것이 배(坯 : 겹산)이다.

一成 坯

注 『서경』에「至于大伾」라 했다.

疏 이 문장을 살피면 산 위에 다시 산 하나가 있어 거듭된 것을 배(坯)라 한다. 『서경』은 하서 우공(禹貢)편의 문장. ※일설에 坯와 伾는 뜻이 조금 다르다고 했다.

산이 크고 높은 것이 숭(崧)이다.

山大而高 崧

注 지금의 중악(中嶽)인 숭고산(嵩高山)이 대개 이에 따라 이름지어졌다.

疏 『시경』대아에「崧高維嶽」이라고 했는데『모전(毛傳)』에「숭(崧)은 높은 모양」이라 했다. 『석명(釋名)』에「숭(崧)은 송(竦 : 우뚝솟다)이다. 또한 높은 것을 일컫는다」고 했다. 이순이「高大曰嵩」이라고 했는데 이것은 산이 높고 큰 것의 자연스런 명칭이다. 숭(崧)은 본래 중악(中嶽)의 이름을 가리킨 것이 아니다.

산이 작고 높은 것은 잠(岑)이다.

山小而高 岑

注 산이 높은 모양. 험준한 모양을 말한다.

疏 산의 모양이 비록 작으나 높이 우뚝 솟아 험준한 것을 잠(岑)이라 말한다.

뽀족하고 높은 것은 교(嶠 : 뽀족하고 높다)이다.

銳而高 嶠

注 칼처럼 뽀족하여 가파른 것을 말한다.

疏 예(銳)는 첨(鐵)이다. 산의 모양이 칼처럼 뽀족하여 가파르고 높은 것을 말하며 이를 교(嶠)라고 이름한다. 『열자(列子)』탕문(湯問)편에「渤海之東有壑 其中山曰員嶠」라 했는데 대개 이것과 같다.

낮고 큰 것은 호(扈) 이다.

卑而大 扈

注 호(扈)는 넓은 모양이다.

疏 산 모양이 낮고 아래하여 넓고 큰 것을 말하며 호(扈) 라고 한다. 『예기』 단궁편에 「南宮紹之妻之姑之喪 夫子誨之髽曰爾毋從從爾」라 했는데 정현의 주에 「호호(扈扈)는 크고 넓은 것을 이른다」고 했다. 대개 여기에서 그 뜻을 취했다.

작고 많은 것은 귀(歸) 이다.

小而衆 歸

注 작은 산이 모여 늘어서 있는 것이다.

疏 산이 작으면서 많이 솟아 나열되어 있는 것을 말하며 귀(歸) 라고 이름한다.

작은 산이 큰 산보다 높은 것은 환(岠) 이다.

小山岌大山岠

注 급(岌)은 높은 것을 이른다.

疏 작은 산과 큰 산이 서로 어우러져 작은 산이 큰 산보다 높고 우월한 것을 말하며 환(岠) 이라고 이름한다. 작은 산은 급(岌) 이라 하고 큰 산은 환(岠) 이라 한다는 것을 말한 것은 아니다.

연속으로 이어진 산은 역(嶧) 이다.

屬者嶧

注 왕래가 끊이지 않고 서로 연결되는 것을 말한 것이다.

疏 산의 형상이 서로 연속되어 왕래가 끊이지 않아 단절되지 않는 것을 말하며 역(嶧) 이라고 이름한다.

홀로 있는 산은 촉(蜀) 이다.

獨者蜀

注 촉(蜀)은 또한 고독한 것이다.

疏 산이 고독한 것을 말하며 촉(蜀) 이라 이름한다. 『설문』에 「촉(蜀)은 벌레 이름」이라 하고 제16편 석충(釋蟲)에 「蚅烏蠋」이라 하고 곽박은「큰 벌레로 누에 비슷한 것을 가리킨다. 이 벌레는 무리나 짝이 없다」고 했다. 그러므로 촉(蜀) 또한 고독한 것을 말한다. 이미 벌레의 고독한 것을 촉(蜀) 이라 하고 이에 산의 고독한 것을 촉(蜀) 이라 이름한 것이다.

산 위가 바른 것은 장(章) 이다.

上正 章

注 산의 위가 평평한 것이다.

疏 정(正)은 평(平)이다. 산의 형상이 위가 평평한 것을 장(章) 이라 말한다.

완연히 가운데 한 것은 융(隆)이다.

宛中 隆

注 산의 중앙이 높은 것이다.

疏 산의 모양이 가운데로 몰려 볼록 솟아 높은 것을 말하며 이를 융(隆)이라 한다.

산등성이는 강(岡)이다.

山脊 岡

注 산의 등성이가 긴 것을 말한다.

疏 손염은 「長山의 脊이다」라고 했다. 높은 산의 긴 등성이를 말하며 이를 강(岡)이라 이름한다. 『시경』에 「陟彼高岡」이라 했다.

산의 정상에 미치지 못한 것은 취미(翠微)이다.

未及上 翠微

注 정상에 가까운 옆의 비탈이다.

疏 정상에 미치지 못하고 옆으로 비탈진 곳이 있는 것을 말하며 취미(翠微)라고 이름한다. 일설에는 「산의 기운이 청록색이므로 취미라 한다」고 했다.

산의 꼭대기가 총(冢)이고 험한 것은 수위(厜㕒)이다.

山頂冢 崒者厜㕒

注 총(冢)은 산의 꼭대기이다. 수위(厜㕒)는 산봉우리 정상의 낭떠러지이다.

疏 이 두 구절은 『시경』 소아 시월(十月)편의 「山冢崒崩」을 해석한 것이다. 『모전(毛傳)』에 「산꼭대기는 총(冢)이다」라 했고 정현의 주석에는 「줄(崒)은 최외(崔嵬)이다」라고 했다. 비록 음은 다르나 뜻은 같다.

산이 집과 같은 것은 밀(密)이다.

山如堂者 密

注 산의 형상이 집과 같은 것은 『시자(尸子)』에 「松柏之鼠 不知堂密之有美樅」이라 했다.

疏 산의 형상이 집안과 같은 것은 밀(密)이라고 이름한다. 『시자(尸子)』 작자(綽子)편의 문장을 인용하여 산에 밀(密)이라 이름한 것이 있음을 증명했다.

둑과 같은 것은 성(盛)이다.

如防者 盛

注 방(防)은 제(隄)이다.

疏 성(盛)은 자성(粢盛)의 성(盛)과 같이 읽는다. 제방(隄防)의 형상이 뾰족하고 높아서, 기장이 그릇 속에 있는 것과 같아, 그 산의 형상이 제방과 같은 것을 또한 성(盛)이라고 이름했다.

작고 뾰족한 산은 산타(山墮)이다.

巒 山墮

注 산의 모양이 길고 협소한 것으로 형주(荊州)에서는 만(巒)이라고 한다. 『시경』에 「墮山喬嶽」이라 했다.

疏 물(物)이 좁고 긴 것을 타(墮)라 한다. 여기서 산타(山墮)를 말한 것은 '산의 모양이 좁고 긴 것'을 이른 것으로 일명 만(巒)이라 한다. 『시경』은 주송 반(般) 편의 문장.

시루를 겹친 것 같은 산은 엄(甗)이다.

重甗 甗

注 산의 모양이 시루 2개를 겹친 것 같은 것을 말하며 산모양이 시루와 비슷하여 그 이름을 얻었다.

疏 손염은 「산의 터가 언덕을 겹친 것이 있다」고 했고, 곽박은 「언(甗)은 증(甑)이다」라 했고, 정중(鄭衆) 주(注) 『주례』 고공기에 「甗無底甑」이라 했다.

왼쪽과 오른쪽에 언덕이 있는 것은 갑(岊)이다.

左右有岸 岊

注 산을 끼고 언덕이 있는 것이다.

疏 산의 양쪽 가에 물이 있고 산과 물로 언덕이 이루어진 것을 말하며 이 산 이름을 갑(岊)이라고 한다.

큰 산이 작은 산을 둘러싼 것은 곽(霍)이다.

大山宮小山 霍

注 궁(宮)은 둘러싼 것을 말한다. 『예기』에 「君爲廬宮之」라 했다.

疏 궁(宮)은 둘러싸다와 같다. 작은 산이 가운데 있고 큰 산이 밖에 있어 둘러싸고 있는 산의 형상을 말하며 곽(霍)이라 한다. 큰 산이 궁(宮)이고 작은 산이 곽(霍)이라는 뜻은 아니다. 『예기』는 상대기(喪大記)의 문장이고 정현의 주에 「宮謂圍障之也」라 한 것을 인용하여 '궁(宮)은 圍繞'의 뜻이라는 것을 증명했다.

작은 산이 큰 산을 갈라 놓은 것은 선(鮮)이다.

小山別大山 鮮

注 서로 이어지지 않는 것이다.

疏 작은 산과 큰 산이 분별되어 서로 이어져 있지 않은 것을 말하며 선(鮮)이라 이름한다. 이순(李巡)은 「큰 산이 젊은 것으로 선(鮮)이라 한다」고 했다.

산이 끊어진 것은 형(陘 : 지게목)이다.

山絶陘

注 계속되어 오다 끊어진 것이다.

疏 산의 모양이 계속 이어져 오다가 홀연히 끊어진 것을 말하며 형(陘)이라 한다.

작은 돌이 많은 것은 오(磝)이다.

多小石磝

注 자갈이 많은 것이다.

疏 강력(礓礫)은 작은 돌이다. 산에 이 작은 돌이 많은 것을 오(磝)라고 한다.『석명(釋名)』에「작은 돌을 력(礫)이라 한다」고 했다.

큰 돌이 많은 산은 각(礐)이다.

多大石礐

注 반석(盤石 : 넓고 편편한 큰 돌)이 많은 것이다.

疏 반(盤)은 큰 돌이다. 산에 이 반석(盤石)이 많은 것을 각(礐)이라고 한다.

풀과 나무가 많은 산은 호(岵)이고 풀과 나무가 없는 산은 기(屺)이다.

多草木 岵 無草木 屺

注 이상은『시경』에 나와 있다.

疏 기(屺)는 마땅히 기(岯)가 되어야 한다.『시경』위풍(魏風)에「陟彼岵兮 瞻望父兮」라 하고 또「陟彼岯兮 瞻望母兮」라고 한 것을 참고했다.『모전(毛傳)』에는「산에 풀과 나무가 없는 것을 호(岵)라 하고 산에 풀과 나무가 있는 것을 기(岯)라 한다」고 했는데 이곳과 서로 다르다. 전해져 오면서 잘못된 것 같다. 왕숙(王肅)의『이아(爾雅)』해석에 의거했다.

산 위에 물이 있는 것은 렬(埒)이다.

山上有水 埒

注 샘이 고여있는 것이다. ※埒은 '날'로도 발음한다.

疏 산꼭대기 위에 샘이 고여 있는 것을 말하며 렬(埒)이라 한다.

여름에는 물이 있고 겨울에는 물이 없는 것은 학(澩)이다.

夏有水 冬無水 澩

注 빗물이 고여 있는 것이다.

疏 료(潦)는 빗물이다. 산 위의 파인 곳에 여름에는 샘이 고여 있고 겨울에는 물이 말라붙은 것을 말하며 학(澩)이라고 이름한다.

산에 통하는 곳이 없는 도랑은 계(谿)이다.

山瀆無所通 谿

注 이른바 막힌 도랑이란 통하는 곳이 없다는 것이다.「水注川」과 같다.

疏 독(瀆)은 곧 도랑이다. 산이 도랑이 있으나 통하여 흐를 곳이 없는 것을 계(谿)라고 이름한다. 제11편 석구(釋丘)에「窮瀆汜」라 했다. '水注川'은 제13편 석수(釋水)에「水注川曰谿」라 했다.

돌이 흙을 떠받들고 있는 것을 최외(崔嵬)라고 이른다. 흙이 돌을 떠받드는 것은 저(砠)이다.

石戴土謂之崔嵬 土戴石爲砠

注 돌산 위에 흙이 있는 것이 최외(崔嵬), 흙산 위에 돌이 있는 것은 저(砠)다.
疏 『시경』 주남 권이(卷耳)편에 「陟彼崔嵬」라 하고 또 「陟彼砠矣」라 했다. 『모전』에 「최외(崔嵬)는 토산(土山)이 돌을 떠받드는 것이요, 석산(石山)이 흙을 떠받드는 것을 저(砠)라 한다」고 했다. 이것은 정반대인데 옮긴 사람의 잘못인 것 같다.

산이 물을 낀 것은 간(澗)이고 능(陵)이 물을 낀 것은 우(澞)이다.

山夾水 澗 陵夾水 澞

注 산과 능(陵)의 사이에 물이 있는 것의 이름을 구별한 것이다.
疏 산 사이에 물이 있는 것을 간(澗)이라고 이름한다. 『시경』의 「考盤在澗」이 이 뜻이다. 그 능(陵) 사이에 물이 있는 것을 우(澞)라고 이름한다.

산에 구멍이 있는 것은 수(岫)이다.

山有穴爲岫

注 바위구멍을 말한다.
疏 산에 바위구멍이 있는 것을 말하며 수(岫)라고 한다.

산 서쪽을 석양(夕陽)이라 한다.

山西曰夕陽

注 저물 때 해를 보는 것을 말한 것이다.
疏 일(日)은 곧 양(陽)이다. 저녁때 비로소 양(陽)을 얻기 때문에 '석양(夕陽)'이라 한다. 『시경』 대아 공류(公劉)편의 「度其夕陽 豳居允荒」이 이 뜻이다.

산 동쪽을 조양(朝陽)이라 한다.

山東曰朝陽

注 아침에 해뜨는 것을 보고 말한 것이다.
疏 산 정상의 동쪽은 모두 이른 아침에 해를 보는 것을 이른 것이다. 다만 산 동쪽의 산등성이를 모두 조양(朝陽)이라 한다. 『시경』 대아 권아(卷阿)편의 「梧桐生矣 于彼朝陽」이 이 뜻이다.

태산(泰山)을 동악(東嶽)이라 하고 화산(華山)은 서악(西嶽)이라 하고 곽산(霍山)을 남악(南嶽)이라 하고 항산(恒山)을 북악(北嶽)이라 하고 숭고(嵩高)를 중악(中嶽)이라고 한다.

泰山爲東嶽 華山爲西嶽 霍山爲南嶽 恒山

爲北嶽 嵩高爲中嶽

注 곽산(霍山)은 곧 하늘의 기둥이며 잠수(潛水)가 나오는 곳이다. 항산(恒山)은 상산(常山)이라고 한다. 숭고(嵩高)는 대실산(大室山)이다.

疏 『주례(周禮)』를 참고해 보면 대종백(太宗伯)이 「혈제(血祭)로써 사직(社稷)과 오사(五祀)와 오악(五嶽)을 제사한다」고 한 것을 해석한 것이다. 『백호통』에는 「악(嶽)은 왜 악(嶽)인가. 악(嶽)을 각(埆)이라고 말한 것은 각(埆)은 공덕(功德)이다. 동방(東方)은 대(岱)가 된 것은 만물이 다 동방에서 상대(相代)하기 때문이요, 남방(南方)이 곽(霍)이 된 것은 곽(霍)이 호(護)의 뜻이기 때문이다. 태양이 일을 베풀어 만물을 보호하여 기른다. 서방(西方)이 화(華)가 된 것은 화(華)는 획(獲)이기 때문이다. 만물이 성숙되어 가히 얻는 것이다. 북방(北方)이 항(恒)이 된 것은 항(恒)은 상(常)이기 때문이다. 만물이 북방에서 엎드려 감추는 것이 항상 떳떳하다. 중앙이 숭(嵩)이 되는 것은 숭은 그 높고 크기 때문이다」라고 했다.

양산(梁山)은 진(晉)나라의 망제(望祭)이다.

梁山 晉望也

注 진(晉)나라에서 망제(望祭)를 하는 것이다. 지금의 풍익(馮翊) 하양현(夏陽縣) 서북쪽 임하(臨河) 위에 있다.

疏 양산(梁山)은 진(晉)나라 국경 안에 있는데 진(晉)나라에서 세시(歲時)에 망제(望祭)를 하므로 진망(晉望)이라고 했다. 『춘추』 희공(僖公) 31년 경(經)에 「夏四月四卜郊不從乃免牲猶三望」이라 했다. 『좌전』 소공(昭公) 원년에 「辰爲商星參爲晉星」이라 했고 『예기』 예기(禮器)편에 「晉人將有事於河必先有事於呼池」라 했는데 곧 이것은 「梁山晉望也」를 말한다. 그러므로 '晉國三望은 參也 梁山也 河也'를 말한다.

제13편 석수(釋水)

『설문해자(說文解字)』에 "수(水)는 준(準)이다. 북방(北方)에서 흘러나오는데 모든 물들을 상징하였고 함께 흐르는 그 속에 가느다란 양(陽)의 기운이 있다."고 했다.

『백호통(白虎通)』에는 "물[水]은 회(淮)라고 말한다."고 했다. 이는 평균 법칙으로 일컫은 것이다.

이 편은 모든 물의 이름을 풀어놓은 것으로 '석수(釋水)'라고 이름 지었다.

1. 샘의 호칭[水泉]

샘의 물이 한 번은 보이고 한 번은 막힌 것을 첨(濫)이라 한다.

泉一見一否爲濫

注 첨(濫)은 겨우 모양이 있는 것이다. ※見은 現.

疏 『설문(說文)』에 「泉水原也」라 했다. 그 물이 어느 때는 흘러나오고 어느 때는 나오지 않고 말라있는 것을 첨(濫 : 건샘)이라 한다. 첨(濫)은 '미(微)'이다. 그러므로 주석에 '겨우 모양이 있다'고 했다.

우물이 한 번은 물이 있고 한 번은 물이 없는 것을 계삭(濫汋)이라 한다.

井一有水一無水爲濫汋

注 『산해경』에 「천정(天井)은 여름에 물이 있고 겨울에는 물이 없다」고 했는

데 이러한 종류이다.

疏『설문』에 「정(井)은 땅을 파고 물을 취한다」고 했다. 『석명(釋名)』에는 「정(井)은 맑은 것이다」라고 했다. 샘의 깨끗한 것이다. 『손자병법』에 「地陷曰天井」이라 했다. 곧 사람이 만든 것이 아닌 것을 천정(天井)이라 한다.

남천(濫泉 : 넘쳐 흐르는 샘)은 곧게 나오는 것인데 곧게 나오는 것은 솟아오르는 것이다.

濫泉正出 正出 涌出也

注『공양전(公羊傳)』에 「직출(直出)」이라 했다. 직(直)은 정(正)과 같다.

疏『시경』대아 첨앙(瞻卬)편에 「觱沸檻泉」이라 했으므로 여기에서 해석한 것이다. 『시경』의 '함천(檻泉)'은 바르고 곧게 위로 나오는 샘이다. 그 물이 솟아오르므로 다시 말해 바르게 나오는 것은 솟아오르는 것이라고 했다. 『공양전』은 소공(昭公) 5년의 전문(傳文)을 참고한 것이다.

옥천(沃泉 : 관개의 샘)은 떨어져서 나오는 것인데 떨어져 나오는 것은 아래로 흐른다.

沃泉縣出 縣出 下出也

注위에서 아래로 흐르는 것이다.

疏이순(李巡)이 또한 「샘물이 위에서 아래로 떨어지는 것이다」라고 했다. 이것은 서로 전하여 그렇게 된 것이다. 『시경』 조풍(曹風) 하천(下泉)편의 「冽彼下泉」이 곧 옥천(沃泉)이다.

궤천(氿泉 : 곁에서 나오는 샘)은 구멍에서 나오는데 구멍에서 나오는 것은 곁에서 나오는 것이다.

氿泉穴出 穴出 仄出也

注곁에서 나오는 것이다.

疏이순은 「샘물이 옆을 따라 나오는 것을 궤(氿)라고 이름한다」고 했다. 궤(氿)는 곁에서 나오는 것으로 이에 곁으로 나오는 것을 궤천(氿泉)이라고 한다. 『시경』대동(大東)편에 「有冽氿泉」이라 했다.

규벽(湀闢)은 흐르는 하천이다.

湀闢 流川

注통하여 흐르는 것이다.

疏『설문해자』에 「천(川)은 뚫어서 통하여 흐르는 물이다」라고 했다. 『서경』우서(虞書)의 익직(益稷)편에 「濬畎澮距川(밭도랑과 봇도랑을 치고 개울을 막다)」이라고 했는데 밭도랑과 봇도랑의 물이 모여 개울이 된다는 것을 말한 것

이다. 『석명(釋名)』에 「川穿也穿地而流也」라고 했다. 그러므로 규벽(湀闢)
은 곧 통하여 흐르는 큰 내〔川〕의 다른 이름이다.

과편(過辨)은 돌아흐르는 하천이다.

過辨 回川

注 돌아흐르는 것이다. '辨'은 발음이 편이다.

疏 회(回)는 선(旋)이다. 하천의 물 가운데에 돌아서 흐르는 곳이 있는 것을 과편
(過辨)이라 이름한다.

옹(灉)은 돌아 들어오는 것이다.

灉 反入

注 하수(河水)가 터져서 나갔다가 다시 돌아 들어오는 것이다. 하(河)에 옹
(灉)이 있는 것은 강(江)에 타(沱)가 있는 것과 같다.

疏 반(反)은 돌아오다. 하수(河水)가 터져서 나갔다가 다시 들어오는 하(河)를
옹(灉)이라고 이름한다. 아래의 문장에 「水自河出爲灉」이 이것이다.

단(潬)은 모래가 나오는 것이다.

潬 沙出

注 지금 강동(江東)에서는 물 가운데 모래가 쌓인 것을 단(潬)이라고 한다.

疏 단(潬)이란 모래가 쌓여 물 가운데서 나오는 것을 이름한 것으로 사출(沙出)
이라고 했다.

견(汧)은 나오기는 하는데 흐르지 않는 것이다.

汧 出不流

注 샘물이 몰래 나와서 스스로 멈추어 연못을 이룬 것이다.

疏 샘물이 몰래 나와서 괴어 연못을 이루는 것을 견(汧)이라고 이름한다. 『지리지
(地理志)』에 「扶風汧縣雍州弦蒲藪汧出西北入渭以其初出不流停成弦蒲澤
藪」라 했으므로 汧은 나오기는 하는데 흐르지 않는 것이라 했다. 그 마지막은
곧 위수(渭水)로 들어간다.

돌아오는 것이 다른데 한 곳에서 나와 흐르는 것은 비(肥)이다.

歸異 出同流 肥

注 『모시전(毛詩傳)』에 「나오는 곳은 한 곳인데 돌아가는 곳이 다른 것은 비
(肥)가 된다」고 했다.

疏 작은 물이 갈라져서 큰 물로 들어가는 것은 다른데 그 샘이 처음 나오는 근원은
같은 것을 말하며 비(肥)라고 이름한다. 『시경』 패풍 천수(泉水)편에 「我思

肥泉 茲之永歎」이라 했고『모전』에는「한 곳에서 나와 돌아가는 곳이 다른 것을 비천(肥泉)이라고 한다」고 했다.

분(濆)은 크게 나와서 아래로 이르는 것이다.

濆 大出尾下

注 지금 하동(河東) 분음현(汾陰縣)에 수구(水口)가 있는데 수레바퀴와 같아 허분(許濆)이 솟아나온다. 그 깊이가 무한하고 이름을 분(濆)이라고 한다. 풍익(馮翊)의 합양현(郃陽縣)에 다시 분(濆)이 있는데 또한 이와 같다. 서로 떨어진 것이 수 리(數里)인데도 하(河)를 끼고 하(河) 가운데 언덕 위에도 또한 하나의 분(濆)이 있다. 분(濆)의 근원이 다 잠(潛)과 서로 통한다. 미(尾)는 저(底 : 밑, 이르다)와 같다.

疏 미(尾)는 저(底)와 같다. 근원이 깊어 밑에서 크게 나오는 것을 분(濆)이라 이름한다. 분(濆)은 뿌려 흩어지는 것이다.

물이 다한 것을 일러 궤(屠)라 한다.

水醮曰屠

注 물이 다 마른 것을 궤(屠)라 한다.
疏 초(醮)는 다하다. 무릇 물이 다한 것을 일러 궤(屠)라고 한다. 궤(屠)는 다 마른 것을 뜻한다.

물이 하수(河水)에서 나오는 것은 옹(灉)이 되고 제수(濟水)에서 초수(濋水)가 되고 문수(汶水)에서 천수(灛水)가 되고 낙수(洛水)에서 파수(波水)가 되고 한수(漢水)에서 잠수(潛水)가 되고 회수(淮水)에서 호수(滸水)가 되고 강수(江水)에서 타수(沱水)가 되고 와수(過水)에서 순수(洵水)가 되고 영수(潁水)에서 사수(沙水)가 되고 여수(汝水)에서 분수(濆水)가 된다.

水自河出爲灉 濟爲濋 汶爲灛 洛爲波 漢爲潛 淮爲滸 江爲沱 過爲洵 潁爲沙 汝爲濆

注 옹(灉)은『서경』에「灉沮會同」이라 했고 잠(潛)은『서경』에「沱潛既道」라 했다. 타(沱)는『서경』에「岷山導江東別爲沱」라 했다. 분(濆)은『시경』에「遵彼汝墳」이라 했는데 다 큰 물이 넘쳐서 별도로 작은 물의 이름이 되었다.
疏 이상 열 개의 강은 다 큰 물에서 나뉘어 나와 별도로 작은 물이 된 것을 이름한 것이다.『서경』은 다 우공(禹貢)편의 문장이고『시경』은 주남 여분(汝墳)편의 문장이다.

물이 끊어진 연못을 견(汧)이라고 한다.

水決之澤爲汧

注 물이 끊어져 연못 속으로 들어간 것을 또한 이름하여 견(汧)이라고 한다.

疏 무릇 물을 사람이 둑으로 막아 끊어서 연못이 된 것과 물이 위로 나와 흐르지 않는 것을 똑같이 견(汧)이라고 이름한다.

끊어졌다가 다시 들어오는 것이 사(氾)이다.

決復入爲氾

注 물이 나와서 갔다가 다시 돌아오는 것이다.

疏 무릇 물이 끊어져서 갈라져 흐르다 다시 돌아오는 물을 사(氾)라고 이름한다. 『시경』 소남(召南)의 「江有氾」가 이 뜻이다.

하수(河水)가 맑고 또 큰물결과 잔물결이 이는데, 큰물결을 란(瀾)이라 하고 잔물결이 이는 것을 윤(淪)이라 하고 곧게 이는 물결을 경(徑)이라고 한다.

河水淸且瀾漪 大波爲瀾 小波爲淪 直波爲徑

注 란(瀾)은 흩어지는 물결이다. 윤(淪)은 모이는 물결이다. 경(徑)은 곧게 좔좔 흐르는 물결이다.

疏 『시경』 위풍(魏風) 벌단(伐檀)편에 「河水淸且漣漪」라 하고 또 「河水淸且直漪」와 「河水淸且淪漪」라 했는데 이것을 참조한 것이다. 『모전(毛傳)』의 해석에는 「바람이 불어 물이 무늬를 이루는 것이 연(漣)이다. 직(直)은 직파(直波)이다. 잔바람에 물이 무늬가 이루어져 휘도는 것이 수레바퀴와 같다」라 했다. 이순(李巡)은 「물의 크고 작고 굽고 곧은 것의 이름을 분별한 것이다」라고 했다.

강수(江水)에는 타(沱)가 있고 하수(河水)에는 옹(灉)이 있고 여수(汝水)에는 분(濆)이 있고 호수(潩水)에는 물가(水厓 : 물가 언덕)가 있다.

江有沱 河有灉 汝有濆 潩 水厓

注 이것은 위에 별도로 나와 있다. 작자가 중복해서 쓴 것이다. '潩水厓'는 물가의 언덕을 뜻한다.

疏 물가 언덕의 땅을 별도로 호(潩)라고 이름한다. 이순은 「호수(潩水)의 가장자리 언덕의 땅 이름을 애(厓)라 한다」고 했다. 『시경』 대아 강한(江漢)편의 「江漢之潩」가 이 뜻이다.

물과 풀이 사귀는 것을 미(湄 : 물가)라고 한다.

水草交爲湄

注 『시경』에「居河之湄」라고 했다.

疏 『시경』은 소아 교언(巧言)편의 문장.『시경』에 이러한 문장이 있으므로 물과 풀이 서로 사귀는 것을 미(湄)라고 해석했다. 이순은「水中有草木交會曰湄(물 가운데 풀과 나무가 있어 서로 만나는 것을 미라 한다)」라 했다. 지금의『시경』에는 미(麋)로 되어 있는데 그 음과 뜻이 같다.

제(濟 : 나루터)에는 깊은 건널목이 있는데 깊으면 옷을 입은 채로 건너고 얕으면 옷을 걷어 올리고 건넌다. 게(揭)라는 것은 옷을 걷어 올리는 것이고 옷을 입은 채로 물을 건너는 것을 려(厲)라고 한다. 무릎 아래로 말미암은 것을 게(揭)라 하고 무릎 이상인 것을 섭(涉)이라 하고 띠 이상인 것을 려(厲)라고 한다.

濟有深涉 深則厲 淺則揭 揭者 揭衣也 以衣涉水爲厲 繇膝以下爲揭 繇膝以上爲涉 繇帶以上爲厲

注 제(濟)는 물을 건너는 곳을 이른다. 게(揭)는 치마를 걷는 것이다. 려(厲)는 속옷을 이른다. 요(繇)는 자(自)와 같다.

疏 『시경』패풍 포유고엽(匏有苦葉)편의「濟有深涉 深則厲 淺則揭」를 참고했다. 그러므로 먼저 이『시경』의 문장을 인용하여 설명한 것이다. 揭는 건너는 곳이 얕아 치마만 걷어도 건널 수 있다. '以衣涉水爲厲'에서 衣는 잠방이이다. 잠방이 이상 이르는 곳을 건너는 것을 려(厲)라 한다.

물 밑으로 다니는 것은 영(泳)이다.

潛行爲泳

注 물 밑으로 다니는 것이다.『안자춘추(晏子春秋)』에「潛行逆流百步 順流七里」라 했다.

疏 사람이 몰래 물 밑에 숨어서 다니는 것을 영(泳)이라고 이름한다.『시경』주남 한광(漢廣)편의「漢之廣矣 不可泳思」가 이 뜻이다.『안자춘추』의 내용을 인용하여 증명했다. '七里'라 했는데『안자춘추』에는 '九里'로 되어 있다. 전사(傳寫)의 잘못이거나 혹 다른 본(本)에 보인다.

둥실둥실 뜬 버드나무배는 밧줄에 매여있다. 불(紼)은 밧줄이다. 리(縭)는 늘어지게 매다이다.

汎汎楊舟 紼縭維之 紼 䋫也 縭 緌也

注 불(紼)은 밧줄이다. 리(縭)는 매다이다.

疏 '汎汎楊舟 紼縭維之'는 『시경』 소아 채숙(采菽)편의 문장이다. '불(紼)은 율(䋫)이고 리(縭)는 유(緌)이다.'는 『시경』의 뜻을 해석한 것이다. 이순(李順)은 「䋫竹爲索所以維持舟者」라 했고, 손염(孫炎)은 「舟止繫之於樹木戾竹爲大索」이라 했다.

천자(天子)는 조주(造舟 : 나란히 늘어놓은 배)이고 제후(諸侯)는 유주(維舟 : 잡아 매어둠)이고 대부(大夫)는 방주(方舟 : 2척을 함께 한 것)이고 사(士)는 특주(特舟)이며 서인(庶人)은 승부(乘泭)이다.

天子造舟 諸侯維舟 大夫方舟 士特舟 庶人乘泭

注 조주(造舟)는 배를 늘어놓아 다리를 삼는다. 유주(維舟)는 연이어 4척의 배를 사용한다. 방주(方舟)는 2척의 배를 아우르는 것이다. 특주(特舟)는 한 척이다. 승부(乘泭)는 나무를 엮어서 건너는 것이다.

疏 이것은 높고 낮은 지위에 따라 배로 건너는 제도가 다른 것을 해석한 것이다. '天子造舟'는 『시경』 대아 대명(大明)편에 「造舟爲梁」이라 했다. 조주(造舟)라고 말한 것은 배를 물에 견주어 판(版)을 위에 더하는 것으로 지금의 부교(浮橋)이다. 두예(杜預)는 「造舟爲梁은 하교(河橋)를 이른다」고 했다. '유주(維舟)' 이하는 물 위에 떠서 행하는 것이 단지 배의 많고 적음으로 차등을 삼은 것이다. '서인승부(庶人乘泭)'는 『시경』 주남 한광(漢廣)편에 「江之永矣 不可方思」라고 했는데 『모전(毛傳)』에는 「방(方)은 부(泭)이다」라고 했다. 『논어』에 「乘桴浮於海」라 했는데 주(注)에 「桴編竹木大曰栰小曰桴」라 했다. '桴'와 '泭'는 음과 뜻이 같다.

물이 천(川)으로 흐르는 것을 계(谿 : 시내)라 하고 계(谿)로 흐르는 것을 곡(谷 : 산 사이가 들어간 곳)이라 하고 골짜기로 흐르는 것을 구(溝 : 시내)라 하고 구(溝)로 흐르는 것을 회(澮)라 하고 회로 흐르는 것을 독(瀆 : 큰강)이라고 한다.

水注川曰谿 注谿曰谷 注谷曰溝 注溝曰澮 注澮曰瀆

注 이상은 다 물길이 옮겨져 서로 흘러 들어가는 곳을 이름한 것이다.

疏 곽박(郭璞)이 「轉相灌注」라고 한 것은 대개 천(川)이나 독(瀆)은 다 물의 큰 것이기 때문이다. 『서경』 우서(虞書)에 「濬畎澮距川」이라 하고 밑에 「江河淮濟爲四瀆」이 이것이다. 두예(杜預)는 「谿 또한 澗이다. 어찌 川水를 받아들일 수 있겠는가」 했으니 물이 川으로 흐르는 것을 谿라 한 것은 澗谿의 물이 川으로 흘러드는 것이다. 그러므로 이순은 「물이 산에서 나와 川으로 들어가는 것을 谿라 하고 谿로 흐르는 것을 谷이라 하는 것은 山谷中水가 澗谿로 흘러드는 것이다. 溝는 평지로 흘러드는 것으로 溝의 넓이와 깊이는 4자이고 澮의 넓이는 2심(尋)에 깊이는 2인(仞)이다」라 했다.

거슬러 흘러 위로 하는 것을 소회(泝洄)라 하고 막힘없이 순조롭게 흘러 내려가는 것을 소유(泝游 : 물을 따라 내려감)라고 한다.

逆流而上曰泝洄 順流而下曰泝游

注 다 『시경』에 나와 있다.

疏 『시경』 진풍(秦風) 겸가(蒹葭)편 「遡洄從之 道阻且長 遡游從之 宛在水中央」의 문장을 참고했다. 손염(孫炎)은 「逆渡者逆流也順渡者順流也」라 했다. 이것을 참고하면 '逆流順流'는 다 물을 건너는데 역순(逆順)이 있다는 것을 이른 것이다.

바르게 끊어져 흐르는 것을 난(亂)이라 한다.

正絶流曰亂

注 곧게 비껴 건너는 것이다. 『서경』에 「亂于河」라 했다.

疏 바르게 곧은 것이다. 옆으로 비껴 끊어져 흐르고 곧게 건너는 것을 난(亂)이라 이름한다. 『서경』은 우공(禹貢) 양주(梁州)에 「入于渭亂于河」라 한 것을 참고한 것이다. 공안국(孔安國)은 「越河而北入渭浮東渡河而還帝都曰所治以帝都在河之東故直橫渡河陸行而還帝都也」라 했는데 이것을 인용하여 증명했다.

강(江) 하(河) 회(淮) 제(濟)는 사독(四瀆 : 4개의 큰 강)이라고 하고 사독(四瀆)은 발원(發源 : 처음 흐르다)하여 바다로 흐른다. 이상은 샘물을 말했다.

江河淮濟 爲四瀆 四瀆者 發源注海者也 水泉

疏 『백호통(白虎通)』을 참고하면 「독(瀆)은 어찌하여 독이라 하는가. 중국이 편안할 때나 탁할 때나 발원하여 바다로 흐르니 그 공로가 크게 나타나서 독(瀆)이라고 일컫는다」고 했다.
이상의 제목은 수천(水泉)이다. 이하는 이 위를 본뜬 것이다.

2. 물 가운데의 호칭〔水中〕

물 가운데 가히 살 수 있는 것을 주(洲)라 하고 소주(小洲)를 도(陼)라 하고 소도(小陼)를 지(沚)라 하고 소지(小沚)를 저(坻)라고 하는데 사람이 만든 것을 술(潏)이라고 한다.
이상은 물 가운데를 말한 것이다.

水中可居者曰洲 小洲曰陼 小陼曰沚 小沚 曰坻 人所爲爲潏 水中

注 술(潏)은 사람의 힘으로 만든 것이다.

疏 이곳은 물 가운데의 땅 이름을 해석한 것이다. 그러므로 끝에 '수중(水中)'이라고 제목을 달았다. 이순(李巡)은 「사방이 다 물인데 중앙에 살 수 있게 되어 있는 곳으로 단지 크고 작음이 다른 것을 이름한 것이다. 사람이 만든 것 같이 생긴 것은 술(潏)이라 한다」고 했다. 『시경』 주남 관저편의 「在河之洲」와 소남(召南)의 「江有渚」와 채번(采蘩)편의 「于沼于沚」와 진풍(秦風) 겸가편의 「宛在水中坻」에서 나온 글이다.

3. 하수(河水)의 호칭〔河曲〕

하수(河水)가 곤륜허(崑崙虛)에서 나오는데 빛깔이 하얗고, 도랑이 된 바가 이어져 1천7백 개인데 이것이 하나의 시내〔川〕가 되면 색은 누렇고 100리에 한 번 조금 굽고 천리에서는 한 번은 굽고 한 번은 곧다.
이상은 하곡(河曲)이다.

河出崑崙虛 色白 所渠 幷千七百 一川 色 黃 百里一小曲 千里一曲一直 河曲

注 『산해경』에 「河出崑崙西北隅虛山下基也」라 했다. 하수가 땅속으로 스며 들어 모래를 받는 도랑이 되니 모든 물이 흘러들어 그 색깔이 탁하고 누렇다. 또 『공양전(公羊傳)』에는 「하수는 굽이쳐 흐르는데 하수는 천리마다 한 번 굽고 한 번 곧다」고 했다.

疏 이는 하수가 근원하는 곳과 멀고 가깝고 굽고 곧은 형세를 해석한 것이다. 그러므로 제목을 하곡(河曲)이라 했다. 하수가 근원하여 나올 때 곤륜산 아래의 기(基)에서 기초하는데 그 처음은 가늘고 작게 발원하나 높고 빠르게 모여 물색이 하얗다. 『산해경』은 해내서경(海內西經)을 참고했다.

4. 아홉 하(河)의 호칭〔九河〕

도해(徒駭)와 태사(太史)와 마협(馬頰)과 복부(覆鬴)와 호소
(胡蘇)와 간(簡)과 결(絜)과 구반(鉤盤)과 격진(鬲津)을 구하
(九河)라고 한다.

徒駭 太史 馬頰 覆鬴 胡蘇 簡 絜 鉤盤 鬲津
九河

注 '도해(徒駭)'는 지금 성평현(成平縣)에 있다는데 듣지 못했다. '태사(太
史)'는 지금 어디 있는지 소재를 알 수 없다. '마협(馬頰)'은 하수(河水)
의 세력이 위는 넓고 아래는 좁아 그 형상이 말의 뺨과 같아서 이름했다.
'복부(覆鬴)'는 물 가운데에 있는 것이 가히 살 수 있고 솥을 엎은 것과
같아서 이름했다. '호소(胡蘇)'는 동완현(東莞縣)에 지금 호소정(胡蘇
亭)이 있는데 그 뜻이 자세하지 않다. '간(簡)'은 물길이 간결하고 평이
하여 이름 붙여졌다. '결(絜)'은 물이 많이 깨끗하여 이름 붙여졌다. '구
반(鉤盤)'은 물길이 굽어서 갈고리 같이 흘러 멀리 가지 못하는 것이다.
'격진(鬲津)'은 물이 험하고 좁은 곳이 많기 때문에 막아서 나루를 삼아
비껴 건너는 곳이다. 제10편 석지(釋地)부터 구하(九河)까지는 다 우
(禹)임금이 이름을 정한 것이다.

疏 『서경』 우공(禹貢)을 살펴보면 「九河旣導」라고 했으므로 여기서 그 이름을 설
명했으며 그 제목을 구하(九河)라고 했다.

이아 주소 하권(爾雅注疏下卷)

하(下)는 상중(上中)의 대(對)로서 만들어진 이름이다. 간편 (簡編)에서는 거듭 상중하(上中下) 3권으로 나누는데 특별한 뜻 은 없다. 편의상 정했을 뿐이다.

  곽박 주(郭璞 注) : 곽박(郭璞)의 자(字)는 경순(景純)이며 하동 사람 이다. 동진(東晋)의 홍농태수(弘農太守)와 저작좌랑(著作左郞)을 지냈다. 주 (注)라는 것은 저(著)의 뜻이며 경(經)의 뜻을 해석하고 뜻이 드러나게 한 것 을 말한다. 이미 곽박이 풀이한 주의 뜻으로 이 글을 해석했다. 시(詩)와 서(書) 를 전(傳)이라고 한 것은 전(傳)은 전해 주는 뜻으로 경의(經意)에 박식하여 후인에게 전해 보여주는 것을 뜻한다. 이것도 다 그 사람들이 스스로 제목을 정 한 것으로 어떤 것은 전(傳)이요, 어떤 것은 주(注)라고 한 것은 의례(義例)가 없다.

  형병 소(邢昺 疏) : 형병의 자(字)는 숙명(叔明)이며 조주(曹州)의 제 음(濟陰) 사람이고 북송(北宋)의 경학가(經學家)이다. 공부상서(工部尙 書)와 예부상서(禮部尙書)를 지냈으며『효경정의(孝經正義)』와『십삼경주 소(十三經注疏)』가 있다.

❖문장 안의 ※표시는 편저자의 추가 설명이다.

제14편 석초(釋草)

　초(草)는 『설문(說文)』에 "'艸'로 썼는데 예서(隸書)로 변할 때
는 '艹'로 쓰고 '초'로 발음하며 '모든 풀'의 뜻이다."라 했고 또 "들
풀의 푸르고 푸른 형상을 본떴다."고도 했다.

　이 편은 모든 풀의 이름을 분별하여 경전(經傳)에 나타냈다.

　전한 자가 초목의 초가 마땅하다 하여 '석초(釋草)'라 했다.

육(藿)은 산부추요, 격(茖)은 산파요, 경(薊)은 산염교요, 력
(蒚)은 산마늘이다.

藿山韭 茖山葱 薊山䪥 蒚山蒜

注 지금의 산속에는 이런 나물이 많이 있다. 또 사람들이 집안에서 심는 것도
있다. 격총(茖葱)은 줄기가 가늘고 잎이 크다.

疏 네 종류의 채소가 산에서도 나고 사람들이 집안에서 심기도 하는 것으로 이름이
다른 것을 구별했다. '육(藿)'은 한시(韓詩)에 「六月食鬱及藿」이라 했다.
'총(葱)'은 『설문』에 「菜名生山中者名茖細莖大葉者」라 했다. '해(䪥)'는
『설문』에 「菜也葉似韭生山中者名薊」이라 했다. '산(蒜)'은 『설문』에 「葷菜
也一云荣之美者雲夢之葷荣生山中者名蒚」이라 했다.

벽(薜 : 당귀)은 산왜당귀이다.

薜　山蘄

注 『광아(廣雅)』에 「산근(山蘄)은 당귀(當歸)이다」라고 했다. 당귀는 지금

의 근(蕲)과 비슷하며 거칠고 크다.

疏 『설문』에 '근(蕲)은 풀이다. 산속에서 자라며 일명 벽(薜)이라고도 하고 일명 산근(山蕲)이라고도 한다. 색깔이 하얀 것을 백근(白蕲)이라 하는데 아래 문장의 '薜白蕲'이 이것이다. 평지에서 자라는 것이 근(蕲)이다.

단(椴)은 무궁화나무요, 츤(櫬)도 무궁화나무이다.
椴 木槿 櫬 木槿

注 두 가지의 이름을 구별했다. 오얏나무와 같고 꽃이 아침에 피어 저녁에 떨어지며 먹을 수 있다. 어떤이는 부르기를 급(及)이라고 하고 또한 왕증(王蒸)이라고도 한다.

疏 단(椴)과 츤(櫬)은 다 무궁화나무로 두 가지 이름을 가지고 있는 것을 구분한 것이다. 어떤이는 3가지 이름을 가지고 있다고 했다. 그 나무가 오얏과 같고 그 꽃이 아침에 피었다가 저녁에 떨어져 풀과 같은 종류로 풀 속에 있다. 『시경』정풍에 「顔如舜華」라고 했는데 육기(陸機)의 주석에는 「순(舜)은 일명 목근(木槿)」이라고 했다.

출(朮)은 산계(山薊 : 삽주, 백출)이고 양부계(楊枹薊)이다.
朮 山薊 楊枹薊

注 『본초(本草)』에 「출(朮)은 일명 산계(山薊 : 삽주)라 한다」고 했다. 지금의 출(朮)은 삽주와 같은데 산속에서 자란다. 양부계(楊枹薊)는 계(薊)와 같은데 크며 지금 마계(馬薊)라고 부른다.

疏 이것은 계(薊 : 삽주)가 산속이나 평지에서 자라는 것을 분별하여 이름한 것이다. 평지(平地)에서 자라는 것은 계(薊)이고 산속에서 자라는 것은 출(朮)이다. 『초본(草本)』에 「一名山薊一名山薑一名山連」이라 했는데 도주(陶注)에 「有兩種白朮葉大有毛甛而少膏赤朮葉細小苦而多膏」라 했다. 평지에서 나며 비대하고 여러 개인 것을 楊枹薊라 이름하는데 지금 馬薊라 부른다.

전(蔰)은 왕수(王蒫 : 풀비)이다.
蔰 王蒫

注 왕추(王帚)이며 명아주와 같고 그 나무로는 청소를 한다. 수(蒫)는 강동(江東)에서는 낙추(落帚)라고 부른다.

疏 이는 곧 명아주과이며 큰 것은 나무가 되어 비를 만들 수 있다. 수(蒫)는 일명 전(蔰)이라 하고 일명 왕수(王蒫), 일명 왕추(王帚)라 하며 강동에서는 낙추(落帚)라고 한다.

록(菉)은 왕추(王芻 : 조개풀)이다.
菉 王芻

注 록(菉)은 깔개이다. 지금 치각사(鴟脚莎)라고 부른다.

疏 『사인(舍人)』에 「록(菉)은 일명 왕추(王芻)이다」라 했고 어떤 사람은 「록(菉)
은 사슴갈개이다」라 했으며 『시경』 위풍(衛風)에 「瞻彼淇奧綠竹猗猗」라 했다.

배(拜)는 상조(蔏藋 : 명아주풀)이다.
拜 蔏藋
注 상조(蔏藋)는 또한 명아주풀과 비슷하다.
疏 이것 또한 명아주풀과 비슷해서 잎이 큰 것을 배(拜)라 이름하고 일명 '상조'
라고도 한다. 『장자(莊子)』에 「藜藋柱宇」라 했다.

번(蘩)은 파호(皤蒿 : 흰다북쑥)이고 호(蒿)는 제비쑥이고 위(蔚)는 모긴(牡菣 : 제비쑥)이다.
蘩皤蒿 蒿菣 蔚牡菣
注 파호(皤蒿)는 백호(白蒿)이다. 긴(菣)은 지금 사람들이 '푸른쑥'이라고
부르는데 불에 태워서 뜸뜨는 것을 긴(菣)이라고 한다. 모긴(牡菣)은 씨
앗이 없는 것이다.
疏 이것은 쑥의 빛깔과 씨앗이 있고 씨앗이 없는 것의 명칭이 다른 것을 분별한 것
이다. 『시경』 소남(召南)에 「于以采蘩于沼于沚」라 했고 『모전』에 「蘩皤蒿
也」라 했고 곽박이 「白蒿」라 했다. 그러므로 '皤'는 '白'과 같다.

설조봉(齧彫蓬), 천서봉(薦黍蓬)이다.
齧彫蓬 薦黍蓬
注 쑥의 종류를 분별한 것이다.
疏 이는 쑥의 종류를 분별한 것이다. 『설문』에 「봉(蓬)은 호(蒿)이며 풀을 가꾸지
못하게 한다」고 했다. 종류가 하나가 아닌 것으로 설조봉, 천서봉이 있다. 『시경』
소남 추우(騶虞)편에 「彼茁者蓬」이라 했고 월령에 「藜莠蓬蒿竝興」이라 했다.

비(蓽)는 서관(鼠莞 : 쥐골풀)이다.
蓽 鼠莞 【莞】골풀관. 골풀완.
注 또한 골풀의 일종이다. 가늘고 수염처럼 생겨서 자리를 짤 수 있다. 촉나라
에서 주로 난다.
疏 골풀의 종류를 해석했다. 『설문』에 「관초(莞草)는 자리를 만든다」고 했다.

경(葝)은 서미(鼠尾 : 둥근뱀차조기, 골풀의 일종)이다.
葝 鼠尾
注 검게 물들일 수 있다.
疏 검게 물들이는 풀이다. 일명 경(葝)이라 하고 일명 서미(鼠尾)라고 한다. 『본

초(本草)』에는「흰꽃과 붉은꽃이 있다」고 했다. 또 일명 장교(長翹)라고 하는데 도주(陶注)에「들에 자라며 많이 사람들이 채취하여 붉게 물들이는 목련이다」라 했다.

석명(菥蓂 : 황새냉이)은 대제(大薺 : 냉이)이다.

菥蓂 大薺

注 냉이의 잎이 가늘어 일반적으로 부르기를 노제(老薺)라고 한다.

疏 석명(菥蓂)은 일명 대제(大薺)라고 하는데 잎이 가늘다.『본초(本草)』에는「일명 마신(馬辛)이라고도 한다」고 했다.

도(蒤)는 호장(虎杖 : 감제풀)이다.

蒤 虎杖

注 홍초(紅草 : 잇꽃, 털여뀌)와 비슷한데 거칠고 크며 가는 가시가 있고 붉게 물들일 수 있다.

疏 도(蒤)는 일명 호장(虎杖 : 감제풀)이라고 한다. 도주(陶注)『본초』에「田野甚多狀如大馬蓼莖班而葉圓(들에 많이 자라며 모양이 큰 여뀌와 같고 줄기는 얼룩지고 잎은 둥글다)」라고 했다.

맹(孟)은 낭미(狼尾 : 강아지풀)이다.

孟 狼尾

注 띠풀과 같고 지금 사람들이 또한 집의 지붕을 덮는데 사용한다.

疏 풀이 띠와 같아서 일명 맹(孟)이라 하고 일명 낭미(狼尾)라 하며 지금 사람들이 집의 지붕에 얹는다.

호서(瓡棲)는 판(瓣 : 박씨)이다.

瓡棲 瓣

注 박 속의 씨앗이다.『시경』에「齒如瓡棲」라고 했다.

疏 판(瓣)은 박 속의 씨앗이며 일명 호서(瓡棲)라고 한다. 사람의 치아가 아름다운 것이 박씨와 같은 것으로『시경』위풍(衛風) 석인(碩人)편에 아름다운 장강(莊姜)을 찬미하는데「齒如瓡棲(치아가 박씨와 같다)」라고 했다.

여려(茹藘)는 모수(茅蒐 : 꼭두서니)이다.

茹藘 茅蒐

注 지금의 천(蒨)이다. 붉은물을 들인다.

疏 지금 붉은물을 들이는 꼭두서니이다. 일명 여려(茹藘), 일명 모수(茅蒐)라고 한다.『시경』정풍(鄭風) 동문지선(東門之墠)편에「茹藘在阪」이라고 했다.

과라(果蓏)의 열매는 괄루(栝樓 : 노랑하눌타리)이다.

果蓏之實 栝樓

注 지금 제(齊)나라 사람들이 천과(天瓜)라고 부른다.

疏 과라풀의 열매 이름을 괄루라 하는데 그 열매는 곧 씨앗이다. 그러므로 이순은「괄루는 씨앗 이름이다」라 했다. 곽박이 말한 '지금 제나라 사람들이 천과라 부른다'는『본초』에「괄루는 잎이 과(瓜)와 같고 형태는 2개씩 서로 만나며 덩굴은 청흑색이다. 꽃은 6월에 피고 7월에 열매가 맺는데 과판(瓜瓣)과 같다」고 했다.

도(荼)는 고채(苦菜 : 씀바귀)이다.

荼 苦菜

注『시경』에「誰謂荼苦 苦菜可食」이라 했다.

疏 씀바귀는 맛이 쓰지만 먹을 수 있는 채소로 일명 도(荼)라 하고 일명 고채(苦菜)라고도 한다. 잎은 苦苣와 비슷하고 가늘며 꺾으면 흰액이 있다. 꽃은 노랗고 국화와 비슷하며 먹을 수 있는데 쓰다.『시경』은 패풍 곡풍(谷風)편의 문장.

추(萑)는 퇴(蓷 : 익모초)이다.

萑 蓷

注 지금의 충위(茺蔚)이다. 잎이 깻잎과 같고 모난 줄기에 흰꽃이 화려하게 마디마디 핀다. 또 일명 익모초(益母草)라고『광아(廣雅)』에 쓰여 있다.

疏 추(萑), 일명 퇴(蓷)는 이순(李巡)이「취예초(臭穢草)이다」라 했다.『시경』왕풍(王風)에「中谷有蓷」가 있다.

역(鷊)은 수(綬 : 인끈과 같은 풀)이다.

鷊 綬

注 조그마한 풀로 여러 가지 색이 있어 인끈과 비슷하다.

疏 역(鷊)은 잡색으로 인끈의 무늬와 같은 풀이다.『시경』진풍(陳風) 방유작소(防有鵲巢)편에「邛有旨鷊」이 있다. 육기(陸機)의 주석에는「역은 다섯 색깔이 인끈의 무늬가 있으므로 수초(綬草)라고 한다」고 했다.

자(粢)는 직(稷 : 기장)이다.

粢 稷

注 지금 강동(江東) 사람들이 곡식〔粟〕을 자(粢)라고 부른다.

疏『좌전(左傳)』에「粢食不鑿」이라 했다. 자(粢)는 직(稷 : 기장)이다.『예기』곡례편에「稷曰明粢」가 이 뜻이다. 粢·稷·粟은 한 가지이다.

종(衆)은 출(秫 : 차조)이다.

衆 秫

注 차진 곡식을 말한다. '衆'의 음은 '종'이다.

疏『설문』에「기장의 차진 것이다. 곡식이 서로 쌀과 비슷하고 차지다. 북쪽 사람들이 술을 빚을 때 사용하는데 그 줄기는 피이고 벼와 비슷하며 거칠고 크다」라고 했다.

융숙(戎叔)은 임숙(荏菽 : 콩)이라 이른다.

戎叔謂之荏菽

注 곧 큰 콩이다.

疏 융숙(戎叔)은 일명 임숙(荏菽)이라 한다. 손염(孫炎)이 「대두(大豆)이다」라고 했다. 『시경』 대아 생민(生民)편에 「藝之荏菽 荏菽旆旆」라고 했다. 융숙은 '胡豆'이다.

훼(卉)는 초(草 : 풀)이다.

卉 草

注 모든 풀의 총칭이다.

疏 두 가지 이름을 구별했다. 백훼(百卉)는 백초(百草)와 같다. 『시경』 소아 사월(四月)편에 「百卉具腓」라고 했다.

연작변(葋雀弁 : 未詳)이고, 약(蕭)은 작맥(雀麥 : 귀리)이다.

葋雀弁 蕭雀麥

注 연작변(葋雀弁)은 무엇인지 알 수 없다. 작맥(雀麥)은 연맥(燕麥)으로 귀리이다.

疏 약(蕭)은 일명 작맥(雀麥)이고 일명 연맥(燕麥)이다. 『본초』에는 「폐허나 임야에 나는데 싹이 소맥(小麥)과 비슷하고 약하며 열매는 메조밀과 비슷한데 가늘어 있는 곳에만 또한 있다」고 했다.

괴오손(瓗烏蓨 : 토괴(土壞)), 연토해(蒅菟荄 : 未詳), 번토혜(藬菟薞 : 未詳), 연토과(黃菟瓜 : 쥐참외)이다.

瓗烏蓨 蒅菟荄 藬菟薞 黃菟瓜

注 괴오손, 연토해, 번토혜는 모두 무슨 풀인지 알 수 없다. 토과(菟瓜)는 토과(土瓜 : 쥐참외)와 비슷하다.

疏 토과(菟瓜)는 일명 연(黃)이며 싹과 열매가 토과(土瓜 : 쥐참외)와 비슷하다. 토과(土瓜)는 왕과(王瓜)이다. 『예기』 월령(月令)의 「王瓜生」이 이것이다.

열진(苪藇)은 시수(豕首 : 체로〈彘盧〉)이다.

苪藇 豕首

注 『본초』에「체로(彘盧)는 일명 섬제란(蟾蠩蘭)이다」라 했다. 지금 강동

(江東) 지방에서는 희수(豨首)라고 부르는데 누에번데기 볶은 것 같다.

疏 열진(苬蕋)은 약초 이름이다. 일명 시수(豕首)라 하고 일명 체로(彘盧)라 하고 일명 천명정(天名精)이라 하고 일명 왕문정(王門精)이라 하는데 그밖에도 5~6가지 별명이 있다.

병(荓)은 마추(馬帚)이다.
荓 馬帚

注 시초풀과 비슷하여 비를 만들 수 있다.

疏 병(荓)은 풀이 시초풀과 비슷하다. 지금 사람들이 시병(蓍荓)이라고 이르는 것으로 비를 만들 수 있으며 일명 마추(馬帚)라고 한다. '시초풀과 비슷하다는 것'은 시(蓍)는 蒿의 무리이다. 『백호통』에 「此天地之間壽考物也」라 했다.

회회양(藱懷羊 : 未詳)이고, 교(茭)는 우근(牛蘄 : 승검초)이다.
藱懷羊 茭 牛蘄

疏 회회양(藱懷羊)은 자세하지 않다. 교(茭)는 지금의 마근(馬蘄)이다. 잎이 가늘고 뾰족하며 미나리와 비슷하고 먹을 수 있다.

疏 교(茭)는 미나리와 비슷하여 먹을 수 있는 채소이다. 잎이 가늘고 뾰족하며 일명 교(茭)라 하고 일명 우근(牛蘄)이라 하고 일명 마근(馬蘄)이라고 하며 씨앗은 사람이 약용으로 쓴다. 『본초』 주(注)에 「水澤 가운데 자라며 싹은 鬼鍼·菾菜 등과 비슷하다. 꽃은 청백색이고 씨앗은 황흑색으로 防風子와 비슷하다」고 했다.

돌(葵)은 라복(蘆萉 : 무)이다.
葵 蘆萉

注 복(萉)은 복(菔)이 마땅하다. 라복(蘆菔)은 무청(蕪菁)의 종류이다. 붉은 꽃에 뿌리가 크다. 세상에서 박돌(雹葵)이라고 부른다.

疏 자화숭(紫花菘)이다. 세상에서는 온숭(溫菘)이라고 부르고 무청(蕪菁)과 같으며 뿌리가 큰데 일명 돌(葵)이라고 한다. 지금 라복(蘿蔔)이라고 부르는 것이 이것이다.

칙관(渳灌 : 未詳)이고, 수(茵)는 지(芝 : 지초)이다.
渳灌 茵芝

注 칙관(渳灌)은 뜻이 자세하지 않다. 수(茵)는 지초이며 지초는 한해에 3번 꽃이 피는 상서로운 풀이다.

疏 지(芝)는 상서로운 풀 이름이다. 한해에 3번 꽃이 피며 일명 수(茵)라 하고 일명 지(芝)라고도 한다. 『논형(論衡)』에 「芝生於土 土氣和故 芝草生瑞命」이라 했고 『예기』에는 「王者仁慈則芝草生」이라 했다.

순(筍)은 죽순의 싹이다.

筍 竹萌

注 죽순이 처음 나는 것이다.

疏 손염이 「대나무에서 처음으로 싹이 나오는 것을 순(筍)이라 한다」고 했다. 무릇 풀의 뿌리에서 처음 나는 싹을 순(筍)이라 부른다. 그렇기 때문에 대나무의 처음 나온 것으로 순(筍)은 대나무 싹이라 했다. 나물 안주로 쓴다. 『시경』 대아 한혁(韓奕)편에 「其蔌維何維筍及蒲」라고 했다.

탕(簜)은 대나무이다.

簜 竹

注 대나무의 별명이다. 『의례(儀禮)』에 「簜在建鼓之間」이라 했다. 퉁소의 무리를 이른 것이다.

疏 탕(簜)은 대나무의 별명이다. 이순은 「대나무 마디의 떨어진 거리가 1장(丈)이나 되는 것을 탕(簜)이라 한다」고 했다. 『의례』는 대사례(大射禮)의 문장. 정현이 「建은 樹와 같다」고 했고 '퉁소의 무리'는 곽박이 정현의 말을 따른 것이다.

아(莪)는 라(蘿 : 쑥)이다.

莪 蘿

注 지금의 아(莪)는 쑥(蒿)이다. 또한 늠호(廩蒿)라고 한다.

疏 『사인(舍人)』에 「아(莪)는 일명 라(蘿)이다」라 했다. 『시경』 소아에 「菁菁者莪」라고 했으며 육기(陸機)의 주석에는 「아(莪)는 호(蒿)이며 라호(蘿蒿)이다. 거친 밭이나 습지에 살며 잎은 사호(邪蒿)와 비슷한데 가늘고 움푹 들어가 있다. 3월에 나며 가운데 줄기는 먹을 수 있다. 또 찌면 맛이 좋아지고 약간 누호(蔞蒿) 비슷하다」고 했다.

니(茝)는 저니(蔗茝 : 냉이)이다.

茝 蔗茝

注 제니(薺苨 : 냉이)이다.

疏 니(茝)는 일명 저니(蔗茝)라 한다. 곽박은 제니(薺苨)라고 했다. 『본초(本草)』에 「제니(薺苨)이다」라 했다. 도주(陶注)에는 「뿌리와 줄기가 모두 인삼과 비슷한데 잎이 작고 다르다. 뿌리의 맛은 달다」고 했다.

질리(䇡履 : 未詳)이고, 행(莕)은 접여(接余 : 노랑어리연꽃)이고 그 잎은 부(苻 : 껍질)이다.

䇡履 莕接余 其葉苻

注 질리(䇡履)는 뜻이 자세하지 않다. 행(莕)은 무리지어 물 속에 난다. 잎은 둥글어 줄기의 끝에 길고 짧은 것이 있는데 물의 깊고 얕은 것에 따른다. 강동(江東)에서는 먹는다. 또한 행(莕)이라고 부른다.

疏 행채(莕菜)는 일명 접여(接余)라 하고 그 잎이 부(苻)이다. 『시경』 주남 관

저(關雎)편에「參差荇菜」라 했다. '荇'과 '苍'은 같다. 육기의 소에「接余는 흰줄기에 잎이 자적색으로 정원형이며 지름이 1자가 넘고 물위에 떠있으며 뿌리는 물밑에 있다」고 했다.

백화(白華)는 야간(野菅 : 솔새)이다.
白華 野菅

注 간(菅)은 띠의 종류로 『시경』에「白華菅兮」라 했다.

疏 『사인(舍人)』에「백화는 일명 야간(野菅)이다」라 했고 육기는「간(菅)은 띠와 같고 미끌미끌하며 털이 없고 뿌리 아래 5촌 중앙에 흰반점이 있다」고 했다. 『시경』은 소아 백화(白華)편의 문장이다.

벽(薜)은 백근(白蕲 : 줄사철나무)이고 비(菲)는 물(芴 : 순무)이다.
薜白蕲 菲芴

注 벽(薜)은 앞의 산근(山蕲)과 같다. 비(菲)는 순무이며 토과(土瓜)와 같다.

疏 비(菲)는 일명 물(芴)이라고 한 것을 곽박이 주석에 토과(土瓜)라 했다. 손염(孫炎)은「복(葍 : 무)의 종류이다」라 했다. 『시경』 곡풍(谷風)편에「采葑采菲」라 했고 육기의 주석에는「비(菲)는 무와 비슷하며 줄기는 거칠고 잎이 두꺼우며 긴 털이 있다」고 했다.

복(葍)은 부(蕾 : 무)이다.
葍 蕾

注 큰 잎에 하얀 꽃이 피며 뿌리가 손가락 같이 곧고 흰데 먹을 수 있다.

疏 『시경』 소아에「我行其野 言采其葍」이라고 했다. 육기의 주석에「유주(幽州)의 사람이 연부(燕蕾)라고 이른다. 흉년에 그 뿌리로 굶주림을 채울 수 있다」고 했다.

형(熒)은 위위(委萎 : 둥굴레)이다.
熒 委萎

注 약초이다. 잎이 대나무와 비슷하며 큰 것은 화살대와 같고 마디가 있다. 잎이 좁고 길며 겉은 희고 속은 푸르다. 뿌리의 큰 것은 손가락만 하고 길이가 1자나 2자 정도이며 먹을 수 있다.

疏 약초이다. 일명 형(熒)이라 하고 일명 위위(委萎)라고 한다.

구정형(蔄芧熒 : 未詳)이고 죽(竹)은 변축(萹蓄 : 마디풀)이다.
蔄芧熒 竹萹蓄

注 구정형(蔄芧熒)은 뜻이 자세하지 않다. 변축(萹蓄)은 소려(小藜 : 명아

주)와 비슷하고 붉은 줄기에 마디가 있으며 길 옆에 살기를 좋아한다. 먹을 수 있으며 또 벌레를 죽인다.

疏 죽변축은 이순이 「하나가 두 가지 이름을 가지고 있다」고 했다. 손염은 「어떤 사람이 시경 위풍(衛風)의 '綠竹猗猗'를 인용해 말한 것이다」라 했다. 곽박이 말한 것은 도홍경(陶弘景)의 『본초』 주(注)를 참고해 보면 「곳곳마다 땅에 퍼져 있고 마디 사이로 흰잎이 나며 꽃은 가늘고 녹색인데 사람들이 변죽(扁竹)이라 부른다. 익히면 즙이 나오는데 어린아이가 마시면 회충을 고친다」고 했다.

침(葴)은 한장(寒漿 : 꽈리)이다.

葴 寒漿

注 지금의 산장초(酸漿草 : 꽈리)이다. 강동(江東)에서는 고침(苦葴)이라고 부른다.

疏 침(葴)은 일명 한장(寒漿)이라 한다. 곽박은 「지금의 산장초(酸漿草)이며 강동 지방에서는 고침(苦葴)이라 부른다」고 했다. 『본초』에는 「酸漿은 일명 醋漿이다」라 했고 도주(陶注)에는 「인가 곳곳에 있고 잎이 많은데 또한 씨앗이 방(房)에 들어 있고 방 속의 씨앗을 먹을 수 있다. 방(房) 속에 있는 씨앗은 매화나 오얏과 같고 크며 대개 황적색이다」라고 했다.

개구(薢茩)는 결광(芙光 : 결명자)이다.

薢茩 芙光

注 결(芙)은 밝다. 잎이 누렇고 날카로우며 붉은꽃에 열매는 산수유와 같다. 혹은 룽(蔆)이라고도 한다. 관서(關西) 지방에서는 개구(薢茩)라고 한다.

疏 약초인 결명(決明)이다. 일명 결광(芙光)이라 하고 일명 결명이라 한다. 도홍경의 『본초』에 「잎은 강두자(汪豆子)와 같고 모양은 마제(馬蹄)와 비슷해서 馬蹄라고 부른다」고 했다. 『설문』에 「蔆楚曰芰秦曰薢茩」라 했다.

무이(蕪荑)는 살장(薩蘠 : 백분(白蕡 : 삼씨))이다.

蕪荑 薩蘠

注 일명 백궤(白蕡)이다.

疏 무이(蕪荑)는 일명 살장(薩蘠)이라고 했는데 곽박은 백궤(白蕡)라고 했다. 『본초』를 참고하면 「무이(蕪荑)는 일명 무고(無姑)라 하고 일명 전당(蕿蘠)이라 한다」고 했고 당본(唐本) 주석에는 「이아(爾雅)의 蕪荑一名薩蘠은 지금 蕿蘠자의 잘못이다」라고 했다. 어떤 것이 옳은지 의심스럽다.

질(瓞)박(瓟)은 그 계승한 것이 질(瓞 : 작은 오이)이다.

瓞 瓟 其紹瓞

注 세속에서 박과(瓟瓜)를 질(瓞)이라고 한다. 소(紹)는 오이의 덩굴에 오이가 막 생기기 시작해서 작은 것으로 박(瓟)과 같다.

疏 질(瓞)은 일명 박(瓝)으로 조그마한 오이이다. 소(紹)는 계(繼)의 뜻이다. 오이의 덩굴이 선세(先歲)의 오이를 계승한 것으로 반드시 작아 또한 질(瓞)이라고 이름한 것으로 그 계승한 것이 질(瓞)이라 했다. 『시경』 대아에 「緜緜瓜瓞」이라 했고 『사인(舍人)』에 「瓞名瓝小瓜也」라 했다.

효(芍)는 부자(鳧茈)이다.

芍 鳧茈

注 하전(下田)에서 자라며 싹은 용수(龍須)와 비슷한데 가는 뿌리가 지두(指頭)와 같고 검은색으로 먹을 수 있다.

疏 효(芍)는 일명 부자(鳧茈)라고 했다. 지금 세상에서 삶거나 죽을 끓여 먹는다.

류(藾)는 정동(蘱董)이다.

藾 蘱董

注 부들과 비슷하고 가늘다.

疏 류(藾)는 일명 정동(蘱董)이라 하는데 모양이 부들과 비슷하고 가늘어서 이것으로 신을 만들 수 있다. 또한 꼴로는 노끈을 꼴 수 있다.

제(蕛)는 질(苵 : 피)이다.

蕛 苵

注 제(蕛)는 패(稗 : 피)와 비슷하고 땅에 널려 있는 거친 잡초이다.

疏 제(蕛)는 일명 질(苵)이며 피와 비슷한 거친 풀로 땅에 널리 퍼져 자란다. 『장자』의 「道在蕛稗」가 이것이다. 또한 쌀이 가늘고 작은 것이 있다고 했는데 『장자』에 「若蕛米之在太倉」이라 했다.

구(鉤)는 요(芺 : 엉겅퀴의 일종)이다.

鉤 芺

注 큰 것은 엄지손가락 만하고 속이 비었으며 줄기의 끝에는 대(臺)가 있고 엉겅퀴와 비슷하다. 처음 솟아날 때는 먹을 수 있다.

疏 엉겅퀴 종류이다. 일명 구(鉤)라 하고 일명 요(芺)라고 한다. 『설문』에는 「맛이 쓰고 강남(江南) 지방에서 먹는데 기(氣)를 내리게 한다」고 했다.

해(䕵)는 홍회(鴻薈 : 염교)이다.

䕵 鴻薈

注 곧 염교나물이다.

疏 염교나물은 부추나물과 비슷하다. 일명 홍회라고 하는데 『본초』의 채지(菜芝)는 이것을 말한다.

소(蘇)는 계임(桂荏 : 차조기)이다.

蘇 桂荏

注 소(蘇)는 계(桂)의 종류로 이름이 계임(桂荏 : 차조기)이다.

疏 소(蘇)는 임(荏 : 차조기) 종류의 풀이다. 그 맛이 시고 차조기와 비슷한 것으로 일명 계임(桂荏)이라 한다.『본초』에「잎 아래가 자주색이고 기운이 매우 향기롭다. 그 자주색이 없고 향기가 나지 않으면서 차조기와 비슷한 것은 야소(野蘇)라 이르고 연못 속에 자라는 것은 목소(木蘇)라 하고 일명 계소(雞蘇)라 하는데 다 荏의 종류이다」라고 했다.

색(薔)은 우료(虞蓼 : 물여뀌)이다.

薔 虞蓼

注 우료(虞蓼)는 택료(澤蓼)이다.

疏 색(薔 : 물여뀌)은 일명 우료(虞蓼)로 곧 여뀌가 못물에서 사는 것이다.『시경』 주송(周頌) 양사(良耜) 편에「以薅荼蓼」라 했고『모전(毛傳)』에는「료(蓼 : 여뀌)이며 수초(水草)이다」라고 했다.

조척(蓧蓨 : 未詳)이고, 문(虋)은 적묘(赤苗 : 붉은차조)이고 기(芑)는 백묘(白苗 : 흰차조)이고 거(秬)는 흑서(黑黍 : 검은기장)이고 비(秠)는 한 껍질에 쌀알이 두 개이다.

蓧蓨 虋赤苗 芑白苗 秬黑黍 秠一稃二米

注 조척은 뜻이 자세하지 않다. 문(虋)은 지금의 붉은차조요, 기(芑)는 지금의 백량속(白粱粟 : 흰차조)으로 좋은 곡식이다. 거(秬)는 검은기장으로『시경』에「維秬維秠」라고 했다. 비(秠)도 또한 검은기장인데 단지 속에 있는 쌀이 다르다. 한(漢)나라 화제(和帝) 때 임성(任城)에서 검은기장이 나왔는데 열매 하나에 2개의 쌀이 들어있어 3섬 8말을 얻었다.

疏 『시경』대아 생민(生民) 편의「誕降嘉種 維秬維秠 維糜維芑」를 해석한 것이다. 문(虋)과 문(糜)은 음과 뜻이 같으며 좋은 곡식인 붉은차조이다. 이순은 「검은기장을 일명 거서(秬黍)라 한다. 秬는 곧 검은기장의 큰 이름이다. 비(秠)는 검은기장 가운데 하나의 껍질에 2개의 쌀알이 있는 것의 별명이다. 그러므로 거비(秬秠)는 다 검은기장이다」라 했다.

도(稌)는 도(稻 : 벼)이다.

稌 稻

注 지금 패국(沛國)에서는 도(稌)라고 부른다.

疏 두 개의 이름을 분별했다. 곽박이「지금 패국(沛國)에서는 도(稌)라 부른다」고 했다.『시경』주송(周頌)에「豊年多黍多稌」라 했고『예기』내칙편에「牛宜稌」라 했고『시경』빈풍 칠월(七月) 편에「十月穫稻」라고 했는데 이것은 다 같은 것이다.

복(菖)은 경모(葽茅 : 경모풀) 이다.

菖 葽茅

注 복(菖)은 꽃이 붉은 것이 있는데 경(葽)이라고 한다. 경복(葽菖)의 일종
이다. 또한 능초(菱苕)와 같고 황색과 백색은 이름을 다르게 부른다.

疏 복(菖)과 경모(葽茅)는 한 가지 풀이다. 꽃이 흰 것은 복(菖)이고 꽃이 붉은
것은 별도로 '경모(葽茅)' 라고 한다. 곽박이「또한 능초꽃과 같은 것으로 황
색과 백색이 서로 이름이 다르다」고 했다.

대(臺)는 부수(夫須 : 사초) 이다.

臺 夫須

注 정현의『시경』주석에「대(臺)는 비를 막는 삿갓(도롱이) 이다」라고 했다.

疏『사인(舍人)』에 이르기를「대(臺)는 일명 부수(夫須)라 한다」고 했다.『시경』
소아에「南山有臺」라 했고 육기(陸機)의 구설(舊說)에는「부수(夫須)는 사
초(莎草)이고 삿갓을 만들 수 있다」고 했다.『시경』소아 도인사(都人士)편
에「臺笠緇撮」이라 했다.

건벌(藆茢 : 未詳) 이고, 맹(茴)은 패모(貝母) 이다.

藆茢 茴貝母

注 건벌(藆茢)은 뜻이 자세하지 않다. 맹(茴)은 뿌리가 작은 조개처럼 둥글
고 꽃이 희며 잎은 부추와 비슷하다.

疏 약초인 패모(貝母)이며 일명 맹(茴)이라 한다.『시경』용풍 재치(載馳)편에
「陟彼阿丘言采其䖟」이라 했는데 육기는「䖟은 지금의 약초인 貝母이다. 그
잎은 괄루(栝樓 : 노랑하눌타리)와 같고 가늘며 작다. 그 씨앗은 뿌리 밑에 있
는데 우자(芋子 : 토란)와 같다」고 했다.

교(菽)는 비부(蚍衃 : 당아욱) 이다.

菽 蚍衃

注 지금의 형규(荊葵)이다. 아욱과 비슷하고 자주색이다. 사씨(謝氏)가 이르
기를「작은 풀로 꽃이 많고 잎이 적으며 잎이 또한 발돋움한다」고 했다.

疏『사인(舍人)』에「교(菽)는 일명 비부(蚍衃)라 한다」고 했다.『시경』진풍(陳
風) 동문지분(東門之粉)편에「視爾如菽」라 했고『모전(毛傳)』에는「비부
(芘芣 : 아욱의 일종) 이다」라고 했다. 육기는「芘芣는 일명 荊葵로 蕪菁과 비
슷하며 꽃은 자녹색이고 먹을 수 있는데 약간 쓰다」고 했다.

애(艾)는 빙대(氷臺 : 쑥) 이다.

艾 氷臺

注 지금의 쑥〔艾蒿〕이다.

疏 애(艾)를 일명 빙대(氷臺)라고 하는데 지금의 애호(艾蒿 : 쑥)이다.『시경』왕
풍(王風) 채갈(采葛)편에「彼采艾兮」라고 했다.

전(葶)은 정력(亭歷 : 두루미냉이) 이다.
葶 亭歷
注 열매와 잎이 다 겨자〔芥〕와 비슷하다. 『광아(廣雅)』에 「일명 구제(狗薺)
이다」라고 했다.
疏 전(葶)은 일명 정력(亭歷)이라고 했다. 『본초(本草)』에는 「일명 정력(丁歷)
이다」라 했고 일명 태실(太室), 일명 대적(大適)이라 한다.

부(苻)는 귀목(鬼目 : 귀목풀) 이다.
苻 鬼目
注 지금의 강동(江東)에 귀목(鬼目)풀이 있는데 줄기는 칡과 비슷하고 잎은
둥글고 씨앗에 털이 있다. 이당(耳璫)과 같고 적색이며 군락한다.
疏 부(苻)는 일명 귀목(鬼目)이라 한다.

벽유초(薜庾草 : 未詳) 이고 오(蔜)는 수루(葰蔞 : 달개비) 이다.
薜庾草 蔜 葰蔞
注 벽유초(薜庾草)는 무엇인지 자세하지 않다. 오(蔜)는 지금의 번루
(蘩蔞 : 달개비)이며 또는 계장초(雞腸草 : 닭장의 뜻)이다.
疏 오(蔜)는 일명 수루(葰蔞)이며 일명 번루(蘩蔞)이며 일명 계장초이다. 『본
초(本草)』에 「번루(蘩蔞)는 맛이 시다」고 했다. 도주(陶注)에 「이것을 사람
이 캐어 국을 끓여 먹는다」고 했다.

이남(離南)은 활탈(活莌) 이다.
離南 活莌
注 풀이 강남(江南)에서 자란다. 높이가 열 자 가까이 되고 잎이 크며 줄기 가
운데에는 박속이 있어 희다. 「零陵人祖日貫之爲樹 : 뜻이 자세하지 않다」.
疏 이남(離南)은 풀이다. 일명 활탈(活莌)이다. 『산해경』에 또 관탈(冠脫)이라
고 이름 했다.

농천약(蘢天蘥 : 未詳) 이고, 수봉종(須莑葒 : 未詳) 이고, 방
(蒡)은 은인(隱荵 : 인동초) 이다.
蘢天蘥 須莑葒 蒡隱荵
注 농천약(蘢天蘥)이고 수봉종(須莑葒)이라고 한 것은 무엇인지 자세하지
않다. 방(蒡)은 차조기와 비슷하고 털이 있다. 지금 강동(江東)에서는 은
인(隱荵)으로 부르고 절여서 저장한다. 또 김치를 담궈 먹는다.
疏 방(蒡)은 차조기류의 채소이다. 일명 은인(隱荵 : 인동초)이라고 한다.

유(茜)는 만우(蔓于 : 물풀) 이다.

茜 蔓于

注 물속에서 자라는 풀이다. 일명 헌우(軒于). 강동에서는 유(茜)라 부른다.

疏 유(茜)는 물풀이다. 일명 만우(蔓于)라고 한다.

노(菡)는 차(蓲 : 기름사초) 이다.

菡 蓲

注 노(菡)는 발로 밟는 두엄풀이다.

疏 노(菡)는 『설문』에 「노초(菡草) 이다. 묶을 수 있으며 일명 차(蓲)라 하고 곧 기름사초의 종류이다」라고 했다.

주부(柱夫)는 요거(搖車) 이다.

柱夫 搖車

注 덩굴로 자라고 가는 잎에 자주색 꽃이 피며 먹을 수 있다. 지금 세상에서는 교요거(翹搖車)라고도 한다.

疏 주부(柱夫)는 가히 먹을 수 있는 풀이다. 일명 요거(搖車)라 하고 세속에서는 '교요거'라고 부른다. 덩굴로 자라고 자주색 꽃이 피는데 꽃이 발돋움하는 것 같아 이름을 얻은 것이다.

출수(出隧)는 거소(蘧蔬) 이다.

出隧 蘧蔬

注 거소(蘧蔬)는 토균(土菌)과 비슷하고 고초(菰草 : 고미풀)에서 산다. 지금 강동(江東)에서는 먹는데 맛이 달고 미끌미끌하다.

疏 균(菌)의 종류이다. 일명 출수(出隧)라 하고 일명 蘧蔬라고 한다. 『광아(廣雅)』에는 「아침에 자라는데 모양이 귀개(鬼蓋)와 같다」고 했다.

근채(蘄茝)는 미무(蘪蕪 : 궁궁이) 이다.

蘄茝 蘪蕪

注 향초(香草)이며 잎이 작고 위(萎 : 둥굴레)와 모양이 같다. 『회남자(淮南子)』에는 「似蛇牀」이라 했고 『산해경』에는 「臭如蘪蕪」라고 했다.

疏 궁궁이 싹이다. 일명 근채(蘄茝)이고 일명 '미무(蘪蕪 : 궁궁이)라고 한다. 『본초(本草)』에는 「일명 미무(薇蕪)라 하고 일명 정리(汀離)라 한다」고 했다. 『회남자』는 사론(氾論)편의 문장이다.

자(茨)는 질려(蒺藜 : 납가새) 이다.

茨 蒺藜

注 땅에 널려 있어 덩굴로 자라며 잎은 가늘고 씨앗은 삼각으로 되어 있어 사

람을 찌른다. 『시경』에 있다.

疏 자(茨)는 일명 질려(蒺藜 : 납가새)이다. 『시경』 소아 초자(楚茨)편에 「楚楚者茨」라 했다.

계여(蘮蒘)는 절의(竊衣 : 참풀)이다.

蘮蒘 竊衣

注 미나리와 비슷하며 먹을 수 있다. 씨앗이 크고 보리와 같아 두 개씩 서로 합해져 있고 털이 있어 사람들의 옷에 붙는다.

疏 계여(蘮蒘)는 일명 절의(竊衣)라 한다. 속명(俗名)은 귀맥(鬼麥)이라 한다.

모(髦)는 전극(顛蕀 : 아기풀)이다.

髦 顛蕀

注 가는 잎에 가시가 있고 덩굴로 자라며 일명 상극(商蕀)이라고 한다. 『광아(廣雅)』에는 여목(女木)이라 했다.

疏 모(髦)는 일명 전극(顛蕀)이라 하고 일명 상극(商蕀)이라고도 한다.

관환(藿芄)은 란(蘭 : 박주가리)이다.

藿芄 蘭

注 관환(藿芄)은 덩굴로 자라고 덩굴을 꺾으면 하얀 즙이 나오는데 먹을 수 있다.

疏 관(藿)은 일명 환란(芄蘭)이라 한다. 관환은 일명 란(蘭)과 비슷한데 혹 옮긴이의 잘못으로 芄은 연문(衍文)이다. 『시경』 위풍(衛風)에 「芄蘭之支」라 했다.

담(蕁)은 침번(莐藩 : 지모(知母))이다.

蕁 莐藩

注 산 위에서 자라는데 잎이 부추와 같다. 일명 제모(提母)라고 한다.

疏 약초인 지모(知母)이다. 일명 담(蕁)이라 하고 일명 침번(莐藩)이라 한다.

유(蕍)는 석(蕮 : 택사)이다.

蕍 蕮

注 지금의 택석(澤蕮)이다.

疏 유(蕍)는 일명 석(蕮)으로 곧 약초인 택석(澤蕮)이다. 『본초(本草)』에는 택사(澤瀉)라고 했다. 일명 수석(水蕮), 일명 급사(及瀉), 일명 망우(芒芋), 일명 곡사(鵠瀉)라고 한다. 도주(陶注)에 「잎이 좁고 길며 얕은 물속에서 무리지어 산다」고 했다.

군(藚)은 녹곽(鹿藿)이며 그 열매는 누(荎 : 들콩)이다.

藚 鹿藿 其實 荎

注 지금의 녹두(鹿豆)이다. 잎이 대두(大豆)와 비슷하고 뿌리가 누렇고 향기가 있으며 덩굴로 자란다.

疏 군(藚)은 일명 녹곽(鹿藿)이고 그 열매의 이름은 누(荎)이다. 『본초(本草)』에 「맛이 쓰다」고 했다.

호(蔏)는 후사(侯莎 : 향부자)이고 그 열매는 제(媞)이다.

蔏 侯莎 其實 媞

注 『대대례』하소정(夏小正)편에 「蔏也者 莎蔭 媞者 其實」이라 했다.

疏 호(蔏 : 향부자)는 곧 사(莎)이며 별명이 侯維이다. 그 열매는 별명이 媞이다.

완(莞)은 부리(苻蘺 : 등심초)이고 그 위는 핵(薵 : 부들)이다.

莞 苻蘺 其上 薵

注 지금 서방(西方) 사람들이 포(蒲 : 부들)를 완(莞)이라고 부른다. 포(蒲)나 핵(薵)은 그 상층의 머리부분을 말한다. 지금 강동(江東)에서 부리(苻蘺)라 하고 서방(西方)에서는 또한 포(蒲)라고 한다. 중앙의 줄기를 핵(薵)이라 하고 돗자리를 만드는 데 쓴다.

疏 어떤이는 「본초(本草)에 '백포(白蒲)를 일명 부리(苻蘺)라 한다. 초(楚)나라에서는 완포(莞蒲)라 하고 그 위의 대(臺)를 핵(薵)이라 한다'고 했다」라 했는데 곽박의 뜻과 같다. 『시경』소아 사간(斯干)편에 「下莞上簟」이라 했다. 정현의 주에 「莞은 小蒲이다. 莞蒲는 하나의 풀 이름이고 관리의 几筵에 莞筵이 있고 蒲筵이 있다. 그것들이 크고 작은 것의 다름이 있어 자리가 촘촘한 것이 있고 거친 것이 있으므로 두 종류의 자리를 얻는다」고 했다.

하(荷 : 연)는 부거(芙渠 : 연의 별칭)라 하고 그 줄기는 가(茄 : 줄기)이고 그 잎은 하(蕸 : 연잎)이고 그 본체(몸체)는 밀(蔤 : 연 밑둥)이고 그 꽃은 함담(菡萏 : 꽃봉우리)이고 그 열매는 연(蓮 : 연밥)이며 그 뿌리는 우(藕 : 연뿌리)이고 그 연밥 속은 적(的)이고 적(的)의 속은 억(薏 : 연밥 알)이다.

荷芙渠 其莖茄 其葉蕸 其本蔤 其華菡萏 其實蓮 其根藕 其中的 的中薏

注 하(荷 : 연)는 별명이 부용(芙蓉)이며 강동 지방에서는 하(荷)라고 부른다. 밀(蔤)은 줄기 아래이며 백약(白蒻)인데 진흙 속에 있다. 함담(菡萏)은 『시경』진풍(陳風)에 이에 관한 문장이 있다. 연(蓮)은 연꽃이 피었다 지고 열매가 맺은 방(房)이다. 적(的)은 연(蓮) 안의 씨앗이다.

억(薏)은 씨앗의 속이 쓴 것을 말한다.

疏 이순(李巡)은 「다 연의 줄기와 잎과 꽃과 열매의 이름을 구별한 것이다. 부거 (芙渠)는 그 전체 이름이요, 별명이 부용(芙蓉)이다. 함담(菡萏)은 연꽃이요, 적(的)은 연의 열매이며 억(薏)은 속의 알맹이다」라고 했다. 육기(陸機)의 주 석에는 「蓮은 푸른 껍질에 속은 희며 씨앗은 的이 된다. 的 가운데 푸른 것이 있는데 薏이 되며 맛이 매우 쓰다」고 했다. 『시경』진풍(陳風)에 「彼澤之陂有 蒲與荷」라 했고 또 「有蒲與蓮」이라 했고 또 「有蒲菡萏」이라 했다.

홍(紅)은 농고(蘢古 : 개여뀌)이고 그 큰 것은 귀(蘬 : 말여뀌)이다.
紅 蘢古 其大者 蘬

注 세상에서 홍초(紅草 : 개여뀌)를 농고(蘢鼓)라고 부르는 것은 말이 옮겨 진 것이다.

疏 『사인(舍人)』에 「紅名蘢古其大者名蘬」라고 했다. 『시경』정풍에 「隰有游 龍」이라 했다. 『모전』에 「용(龍)은 홍초(紅草)이다」라 했다. 육기는 「일명 馬 蓼이다. 잎이 크고 적백색으로 연못 속에 산다. 높이가 열 자 가깝다」고 했다.

차(薑)는 제실(薺實 : 냉이씨)이다.
薑 薺實

注 제(薺)의 씨앗 이름이다.

疏 『본초(本草)』에 「薺味甘人取其葉作菹及羹亦佳(제는 맛이 달고 사람이 그 잎을 취하여 김치를 담거나 국을 끓이면 또한 좋다)」라 했다. 『시경』곡풍(谷風) 편에 「誰謂茶苦 其甘如薺」라고 했다. 그 씨앗은 별명으로 차(薑)라고 한다.

분(黂)은 시실(枲實 : 삼씨)이다.
黂 枲實

注 『예기』에 「苴麻之有黂」이라 했다.

疏 시(枲)는 마(麻)이다. 분(黂)은 곧 삼씨의 이름이다. 그러므로 분(黂)은 시 실(枲實 : 삼씨)이라고 했다. 『예기』는 『의례』상복전문(喪服傳文)이다.

시(枲)는 마(麻 : 삼)이다.
枲 麻

注 두 가지 이름을 구별한 것이다.

疏 마(麻)를 일명 시(枲)라고 하는 것으로 주석에 두 가지 이름을 구별하였다고 했다. 『서경』우공(禹貢)편에 「靑州厥貢岱畎絲枲」라고 했다.

수(須)는 손무(蕵蕪 : 순무)이다.
須 蕵蕪

注 손무(蕵蕪)는 양제(羊蹄 : 소루쟁이)와 비슷하고 잎이 가늘며 맛이 시고

먹을 수 있다.

疏『시경』곡풍(谷風)편에 「采葑采菲」라 했고 『모전(毛傳)』에는 「봉(葑)은 수(須)이다」라고 했다. 손염은 「須一名葑蓯」이라 했다. 葑・須・蕪菁・蔓菁・蕵蕪・蕘・芥가 다 한 가지이다.

비(菲)는 식채(蒠菜 : 부추의 일종)이다.
菲 蒠菜

注비(菲)라는 풀은 낮은 습지에서 자라며 무청(蕪菁 : 순무)과 비슷하고 꽃이 자적색(紫赤色)이며 먹을 수 있다.

疏비(菲)는 일명 식채(蒠菜)이다.『시경』의 곡풍편에 「采葑采菲」라고 했는데 『모전(毛傳)』에 「비(菲)는 물(芴 : 부추)이다」라고 했다.

괴(蕢)는 적현(赤莧 : 당비름)이다.
蕢 赤莧

注지금의 비름이며 붉은 줄기이다.

疏적현(赤莧 : 당비름)은 일명 괴(蕢)라고 한다. 지금 비름을 채취했을 때 줄기가 붉은 것이다.

장미(蘠蘼)는 문동(蘴冬 : 맥문동)이다.
蘠蘼 蘴冬

注문동(蘴冬)은『본초(本草)』에 만동(滿冬)이라고 했다.

疏약초이다. 일명 장미(蘠蘼)라 하고 일명 문동(蘴冬)이라고 한다.『산해경』에 「條谷山 其草多芍藥蘴冬」이라 했다.

변부지(薲苻止 : 未詳)이고 락(濼)은 관종(貫衆 : 고비 뿌리)이다.
薲苻止 濼貫衆

注변부지(薲苻止)는 무엇인지 자세하지 않다. 락(濼)은 잎이 둥글고 날카로우며 줄기에 털이 있고 검다. 땅에 퍼져 있으며 겨울에도 죽지 않는다. 일명 관거(貫渠)라고 한다.『광아(廣雅)』에는 관절(貫節)이라고 했다.

疏락은 약초 이름이다. 일명 관종(貫衆)이라 한다.『본초(本草)』에는 관절(貫節), 관거(貫渠), 백두(百頭) 등 여러 이름이 있다.

균(菩)은 우조(牛藻 : 쇠마름)이다.
菩 牛藻

注조(藻)와 비슷하고 잎이 크다. 강동에서는 마조(馬藻 : 말마름)라 부른다.

疏균(菩)은 일명 우조(牛藻)이며 마름의 잎이 큰 것이다.『시경』소남(召南) 채빈(采蘋)편에 「于以采藻」라고 했다.

축탕(蓫薚)은 마미(馬尾)이다.

蓫薚 馬尾

注 『광아』에 「尾尾蔏陸(미미상륙 : 일종의 자리공)」이라 했다. 『본초(本草)』에는 「별명으로 '탕(薚)'이라 한다」고 했다. 지금 관서(關西) 지방에서는 탕(薚)이라고 부른다. 강동에서는 당륙(當陸)이라고 부른다.

疏 약초인 상륙(蔏陸)이다. 일명 축탕(蓫薚), 일명 마미(馬尾)라고 한다.

평(萍)은 병(萍 : 마름)이고 그 큰 것은 빈(蘋 : 마름)이다.

萍 萍 其大者 蘋

注 물 속에 떠 있는 개구리밥이다. 강동에서는 표(薸)라고 부른다. 빈(蘋)은 『시경』에 「于以采蘋」이라 했다.

疏 『사인(舍人)』에 「평(萍)은 일명 병(萍)이고 그 큰 것을 빈(蘋)이라고 이름 한다」라 했다. 『시경』은 소남(召南) 채빈(采蘋)편의 문장.

희(蕧)는 토규(菟葵)이다.

蕧 菟葵

注 약간 해바라기와 비슷한데 잎이 작고 모양이 명아주와 같으며 털이 있고 끓여서 먹으면 미끄럽다.

疏 희(蕧)는 일명 토규(菟葵)이다. 『본초』당본(唐本) 주에 「싹이 석룡예(石龍芮)와 같고 잎이 광택이 있으며 꽃은 흰색으로 매화와 비슷하고 줄기는 자주색인데 삶은 즙은 극히 미끄럽고 먹을 수 있다」고 했다.

근(芹)은 초규(楚葵 : 미나리)이다.

芹 楚葵

注 지금 물 속의 미나리이다. ※미나리도 여러 종류가 있다.

疏 『본초(本草)』에 「수근(水芹)은 일명 수영(水英)이다」라 했다.

퇴(蕢)는 우퇴(牛蕢 : 소루쟁이)이다.

蕢 牛蕢

注 지금 강동 지방에서는 이 풀을 우퇴(牛蕢)라고 부른다. 높이가 한 자 정도 되며 줄기가 모나고 잎이 길고 예리하며 이삭이 있다. 이삭 사이에 꽃이 피는데 꽃색이 자표(紫縹)색으로 물이 있어서〔淋〕 마실 수 있다.

疏 퇴(蕢)는 일명 우퇴(牛蕢)라고 했다. 『시경』소아에 「言采其蓫」이라 하고 정현(鄭玄)의 주석에 「축(蓫)은 우퇴(牛蕢 : 소루쟁이)다」라고 했다. 『자림(字林)』에 「縹는 청백색, 淋은 물이 많은 것이다」라고 했다.

속(藚)은 우순(牛脣 : 쇠기나물)이다.

藚 牛脣

注 『모시전(毛詩傳)』에 수사(水舄)라고 했다. 택사와 같은데 짧은 마디가 있고 마디마다 절이 있어 뽑으면 되풀이 된다.

疏 이순은 「두 가지 이름을 분별한 것이다」라 했다. 육기(陸機)는 지금의 '택사(澤舄)'라고 했는데 곽박은 그 뜻을 취하지 않았다. 『시경』 위풍(魏風) 분저여편에 「彼汾一曲言采其藚」이라 했는데 『모전』의 「藚水舄」는 이것이다.

평(苹)은 뇌소(藾蕭 : 맑은 쑥)이다.

苹 藾蕭

注 지금의 뇌호(藾蒿 : 쑥)이다. 처음 싹이 나올 때 먹을 수 있다.

疏 평(苹)은 일명 뇌소(藾蕭 : 쑥)이다. 『시경』 소아 녹명(鹿鳴)편에 「呦呦鹿鳴 食野之苹」이라 했다. 육기는 「잎이 청백색이고 줄기는 젓가락 비슷하고 가벼우며 연하다. 처음 나는 싹은 향기로워 가히 생으로 먹을 수 있고 또 쪄서도 먹는다」고 했다.

연(連)은 이교(異翹 : 능초풀)이다.

連 異翹

注 일명 연초(連苕)이다. 또 『본초(本草)』에는 「연초(連草)」라고 했다.

疏 연(連)은 일명 이교(異翹)라고 한다. 『본초(本草)』에는 여러 가지 이름이 있는데 절근(折根), 삼렴(三廉) 등이다. 당본(唐本) 주에는 「이것은 대교(大翹)와 소교(小翹)의 두 종류가 있다」고 했다.

택(澤)은 오손(烏蕵)이다.

澤 烏蕵

注 지금의 상괴(上蘾)이다.

疏 지금의 상괴(上蘾)로 연못에서 자란다. 그러나 모양은 자세하지 않다.

부(傅)는 횡목(橫目 : 가로지른 풀)이다.

傅 橫目

注 일명 결루(結縷)이다. 세상에서 고쟁초(鼓箏草)라고 이른다.

疏 부(傅)는 일명 횡목초(橫木草)이며 덩굴로 뻗는다. 곽박이 「일명 '결루'이고 세상에서 '고쟁초'라 한다」고 한 것이 이 뜻이다.

리(釐)는 만화(蔓華)이다.

釐 蔓華

注 일명 몽화(蒙華)이다.

疏 리(釐)는 일명 만화(蔓華)이다. 곽박은 일명 몽화(蒙華)라고 했다.

릉(薐)은 궐미(蕨攗 : 새마름)이다.

薐 蕨攗

注 릉(薐)은 궐(蕨 : 고사리과)로 물 속의 기(芰 : 마름)이다.

疏 릉(薐)은 일명 궐미(蕨攗)이다. 곽박이 「릉(薐)은 지금 물 속의 마름이다」라 한 것을 『자림(字林)』에는 「초(楚)나라 사람은 릉(薐)을 기(芰)라 하며 식 용한다」고 했다.

대국(大菊)은 거맥(蘧麥 : 석죽화)이다.

大菊 蘧麥

注 일명 맥구강(麥句薑)으로 곧 구맥(瞿麥)이다.

疏 대국(大菊)은 일명 거맥(蘧麥)으로 약초이다. 『광아』에 「茈萎麥句薑瞿麥」 이라 했다. 『본초』를 참고하면 「구맥(瞿麥)은 일명 거구맥(巨句麥)이고 일명 대국(大菊)이고 일명 란(蘭)이다」라고 했다. 도주(陶注)에는 「지금 길 가까 이에 나며 하나의 줄기에 가는 잎이 나고 꽃은 홍색과 자주색과 적색이다. 씨앗 은 약간 보리 비슷하므로 구맥(瞿麥)이라 이른다」고 했다.

벽모찬(薜牡贊 : 未詳)이고, 전(蔩)은 산매(山莓 : 산딸기나무)이다.

薜牡贊 蔩山莓

注 벽모찬(薜牡贊)이라고 한 것은 무슨 식물인지 자세한 기록이 없다. 전(蔩) 은 지금의 목매(木莓 : 나무딸기)이다. 열매가 녹매(麃莓)와 비슷하고 크 며 또한 먹을 수 있다.

疏 산매(山莓)는 일명 전(蔩)이라 한다.

설(藚)은 고근(苦堇 : 바곳)이다.

藚 苦堇

注 지금의 근규(堇葵)이다. 잎이 버들과 비슷하고 씨가 쌀과 같다. 끓여서 먹 으면 매끄럽다.

疏 설(藚)은 일명 고근(苦堇)으로 가히 먹을 수 있는 나물이다. 『예기』 내칙의 「堇 苣粉楡」가 이것이다. 『본초』에 「맛이 단것은 이것을 苦라 한다」고 했는데 옛 사람이 말을 거꾸로 하여 감초 비슷한 것을 大苦라 했다.

담(藫)은 석의(石衣 : 해캄)이다.

藫 石衣

注 해캄(水苔)이다. 일명 석발(石髮)이다. 강동 지방에서는 먹는데 어떤이는 「담(藫)은 잎이 염교같고 크며 물밑에서 사는데 먹을 수 있다」고 했다.

疏 담(藫)은 일명 석의(石衣 : 해캄, 돌이끼)이다.

국(蘜)은 치장(治薔)이다.

蘜 治薔

注 지금의 가을 국화이다.

疏 국(蘜)은 일명 치장(治薔)이다.『예기』월령(月令) 계추(季秋)에「菊有黃華」
라 했다.『본초』에는「국화(菊華)는 일명 절화(節華)이다」라 한다. 도주(陶注)
에는「菊은 두 종류가 있다. 한 종류는 줄기가 자주색으로 향기가 있으며 맛이 달
고 잎은 국을 끓여 먹을 수 있는 것으로 진짜이고 한 종류는 줄기가 청색이고 크
며 蒿艾같은데 맛이 쓰고 먹을 수 없어 苦薏이라 부르고 진짜가 아니다」라 했다.

당(唐) 몽(蒙)은 여라(女蘿)이고 여라는 토사(菟絲 : 새삼)이다.

唐 蒙 女蘿 女蘿 菟絲

注 네 가지의 이름을 구별한 것이다.『시경』에「爰采唐矣」라 했다.

疏 손염(孫炎)은「세 가지 이름을 구별한 것이다」라고 했다. 곽박이 네 가지 이름
이라고 한 것은 '당(唐)'과 '몽(蒙)'은 혹은 나누고 혹은 나누지 않은 것에서
비롯된 것으로 셋이나 넷의 차이이다.『시경』에서「당(唐)은 그것이 곧 당몽
(唐蒙)이다」라고 했다.『시경』은 용풍 상중(桑中)편의 문장이다.

묘수(苗蓨 : 未詳)이고, 규(茥)는 결분(蕆葐 : 딸기)이다.

苗蓨 茥 蕆葐

注 묘수(苗蓨)는 무엇인지 자세하지 않다. 규(茥)는 복분(覆盆 : 딸기)이다.
열매가 산딸기와 비슷하고 작으며 또한 먹을 수 있다.

疏 규(茥)는 일명 결분(蕆葐 : 딸기)이다.『본초(本草)』에는「봉류(蓬虆)는 일
명 복분(覆盆), 일명 능류(陵虆), 일명 음류(陰虆)라 하고 그 열매를 복분자
(覆盆子)라고 한다」라 했다. 지금 주(注)에「蓬虆는 覆盆의 싹이다. 복분은
이에 봉류의 씨앗이다」라 했다.

급(芨)은 근초(堇草 : 오두)이다.

芨 堇草

注 급(芨)은 곧 오두(烏頭)이다. 강동(江東)에서는 근(堇)이라고 부른다.

疏 급(芨)은 일명 근초(堇草)이다.『시경』대아에「堇茶如飴」라고 했다.

섬백족(蟾百足 : 未詳)이고, 견(菺)은 융규(戎葵 : 접시꽃)이다.

蟾百足 菺戎葵

注 섬백족(蟾百足)은 무엇인지 자세하지 않다. 견(菺)은 융규(戎葵)라고 한
것은 지금의 촉규(蜀葵 : 접시꽃)이다. 해바라기 비슷하고 꽃은 무궁화꽃
과 같다.

疏 견(菺)은 일명 융규(戎葵)이다.

계(藼)는 구독(狗毒)이다.

藼 狗毒

注 번광(樊光)이 「세상에서 쓴 것을 계(藼)라 한다」고 했다.

疏 계(藼)는 일명 구독(狗毒)이다. 번광이란 사람은 경조(京兆) 사람이며 후한
(後漢)의 중산대부(中散大夫)였다. 『이아』6권의 주석을 단 사람으로 곽박이
그의 뜻을 취했다.

수비엽(垂比葉 : 未詳)이고, 복(覆)은 도경(盜庚)이다.

垂比葉 覆盜庚

注 수비엽(垂比葉)은 무슨 식물인지 자세하지 않다. 복(覆)은 선복(旋覆)
으로 국화와 비슷하다.

疏 복(覆)은 일명 도경(盜庚)이라 한다. 『본초』도주에 「길 가까이 낮은 습지에
서 나오며 국화 비슷하고 크다」라 했다.

부(枲)는 마모(麻母 : 암삼씨)이다.

枲 麻母

注 부(枲)는 암삼의 성한 씨앗이다.

疏 암삼의 성대한 씨앗이다. 일명 부(枲)이고 일명 마모(麻母)이다.

박(皍)은 구엽(九葉)이다.

皍 九葉

注 지금 강동에서는 풀의 잎이 다섯 잎이다. 함께 떨기로 자라 한 줄기를 이루
는데 세속에서는 이런 이유로 다섯 잎으로 삼았는데 곧 이런 종류이다.

疏 이 풀은 아홉 개의 잎이 한 줄기에서 떨기로 자란다. 그러나 곽박은 그 모양을
자세하게 하지 않고 다만 그 종류만 들었다.

막(菔)은 자초(茈草 : 능소화)이다.

菔 茈草

注 「자주색 물을 들일 수 있는데 일명 자려(茈莫)다」라고 『광아』에서 말했다.

疏 막(菔)은 일명 자초(茈草)이며 뿌리는 자주색을 염색하는데 쓰이는 풀이다.
『광아』에는 「일명 자려(茈莫)」라 하고 『본초(本草)』에는 「일명 자단(紫丹)」
이라 했다. 당본 주에는 「싹이 란(蘭)과 비슷하고 줄기는 붉고 마디는 푸르고
꽃은 자백색이며 열매는 백색이다」라 했다.

의상(倚商)은 활탈(活脫)이고 직(藏)은 황제(黃蒢)이다.

倚商活脫 藏黃蒢

注 의상(倚商)은 활탈(活脫)인데 곧 이남(離南)이다. 직(藏)은 풀잎이 산

장(酸漿)과 비슷하고 꽃이 작고 희며 중심이 누렇다. 강동(江東) 지방에서는 김치를 담아 먹는다.

🈂 직초(藄草)는 일명 황제(黃蒢)라고 한다.

설거(薛車)는 걸여(芛輿 : 향풀)이다.
薛車 芛輿

🈁 설거(薛車)는 향초(香草)이다. 『이소경』에 나와 있다.

🈂 향풀이다. 일명 '설거' 일명 '걸여'라고 한다.

권(權)은 황화(黃華 : 노란꽃)이다.
權 黃華

🈁 지금의 우운초(牛芸草)를 일러 황화(黃華)라고 한다. 꽃이 노랗고 잎이 교숙(茭蓿 : 금규)과 비슷하다.

🈂 권(權)은 일명 황화(黃華)이다. 『설문』에도 「운초(芸草)이다. 거여목과 비슷하다」라고 했다. 『회남자』에 「芸草는 죽은 자를 다시 살릴 수 있다」고 했다.

미(蘪)는 춘초(春草)이다.
蘪 春草

🈁 『본초(本草)』에 「일명 망초(芒草)이다」라고 했다.

🈂 미(蘪)는 약초이다. 『본초(本草)』에는 「망초(莽草)를 일명 미(蘪), 일명 춘초(春草)라 한다」고 했다.

종규(蔠葵)는 번로(蘩露)이다.
蔠葵 蘩露

🈁 승로(承露)이다. 큰 줄기에 작은 잎이 나는데 잎의 색은 자황(紫黃)색이다.

🈂 규(葵)의 종류이며 일명 종규(蔠葵)이고, 일명 번로(蘩露)이다.

미(菋)는 지제(荎藸 : 오미자)이다.
菋 荎藸

🈁 오미(五味)이다. 덩굴로 자라고 씨는 총생하며 줄기 머리에 있다.

🈂 약초이다. 일명 미(菋), 일명 지제(荎藸)라고 했다. 『본초(本草)』에는 「오미자(五味子)를 일명 회급(會及), 일명 현급(玄及)이라 한다」고 했다. 당본 주에 「오미의 껍질과 과육은 달고 시며 씨의 속은 맵고 쓰며 모으면 짠맛이 있어 이에 다섯 맛을 갖추었다. 그 잎은 살구 비슷하고 크며 덩굴로 자라고 나무 위에 씨앗이 房을 만드는데 落葵와 같고 큰 것은 까마귀머루의 씨앗과 같다」고 했다.

도(荼)는 위엽(委葉 : 잡초)이다.

荼 委葉

注 『시경』에 「以茠荼蓼」라 했다.

疏 예초(穢草 : 잡초)이다. 『사인』에 「도(荼)는 일명 위엽(委葉)이다」라 했다. 왕숙(王肅)이 『시경』을 설명한 데에서 「도(荼)는 땅에 나는 잡초이므로 곧 도(荼)라는 것은 논밭 속의 '잡초'이고 쓴나물이 아니다」라 했다. 『시경』은 주송 양사(良耜)편의 문장으로 호(茠)는 운제(耘除 : 풀을 제거하다)이다. 지금 『시경』에는 '茠'가 '薅'로 되어 있는데 음과 뜻이 같다.

황(皇)은 수전(守田)이다.

皇 守田

注 연맥(燕麥)과 비슷하고 씨앗이 조호미(彫胡米)와 같으며 먹을 수 있다. 버려진 밭에서 자라며 일명 수기(守氣)라고 한다.

疏 황(皇)은 일명 수전(守田)이다. 조호(彫胡)는 곧 고(苽)이다.

구(鉤)는 규고(藈姑 : 큰 오이)이다.

鉤 藈姑

注 구(鉤)는 큰 오이로 일명 왕과(王瓜)이다. 열매가 박과 같고 붉고 맛이 쓰다.

疏 구(鉤)는 일명 규고(藈姑)이다. 『본초(本草)』에는 「왕과(王瓜)를 일명 토과(土瓜)라 한다」고 했다.

망(望)은 승거(櫰車)이다.

望 櫰車

注 끈을 만들 수 있는데 길이가 10자 남짓된다.

疏 망(望)은 일명 승거(櫰車)이다. 곽박이 「끈을 만들 수 있는데 길이가 10여 자 된다」고 했다.

곤겁강(困裓襁 : 未詳)이고, 확(攫)은 오계(烏階)이다.

困裓襁 攫烏階

注 곤겁강(困裓襁)은 자세하지 않다. 확(攫)은 곧 오파(烏杷)이다. 씨앗이 연이어 서로 붙어 있고 모양은 비파나무와 같고 치아를 검게 물들인다.

疏 확(攫)은 일명 오계(烏階)이다. 지금 세상에서 狼杷라고 부르는 것이 이것이다.

두(杜)는 토로(土鹵)이다.

杜 土鹵

注 두형(杜衡)이다. 해바라기와 비슷하고 향기롭다.

疏 향초(香草)이다. 일명 두(杜)이고 일명 토로(土鹵)이다. 『산해경』에 「天帝山

에 풀이 있는데 그 모양이 해바라기 같고 그 냄새는 궁궁이(천궁)와 같은데 두형(杜衡)이라 이름한다. 말을 달리게 하고 목에 나는 혹을 없앤다」고 했다.

우(肝)는 훼상(虺牀)이다.
肝 虺牀

注 사상(蛇牀)이다. 일명 마상(馬牀)이라고 『광아』에서 말했다.

疏 우(肝)는 일명 훼상(虺牀)이다. 『본초』에 「사상(蛇牀)은 일명 사미(蛇米), 일명 훼상(虺牀), 일명 사익(思益) 등등」이라 했다. 도주에는 「길 가까이나 들판이나 폐허가 된 마을에 자라는데 매우 많은 꽃이 피고 잎은 곧고 궁궁이와 비슷하다」고 했다.

미오(蘪蕪 : 未聞)이고, 적포계(赤枹薊)이고, 토해(菟葵)는 과동(顆涷)이다.
蘪蕪 赤枹薊 菟葵顆涷

注 미오(蘪蕪)는 무슨 식물인지 듣지 못했다. 적포계(赤枹薊)는 곧 위에 나와 있는 포계(枹薊)이다. 토해(菟葵)는 과동(顆涷)이라고 한 것은 관동(款涷)이다. 자적색의 꽃이 피며 물 속에서 산다.

疏 약초이다. 일명 토해(菟葵), 일명 과동(顆涷)이다. 『본초』 당본주에 「잎이 해바라기 비슷하고 크며 무리지어 살고 꽃이 뿌리 밑에서 나온다」고 했다.

중규(中馗)는 균(菌 : 버섯)이다. 작은 것이 균(菌)이다.
中馗菌 小者菌

注 지심(地蕈 : 버섯)이다. 일산(日傘)과 비슷하고 지금 강동(江東)에서는 토균(土菌)이라고 이름한다. 또한 규주(馗廚)라고도 하는데 먹을 수 있다. 크고 작은 것의 명칭이 다르다.

疏 이상은 버섯이 크고 작은 것에 따라 명칭이 다른 것을 구별했다. 큰 것을 중규(中馗)라 하고, 작은 것을 균(菌)이라 이름한다. 『설문』에는 「심상연(蕈桑莫 : 나무버섯)이다. 균(菌)은 나무 위에서 자란다」고 했다. 지심(地蕈)은 곧 세상에서 지균(地菌)이라고 하는 것이 이것이다.

추소엽(菆小葉 : 未詳)이고, 초(茗)는 능초(陵苕 : 능초풀)이고 노란꽃은 표(薰)이고 흰꽃은 패(茇)이다.
菆小葉 茗陵苕 黃華薰 白華茇

注 추소엽(菆小葉)은 무슨 식물인지 듣지 못했다. 능초(陵苕)는 일명 능시(陵時)라고 『본초(本草)』에 쓰여 있다. 표(薰)와 패(茇)는 능초꽃의 빛깔이 다르면 이름도 다른 것을 말한 것이다.

疏 초(茗)는 일명 능초(陵苕)다. 『본초(本草)』에는 「일명 능시(陵時)」라 했다.

『사인』에「초(苕)는 능초(陵苕)이다. 황화는 표(藨)라 이름하고 백화(白華)는 패(芄)라 하는데 꽃의 색을 이름한 것이다」라 했다. 『시경』소아에「苕之華 芸其黃矣」라 했고 정현의 주석에「陵苕의 꽃은 자적색이고 무성하다」라 했다. 육기는「黃白은 자주색의 가운데에 黃紫와 白紫色이 있는 것을 취했다. 꽃이 떨어지면 전체가 노랗게 변하므로 시경에 芸其黃矣라 했다」고 했다.

미(蘪)는 물을 따라 자란다.

蘪 從水生

注 물 속에서 산다〔生於水中〕.

疏 풀이 물을 따라 자라는 것을 미(蘪)라 함으로 주석에「生於水中」이라고 했다.

미(薇)는 물가에서 산다.

薇 垂水

注 물가에서 산다〔生於水邊〕.

疏 풀이 물가에서 살며 가지와 잎이 물에 드리워져 있는 것이 미(薇)이다. 그러므로 주석에「生於水邊」이라 했다.

벽(薜)은 산마(山麻 : 돌삼)이다.

薜 山麻

注 사람이 재배하는 마(麻 : 삼)와 비슷한데 산에서 자라는 것이다〔似人家麻生山中〕.

疏 마(麻)가 산속에서 자라는 것을 '벽(薜)'이라고 한다. 그러므로 주석에「似人家麻生山中」이라 했다.

망(莽)은 삭절(數節)이고 도지(桃枝 : 복숭아 나뭇가지)는 4촌(四寸)마다 마디가 있고 인(粼)은 견중(堅中)이고 민(簢)은 도중(筊中 : 속이 비다)이고 중무항(仲無笓 : 未詳)이고 대(簜)는 전맹(箭萌)이고 소(篠)는 전(箭)이다.

莽 數節 桃枝 四寸有節 粼 堅中 簢 筊中 仲無笓 簜 箭萌 篠 箭

注 망(莽)은 대나무 종류이다. 마디의 사이가 좁다. 지금 도지(桃枝 : 복숭아 나뭇가지)의 마디 사이가 4촌의 거리이다. 인(粼)은 대나무 종류로 속이 꽉찬 것이다. 민(簢)은 속이 많이 빈 대나무 종류이다. 중무항(仲無笓)은 또한 대나무 종류인데 어떤 대나무인지 알지 못한다. 대(簜)는 조릿대의 순(筍)이다. 맹(萌)은 죽순의 종류인데『주례』에「簜菹鴈醢」라 했다. 소(篠)는 전(箭)이라는 것은 두 가지 이름을 구별했다.

疏 여기서는 대나무 마디가 짧고 길고 대나무 속이 비어있고 차있고 죽순이나 조릿

대의 다른 명칭을 구분한 것이다. 소전(篠箭)은 『서경』에 「篠簜旣敷」라 했고 제10편 석지(釋地)에 「會稽之竹箭」이라 했다. 『주례』는 천관(天官) 해인직 (醢人職)의 문장이다.

포곽수(枹霍首 : 未詳)이고, 소화궤종(素華軌鬷 : 未詳)이고, 두(芏)는 부왕(夫王)이다.

枹霍首 素華軌鬷 芏 夫王

注 포곽수(枹霍首)와 소화궤종(素華軌鬷)은 무슨 식물인지 자세하지 않다. 두초(芏草)는 해변에서 자라고 완린(莞藺)과 비슷하며 지금 남쪽의 월 (越)나라 사람들이 캐서 돗자리를 만든다.

疏 두초(芏草)는 일명 부왕(夫王)이다.

기(藄)는 월이(月爾)이다.

藄 月爾

注 곧 자기(紫藄)이다. 고사리와 비슷하고 먹을 수 있다.

疏 기(藄)는 일명 월이(月爾)이다. 먹을 수 있는 나물이다.

침(葴)은 마람(馬藍)이다.

葴 馬藍

注 지금의 잎이 큰 동람(冬藍)이다.

疏 침(葴)은 일명 마람(馬藍)이다. 지금 전(澱 : 침전물)이 되는 것이다.

요경도제(姚莖涂薺 : 未詳)이고, 호(芐)는 지황(地黃)이다.

姚莖涂薺 芐 地黃

注 요경도제(姚莖涂薺)는 어떤 식물인지 자세하지 않다. 호(芐)는 일명 지 수(地髓)이고 강동(江東)에서는 호(芐)라고 부른다.

疏 약초이다. 『본초((本草)』에는 「지황(地黃)을 일명 지수(地髓)라 하고 일명 호 (芐)라 하고, 일명 파(芭)라고 한다」고 했다. 도주에 「성(城)의 미끄러운 곳 에 자라고 이에 자실(子實)이 있는데 실(實)은 소맥(小麥)과 같다」고 했다.

몽(蒙)은 왕녀(王女)이다. 발(拔)은 농갈(蘢葛)이다.

蒙 王女 拔 蘢葛

注 몽(蒙)은 곧 당(唐)이며 여라(女蘿)의 별명이다. 발(拔)은 칡과 같고 덩 굴로 자라며 마디가 있다. 강동(江東) 지방에서는 용미(龍尾)라고 한다. 또한 호갈(虎葛)이라고도 하며 가는 잎에 줄기가 붉다.

疏 발(拔)은 일명 농갈(蘢葛)이며 칡의 종류이다.

속(蔌)은 모모(牡茅 : 띠풀)이다.
蔌 牡茅
注 백모(白茅 : 띠풀)의 무리이다.
疏 띠풀로 열매가 없는 것이다. 일명 속(蔌)이라 하고 일명 모모(牡茅)라 한다.

권이(菤耳)는 영이(苓耳 : 도꼬마리)이다.
菤耳 苓耳
注 『광아(廣雅)』에 「시이(枲耳 : 도꼬마리)이다. 또한 호시(胡枲)라 하고
강동에서는 상시(常枲)라 부른다」고 했다. 어떤이는 「영이(苓耳)의 모
양이 서이(鼠耳)와 비슷하고 군락하며 소반과 같다」고 했다.
疏 권이(菤耳)는 일명 영이(苓耳)이다. 『시경』 주남 권이(卷耳)편에 「采采卷
耳」라고 했다. 육기의 주석에 「잎은 청백색이고 싹은 고수풀과 비슷하며 꽃이
희고 줄기가 가늘며 덩굴로 자란다. 삶으면 약간 맛이 연하고 미끄러우며 4월
중에 씨앗이 나는데 부인들의 귀고리와 같다」고 했다.

궐(蕨)은 별(虌 : 처음 난 고사리)이다.
蕨 虌
注 『광아(廣雅)』에 「자기(紫蕨)」라고 했는데 잘못된 것이다. 처음 나올 때
는 잎이 없고 먹을 수 있다. 강서(江西) 지방에서 별(虌)이라고 이른다.
疏 먹을 수 있는 나물이다. 『사인』에 「궐(蕨)은 일명 별(虌)」라 했다. 『시경』 소남
초충(草蟲)편에 「言采其蕨」이라 했다. 육기는 「蕨은 산나물이다. 처음 나올 때
는 마늘과 비슷하다. 줄기는 자흑색이고 먹을 수 있는데 아욱과 같다」고 했다.

교(蕎)는 공거(邛鉅 : 버들옷)이다.
蕎 邛鉅
注 지금의 약초인 대극(大戟)이라고 『본초』에서 말했다.
疏 교(蕎)는 일명 공거(邛鉅)이다. 『본초(本草)』에 「대극(大戟)은 일명 공거
(邛鉅)로 싹은 택칠(澤漆)이라 한다」고 했다. 도주에 「지금 길 가까운 곳곳에
자라는데 자랄 때 잎을 꺾으면 흰액이 있으므로 택칠이라 이름한다」고 했다.

번유호(繁由胡 : 未詳)이고, 망(莣)은 두영(杜榮)이다.
繁由胡 莣 杜榮
注 번유호(繁由胡)는 무슨 식물인지 자세하지 않다. 망(莣)은 지금의 망초
(莣草)이다. 모피(茅皮)와 비슷하고 노끈을 꼬아 신을 만들 수 있다.
疏 망초(莣草)는 일명 두영(杜榮)이다.

랑(稂)은 동량(童粱 : 가라지풀)이다.

稂　童粱

注 랑(稂)은 가라지풀의 종류이다.

疏 『사인』에 「랑(稂)은 일명 동량(童粱)이다」라 했다. 『시경』 조풍(曹風) 하천
(下泉)편에 「浸彼苞稂」이라 했다.

표(薦)는 표(麃 : 산딸기)이다.

薦　麃

注 표(麃)는 매(苺 : 산딸기)이다. 지금 강동(江東)에서는 표매자(薦苺子)라
부른다. 복분(覆盆)과 비슷하고 큰데 붉은색으로 시고 달며 먹을 수 있다.

疏 표(薦)는 일명 표(麃)이다.

적(的)은 역(薂)이다.

的　薂

注 곧 연(蓮) 열매이다.

疏 적(的)은 또한 일명 역(薂)이며 앞의 문장에 '하(荷)'를 설명할 때 나와 있다.
그 열매가 蓮이고 그 가운데가 的이다. 그러므로 곽박이 연 열매라 했다.

구(購)는 상루(蔏蔞 : 물쑥)이다.

購　蔏蔞

注 상루(蔏蔞)는 누호(蔞蒿 : 물쑥)이다. 하전(下田)에서 자라며 처음 나올
때 먹을 수 있다. 강동(江東) 지방에서는 생선국을 끓이는 데 사용한다.

疏 『사인(舍人)』에 「구(購)는 일명 상루(蔏蔞)이다」라고 했다. 『시경』 주남 한
광(漢廣)편에 「翹翹錯薪 言刈其蔞」라고 했다. 육기는 「그 잎은 쑥과 비슷하
고 흰색이며 길이가 여러 자이고 높이가 열 자 남짓하다. 물가나 연못에 살기를
좋아하고 정월에 뿌리 옆으로 싹이 나며 줄기는 흰색이다. 생으로 먹으면 향기
롭고 매우 연한 나물이며 또 찌면 연해진다」고 했다.

렬(苅)은 발렬(勃苅)이다.

苅　勃苅

注 『본초(本草)』에 「석운(石芸)」이라고 했다.

疏 렬(苅)은 일명 발렬(勃苅)이다. 『본초』에 「石芸味甘一名螫烈」이라 했다.

요요(蘷繞)는 극원(棘蒬 : 애기풀, 영신초, 원지)이다.

蘷繞　棘蒬

注 지금의 원지(遠志)이다. 마황(麻黃)과 비슷하고 붉은 꽃에 줄기가 예리하

고 노란색이며 그 위를 소초(小草)라 한다고『광아(廣雅)』에서 말했다.

疏 약초이다. 요요(蔘繞)는 일명 극원(蕀菀)이다.『본초(本草)』에「원지(遠志)는 일명 세초(細草)이고 그 잎을 소초(小草)라고 이름한다」고 했다. 도주(陶注)에「小草는 모양이 麻黃과 비슷하고 청색이다」라 했다.

책(菥)은 자(刺 : 풀가시)이다.

菥 刺

注 풀가시 침이다. 관서(關西)에서는 자(刺)라고 이른다. 연(燕)나라 북쪽과 조선(朝鮮) 사이에서는 책(菥)이라 한다.『방언』에 나와 있다.

疏 풀가시 침이 사람을 찌르는 것을 말했다. 일명 책(菥)이라 하고 또 자(刺)라고 한다.『방언』에「무릇 풀과 나무 종류가 사람을 찌르는 것을 북쪽 연나라와 조선의 사이에서는 菥이라 하고 혹은 壯이라 한다」고 했다.

소(蕭)는 추(萩 : 밝은대쑥)이다.

蕭 萩

注 곧 쑥이다.

疏 이순(李巡)이「추(萩)는 일명 소(蕭)다」라 했다. 육기(陸機)는「지금 사람들이 추호(萩蒿)라고 이르는 것이다」라고 했다.

심(藫)은 해조(海藻)이다.

藫 海藻

注 약초이다. 일명 해라(海羅)라고 하며 머리를 풀어헤친 것처럼 바닷속에서 자란다고『본초』에 나와 있다.

疏 심(藫)은 또 해조(海藻)라고 한다.『본초』에「일명 落首이고 일명 藫이다」라고 했다. 도주에「바다 섬에 사는데 위는 흑색이며 어지러운 머리카락 같은데 크고 작은 잎이 크게 모여 조엽(藻葉)과 비슷하다」고 했다.

장초(長楚)는 요익(銚芅)이다.

長楚 銚芅

注 지금의 양도(羊桃)이다. 어떤이는 귀도(鬼桃)라고도 한다. 잎이 복숭아잎과 비슷하고 꽃이 희며 씨앗은 소맥(小麥)과 같고 또한 복숭아와 비슷하다.

疏『사인(舍人)』에「장초(長楚)는 일명 요익(銚芅)이다」라고 했다.『본초(本草)』에는「요익(銚芅)은 양도(羊桃)라고 이름한다」고 했다.『시경』회풍(檜風)에「隰有長楚」라 했다.

령(蘦)은 대고(大苦 : 감초)이다.

蘦 大苦

注 지금의 감초(甘草)이다. 덩굴로 자라며 잎이 하(荷 : 연)와 비슷하고 청황

(青黃)색이며 줄기가 붉고 마디가 있으며 마디에 가지가 있어 서로 마주
대한다. 어떤이는 령(蘦)은 지황(地黃)과 비슷하다고 했다.

疏 약초이다. 령(蘦)은 일명 대고(大苦)이다. 『시경』당풍(唐風) 채령(采苓)편
에「采苓采苓 首陽之巓」이라 했는데 '蘦'과 '苓'은 뜻이 같다.

부이(芣苢 : 질경이)는 마석(馬舃)이며 마석(馬舃)은 차전(車
前 : 질경이씨)이다.

芣苢 馬舃 馬舃 車前

注 지금의 차전초(車前草)이며 잎이 크고 이삭이 길다. 길가에서 살기를 좋
아한다. 강동(江東)지방에서 하마의(蝦蟆衣)라고 부른다.

疏 약초이다. 세 가지 이름으로 구별했다. 『시경』주남 부이(芣苢)편에「采采
芣苢」라 했다. 육기(陸機)의 경 주석에「마석(馬舃)은 일명 차전(車前), 일
명 당도(當道)라고 했는데 지금 약 가운데 차전자(車前子)가 이것이다. 소의
발자국 속에서 자라는 것을 즐기므로 '차전당도(車前當道)'라 한다」고 했다.

윤(綸)은 윤(綸)과 비슷하고 조(組)는 조(組 : 인끈)와 비슷한
데 동해(東海)에 있다. 백(帛)은 백(帛 : 비단)과 비슷하고 포
(布)는 포(布)와 비슷한데 화산(華山)에 있다.

綸似綸 組似組 東海有之 帛似帛 布似布 華 山有之

注 윤(綸)은 지금의 벼슬에 있는 말단관리가 띠로 맨 청사(青絲)이고 조(組)
는 인끈이다. 바닷속에서 자라는 풀로 무늬가 이와 같은 것들이 있는데 이
풀들을 이름한 것이다. 백(帛)과 포(布)는 풀의 잎이 포(布)와 백(帛)을
본뜬 것이 있는데 이것을 따서 이름한 것으로 화산(華山)속에서 자란다.

疏 윤·조·포·백(綸組布帛)은 풀이 이와 같이 생긴 것을 본떠서 그 이름을 분
별한 것이다. 윤(綸)은 규청사(糾青絲)이며 노끈이다. 조(組)는 인끈이다. 동
해(東海)에 풀이 있는데 캐서 다스리면 비슷한 것으로 곧 윤초(綸草)요 조초
(組草)이다. 또 산에는 비단과 베 비슷한 풀잎이 있는데 이것을 백초(帛草)와
포초(布草)라고 이름했다.

항동려(芫東蠡 : 未詳)이고, 면마(緜馬)는 양치(羊齒)이다.

芫東蠡 緜馬 羊齒

注 항동려(芫東蠡)는 무슨 식물인지 자세하지 않다. 면마(緜馬)는 풀의 잎
이 가늘며 벌어져 자라고 털이 있으며 양치(羊齒)와 비슷하다. 지금 강동
지방에서 안치소(鴈齒繅)라고 부르는데 견서(繭緒)를 취하기 때문이다.

疏 면마(緜馬)는 일명 양치(羊齒)이다.

괄(萿)은 미설(麋舌)이다.

萿 麋舌

注 지금의 미설초(麋舌草)이다. 봄에 자라는데 잎이 순록의 혀와 비슷하다.

疏 괄초(萿草)는 봄에 자라며 잎사귀가 순록의 혀와 비슷하므로 괄(萿)은 일명 미설(麋舌)이라 했다. 곽박이 「봄에 자라고 잎이 순록의 혀와 비슷하다」고 했다.

건거구(搴柜朐 : 未詳)이고, 번(蘩)의 종류는 가을의 쑥〔蒿〕이다.

搴柜朐 蘩之醜 秋爲蒿

注 건거구(搴柜朐)는 무슨 식물인지 듣지 못했다. 추(醜)는 유(類)와 같다. 봄에는 각각의 종자 이름이 있고 가을에 이르러 노성(老成)해지면 다 호(蒿)라고 부른다.

疏 추(醜)는 류(類)이다. 이것은 번·소·위·아(蘩蕭蔚莪)의 종류를 말한 것이다. 봄에 처음 나면 기운과 맛이 이미 다르므로 그 이름이 같지 않고 가을에 이르러 노성(老成)하게 되면 다 호(蒿)라고 부른다.

오(芙)는 계(薊 : 엉겅퀴)이고 그 열매는 부(荂)이다.

芙 薊 其實 荂

注 오(芙)와 계(薊)는 줄기의 머리에 무성한 대(臺)가 있는데 그것을 부(荂)라고 하며 곧 열매이다.

疏 구오(鉤芙)와 포계(枹薊)의 종류를 말했다. 그 열매를 부(荂)라고 한다.

표(蔈)와 부(荂 : 엉겅퀴 씨앗)와 도(荼)는 표(猋)이고 표(藨)이며 조(芀)이다.

蔈 荂 荼 猋 藨 芀

注 다 조도(芀荼)의 별명이다. 세속의 다른 명칭인데 듣지 못한 것들이다.

疏 이것은 초도(苕荼 : 씀바귀)의 별도 이름을 구별한 것이다. 듣지 못했다는 것은 그 나온 출전을 듣지 못했다는 말이다. 도(荼)는 모수(茅秀 : 띠풀의 이삭)이다. 荼는 곧 苕이고 苕는 일명 猋이고 또 藨라 한다.

위(葦)는 추조(醜芀 : 모든 갈대)이다.

葦 醜芀

注 그 종류가 다 갈대의 이삭이다.

疏 위(葦)는 갈대가 성장한 것이다. 그 종류가 다 조수(芀秀 : 갈대)의 이삭이다.

가(葭)는 화(華 : 꽃)이고 겸(蒹)은 렴(薕 : 갈대)이고 가(葭)
는 로(蘆)이고 담(薽)은 완(薍)이고 그 싹은 권(蕹)이다.

葭華 蒹薕 葭蘆 菼薍 其萌蕹

注 가(葭)는 지금의 로(蘆 : 갈대)이다. 겸(蒹)은 환(萑 : 물억새)과 비슷하
고 가늘며 높이가 여러 자이다. 강동에서 겸적(蒹薕)이라 부른다. 가(葭)는
위(葦 : 갈대)이다. 담(薽)은 위(葦)와 비슷하고 열매가 작다. 강동에서는
오구(烏蓲)라 부른다. 지금 강동에서 노순(蘆笋)을 권(蕹)이라 부른다. 그
러므로 환위(萑葦)의 종류이다. 처음 나오는 것은 다 권(蕹)이라 한다.

疏 이상은 겸가(蒹葭)가 자라면서 이름이 다른 것을 구별한 것이다. '가(葭)는
일명 위(葦)'는 곧 지금의 로(蘆)이다. 위(葦)가 자라지 않은 것을 겸(蒹) 또
는 렴(薕)이라고 한다. 『시경』진풍(秦風) 겸가(蒹葭)편에「蒹葭蒼蒼」이라
했다. 또 위풍(衛風) 석인(碩人)편에「葭菼揭揭」라 했다.

유우(薍芛)는 황(葟)이고 화(華 : 나무꽃)는 영(榮 : 풀꽃)이다.

薍芛葟 華榮

注 제3편 석언(釋言)에「화(華)는 황(皇)이다」라 했다. 지금 세속에서 풀과
나무의 꽃이 처음 나오는 것을 우(芛)라고 한다. 유(薍)도 또한 꽃의 모
양이라고 했는데 아직 들어보지 못했다.

疏 이 문장은 풀과 나무의 꽃 명칭을 분별한 것이다. 유(薍)는 꽃이 펴진 모양이고
우(芛)는 꽃이 처음 나올 때의 이름이다. 황(葟)도 또한 꽃이다.

권시초(卷施草)는 중심을 뽑아도 죽지 않는다.

卷施草 拔心不死

注 묶은 풀이라고 『이소경(離騷經)』에서 말했다.
疏 권시초(卷施草)는 일명 숙망(宿莽)이며 중심을 뽑아버려도 또한 죽지 않는다.

윤(蒟)은 교(茭 : 꼴)이다.

蒟 茭

注 지금 강동(江東) 지방에서는 우소서(藕紹緒)라고 부르며 손가락 만하고
속이 비었는데 먹을 수 있다. 우교(芧茭)는 곧 이 종류이다.
疏 윤(蒟)은 일명 교(茭)로 풀뿌리이며 먹을 수 있다. 또한 죽순의 종류이다. 한
종류가 아니므로 곽박이 종류를 들어서 사람들이 깨닫게 했다.

해(荄)는 근(根 : 뿌리)이다.

荄 根

注 두 가지의 이름을 구별했다. 세속에서 부추뿌리를 해(荄)라 한다.
疏 무릇 풀뿌리를 일명 해(荄)라고 한다. 곽박이 부추뿌리로 한 예를 들었다.

확탁사(攫橐舍 : 未詳)이다. 화(華 : 꽃)는 부(荂 : 꽃씨)이다.
화(華)나 부(荂)는 영(榮)이다. 나무의 꽃을 화(華)라 하고 풀
의 꽃을 영(榮)이라고 이른다. 꽃이 피지 않고 열매가 열리는 것
을 수(秀)라 이르고 꽃은 피지만 열매가 없는 것을 영(英)이라
고 이른다.

攫橐舍 華荂也 華荂榮也 木謂之華 草謂之
榮 不榮而實者謂之秀 榮而不實者謂之英

注 확탁사(攫橐舍)는 무슨 뜻인지 자세하지 않다. 지금 강동(江東) 지방에
서 화(華)를 '부(荂)'라고 부른다. 화부영(華荂榮)은 번갈아 서로 쓰이
는 것이다.

疏 이순(李巡)은 「이름이 다른 것을 구분하여 사람을 깨우친 것이다」라고 했다.
'華一名荂'는 곽박이「今江東呼華爲荂」라 했다. '華與荂는 또 일명 영(榮)'
이라고 한 것은 곽박이「轉相解」라고 했다. '나무를 화(華)'라고 한 것은『예
기』월령(月令)편에「季春桐始華」라 했고 '풀을 영(榮)'이라고 이름한 것
은『예기』월령(月令)편에「仲夏木槿榮」이라 했는데 이것은 대칭의 글이다.
산문(散文)으로는「草亦名華」는『시경』정풍 산유부소(山有扶蘇)편에「隰
有荷華」라 했다. '그 꽃을 보지 못하고 다만 그 열매만 보는 것을 수(秀)라 한
다'고 한 것은『시경』대아 생민(生民)편에「實發實秀」라 했다. '한갓 그 꽃
만 있고 열매를 맺지 않는 것은 영(英)'이라 한 이것도 또한 대칭되는 문구이
므로 '영(英)'을 그 열매가 맺지 않는 것으로 삼았다. 기장과 벼는 다 먼저 꽃
이 피고 뒤에 열매를 맺는다.『시경』소아 출거(出車)편에「黍稷方華」가 있는
데 이는 아름다운 곡식의 이삭은 반드시 영(榮 : 꽃)이 있다고 한 것이다.

제15편 석목(釋木)

　『설문(說文)』에 "나무는 모(冒 : 무릅쓰다)이다. 땅을 무릅쓰고 태어나서 동쪽으로 향한다."고 했다.

　『백호통(白虎通)』에는 "나무는 치받는다. 양기(陽氣)가 움직여 약동하여 땅에 부딪쳐 나오는 것이다."라고 했다.

　종류(種類)의 이름이 비록 많지만 나무의 명칭을 총괄하여 부르는 것들을 모아놓은 것이다.

　이 편은 모든 나무들을 분석하여 풀어놓은 것으로 '석목(釋木)'이라 했다.

도(栲)는 산가(山榎 : 개오동나무)이다.
栲 山榎
注 지금의 산추(山楸 : 개오동나무)이다.

疏 이순(李巡)은 「산가(山榎)는 일명 도(栲)라 한다」고 했다. 『시경』 진풍(秦風) 종남(終南) 편에 「終南何有 有條有梅」라 했다. 육기(陸機)의 주석에 「도(栲)는 지금의 산추(山楸)이다. 또한 척박한 땅의 추(楸)와 같다. 껍질과 잎이 백색이고 또한 재질이 희어 다스리면 수레의 판(板)으로 적당하고 관목(棺木)으로 쓴다. 의양(宜陽)이나 북산(北山)에 많이 있다」라고 했다.

고(栲)는 산저(山樗 : 가죽나무)이다.
栲 山樗
注 고(栲)는 가죽나무와 비슷하고 흰색이 조금 있고 산중(山中)에서 자란다.

이것으로 이름을 얻었고 옻나무 종류이다.

疏『사인』에 「樗는 山樗라 한다」고 했다.『속어(俗語)』에「樗樗栲漆은 서로 비슷한 하나다」라 했다.『시경』당풍(唐風) 산유추(山有樞)편에「山有栲」라 했다.

백(柏)은 국(梮 : 측백나무) 이다.

柏 梮

注『예기』에「梘白以梮」이라 했다.

疏백(柏)은 일명 국(梮 : 측백나무) 이다.『예기』는 잡기(雜記)의 문장이다.

곤곤(髡梱 : 未詳) 이고, 단(椴)은 이(柂 : 피나무) 이다.

髡梱 椴柂

注곤곤(髡梱)은 무슨 나무인지 자세하지 않다. 단(椴)은 백단(白椴)이며 나무가 백양(白楊 : 황철나무)과 비슷하다.

疏단(椴)은 일명 이(柂 : 피나무) 이다. 피나무는 그 재목이 습하다.

매(梅)는 염(柟 : 매화나무) 이다.

梅 柟

注매화는 살구와 비슷하고 열매는 시다.

疏손염(孫炎)은「형주(荊州)에서는 매(梅) 이고 양주(楊州)에서는 염(柟) 이라 한다」고 했다.『시경』진풍(秦風) 종남(終南)편에「有條有梅」라 했다.

피(柀)는 삼(粘 : 삼나무) 이다.

柀 粘

注삼(粘)은 소나무와 비슷하고 강남(江南)에서 자란다. 배를 만들고 관을 만드는 나무로 쓰이며 기구를 만들어 땅에 묻어도 오래도록 썩지 않는다.

疏피(柀)는 일명 삼(粘) 이다. 세속에서는 삼(衫)으로 쓰인다.

폐(櫠)는 가(椵 : 유자나무) 이다.

櫠 椵

注유자의 종류이다. 열매가 크고 사발처럼 둥글고 껍질이 2치나 3치 정도 두껍고 속은 탱자와 비슷하며 먹으면 신선한 맛이 있다.

疏폐(櫠)는 일명 가(椵 : 유자나무) 이다.

뉴(杻)는 억(檍 : 싸리나무) 이다.

杻 檍

注산앵두와 비슷하고 잎이 가늘다. 잎이 새로 나오면 소를 먹인다. 재목은 수

레 덧바퀴를 만드는데 좋다. 관서(關西) 지방에서 뉴자(杻子)라고 부르
고 일명 토강(土橿)이라 한다.

疏 뉴(杻)는 일명 억(檍 : 싸리나무)이다. 『시경』 당풍 산유추편에 「隰有杻」라 했다.

무(楙)는 목과(木瓜 : 모과나무)이다.
楙 木瓜

注 열매가 작은 외와 같고 맛이 시며 먹을 수 있다.

疏 목과(木瓜)는 일명 무(楙)이다. 『시경』 위풍(衛風)에 「投我以木瓜」라 했다.

량(椋)은 즉래(卽來 : 푸조나무)이다.
椋 卽來

注 지금의 푸조나무는 수레의 덧바퀴를 만드는 데 알맞다.

疏 량(椋 : 푸조나무)은 일명 즉래(卽來)이다. 『본초(本草)』 당본(唐本) 주에
「잎이 감잎과 비슷하고 두 잎사귀가 양쪽으로 나 있으며 씨앗은 가늘고 둥글어
牛李와 같다. 씨앗이 날 때는 푸르고 익으면 검다」고 했다.

렬(栵)은 이(栭 : 산밤나무)이다.
栵 栭

注 나무가 떡갈나무와 비슷하고 작은 씨앗이 조그마한 밤과 같아서 먹을 수 있
다. 지금 강동 지방에서는 또한 이율(栭栗)이라 한다.

疏 렬(栵)은 일명 이(栭)이다. 『시경』 대아 황의(皇矣)편에 「其灌其栵」라 했
다. 육기(陸機)의 소(疏)에는 「잎이 느릅나무와 같다. 나무의 성질이 굳고 붉
으며 수레대를 만든다」라 했다. 『예기』 내칙(內則)편에 「芝栭菱椇」라 했다.

확(櫟)은 락(落 : 피나무)이다.
櫟 落

注 확(櫟)은 그릇을 만든다.

疏 확(櫟 : 피나무)은 일명 락(落)이다. 어떤 사람이 「나무를 휘어 술잔을 만드는
데 껍질이 질겨 물건을 둘러싸도 풀어지지 않는다」고 했다. 『시경』 소아 대동
(大東)편에 「無浸櫟薪」이라 했다.

유(柚)는 조(條 : 유자)이다.
柚 條

注 굴과 비슷하고 열매가 시며 강남(江南)에서 난다.

疏 유(柚 : 유자)는 일명 조(條)이다. 『서경』 우공(禹貢)편에 「厥苞橘柚」라 했
다. 공안국(孔安國)이 「작은 것은 굴이요 큰 것은 유자이다」라고 했다. 『여씨
춘추』에 「과일에서 아름다운 것은 운몽(雲夢)에서 나는 유자이다」라고 했다.

『본초』당본 주에 「유자의 껍질은 두껍고 맛은 달아 귤껍질이 맵고 쓴 것과 같지 않은데 그 과육은 또한 귤과 같아 달고 시다」고 했다.

시(時)는 영매(英梅)이다.
時 英梅
[注] 시(時)는 작매(雀梅)이다.
[疏] 시(時)는 일명 영매(英梅)이다. 곽박이 「작매(雀梅)는 매화와 비슷한데 조금 작은 것이다」라고 했다.

원거앙(楥柜柳 : 未詳)이다.
楥柜柳
[注] 자세히 모르겠다. 어떤이는 「앙(柳)은 마땅히 유(柳)가 되어야 하고 '거앙(柜柳)'은 버들과 비슷한데 껍질을 삶아서 먹을 수 있다」고 했다.
[疏] 원(楥)은 일명 거앙(柜柳)이다.

허(栩)는 저(杼 : 상수리나무)이다.
栩 杼
[注] 허(栩)는 떡갈나무이다.
[疏] 허(栩)는 일명 저(杼)이다.『시경』당풍에 「集于苞栩」라 했고 육기(陸機)의 주석에는 「떡갈나무이다」라고 했다.

미(味)는 지저(荎著 : 오미자)이고 구(藲)는 절(荎 : 참느릅나무, 자유〈刺楡〉)이다.
味荎著 藲荎
[注] 미지저(味荎著)는 제14편 석초(釋草)에 「지제(荎蕏 : 오미자)」로 나와 있다. 이것은 의심컨대 중복된 것 같다. 구(藲)는 지금의 자유(刺楡)이다.
[疏] 지(荎)는 두 가지 이름을 가진 것을 구별했다.『시경』당풍 산유추편에 「山有樞」라 했다. 육기(陸機)의 주석에 「그 가시가 찌르는 것이 산뽕나무와 같고 그 잎이 느릅나무와 같다. 삶으면 연해지고 아주 매끄러운데 흰느릅나무이다. 느릅나무의 종류가 10여 종이 있는데 그 잎사귀가 모두 서로 비슷하고 껍질과 나무의 결이 다를 뿐이다」라 했다.

두(杜)는 감당(甘棠 : 아가위, 팥배나무)이다.
杜 甘棠
[注] 지금의 두당(杜棠 : 팥배나무)이다.
[疏] 두(杜 : 팥배나무)는 일명 감당(甘棠)이라 한다. 곽박이 지금의 杜棠이라 한 글 밑에 두(杜)는 붉고 당(棠)은 희다고 했다.『사인』에는 「두(杜)는 붉은빛으로

이름을 적당(赤棠)이라 하고 흰 것은 그냥 당(棠)이라 한다」고 했다. 그러므로 감당은 적당(赤棠)이다.『시경』소남 감당(甘棠)편에 「蔽芾甘棠」이라 하고 소아에 「有杕之杜」라 했다.

적장고공기(狄臧槔貢綦 : 未詳)이고, 구(杭)는 계매(繫梅)이다.
狄臧槔貢綦 杭繫梅

注 적장고공기(狄臧槔貢綦)는 무슨 나무인지 자세하지 않다. 구(杭)는 나무 모양이 매화나무와 비슷하다. 열매가 손가락 끝마디 정도의 크기이고 붉은 빛깔에 작은 능금과 비슷하며 먹을 수 있다.

疏 구(杭)는 일명 계매(繫梅)라고 한다.

규자료(枓者聊 : 未詳)이고, 백(魄)은 혜혜(樏橝)이다.
枓者聊 魄樏橝

注 규자료(枓者聊)는 무슨 나무인지 자세하지 않다. 백(魄)은 큰 나무이며 잎이 가늘고 단(橝 : 박달나무)과 비슷하다. 지금 강동(江東) 지방에 많이 있다. 제(齊)나라 속담에 「上山斫橝 樏橝先殫」이라 했다.

疏 백(魄)은 일명 혜혜(樏橝)이다.

침(橬)은 목계(木桂 : 계수나무)이다.
橬 木桂

注 지금 남쪽 사람이 계(桂 : 계수나무)라고 부른다. 두꺼운 껍질을 한 것이 목계(木桂)이다. 계수나무는 잎이 비파나무와 비슷하고 크며 흰꽃이 핀다. 꽃은 화려하지 않다. 묘종들이 무더기로 바위 위에 자라며 가지와 잎이 겨울이나 여름이나 항상 푸르고 그 사이에는 잡목(雜木)이 없다.

疏 침(橬)은 일명 목계(木桂)이다.『본초(本草)』에 「모계(牡桂)」라고 했다.

류(棆)은 무자(無疵)이다.
棆 無疵

注 류(棆)은 편(楩)나무의 종류이며 예장(豫章)과 비슷하다.
疏 류(棆)은 아름다운 나무이다. 흠이나 병이 없는 나무이기에 이것으로 말미암아 이름을 얻은 것이다. 남쪽 지방의 거대한 나무들이다.

거(椐)이며 궤(樻 : 가마태나무)이다.
椐 樻

注 옆으로 난 가지를 꺾어서 지팡이를 만든다.
疏 두 가지 이름을 구별한 것이다.『시경』대아 황의(皇矣)편에 「其檉其椐」라 했다.

정(檉)은 하류(河柳 : 위성류〈渭城柳〉)이다.
檉 河柳
注 지금 물가에 자라는 붉은 줄기의 버들가지이다.

疏 정(檉)은 일명 하류(河柳)이다. 육기(陸機)의 주석에는「물가에서 자라고 껍질이 붉고 일명 양사(兩師)라고 한다. 가지와 잎이 소나무와 비슷하다」라고 했다.

모(旄)는 택류(澤柳 : 연못의 버들)이다.
旄 澤柳
注 연못 속에 자라는 버들이다.

疏 버들이 연못 속에서 자라는 것을 별명으로 '모(旄)'라고 한다.

양(楊)은 포류(蒲柳 : 갯버들)이다.
楊 蒲柳
注 화살통을 만든다. 『좌전』의「菫澤之蒲」이다.

疏 양(楊)은 일명 포류(蒲柳)이다. 연못 가운데서 자라는데 화살통을 만든다. 『좌전』은 선공(宣公) 12년의 문장에 나온다.

권황영(權黃英 : 未詳)이고, 보소목(輔小木 : 未詳)이고, 두(杜)는 적당(赤棠 : 팥배)이고 흰 것은 당(棠)이다.
權黃英 輔小木 杜赤棠 白者棠
注 권황영(權黃英) 보소목(輔小木)은 무슨 나무인지 자세한 기록이 없다. 당(棠 : 팥배나무)은 색이 다르면 그 이름도 다르다.

疏 곽박은「팥배나무의 색깔이 다르면 그 이름도 다르다」고 했다. 번광(樊光)이「붉은 것은 두(杜)요, 흰 것은 당(棠)이 된다」고 했다.

제려(諸慮)는 산루(山欒 : 산칡)이다.
諸慮 山欒
注 지금 강동(江東) 지방에서 루(欒)를 등(藤 : 등나무)이라고 하는데 칡과 비슷하고 거칠며 크다.

疏 제려(諸慮)는 일명 산루(山欒)이다.

섭(欇)은 호루(虎欒)이다.
欇 虎欒
注 지금의 호두(虎豆)인데 숲의 나무를 덩굴로 얽어 자라며 꼬투리가 생기고 털이 가시처럼 있다. 지금 강동에서는 랍(欇)이라 이른다.

疏 섭(欇)은 일명 호루(虎欒)이다. 어떤이는「칡 종류이며 씨앗은 녹두같고 잎이 크다」고 했다.

기(杞)는 구계(枸檵 : 구기자)이다.

杞 枸檵

注 지금의 구기(枸杞 : 구기자)이다.

疏 기(杞)는 일명 구계(枸檵)이다. 『시경』소아 사모(四牡)편에 「集于苞杞」라 했다. 육기(陸機)의 『시경』주석에 「일명 고기(苦杞), 일명 지골(地骨)이라 한다. 봄에 자라면 국을 끓이는데 연하고 조금 쓰다. 그 줄기는 매(苺)와 비슷하고 열매는 가을에 익으며 줄기는 붉고 잎과 열매는 복용한다. 복용하면 몸을 가볍게 하고 기운을 증진시킨다」고 했다.

원(杬)은 어독(魚毒)이다.

杬 魚毒

注 원(杬)은 큰 나무이다. 열매는 밤과 비슷하고 남쪽 지방에서 자라며 껍질이 두껍고 즙은 붉은데 속에는 난과(卵果)가 감추어져 있다.

疏 원(杬)은 일명 어독(魚毒)이다.

훼(檓)는 대초(大椒 : 굵은 산초)이다.

檓 大椒

注 지금의 산초나무는 군락하는데 열매가 큰 것을 훼(檓)라고 이름한다.

疏 훼(檓)는 대초(大椒)의 별명이다. 『시경』당풍 초료편에 「椒聊」가 있다. 육기의 주석에 「산초나무는 수유와 비슷하고 침이 있어 찌르고 잎은 단단하고 매끄러우며 윤택이 있다」고 했다.

유(楰 : 광나무)는 서재(鼠梓)이다.

楰 鼠梓

注 추(楸 : 가래나무)의 종류이다. 지금 강동 지방에서 호재(虎梓)라 부른다.

疏 이순은 「서재(鼠梓)는 일명 유(楰)이다」라 했다. 『시경』소아 북산편에 「北山有楰」라 했고 육기의 주석에는 「유(楰)는 그 나무의 잎이나 결이 추(楸)와 같다. 산추(山楸)의 다른 것을 지금 사람들은 고추(苦楸)라고 이른다」고 했다.

풍(楓)은 섭섭(欇欇 : 단풍나무)이다.

楓 欇欇

注 풍(楓 : 단풍나무)은 백양(白楊)과 비슷한데 잎이 둥글고 갈라져 기름기가 있고 향기롭다. 지금의 풍향(楓香)이다.

疏 『설문』에 「단풍나무는 두터운 잎에 가지가 약해서 잘 흔들거린다. 일명 섭섭(欇欇)이다」라 했다. 『본초』당본 주에는 「나무가 높고 크고 잎은 삼각이다. 상락(商洛)의 사이에 많이 있다」고 했다. 『산해경』황경(荒經)에 「宋山에 나무가 있다. 산 위에 사는데 楓木이라 한다. 단풍나무는 치우(蚩尤)가 그 질곡(桎梏)에 버린 것이다」라 했다. 곧 지금의 풍향수(楓香樹)이다.

우목(寓木)은 완동(宛童)이다.

寓木 宛童

注 기생하는 나무로 일명 '조(蔦 : 누흔초, 담쟁이덩굴)'라고 한다.

疏 우목(寓木)은 일명 완동(宛童)이다. 『시경』소아 기변(頍弁)편에 「蔦與女蘿」라 했다. 육기의 『시경』 주석에 「조(蔦)는 일명 기생하는 잎으로 당로(當盧)와 비슷하고 열매는 복분(覆盆)과 같으며 붉고 검어 아름답다」고 했다.

무고(無姑)는 그 열매를 이(夷)라 한다.

無姑 其實 夷

注 무고(無姑)는 고유(姑榆)이다. 산속에서 자라며 잎이 둥글고 두텁다. 벗겨서 껍질을 취해 합하여 물에 적시면 그 맛이 맵고 향기가 있어 무이(無夷)라고 한다.

疏 무고(無姑)는 일명 고유(姑榆)이다. 그 열매의 이름을 이(夷)라 한다.『본초』에는 「無夷는 일명 無姑이다」라 했다.

력(櫟 : 상수리나무)은 그 열매를 구(梂)라 한다.

櫟 其實 梂

注 구(梂)는 모아져 스스로 싸고 있다.

疏 력(櫟)은 가죽나무와 비슷하다. 구(梂)는 상수리 열매가 들어 있는 방이다. 손염은 「력은 상수리 열매이다」라 했다.『시경』진풍(秦風)에 「山有苞櫟」이라 했다.

수(檖)는 라(蘿)이다.

檖 蘿

注 지금의 양수(楊檖)이다. 열매는 배와 비슷하고 조금 신맛이 있는데 먹을 수 있다.

疏 수(檖)는 일명 라(蘿)이다.『시경』진풍(秦風)에 「隰有樹檖」라 했다. 육기의『시경』주석에 「수(檖)는 일명 적라(赤蘿)이고, 일명 산리(山梨 : 산배)이다. 지금 사람은 양수(楊檖)라 하는데 열매는 배와 같고 단지 작다」라 했다.

설(楔)은 형도(荊桃 : 앵도)이고 모(旄)는 동도(冬桃 : 열매가 겨울에 익는다)이고 사도(榹桃)는 산도(山桃)이다.

楔荊桃 旄冬桃 榹桃山桃

注 형도(荊桃)는 지금의 앵도(櫻桃)이다. 동도(冬桃)는 과일이 겨울에 익는다. 산도(山桃)는 열매가 복숭아와 같은데 작고 씨앗이 빠지지 않는다.

疏 복숭아의 종류를 구분했다. 설(楔)은 일명 '형도'이고 복숭아가 겨울에 익는 것을 '모(旄)'라 하고 산속에서 자라는 것을 사도(榹桃)라 한다.『광아』에 「櫻桃는 含桃이다」라 했고『예기』월령 중하(仲夏)에 「羞以含桃」라 했다.

휴(休)는 무실리(無實李 : 과일이 없는 오얏)이고 좌(痤 : 과일)는
접여리(楼慮李 : 麥李)이고박(駁)은 적리(赤李 : 붉은오얏)이다.

休無實李 痤楼慮李 駁赤李

注 휴(休)는 일명 조리(趙李)이다. 좌(痤)는 지금의 맥리(麥李)이다. 박
(駁)은 과일이 붉은 것이다.

疏 오얏의 종류를 구별한 것이다. 오얏이 열매가 없는 것을 휴(休)라고 했는데 곽
박은 일명 조리(趙李)라 했다. 좌(痤)는 접여리(楼慮李)라고 했는데 곽박이
지금의 맥리(麥李)라고 한 것은 보리가 익을 때 같이 익는 것으로 이름을 얻었
다. 오얏의 열매가 붉은 것을 박(駁)이라 한다.

조(棗 : 대추)는 호조(壺棗)이고 변요조(邊要棗)이며 자(樲 :
흰 대추)는 백조(白棗)이고 이(樲)는 산조(酸棗 : 신대추)이고 양
철제조(楊徹齊棗 : 未詳)이며 준(遵)은 양조(羊棗)이고 선대조
(洗大棗 : 未詳)이고 자전조(煮塡棗 : 未詳)이며 궤설(蹶洩)은
고조(苦棗 : 쓴 대추)이며 석(皙)은 무실조(無實棗 : 열매가 없음)
이고 선미(還味)는 임조(棯棗)이다.

棗壺棗 邊要棗 樲白棗 樲酸棗 楊徹齊棗
遵羊棗 洗大棗 煮塡棗 蹶洩苦棗 皙無實棗
還味棯棗

注 지금 강동 지방에서 조(棗)라고 부르는데 크면서 위가 뾰족한 것을 호(壺)
라고 하며 박과 비슷한 것이다. 변요조(邊要棗)는 열매의 허리가 가는데
지금은 녹로조(鹿盧棗)라고 한다. 자(樲)는 곧 지금 대추열매가 하얗게
익는 것이다. 이(樲)는 나무의 열매가 작고 시다. 『맹자』에 「養其樲棗」라
했다. 양철제조(楊徹齊棗)는 무슨 대추인지 자세하지 않다. 준(遵)은 열
매가 작고 둥글며 자흑색(紫黑色)으로 지금 세상에서 양시조(羊矢棗)라
고 부른다. 『맹자』에 「曾皙嗜羊棗」라 했다. 선대조(洗大棗)는 지금 하동
의씨(河東猗氏)의 고을에서 '큰 대추'가 나는데 열매가 계란과 같다. 자
전조(煮塡棗)는 무슨 대추인지 자세하지 않다. 고조(苦棗)는 대추가 맛
이 쓴 것이다. 무실조(無實棗)는 열매를 잘 볼 수 없다. 선미(還味)는 대
추의 맛이 엷다.

疏 대추의 종류를 구별한 것이다. '조(棗)'라고 이른 것은 모든 대추를 제목 부친
것이다. 호조(壺棗)는 대추의 형상이 병과 비슷한 것이다. 변요조(邊要棗)는
가장자리가 크고 허리가 가는 대추를 말한다. 자(樲)는 대추가 백색으로 익는
다. 이(樲)는 대추가 작고 맛이 신 것이다. 준(遵)은 일명 양조(羊棗)이다. 선
(洗)은 최고로 큰 대추이다. 궤설(蹶洩)은 맛이 쓴 대추이다. 석(皙)은 씨가
없는 대추이다. 선미(還味)는 맛이 적은 대추이며 임조(棯棗)라고 한다.

츤(櫬)은 오(梧 : 오동나무)이다.

櫬 梧

注 지금의 오동나무이다.

疏 츤(櫬)은 일명 오(梧)이다.『시경』대아 권아(卷阿)편에「梧桐生矣 于彼朝陽」이라 했다.

복(樸)은 무리를 이루어 자라는 것이다.

樸 枹者

注 복(樸)의 무리는 총생하는 것으로 포(枹)라고 한다.『시경』대아의 이른바「棫樸 枹櫟」이다.

疏 복류(樸類)는 계속 이어져 많은 나무가 떨기로 자라는 것의 이름이다.『시경』의 '역복(棫樸)'은 대아 역복편의 「芃芃棫樸」에서 나온 말이고 '포력(枹櫟)'은 진풍(秦風) 신풍편의「山有苞櫟」에서 나온 말이다.

츤(櫬)이라고 이른 것은 채신(采薪 : 나무를 캐다)으로 채신(采薪)은 곧 뗄나무이다.

謂櫬 采薪 采薪 卽薪

注 지금 나무를 채취하는 것을 가리켜 해석한 것이다.

疏 곽박은「지금의 나무를 채취하는 것을 가리켜 해석한 것으로 일명 츤(櫬), 일명 채신(采薪), 일명 즉신(卽薪)이라 한다」고 했다.『공양전(公羊傳)』에「薪采」라 했고『좌전(左傳)』에「不樵樹」라 했고『사기(史記)』에「樵蘇後爨師不宿飽」라 했다.

염(棪)은 속기(槤其 : 떡갈나무)이다.

棪 槤其

注 염(棪)은 열매가 사과와 비슷하고 붉으며 먹을 수 있다.

疏 염(棪)은 일명 속기(槤其)이다.『산해경』에「당정산(堂庭山)에 염목(棪木)이 많다」고 했다.

유(劉)는 유익(劉杙)이다.

劉 劉杙

注 유자(劉子)가 산속에서 나는데 열매가 배와 같으며 시고 달다. 씨가 견고하고 교지(交趾 : 월남)에서 난다.

疏 유(劉)는 일명 '유익(劉杙)'이라고 하며 그 과일을 가히 먹을 수 있다.

회(檞)는 괴(槐 : 홰나무)이며 잎이 크고 검다.

檞 槐大葉而黑

注 괴(槐)는 나무가 잎이 크고 색이 검은 것을 회(檞)라 한다.

疏 회(檞)나 괴(槐)는 한 가지이다. 잎이 크고 검은 것은 회(檞)라 하고 그렇지 않은 것은 괴(槐)라고 한다.

수궁괴(守宮槐)는 잎이 낮에는 오므라들고 밤에는 펴진다.

守宮槐 葉晝聶宵炕

注 홰나무의 잎이 낮에는 오므라들어 합해지고 밤에는 쫙 펴지는 것을 '수궁괴(守宮槐)' 라고 이름한다.

疏 이것은 또한 홰나무를 말한 것이다. 섭(聶)은 합(合)하다의 뜻이고, 항(炕)은 펴지다의 뜻이다. 홰나무의 잎이 낮에는 오므라들고 밤에는 펴지는 것으로 별명을 '수궁괴'라고 했다.

괴(槐)나무가 잎이 작은 것을 가(榎)라 하는데 크고 주름이 진 것은 추(楸)이고 작고 주름진 것은 가(榎)이다.

槐 小葉曰榎 大而皵楸 小而皵榎

注 괴(槐)나무는 마땅히 추(楸)나무가 되는데 추나무가 잎이 가는 것은 가(榎)가 된다. 늙어서 껍질이 거칠고 주름진 것을 추(楸)라 하고 어리며 껍질이 거칠고 주름진 것을 가(榎)라 한다. 『좌전』에 「使擇美榎」라 했다.

疏 추(楸)와 가(榎)의 다른 것을 구별했다. 추(楸)나무의 잎이 작은 것을 가(榎)라고 이름한다. 번광(樊光)은 「대(大)는 노(老)의 뜻이고 작(皵)은 고른 껍질이다. 나무가 늙고 껍질에 거친 주름이 있는 것은 추(楸)라고 한다. 소(小)는 젊다로 나무가 어리고 껍질에 거친 주름이 있는 것을 가(榎)라 한다」고 했다. 『좌전』은 양공(襄公) 2년의 문장이다.

의(椅)는 재(梓 : 개오동나무)이다.

椅 梓

注 곧 개오동나무이다.

疏 두 가지 이름을 구별한 것이다. 『시경』 용풍 정지방중편에 「椅桐梓漆」이라 했다.

이(栜)는 적속(赤楝 : 메대추나무)이고 흰 것은 속(楝 : 대추나무)이다.

栜 赤楝 白者 楝

注 적속(赤楝)은 나무의 잎이 가늘고 갈라져 날카로우며 껍질의 결이 어그러

지고 산중(山中)에 모여 살기를 좋아한다. 나무의 중심은 수레의 덧바퀴에 쓰인다. 백속(白楝)은 잎이 둥글고 갈라져서 큰 나무가 된 것이다.

疏 속(楝)이 붉은 것은 이(梀)라 하고 흰 것은 속(楝)이라고 한다는 것을 어떤 사람은 「색깔이 다르더라도 이름을 삼는 것은 같다」고 했다. 『시경』 소아에 「隰有杞夷」라 했다. ※夷와 梀는 음과 뜻이 같다.

종(終)은 우극(牛棘)이다.

終 牛棘

注 곧 마극(馬棘)이다. 그 가시가 거칠고 길다.

疏 종(終)은 일명 우극(牛棘)이다. 곽박이 말한 '곧 마극이다. 그 가시가 거칠고 길다'는 가시의 침이 찌르는 것이 거칠고 긴 것으로 말미암아 牛棘이라 이르고 馬棘이라 한다는 것을 말한 것이다.

관목(灌木)은 총목(叢木 : 떨기 나무)이다.

灌木 叢木

注 『시경』에 「集於灌木」이라 했다.

疏 관목(灌木)은 총생(叢生)하는 나무이다. 아래의 해석에 나무가 족생(族生)하는 것을 '관(灌)'이라 했다. 곽박이 族은 叢이라 했다. 『시경』 주남 황조(黃鳥)편에 「黃鳥于飛 集于灌木」이라 했다.

외목(瘣木)은 부루(苻婁)이다.

瘣木 苻婁

注 나무가 병들어 혹이 나고 가지와 잎이 없는 것을 이른다.

疏 어떤 사람이 「시경 소아 소반(小弁)편에 '譬彼瘣木 疾用無枝'라 했는데 부루(苻婁)는 곱사등이로 속에 병이 있으면 혹이 무더기로 생기므로 '疾用無枝'이다」라 했다.

분(蕡)은 애(藹 : 열매가 많다)이다.

蕡 藹

注 나무의 열매가 번성하고 무성한 것이다.

疏 분(蕡)은 또한 나무열매 이름이며 또한 애(藹)라고 한다.

포주목(枹遒木)은 괴외(魁瘣)이다.

枹遒木 魁瘣

注 괴외(魁瘣)는 나무들이 무리로 자라 뿌리와 가지와 마디마디가 얼기설기 얽히고 돌이 많이 쌓여 있는 것이다.

疏 나무가 떨기로 빽빽하게 자란 것을 포주목(枹遒木)이라 이름한다. 괴외(魁瘣)는 '외뢰(碨磊)'와 같이 읽는데 뿌리와 마디가 얽키고 설킨 곳을 말한 것이다.

역(棫)은 백유(白桵 : 무리참나무)이다.

棫 白桵

注 유(桵)는 작은 나무이며 무리로 자란다. 가시가 있고 열매는 귀에 거는 귀고리와 같고 붉으며 먹을 수 있다.

疏 역(棫)은 일명 백유(白桵)이다.『시경』대아 역복(棫樸)편에「芃芃棫樸」이라 했다.

리(梨)는 산리(山檔 : 돌배)이다.

梨 山檔

注 곧 지금의 이수(梨樹 : 배나무)이다.

疏 리(梨)가 산중에서 자란 것을 리(檔 : 돌배)라 한다. 산에 있는 것을 리(檔)라 하고 사람이 심은 것을 리(梨)라 한다.

뽕나무의 반쪽에 오디가 있는 것이 치(梔)이다.

桑辨有葚 梔

注 편(辨)은 반쪽이다.

疏 『설문』에「심(葚)은 뽕나무 열매(오디)이다」라 했다.『사인(舍人)』에「뽕나무가 한쪽 절반은 오디가 있고 절반은 오디가 없는 것이 치(梔)이다」라고 했다.

여상(女桑)은 이상(桋桑)이다.

女桑 桋桑

注 지금 세상에서는 뽕나무로서 작고 가지가 긴 것을 여상수(女桑樹)라고 부른다.

疏 여상(女桑)은 일명 이상(桋桑)이다.『시경』빈풍 칠월(七月)편에「猗彼女桑」이라 했다.

유백(楡白)은 분(枌 : 느릅나무)이다.

楡白 枌

注 분(枌)은 유(楡)보다 먼저 자라고 잎이 뚜렷하며 꼬투리와 껍질은 흰색이다.

疏 유(楡)의 껍질이 흰 것을 백분(白枌)이라 한다.『시경』진풍(陳風)에「東門之枌」이라 했다.

당체(唐棣)는 이(栘 : 산앵두나무) 이다.

唐棣 栘

注 백양(白楊)과 비슷하고 강동 지방에서는 부이(夫栘)라고 부른다.

疏 『사인』에 「당체(唐棣)는 일명 이(栘)이다」라 했다. 『시경』 소남에 「唐棣之華」라 했다. 육기는 「奧李다. 일명 雀梅이고 또한 車下李라 한다. 산에 있으며 꽃은 흰색이나 붉은색으로 6월에 익고 크며 외의 씨앗과 같은데 먹을 수 있다」고 했다.

상체(常棣)는 체(棣 : 산앵두나무) 이다.

常棣 棣

注 지금 산속에 체수(棣樹)가 있는데 열매가 앵두와 같고 먹을 수 있다.

疏 『사인(舍人)』에 「상체는 일명 체(棣 : 산앵두)이다」라고 했다. 『시경』 소아 상체편에 「常棣之華」라 했다. 육기 소에 「허신(許愼)이 '白棣樹'라 했다. 오얏의 작은 것과 같고 열매는 앵두와 같다」고 했다.

가(檟)는 고도(苦茶) 이다.

檟 苦茶

注 가(檟)나무는 작고 치자와 같으며 겨울에 잎이 자라고 삶아서 국을 끓여 먹는다. 지금 일찍 채취하는 것을 도(茶)라 하고 늦게 채취하는 것을 명(茗)이라 하며 일명 천(荈)이라고도 한다. 촉인(蜀人)들은 고도(苦茶)라고 부른다.

疏 가(檟)는 일명 고도(苦茶)라고 한다.

속복(楸樸)은 심(心) 이다.

楸樸 心

注 떡갈나무의 별명이다.

疏 손염은 「복속(樸楸)은 일명 심(心)이다」라고 했다. 어떤 사람은 「복속은 곡속(槲樕 : 떡갈나무)이다. 심(心)은 습한 강하(江河)의 사이에서 있어 이것으로 기둥을 만든다. 이것이 '복속'인데 나무 이름을 삼았다」고 했다. 『시경』 소남에 「林有樸樕」이라 했는데 楸樸이 비록 뒤바뀌었지만 그 실상은 하나다.

영(榮)은 동목(桐木 : 오동나무) 이다.

榮 桐木

注 곧 오동(梧桐)이다.

疏 동목(桐木)은 일명 영(榮)이다. 곽박이 곧 오동이라고 한 것은 위의 '츤오(櫬梧)'와 한 가지이다.

잔목(棧木)은 간목(干木)이다.

棧木 干木

注 강목(橿木 : 감탕나무)이다. 강동 지방에서는 목격(木骼 : 가지가 사슴뿔처럼 생긴 것)이라고 부른다.

疏 잔목(棧木)은 일명 간목(干木)이다.

염상(壓桑)은 산상(山桑 : 산뽕나무)이다.

壓桑 山桑

注 뽕나무와 비슷한데 재목으로는 활이나 수레의 멍에를 만든다.

疏 산상(山桑)은 일명 염상(壓桑)이다. 『주례』 고공기 동관(多官)에 「弓人取幹柘爲上壓桑次之」라 했다.

나무가 스스로 넘어진 것은 신(柛)이고 서서 죽은 것은 치(椔)이다. 넘어진 것이란 예(翳 : 말라 죽다)이다. 나무가 서로 비비는 것은 얼(槸 : 서로 갈다)이고 착(椊)은 서로 엉키는 것이요, 소(梢)는 곁가지가 없는 긴 가지이다.

木 自斃柛 立死椔 斃者翳 木 相磨槸 椊㪔 梢梢櫂

注 폐(斃)는 넘어지다. 치(椔)는 넘어지거나 꺾이지 않은 것이다. 예(翳)는 나무가 그늘로 땅을 덮은 것으로 『시경』에 「其椔其翳」라 했다. 얼(槸)은 나뭇가지가 서로 문질러지는 것이고 착(椊)은 나무껍질이 갑옷같이 틈이 있어 주름이 긴 것이다. 소(梢)는 나무에 가지가 없는 것을 말하는데 소도(梢櫂)는 긴 가지가 죽은 것이다.

疏 이는 나무가 죽어 꺾이거나 서로 마찰되고 얽힌 것의 이름이 다른 것을 구별한 것이다. 목(木)이라고 말한 것은 아래에 있는 것을 총칭한 것이다. 나무가 스스로 넘어진 것을 신(柛)이라 하고, 서서 죽어서 넘어지지도 꺾이지도 않은 것을 치(椔)라 하고 가지와 잎이 땅을 덮은 것을 예(翳)라 하고, 나뭇가지가 꺾여 서로 마찰을 일으키는 것을 얼(槸)이라 하고 나무의 껍질과 껍질이 조잡하게 얽힌 것을 착(椊) 또는 작(㪔)이라 하고, 나무가 곁가지가 없고 가지 하나가 길게 뻗은 것을 소(梢)라 하고 또 소도(梢櫂)라고 한다. 『소이아(小爾雅)』에는 「뿌리를 뽑은 것이 도(櫂)다」라고 했다. 이순은 「죽어서 살아 있는 것에 해를 입히는 것을 치폐사(菑斃死)라 한다」고 했다. 그러므로 서서 죽은 것은 다른 나무의 생장에 방해가 되므로 '菑'라 하고 스스로 넘어진 나무는 자라면서 스스로 돌아 가지와 잎이 땅을 덮어 음예(陰翳)가 되므로 '翳'라 한다」고 했다. 『시경』은 대아 황의편의 문장이다.

종(樅 : 전나무)은 소나무 잎에 잣나무의 몸체이다. 회(檜)는 잣나무 잎에 소나무 몸체이다.

樅 松葉柏身 檜 柏葉松身

注 지금 태묘(太廟)의 들보 재목으로 종(樅)을 쓴다.『시자(尸子)』의「松柏之鼠 不知堂密之有美樅」이다. 회(檜)는『시경』에「檜楫松舟」라 했다.

疏 이것은 종(樅)과 회(檜)가 다른 것을 구별했다.『시경』은 용풍 죽간(竹竿)편의 문장이다.

나뭇가지가 굽어 깃털같은 것을 교(喬)라고 한다. 아래로 굽은 것은 규(杻)이고 위로 굽은 것은 교(喬)이다. 가래나무와 같으면 교(喬)라 하고 죽전(竹箭 : 화살대)과 같으면 포(苞)라 하고 소나무나 잣나무와 같으면 무(茂)라 하고 홰나무와 같으면 무(茂)라 한다.

句如羽喬 下句曰杻 上句曰喬 如木楸曰喬 如竹箭曰苞 如松柏曰茂 如槐曰茂

注 구여우(句如羽)는 나무의 가지가 굽어서 새의 깃털처럼 생긴 것이다. 추(楸)는 나무의 성질이 위로 솟기를 좋아하기 때문이다. 여죽전왈포(如竹箭曰苞)는 조릿대로 그 성질이 떼지어 살기 때문이다. 여송백왈무(如松柏曰茂)는 소나무의 가지와 잎이 춤추는 것과 같기 때문이다. 여괴왈무(如槐曰茂)는 성긴 것을 붙잡아 무성한 모양을 한 것을 뜻한다.

疏 이는 나무의 굽고 곧고 무리로 살고 무성한 것에 따라 이름이 다른 것을 해석했다. 구(句)는 곡(曲)이다.『시경』주남에「南有樛木」이라 했고 또「南有喬木」이라 했다. 소아에는「如松柏之茂」라 했다.

축주목(祝州木 : 未詳)이고, 모유영(髦柔英 : 未詳)이다. 홰나무와 가시나무의 종류는 교(喬)라 하고 뽕나무와 버드나무의 종류는 조(條)라 하고 후추나무의 종류는 구(菆)이고 복숭아와 오얏의 종류는 핵(核)이라 한다.

祝州木 髦柔英 槐棘醜喬 桑柳醜條 椒樧醜 菆 桃李醜核

注 축주목(祝州木)과 모유영(髦柔英)은 무슨 나무인지 자세하지 않다. 괴극(槐棘)은 다 높이 솟아 있다. 상류(桑柳)는 아름답게 가지가 늘어져 있다.

구(莍)는 유(萸)의 씨앗이 한데 모여 방(房)을 이룬 모양이다. 지금 강동 지방에서는 구구(莍莍)라고 부르며 수유(茱萸)와 비슷하고 작으며 적색 (赤色)이다. 도리(桃李)는 씨앗 속에 핵(核)이 있다.

疏 이는 나뭇가지와 열매의 형상이 다른 것을 구별한 것이다. 추(醜)는 유(類)이 다. 교(喬)는 고(高)이다. 괴극(槐棘)의 종류는 가지가 다 높이 솟고 상류(桑 柳)의 종류는 다 아름답게 늘어져 있다. 구(莍)는 열매의 집이다. 초살(椒榝) 의 종류는 열매가 모두 열매 집에 한 데 모아져 스스로 싸고 있다. 이순은 「살 (榝)은 수유(茱萸)이다」라고 했다. 수유는 다 씨앗의 방이 있는 것으로 '구 (莍)'라고 했다. 구(莍)는 열매이다. 도리(桃李)의 종류는 다 열매 속에 핵인 (核人)이 있다. 『예기』곡례편에 「其有核者 懷其核」이라 했다.

과(瓜 : 외)를 화(華)라 하고 도(桃 : 복숭아)를 담(膽 : 씻다)이 라 하고 대추와 오얏은 체(虇 : 꼭지를 따다)라 하고 사(樝)나 리 (梨)는 찬(鑽 : 뚫는다)이라 한다.

瓜曰華之 桃曰膽之 棗李曰虇之 樝梨曰鑽之

注 모두 썰어 먹고 다듬는 것의 이름이다. 사(樝)는 배와 비슷한데 시고 부드 럽다. 『예기』에 나와 있다.

疏 이는 사람이 먹는데 있어 오이나 과일을 손질하는 명칭을 구별한 것이다. '瓜曰 華之'는 나라의 임금을 위해 오이를 깎는 예절이다. 화(華)는 절반만 벗기는 것이다. 천자(天子)보다 다음에 하는 것으로 짜갤 때 넷으로 쪼개지 않는다. 또 한 가로로 가를 때 가는 삼베로 수건을 쓴다. '桃曰膽之'는 복숭아가 털이 많 아 털을 제거하려면 푸른색으로 미끄럽기가 쓿개와 같은 것으로 하기 때문이다. 어떤 이는 담(膽)은 쏨바귀로 쓴맛이 쓿개와 같고 털을 닦는다고 했다. '棗李 曰虇之'는 대추와 오얏을 씻을 때는 다 그 꼭지를 제거하는 것이다. 체(虇)는 꼭지이다. '樝梨曰鑽之'는 벌레가 있을까 두려워하므로 일일이 살펴서 그 벌 레 구멍을 보는 것이다. 『예기』내칙편에 「棗曰新之栗曰撰之桃曰膽之相梨曰 贊之」라 했다. 정현의 주에 「모두 손질하는 이름이며 문장이 비록 조금 다르지 만 큰 뜻은 같다」고 했다.

작은 가지가 위로 두른 것을 교(喬)라고 한다.

小枝上繚爲喬

注 가는 가지들이 위로 둘러쳐져 얽힌 것을 교목(喬木)이라 한다.
疏 여기에서는 위에서 '상구왈교(上句曰喬)'라 한 말의 의심점이 끝나지 않아 거 듭 나왔다. 작은 가지가 위로 솟아 둘러싼 것을 교목(喬木)이라 한다.

가지가 없는 것은 격(橵)이다.

無枝爲橵

注 격(橵)은 잔가지가 없고 줄기가 위로 곧게 뻗은 것이다.

疏 이것은 위의 '초초도(梢梢欋)'이다. 격(橄)은 곧 도(欋)이다. 나무가 가지가 없는 것을 격(橄)이라 한다. 도(欋)는 위로 똑바르게 뻗은 긴 가지가 죽은 것을 말한다.

나무가 무리로 자라는 것은 관(灌)이다.

木族生爲灌

注 족(族)은 총(叢)이다.
疏 족(族)은 총(叢)이다. '나무가 무리지어 자라는 것이 관(灌)이다'라고 한 것은 곧 위의 '관목(灌木)이 총목(叢木)'이라 한 것과 같다.

제16편 석충(釋蟲)

『설문(說文)』을 참고해 보면 "벌레라는 것은 벌거벗은 것, 털난 것, 날개 있는 것, 비늘이 있는 것, 껍질이 있는 것들을 총괄한 이름이다." 라고 했다.

이 편은 모든 벌레의 이름과 모양을 널리 해석한 것으로 편의 이름을 '석충(釋蟲)' 이라 했다.

곡(螱)은 천루(天螻 : 땅강아지) 이다.

螱 天螻

注 루(螻)는 고(蛄 : 땅강아지) 이다. 하소정편에 「螱則鳴」이라 했다.

疏 곡(螱)은 일명 천루(天螻) 이고 일명 석서(碩鼠) 이며 지금의 '땅강아지' 이다. 하소정(夏小正)은 『대대례』의 편명이다. 벌레, 물고기, 풀, 나무로 12달의 절후를 바르게 한 것들은 하후씨(夏后氏)에게서 시작한 것이며 이것을 '하소정' 이라 했다. 그 3월에 보면 「螱則鳴螱天螻」라 했다.

비(蜚)는 노비(蠦蜰 : 쌕새기, 떡풍뎅이) 이다.

蜚 蠦蜰

注 비(蜚)는 사발같은 껍질을 짊어진 냄새나는 벌레이다.

疏 『서경』 홍범(洪範) 오행전(五行傳)에 「蜚負蠻夷狄之物」이라 했다. 월(越) 나라에서 자라고 그 벌레의 냄새가 고약하여 남쪽 습기있는 곳에서 태어난다. 『본초(本草)』에는 「蜚厲蟲」이라 했는데 그렇다면 비(蜚)는 고약한 냄새가 나는 벌레로 사람에게 해로운 벌레이다. 그러므로 『춘추좌씨전』에 「비(蜚)가 있는데 재앙이 되지 않아 또한 쓰지 않았다」고 했다.

인연(蝚衒)은 입이(入耳 : 그리마)이다.

蝚衒 入耳

注 유연(蚰蜒)이다.

疏 이것은 벌레의 형상이다. 오공(吳公)은 노란색이며 가늘고 길어 '토고(吐古)'라고 부른다.『방언(方言)』을 참고하면「유연(蚰蜒)은 관(關)의 동쪽에서 '유연'이라 한다. 혹은 '입이(入耳)'라 하고 혹은 '장려(蟷蠨)'라고 한다. 조위(趙魏)의 사이에서는 혹은 부우(蚨虶)라고 한다. 북연(北燕)에서는 지니(蛆蚭)라고 한다. 강동인(江東人)은 공(蛩)이라 하고 지금 유연(蚰蜒)은 사람의 귀에 들어가 즐겁게 한다」고 했다.

조(蜩)는 낭조(蜋蜩 : 말매미)이고 당조(蟛蜩)이다. 찰(蜇)은 청청(蜻蜻 : 씽씽매미)이고 절(蠽)은 모조(茅蜩 : 매미)이고 면(蝒)은 마조(馬蜩 : 말매미)이고 예(蜺)는 한조(寒蜩 : 쓰르라미)이고 정목(蜓蚞)은 혜록(蟪蠦 : 털매미)이다.

蜩蜋蜩 蟛蜩 蜇蜻蜻 蠽茅蜩 蝒馬蜩 蜺寒蜩 蜓蚞 蟪蠦

注 '조랑조(蜩蜋蜩)'는 하소정(夏小正)에「蜋蜩者五彩具(낭조는 오색무늬가 있다)」고 했다. '당조(蟛蜩)'는 하소정에「蟛蜩者蝘(당조는 蝘이다)」라 했다. 세상에서는 호선(胡蟬)이라 하고 강남(江南) 지방에서는 당이(蟛蛦)라 한다. '청청(蜻蜻)'은 선(蟬 : 매미)과 같은데 작다.『방언』에「무늬가 있는 것을 진(蛅)이라 한다」고 했다. 하소정(夏小正)에는「鳴蜇虎懸」이라 했다. '모조(茅蜩)'는 강동 지방에서는 모절(茅蠽)이라 한다. 매미와 비슷하고 작으며 청색이다. '면(蝒)'은 매미 가운데 가장 큰 것으로 마조(馬蜩)라 한다. '예한조(蜺寒蜩)'의 한(寒)은 쓰르라미이다. 매미와 비슷하고 작으며 청적색이다.『예기』월령(月令)에「寒蟬鳴」이라 했다. '정목(蜓蚞)'은 털매미이다. 일명 혜고(蟪蛄)이다. 제(齊)나라 사람이 혜록(蟪蠦)이라 부른다.

疏 이상은 매미 종류로 크고 작은 것과 방언(方言)이 서로 다른 것의 이름을 구분했다. 조(蜩)는 모든 매미를 말한 것이다. 낭조(蜋蜩)는 5가지 채색을 갖춘 것이다. 당조(蟛蜩)는 세속에서 호선(胡蟬)이라고 부르며 매미와 비슷하고 작은데 울음소리가 청량(淸亮)한 것이다. 찰(蜇)은 청청(蜻蜻)으로 매미와 같으며 작고 무늬가 있는 것이다. 절(蠽)은 일명 모조(茅蜩)인데 매미와 비슷하고 작으며 청색이다. 면(蝒)은 일명 마조(馬蜩), 일명 마선(馬蟬)이며 매미 가운데 제일 큰 것이다. 예(蜺)는 일명 한조(寒蜩)이고 또는 일명 한장(寒蠽)으로 매미와 비슷하고 작은데 청적색이다. 관동(關東) 지방에서는 혜고(蟪蛄)를 정목(蜓蚞)이라 하고 제(齊)에서는 또 혜록(蟪蠦)이라 이른다.『시경』대아 탕(蕩)편에「如蜩如螗」이라 했다.

길강(蛣蜣)은 강랑(蜣蜋 : 쇠똥구리)이다.

蛣蜣 蜣蜋

注 검은 갑충(甲蟲)으로 똥을 먹는다.

疏 길강(蛣蜣)은 일명 강랑(蜣蜋)이다. 검은 껍질을 들고 갑옷 아래 있으면서 똥을 썹어먹고 똥을 취하여 환(丸)을 만들어 굴리기를 좋아한다.『장자(莊子)』에「蛣蜣之智 在於轉丸」이라 했다.

갈(蝎)은 길굴(蛣蛪 : 나무굼벵이)이다.

蝎 蛣蛪

注 나무 속의 좀벌레.

疏 나무 속의 좀벌레인데 아래에 해석이 있다.

향(蠰)은 설상(齧桑 : 사마귀)이다.

蠰 齧桑

注 천우(天牛 : 하늘소)와 비슷하고 뿔이 길며 몸체에 흰점이 있고 뽕나무를 썹어 먹기 좋아하고 구멍을 뚫고 그 속에 들어간다. 강동(江東) 지방에서는 설발(齧髮)이라고 부른다.

疏 향(蠰)은 일명 설상(齧桑)이다. 강동 지방에서는 설발(齧髮)이라고 부르며 모양이 하늘소와 비슷하다. 뿔이 길고 몸에 흰 점이 있으며 뽕나무 먹기를 좋아하고 나무에 구멍을 뚫고 그 속에 들어가므로 이름을 얻은 것이다.

제려해상(諸慮奚相 : 未詳)이다. 부유(蜉蝣)는 거략(渠略 : 하루살이)이다.

諸慮奚相 蜉蝣 渠略

注 제려해상(諸慮奚相)은 무슨 벌레인지 자세하지 않다. 부유(蜉蝣)는 길강(蛣蜣 : 쇠똥구리)과 비슷한데 몸이 협소하고 길며 뿔이 있고 황흑색이다. 똥 속에서 떼지어 사는데 아침에 태어나 저녁에 죽는데 이것들을 돼지가 좋아하여 먹는다.

疏 『사인(舍人)』에「부유(蜉蝣)는 일명 거략(渠略)이다. 남양(南陽)의 동쪽으로는 부유이고 양송(梁宋)의 사이에서는 거략이다」라 했다.『대대례』하소정(夏小正)편에「蜉蝣渠略也朝生而莫死」라 했고『시경』조풍(曹風) 부유(蜉蝣)편에「蜉蝣之羽」라 했다.

별(蛂)은 황병(蟥蛢 : 풍뎅이)이다.

蛂 蟥蛢

注 갑충(甲蟲)이다. 크기가 호두(虎豆) 만하고 녹색이다. 지금 강동에서는 황

병(黃蚌)이라고 부른다.

疏 별(蚊)은 일명 황병(蟥蚌)이다. 갑충으로 모양이 커 호두 만하고 녹색이다.

권여보(蠸輿父)는 수과(守瓜 : 노린재)이다.

蠸輿父 守瓜

注 지금 오이 속에 있는 노란 껍질의 작은 벌레로 오이잎 먹는 것을 즐긴다. 그러므로 수과(守瓜)라 한다.

疏 권여보(蠸輿父)는 일명 수과(守瓜)이다. 노란 껍질의 작은 벌레로 오이잎 먹기를 즐겨하므로 '수과'라 한다.

유(蝚)는 망루(蚭螻 : 도루래, 하늘밥도둑)이다.

蝚 蚭螻

注 망루(蚭螻)는 누고(螻蛄 : 도루래)의 종류이다.

疏 『방언(方言)』을 참고하면 「고예(蛄詣)는 두격(杜蛒)이라 하고 누질(螻蛭)은 누고(螻蛄)라 하고 혹은 상영(蟓蛉)이라 한다. 남쪽의 초(楚)나라에서는 두구(杜狗)라 하고 혹은 고루(蛄螻)라 한다」고 했다. 그러므로 이 말은 '유(蝚) 및 망루(蚭螻)'이며 또한 '누고'의 다른 명칭이다.

부조왕보(不蜩王蚁 : 未詳)이다. 고시(蛄蟴)는 강미(強蚌 : 쌀바구미)이다.

不蜩王蚁 蛄蟴 強蚌

注 부조왕보(不蜩王蚁)는 무슨 벌레인지 자세하지 않다. 고시(蛄蟴)는 지금 곡식 속에 있는 좀으로 작고 검은 벌레이다. 건평(建平) 사람들이 미자(蚌子)라고 부른다.

疏 『방언(方言)』에 고시(蛄蟴)는 강미(強蚌)라고 했다. 지금 쌀 곡식 속에 있는 작고 검은 좀벌레이다. 강동 지방에서는 가(蜉)라 부르고 건평(建平) 사람들은 미자(蚌子)라고 부른다.

불과(不過)는 당상(蟷蠰 : 사마귀)이고 그 새끼는 비초(蜱蛸)이다.

不過蟷蠰 其子 蜱蛸

注 당상(蟷蠰)은 당랑(蟷螂)의 별명이다. 비초(蜱蛸)는 일명 박초(螵蟭)이며 당상란(蟷蠰卵)이다.

疏 불과(不過)는 일명 당상(蟷蠰), 일명 당랑(蟷螂)이며 표초모(螵蛸母)이다. 그 새끼를 일명 비초(蜱蛸), 일명 박초(螵蟭), 일명 표초(螵蛸)라 하며 당상의 알이다. 『방언』에 「담로(譚魯) 이남에서는 당상(蟷蠰)이라 하고 삼하(三河)의 지역에서는 당랑(蟷螂)이라 하고 연조(燕趙)의 사이에서는 식방(食彪)이라 하고 제기(齊杞)의 동쪽에서는 마곡(馬穀)이라 하는데 그 새끼는 모

두 표초(螵蛸)라 한다」고 했다. 『예기』 월령 중하(仲夏)에 「螳螂生」이라 했다.

蒺蔾 蝍蛆

질려(蒺蔾)는 즉저(蝍蛆 : 지네)이다.

注 황(蝗 : 누리)과 비슷하고 배가 크며 뿔이 길고 능히 뱀의 머리를 먹는다.

疏 질려(蒺蔾)는 일명 즉저(蝍蛆)이다. 『광아(廣雅)』에 「蝍蛆蜈蚣」이라 했다. 『장자』에 「蝍蛆甘帶」라 했다.

蝝 蝮蜪

연(蝝)은 복도(蝮蜪 : 메뚜기)이다.

注 황(蝗 : 누리)의 새끼가 날개가 있지 않은 것이다. 『외전(外傳)』에 「蟲舍蚔蝝」이라 했다.

疏 연(蝝)은 일명 복도(蝮蜪)이고 누리의 새끼로 날개가 나지 않은 것이다. 『춘추』 선공(宣公) 15년에 「冬蝝生」이라 했다.

蟋蟀 蛬

실솔(蟋蟀)은 공(蛬 : 귀뚜라미)이다.

注 지금의 촉직(促織)이다. 또한 청렬(青蛚)이다.

疏 실솔(蟋蟀)은 일명 공(蛬)이고 지금 촉직(促織)이다. 또한 청렬(青蛚)이다. 『시경』 당풍(唐風) 실솔(蟋蟀)편에 「蟋蟀在堂 歲聿其莫」라 했다. 육기는 「실솔은 누리와 비슷하고 작으며 검고 광택이 있어 칠을 칠한 것과 같고 뿔과 날개가 있다. 일명 공(蛬), 일명 강렬(蜣蛚)이다. 초인(楚人)은 왕손(王孫)이라 하고 유주인(幽州人)은 추직(趣織)이라 한다」라 했다.

螜 蟆

경(螜)은 막(蟆 : 두꺼비)이다.

注 두꺼비 종류이다.

疏 이것은 일종의 하막(蝦蟆 : 두꺼비) 종류이다.

蚿 馬蠸

한(蚿)은 마잔(馬蠸 : 노래기)이다.

注 마견균(馬蠲蚼)이고 세상에서 마축(馬蚿)이라 부른다.

疏 한충(蚿蟲)은 일명 마잔(馬蠸)이고 일명 마견균(馬蠲蚼)이다. 『방언』에 「마현(馬蚿)이다」라 했다.

부종(皇螽)은 번(蠜 : 메뚜기)이고 초종(草螽)은 부번(負蠜 : 메뚜기)이며 사종(蜤螽)은 송서(蜙蝑 : 베짱이)이고 계종(蟿螽) 은 혜력(蟿蚸 : 방아깨비)이고 토종(土螽)은 양계(蠰谿)이다.

皇螽 蠜 草螽 負蠜 蜤螽 蜙蝑 蟿螽 蟿蚸 土螽 蠰谿

注 '부종(皇螽)'은 『시경』에 「趯趯阜螽」이라 했다. '초종(草螽)'은 『시경』에 「喓喓草蟲」이라 했는데 상양(常羊)이라 한다. '송(蜙)'은 종(蜙) 이다. 세상에서는 용서(蜙蝑)라 한다. '계종(蟿螽)'은 지금 세상에서 부르는 송종(蜙蝑)과 비슷하고 가늘며 긴 날개를 펴서 소리를 내는 것으로 혜력(蟿蚸 : 방아깨비)이라 한다. '토종(土螽)'은 황(蝗)과 비슷하고 작으며 지금 토걸(土蟪)이라 한다.

疏 부종(皇螽)의 무리가 그 종류가 실로 번잡한 것을 여기서 분별한 것이다. 『시경』은 소남 초충(草蟲)편의 문장.

긴인(蟜蚓)은 견잠(螼蚕 : 지렁이)이다.

蟜蚓 螼蚕

注 곧 원선(蚓蟺 : 지렁이)이다. 강동 지방에서는 한인(寒蚓)이라 부른다.

疏 긴인(蟜蚓)은 일명 견잠(螼蚕)이고 '원선'이며 『광아』의 「蚓蟺蚯蚓」이다. 『예기』 월령(月令)편에 「四月蚯蚓出 十一月蚯蚓結」이라 했다.

막학(莫貈)은 당랑(蟷蜋 : 사마귀)이고 모(蟊)이다.

莫貈 蟷蜋 蟊

注 당랑(蟷蜋)은 도끼가 있는 벌레이다. 강동 지방에서는 석랑(石蜋)이라 부른다. 손숙연(孫叔然)이 방언(方言)으로써 이 뜻을 설명했으나 또한 적절하지 못하다.

疏 막학(莫貈)은 일명 당랑(蟷蜋), 일명 모(蟊)인데 위의 문장에 지나지 않는다.

정형(虰蛵)이고 부로(負勞 : 잠자리)이다.

虰蛵 負勞

注 혹은 곧 청령(蜻蛉)이다. 강동 지방에서 호리(狐棃)라고 부른다고 했는데 들은 바가 없다.

疏 곧 청령(蜻蛉)으로 발이 6개이고 날개가 4개인 곤충이다. 일명 정형(虰蛵), 일명 부로(負勞)이다.

함(蝓)은 모두(毛蠹 : 쐐기)이다.

蝓 毛蠹

注 곧 쐐기이다.

疏 함(蛤)은 일명 모두(毛蠹)이고 곧 자(蛓)이다.『설문』에 「자(蛓)는 쐐기이다」라 했다. 지금 세상에서 풀쐐기가 사람을 쏜다고 한다.

묵(蟔)은 점사(蛅蟖 : 쐐기)이다.

蟔 蛅蟖

注 쐐기 종류이다. 지금 청주인(靑州人)들은 자(蛓)를 점사(蛅蟖)라고 부른다. 손숙연(孫叔然)은 「팔각(八角) 사충(蟖蟲)」이라 했는데 잘못되었다.

疏 묵(蟔)은 일명 점사(蛅蟖)이며 곧 쐐기의 일종이다. 청주인(靑州人)들이 점사(蛅蟖)라고 한다. 손숙연의 말이 잘못됐다고 한 것은 모충(毛蟲)이 어찌 八角에 미치겠는가. 그러므로 잘못이라 했다.『자림(字林)』에 「蟲行毒也」라 했다.

번(蟠)은 서부(鼠負 : 쥐며느리)이다.

蟠 鼠負

注 옹기(甕器) 밑의 벌레.

疏 이것은 아래의 이위(蚍威)나 위서(委黍)와 한 가지이므로 아래 위서(委黍)의 주석에는 「옛말에 서부(鼠婦)라고 했다. 이름은 일명 번(蟠), 일명 서부(鼠負)라 한다. 부(負)는 혹은 부(婦)이다」라고 했다.『본초』에 「일명 蚍威이고 일명 委黍이다」라 했다. 蜎는 혹 婦.『시경』동산(東山)에 「伊威在室」이라 했다.

음(蟫)은 백어(白魚 : 좀)이다.

蟫 白魚

注 옷이나 책 가운데의 벌레로 일명 병어(蛃魚)라 한다.

疏 이것은 옷이나 책 속의 벌레(좀)이다. 일명 음(蟫), 일명 백어(白魚), 일명 병어(蛃魚)이다.『본초』에는 「의어(衣魚)이다」라 했다.

아(蛾)는 라(羅 : 누에나방)이다.

蛾 羅

注 누에나방〔蠶蛾〕이다.

疏 이것은 곧 누에번데기가 변한 것이다.『설문』에 「蛾羅也」라 했다.

한(螒)은 천계(天雞 : 베짱이)이다.

螒 天雞

注 작은 벌레로 몸체가 검고 머리가 붉으며 일명 사계(莎雞 : 베짱이) 또는 저계(樗雞)라 한다.

疏 이것은 검은 몸체에 머리가 붉은 조그마한 벌레이다. 일명 한(螒), 일명 천계(天雞), 일명 사계(莎雞)이고 일명 저계(樗雞)이다. 이순은 「일명 산계(酸雞)라 한다」고 했다.『시경』빈풍 칠월(七月)편에 「六月莎雞振羽」라 했다.

부부판(傅負版 : 未詳) 이고, 강(强)은 기(蚚 : 쌀바구미) 이다.

傅負版 强蚚

注 부부판(傅負版)은 무슨 벌레인지 자세하지 않다. 강(强)은 추랄(醜捋 : 바구미) 이다.

疏 강(强)은 벌레 이름이다. 일명 기(蚚) 라 하는데 스스로 비비고 만지기를 좋아 하는 것으로 대개 승(蠅)의 종류이다.

열상하(蚐螚何 : 未詳) 이고 회(魂)는 용(蛹 : 번데기) 이다.

蚐螚何 魂蛹

注 열상하(蚐螚何)는 자세하지 않다. 회(魂)는 누에번데기이다.

疏 곧 누에가 변한 것이다. 일명 회(魂) 이고 또 용(蛹) 이라 한다.

현(蜆)은 의녀(縊女 : 목매 죽는 벌레) 이다.

蜆 縊女

注 작고 검은 벌레로 머리가 붉으며 스스로 목매 죽으므로 의녀(縊女) 라 한다.

疏 현(蜆)은 작고 검은 벌레이다. 머리가 붉고 스스로 목매달기를 좋아하므로 이 름을 의녀(縊女) 라 한다.

비부(蚍蜉)는 대의(大螘 : 왕개미) 이고 작은 것은 의(螘 : 개미) 이며 롱(蠪)은 정의(打螘 : 붉은개미) 이다. 위(蟲)는 비의 (飛螘 : 날개미)인데 그 알은 지(蚳 : 개미알) 이다.

蚍蜉大螘 小者螘 蠪打螘 蟲飛螘 其子蚳

注 비부(蚍蜉)는 세상에서 마비부(馬蚍蜉 : 말개미)라 한다. 제(齊)나라 사 람들은 의(螘)를 의양(蟻蚌) 이라 부른다. 롱(蠪)은 붉고 얼룩얼룩한 비 부(蚍蜉) 이다. 위(蟲)는 날개가 있는 날개미이다. 지(蚳)는 개미알이다. 『주례(周禮)』에 「蠲蚳醬」이 있다.

疏 여기서는 여러 개미와 그 알의 이름을 분별했다. 의(螘)는 개미의 통속적인 이름 이다. 그런 것을 별도 이름으로 비부(蚍蜉) 라 하고 세속에서는 마비부(馬蚍蜉) 라 한다. 작은 것은 이름을 의(螘) 라 하는데 제나라 사람들은 의양(蟻蚌)이라 한다. 『주례』 해인직(醢人職)을 참고하면 「饋食之豆蠲蚳醢」라 했는데 「醢則 醬之有肉」이므로 이에 醬이라 했다.

차추(次蟲)는 지주(鼄蟊 : 거미) 이고 지주는 주모(蟊蟊 : 거 미) 이고 토지주(땅거미) 이고 초지주(풀거미) 이다.

次蟲 鼄蟊 鼄蟊 蟊蟊 土鼄蟊 草鼄蟊

注 주모(蟊蟊)는 지금 강동 지방에서 체모(蝃蟊) 라고 한다. 토지주(土鼄蟊) 는 땅속에 거미줄을 치고 있는 것이다. 초지주(草鼄蟊)는 거미줄을 풀위 에 두르고 있는 것이다.

疏 이것은 거미의 방언과 땅이나 풀에 있는 것의 이름을 구분한 것이다. 차추(次蟊)는 거미의 별명이다.

토봉(土蠭 : 땅벌)과 목봉(木蠭)이다.
土蠭 木蠭

注 토봉은 지금 강동 지방에서는 대봉(大蠭)이라 부른다. 땅속에다 방을 만들고 있는 것을 토봉이라 한다. 그 꿀을 먹는예 곧 마봉(馬蠭)이다. 지금 형파(荊巴) 사이에서는 선(蟺)이라 한다. 목봉은 토봉 비슷한데 작고 나무 위에 집을 짓고 있다. 강동 지방에서는 또한 목봉이라 부른다. 그 꿀을 먹을 수 있다.
疏 이것은 벌이 흙에 있고 나무에 있는 것이 다름을 구분한 것이다.『설문』에「벌은 날아다니는 벌레이며 사람을 쏜다. 그 모양이 크고 땅속에 집을 짓고 있으며 그 꿀을 먹는 것을 토봉(土蠭)이라 한다. 또 마봉(馬蠭)이라고도 이름한다. 지금 형파(荊巴) 사이에서는 선(蟺)이라 한다. 그 형상이 작고 나무 위에 방을 만드는 것을 목봉(木蠭)이라 한다. 또한 그 꿀도 먹는다」고 했다.

비(蟦)는 제조(蠐螬 : 굼벵이)이고 추제(蝤蠐 : 나무좀)는 할(蝎 : 뽕나무좀)이다.
蟦 蠐螬 蝤蠐 蝎

注 비(蟦)는 더러운 흙 속에 있는 굼벵이이다. 추제(蝤蠐)는 나무 속에 있는 굼벵이이며 지금은 할(蝎)로 통한다. 있는 곳이 다를 뿐이다.
疏 이것은 할(蝎)이 흙 속이나 나무 속에 있으므로 인하여 이름이 다른 것을 구별했다. 더러운 흙속에 있는 것을 비제(蟦蠐)라 하고 또 제조(蠐螬)라고도 한다. 그 나무 속에 있는 것을『방언』에「관동(關東) 지방에서는 추제(蝤蠐)라 하고 양익(梁益) 사이에서는 할(蝎)이라 한다」고 했다.

이위위서(蚍威委黍)이고, 소소(蠨蛸)는 장기(長踦 : 발이 긴 거미)이다.
蚍威委黍 蠨蛸 長踦

注 이위위서(蚍威委黍)는 무슨 벌레인지 자세하지 않지만 옛말에 '서부(鼠婦)'라고 했다. 소소(蠨蛸)는 작은 거미로 다리가 길다. 세속에서는 희자(喜子)라고 부른다.
疏 작은 거미로 다리가 긴 것을 일명 소소(蠨蛸), 일명 장기(長踦)라 하고 세속에서는 희자(喜子)라 부른다.『시경』빈풍 동산(東山)편에「蠨蛸在戶」라 했다.

질유지장(蛭蟓至掌 : 未詳)이고, 국맥(國貉)은 충향(蟲蠁 : 번데기)이다.
蛭蟓至掌 國貉 蟲蠁

注 질유지장(蛭蟓至掌)은 무슨 벌레인지 자세하지 않다. 국맥(國貉)은 지금 용

충(蛹蟲 : 번데기)을 향(蠁)으로 여긴다.『광아』에「土蛹蠁蟲」이라 했다.

疏 이는 용충(蛹蟲)이다. 지금 세상에서 향(蠁)이라 하고 일명 국맥(國貉)이라 하고 일명 충향(蟲蠁)이라 한다.『설문』에는「知聲蟲也」라 했다.

확(蠖)은 척확(蚇蠖 : 자벌레)이다.

蠖 蚇蠖

注 지금의 즉취(蝍蝛)이다.

疏 확(蠖)은 일명 척확(蚇蠖)이다.『설문』에「확(蠖)은 몸을 구부렸다 폈다 하는 벌레이다」라 했다.『주역』계사전에「尺蠖之屈 以求信者」라 했다.

과라(果蠃)는 포로(蒲盧 : 나나니벌)이고 명령(螟蛉)은 상충(桑蟲)이다.

果蠃 蒲盧 螟蛉 桑蟲

注 과라는 곧 세요봉(細腰蜂)이다. 세상에서 예옹(蠮螉)이라 한다. 명령(螟蛉)은 세상에서 상만(桑蟃)이라 하고 또한 융녀(戎女)라고도 한다.

疏 『시경』소아 소완(小宛)편에「螟蛉有子 果蠃負之」라 했다. '과라'는 일명 포로(蒲盧)로 곧 세요봉(細腰蜂)이다. 육기는「명령(螟蛉)은 뽕 위의 작고 푸른 벌레이다」라 했다.

할(蝎)은 상두(桑蠹 : 뽕나무굼벵이)이고 형화(熒火)는 즉조(卽炤 : 반딧불이)이다.

蝎 桑蠹 熒火 卽炤

注 할(蝎)은 곧 길굴(蛣蜛 : 나무좀)이다. 형화(熒火)는 밤에 날아다니는데 배 아래에 불이 있다. 반딧불이.

疏 형화(熒火)는 일명 즉조(卽炤)이다. 밤에 날면 배 아래에 불이 있는 벌레이다. 『본초』에「夜光」이라 했다.『예기』월령 계하(季夏)에「썩은 풀이 형(熒)이 된다」고 했다. 풀이 썩을 때는 더위와 습기가 있어야 한다. 형(熒)이 되려면 가을에 이르러 하늘이 침음(沈陰)해지고 자주 비가 내리면 형화(熒火)가 밤에 나는 때이다.『시경』빈풍 동산(東山)편에「燿燿宵行」이라 했다.

밀기계영(密肌繼英 : 未詳)이고, 액(蚅)은 오촉(烏蠋 : 뽕나무벌레)이다.

密肌繼英 蚅 烏蠋

注 밀기계영(密肌繼英)은 무슨 벌레인지 자세하지 않다. 액(蚅)은 큰 벌레이며 손가락 만하고 누에와 비슷하다.『한비자』에 나와 있다.

疏 액(蚅)은 일명 오촉(烏蠋)이다. 모양이 누에와 비슷하고 크며 손가락과 같다. 『시경』대아 한혁편에「條革金厄」이라 했다.『한비자』는 내저설편이다.

몽(蠓)은 멸몽(蠛蠓 : 하루살이)이다.

蠓 蠛蠓

注 몽(蠓)은 작은 벌레이며 모기와 비슷한데 어지럽게 날기를 좋아한다.

疏 작은 벌레이며 모기와 비슷하고 어지럽게 날아다니는데 이름을 몽(蠓)이라 하고 또 멸몽(蠛蠓)이라고도 한다. 『열자(列子)』에 「生朽壤之上因雨而生得陽而死一名醯雞」라 했다.

왕질탕(王蛭蜴 : 땅왕거미)이다.

王蛭蜴

注 질당(蛭蟷)이고 거미와 비슷한데 구멍 속에 있으며 덮개가 있다. 지금 하북(河北) 사람이 '질탕(蛭蜴)'이라 부른다.

疏 이것은 지주(蜘蛛)의 일종이다. 일명 질당(蛭蟷)이고 구멍에서 살며 구멍에 그물을 치고 구멍의 입구에 뚜껑을 덮고 있다.

상(蠶)은 상견(桑繭)이고 수유(雔由)는 저견(樗繭)이고 극견(棘繭)이고 난견(欒繭)이고 항(蚢)은 소견(蕭繭 : 쑥누에)이다.

蠶 桑繭 雔由 樗繭 棘繭 欒繭 蚢蕭繭

注 '상(蠶)'은 뽕잎을 먹고 고치를 만든 것으로 곧 지금의 누에고치. '수유(雔由)'는 가죽나무 잎을 먹고 고치를 만든 것, '극견(棘繭)'은 가시나무 잎을 먹은 누에고치, '난견(欒繭)'은 난나무의 잎을 먹고 지은 누에고치, '항(蚢)'은 쑥을 먹고 지은 누에고치로 다 누에의 종류이다.

疏 이것은 모두 누에의 종류이며 고치를 만드는 것으로 누에가 먹는 나무의 잎에 따라 그 이름이 다른 것을 말한 것이다.

자추(蠾醜)는 하(鏄)이고 종추(螽醜)는 분(奮)이고 강추(强醜)는 랄(捋)이고 봉추(蠭醜)는 유(螫)이고 승추(蠅醜)는 선(扇)이다.

蠾醜鏄 螽醜奮 强醜捋 蠭醜螫 蠅醜扇

注 '자추(蠾醜)'는 어미의 등을 가르고 태어난다. '종추(螽醜)'는 떨쳐 일어나 소리 내기를 좋아한다. '강추(强醜)'는 다리로써 마찰하기를 좋아한다. '봉추(蠭醜)'는 아랫배가 늘어져 있다. '승추(蠅醜)'는 날개 흔드는 것을 좋아한다.

疏 이것은 벌레의 무리가 태어나는 것과 좋아하는 것의 형상이 같지 않은 것을 구분했다. 자(蠾)는 비(飛 : 날다)이고 추(醜)는 유(類)이다. 이 벌레의 무리로서 날 수 있는 것은 선(蟬)의 종류이며 다 어미의 등을 쪼개고 구멍을 만들어 나온다. 종황(螽蝗)의 종류는 떨쳐 일어나 소리를 내며 날아다니는 것을 좋아한다. 강탁(强坼)의 종류는 다리 마찰하기를 좋아하고 봉(蠭)의 종류는 그 아

랫배를 늘어뜨리고 휴식하기를 좋아한다. 『설문』에 「螸垂腴也」라 했는데 유(腴)는 아랫배가 살져 쳐진 것이다. 쉬파리의 종류는 날개를 떨어 스스로 부채질한다.

묘심(苗心 : 벼의 속줄기)을 먹는 것은 명(螟 : 멸구)이고 잎을 먹는 것은 특(蟘)이고 마디를 먹는 것은 적(賊)이고 뿌리를 먹는 것은 모(蟊)이다.

食苗心螟 食葉蟘 食節賊 食根蟊

注 벌레가 벼의 각 부위를 먹는데 따른 명칭을 분별했다. 『시경』에 보인다.

疏 이것은 벌레가 벼를 먹는 부위에 따른 이름을 구별한 것이다. 이순(李巡)은 「'食禾心爲螟' 은 그 간사한 멸구를 말한 것인데 명(螟)은 알기가 어렵다. '食禾葉者' 는 빌리는 것을 싫어하는 것이 없는 것으로 특(蟘)이다. '食禾節者' 는 탐하고 사나운 것을 말한 것으로 적(賊)이라 했다. '食禾根者' 는 세금을 만민의 재화에서 취하는 것으로 모(蟊)라고 했다」고 했다. 『시경』 소아 대전(大田)편에 「去其螟螣 及其蟊賊 無害我田穉」라 했다.

발이 있는 것을 충(蟲)이라 이르고 발이 없는 것을 치(豸)라고 한다.

有足謂之蟲 無足謂之豸

疏 이것은 대구(對句)를 맞춘 문장이다. 운률을 맞추지 않고 말하면 발이 없는 것도 또한 충(蟲)이다. 『예기』 월령(月令)에 「春日其蟲鱗」이라 했고 정현의 주석에 「龍蛇之屬」이라 했다.

제17편 석어(釋魚)

　『설문』을 참고하면 "어(魚 : 고기)는 물속의 벌레이다."라 했다.

　이것은 차례가 경전(經傳)에 나타난 것을 해석한 것으로 고기의 이름을 다 기록하지 않았으며 덧붙여 거북이나 용이나 조개나 자라의 무리도 기록했다.

　이것은 다 비늘이나 껍질을 가진 것이 아니지만 또한 고기의 종류이므로 그것들을 총괄하여 '석어(釋魚)'라고 했다.

이(鯉 : 붉은 잉어) 이다.

鯉

注 지금의 붉은 잉어이다.

疏 지금의 적리어(赤鯉魚) 이다. 『시경』 진풍(陳風) 형문(衡門) 편에 「豈其食魚必河之鯉」라 했다.

전(鱣 : 전어, 철갑상어) 이다.

鱣

注 전어는 큰 고기이다. 심어(鱏魚) 와 비슷하고 코가 짧으며 입이 턱 아래에 있고 몸체를 기울여서 다니며 갑옷이 있고 비늘이 없으며 고기는 노랗다. 큰 것은 길이가 20자에서 30자나 된다. 지금 강동 지방에서는 황어(黃魚) 라고 부른다.

疏 전어의 설명은 주(注)에 뜻이 잘 풀이되어 있다. 육기(陸機)는 「전어는 강해

(江海)에서 3월 중에 나와 하수(河水) 아래에서 위로 올라온다」고 했다. 『시경』 위풍(衛風) 석인(碩人)편에 「鱣鮪發發」이라 했다.

언(鰋 : 메기) 이다.
鰋

注 지금 언(鰋)은 액백어(額白魚 : 메기) 이다.
疏 곽박이 말한 「금언액백어(今鰋額白魚)」는 곽박이 눈으로 보고 말한 것이다. 『시경』 주송신공 잠(潛)편에 「鰷鱨鰋鯉」라 했다.

점(鮎 : 메기) 이다.
鮎

注 별명으로 제(鯷)라 한다. 강동 지방에서는 통속적으로 점(鮎)을 이(鯷) 라고 한다.
疏 곽박은 별명이 제(鯷)라고 했다.

례(鱧 : 가물치) 이다.
鱧

注 동(鮦) 이다.
疏 지금의 동어(鮦魚) 이다. 『시경』 소아에 「魚麗于罶魴鱧」라 했다. '鱧'과 '鮦' 은 음과 뜻이 같다.

혼(鯇 : 완어) 이다.
鯇

注 지금의 선어(鱓魚)로 준어(鱒魚)와 비슷하고 크다.
疏 『사인(舍人)』에 「례(鱧)는 일명 혼(鯇) 이다」라고 했는데 곽박이 그 뜻을 취 하지 않았다.

사(鯊)는 타(鮀 : 모래무지) 이다.
鯊 鮀

注 지금 모래를 부는 작은 고기로 몸체가 둥글고 점무늬가 있다.
疏 사(鯊)는 일명 타(鮀) 이다. 『시경』 소아 어리편에 「魚麗于罶鱨鯊」라 했다. 고 기가 홀쭉하고 작은데 항상 모래를 불기 때문에 곽박이 「今吹沙小魚也」라 했다.

수(鮂)는 흑자(黑鰦 : 검은 버들치) 이다.
鮂 黑鰦

注 곧 백조어(白鯈魚 : 흰 버들치) 이다. 강동 지방에서는 수(鮂) 라고 부른다.
疏 수(鮂)는 일명 흑자(黑鰦) 이다. 곽박이 「백조어(白鯈魚) 이다. 강동 지방에서

는 수(鮂)라 부른다」고 한 것은 당시의 증거를 보고 말한 것이다.『시경』주송 신공 잠(潛)편에「鰷鱨鰋鯉」라 했다.

습(鰼)은 추(鰌 : 미꾸라지)이다.
鰼 鰌
🈂️지금 진흙 속의 미꾸라지이다.
🈂️습(鰼)은 일명 추(鰌 : 미꾸라지)이며 지금 진흙 속의 미꾸라지이다. 진흙 속에 구멍을 파는 습성 때문에 이름을 얻었다.

견(鰹)은 대동(大鮦 : 가물치)이고 작은 것은 탈(魠 : 작은 가물치)이다.
鰹 大鮦 小者 魠
🈂️지금 청주(靑州) 지방에서는 작은 가물치〔小鱺〕를 탈(魠)이라고 부른다.
🈂️이것은 위의 례(鱺 : 가물치)이다. 그 큰 것을 견(鰹)이라 하고 작은 것을 탈(魠)이라 한다. 그러므로 주에 '지금 청주 지방에서 소례(小鱺)를 탈(魠)이라 한다'고 했다. '鮦'와 '鱺'는 음과 뜻이 같다.

비(魾)는 대화(大鱯 : 방어)이고 작은 것은 조(鮡 : 방어 새끼)이다.
魾 大鱯 小者 鮡
🈂️화(鱯)는 메기와 비슷하고 크며 흰색이다.
🈂️화(鱯)는 고기 이름이다. 메기와 비슷하고 크며 흰색으로 '화'의 큰 것을 별명으로 비(魾)라 하고 작은 것을 별명으로 조(鮡)라 한다.

호(鰝)는 대하(大鰕 : 고래)이다.
鰝 大鰕
🈂️하(鰕 : 고래)는 큰 것이 바닷속에서 나오는데 길이가 20자에서 30자쯤 되고 수염의 길이도 여러 자나 된다. 지금 청주(靑州) 지방에서는 하어(鰕魚)를 호(鰝)라고 부른다.
🈂️하(鰕)의 큰 것은 길이가 20자 내지 30자 정도나 되고 수염의 길이가 여러 자나 된다. 이 같은 종류를 호(鰝)라고 부른다.

곤(鯤)은 어자(魚子 : 물고기 알)이다.
鯤 魚子
🈂️무릇 물고기 알의 총칭을 곤(鯤)이라 한다.
🈂️무릇 물고기 알을 모두 곤(鯤)이라 한다.『시경』에「其魚魴鰥」이 있는데 정현(鄭玄)은「환(鰥)은 어자(魚子)이다. 곤(鯤)과 환(鰥)이 글자가 서로 다르나 옛날에는 서로 통용했다」고 했다.

기(鱀)는 시축(是鱁 : 상어)이다.

鱀 是鱁

注 기(鱀)는 상어의 종류이다. 몸체가 두렁허리와 비슷하고 꼬리는 국어(鮈魚)와 같으며 배가 크고 입은 작고 뾰족하다. 긴 이가 벌어져 상하로 나서 서로 아물면 코가 이마 위에 있어 능히 소리를 낸다. 고기가 연하고 기름기가 많으며 태생(胎生)한다. 건강하고 작은 고기를 먹으며 큰 것은 길이가 10자 정도이고 장강(長江)에 많이 있다.

疏 기(鱀)는 일명 축(鱁)이며 착(䱜)의 무리라고 한 것은 몸체가 두렁허리와 비슷하기 때문이다. 『자림(字林)』에는 「심(鱏)은 장비어(長鼻魚)이며 무게가 천근이다」라 했다.

승(鱦)은 작은 고기(물고기 새끼)이다.

鱦 小魚

注『가어(家語)』에 「그 작은 것은 승어(鱦魚)이다」라고 했다. 지금 강동 지방에서는 고기 새끼가 아직 자라지 않은 것을 승(鱦)이라고 한다.

疏 승(鱦)은 작은 고기의 이름이다.

락(鮥)은 숙유(鮛鮪 : 작은 참치)이다.

鮥 鮛鮪

注 유(鮪)는 전어의 종류이다. 큰 것은 왕유(王鮪)라 하고 작은 것을 숙유(鮛鮪)라고 한다. 지금 의도군(宜都郡) 자경문(自京門)의 장강(長江) 속에서 심전(鱏鱣)의 고기가 나오는데 한 마리의 고기 형상이 전(鱣)과 비슷하고 작다. 건평(建平) 사람들이 낙자(鮥子)라고 부르는데 곧 이 고기이다.

疏 곽박의 뜻에 갖추어져 있다. 육기는 「鮪魚는 모양이 鱣과 비슷하며 청흑색이다. 머리는 작고 뾰족하며 철투구 비슷하고 입은 이마 아래에 있다. 그 갑옷으로 생강을 갈 수 있다. 큰 것이 7～8자가 넘지 않는다」고 했다.

구(鮥)는 당호(當魱 : 준치)이다.

鯦 當魱

注 바다 고기이다. 방어와 비슷한데 큰 비늘이 있고 살졌으며 가시가 굳센 것이 많다. 지금 강동 지방에서는 그 가장 큰 것의 길이가 3자 정도 되는 것을 당호(當魱)라고 부른다.

疏 구(鯦)는 일명 당호(當魱)이며 바다 고기이다.

렬(鱲)은 멸도(鱲刀 : 갈치)이다.

鱲 鱲刀

注 지금의 제어(鮆魚 : 갈치)이다. 또한 도어(魛魚 : 갈치)라고 부른다.
疏 렬(鱲)은 일명 멸도(鱲刀)이다.『설문』에는「鮆飮而不食刀魚也」라 했다. 구강(九江)에 다 있는데 또한 도어(魛魚)라고 부른다.

훌보궤추(鱊鮬鱖鯞 : 쏘가리 새끼)이다.

鱊鮬鱖鯞

注 작은 고기이다. 부자(鮒子 : 붕어 새끼)와 비슷하고 검다. 세속에서는 위어비(爲魚婢)라고 부른다. 강동 지방에서는 위접어(爲妾魚)라고 부른다.
疏 곽박이「작은 고기이며 붕어 새끼와 비슷하고 검다」고 했다.『광아』에「鮒鱝也」라 했다. 이 고기는 그 작은 것과 비슷하다. 그러므로 붕어 새끼 비슷하고 검은색으로 다르게 삼았다.

힘이 있는 고기가 휘(鮠 : 힘센 고기)이다.

魚有力者鮠

注 강하고 크며 힘이 센 것이다.
疏 무릇 고기가 강하고 크며 힘이 세어 모든 고기와 다른 것을 휘(鮠)라고 한다.

분(魵)은 하(鰕)이다.

魵 鰕

注 예사두(穢邪頭)의 나라에서 나온다.『여씨자림(呂氏字林)』에 나와 있다.
疏 분어(魵魚)는 일명 하(鰕)이다. 곽박이 예사두국(穢邪頭國)에서 나오고『여씨자림』에 보인다고 한 것은『설문』에도 이와 같다.

필(鮅)은 준(鱒 : 송어)이다.

鮅 鱒

注 완어 새끼와 비슷하고 눈이 붉다.
疏 필(鮅)은 일명 준(鱒)이다.『시경』빈풍 구역(九罭)편에「九罭之魚鱒魴」이라 했다. 육기는「준어는 완어 비슷하고 비늘이 완어보다 가늘며 눈이 붉다」고 했다.

방(魴)은 비(鮏 : 방어)이다.

魴 鮏

注 강동 지방에서는 방어(魴魚)를 편(鯿)이라 부르고 일명 비(鮏)라고도 한다.
疏 방(魴)은 일명 비(鮏)이며 강동 지방에서는 편(鯿)이라고 부른다.『시경』제풍 폐구(敝笱)편에「其魚魴鰥」이라 했다.

여래(鮯鰊 : 未詳)이고, 연(蜎)은 현(蠉 : 장구벌레)이다.

鮯鰊 蜎蠉

注 여래(鮯鰊)는 무슨 고기인지 자세하지 않다. 연(蜎)은 우물 속의 작은 장구벌레로 붉은 벌레이며 일명 혈궐(孑孒)이라 한다고 『광아』에서 말했다.

疏 연(蜎)은 우물 속의 작은 적충(赤蟲)이다. 일명 현(蠉)이라 하고 또 길궐(蛣蠉)이라고 한다. 또 일명 혈궐(孑孒)이라 한다.

질(蛭)은 기(蟣 : 거머리)이다.

蛭 蟣

注 지금 강동 지방에서는 물속의 질충(蛭蟲 : 거머리)이 사람의 살 속으로 들어온 것을 기(蟣)라고 한다.

疏 이것은 물속의 벌레로 사람의 살 속으로 들어온 것을 강동 지방에서는 기(蟣)라고 부른다고 했다. 『본초』에 「수질(水蛭)을 일명 마기(馬蟣)라 한다」고 했다.

과두(科斗)는 활동(活東 : 올챙이)이다.

科斗 活東

注 하막자(蝦蟆子 : 올챙이)이다.

疏 곽박이 「하막자(蝦蟆子)」라고 했다. 이 벌레는 일명 과두(科斗), 일명 활동(活東)으로 머리가 둥글고 크며 꼬리는 가늘어 옛날의 글자와 비슷하다. 그러므로 공안국(孔安國)은 「과두(科斗)문자가 다 이것이다」라고 했다.

괴륙(魁陸 : 살조개)이다.

魁陸

注 『본초』에 「괴(魁)는 모양이 바다조개와 같고 둥글며 두텁다. 겉에 결이 가로 세로로 있는데 곧 지금의 감(蚶 : 새고막)이다」라 했다.

疏 곧 지금의 괴합(魁蛤 : 살조개, 안다미조개)이다.

도액(蝪蚅 : 未詳)이다. 거추(竈龜)는 섬제(蟾諸 : 두꺼비)이고 물에 있으면 맹(黽)이다.

蝪蚅 竈龜 蟾諸 在水者 黽

注 도액(蝪蚅)은 무슨 벌레인지 자세하지 않다. 거추(竈龜)는 하막(蝦蟆)과 비슷한데 육지에서 살며 회남(淮南)에서는 거보(去蚥)라고 한다. 맹(黽)은 경맹(耿黽)이다. 청개구리 비슷하고 배가 크다. 일명 토압(土鴨)이다.

疏 이것은 많은 종류의 거추(竈龜)로 일명 섬제(蟾諸)이다. 곽박이 「하막(蝦蟆)과 비슷하고 육지에 살며 회남에서는 거보(去蚥)라고 한다」고 했으나 섬제(蟾

諸)는 하막(蝦蟆)이 아니다. 단지 서로 비슷할 따름이다.

폐(蜌)는 비(蠯 : 홍합)이다.

蜌 蠯

注 지금 강동 지방에서 방(蚌)이라 부른다. 길고 좁은 것을 비(蠯)라고 한다.

疏 폐(蜌)는 일명 비(蠯)이며 조개의 종류이다. 『설문』에 「긴 것이 비(蠯)이고 둥근 것이 흘(蟧)이다」라고 했다. 그 살로 젓을 담는다.

방(蚌)은 함장(含漿 : 큰 조개)이다.

蚌 含漿

注 방(蚌)은 곧 신(蜃 : 큰 조개)이다.

疏 『설문』에 「신(蜃)의 종류이다」라 했다. 곽박은 「신(蜃 : 큰 조개)이다」라 했다. 오래되어 진주를 만든 것으로 일명 방(蚌)이고 일명 함장(含漿)이다.

별(鱉 : 자라)이 발이 세 개인 것은 능(能)이고 구(龜 : 거북)가 발이 세 개인 것은 분(賁)이다.

鱉三足 能 龜三足 賁

注 『산해경』에 「從山多三足鱉 大苦山多三足龜(종산에 세 발 달린 자라가 많고 대고산에 세 발 달린 거북이 많다)」라 했다. 지금 오흥군(吳興郡) 양선현(陽羨縣)의 군산(君山) 위에 연못이 있고 연못 속에 세 발의 자라가 나온다. 또 눈이 여섯인 거북도 있다.

疏 자라나 거북은 다 발이 네 개인데 발이 세 개라는 것은 이상한 것으로 그 이름을 다르게 한 것이다. 자라가 발이 세 개인 것은 능(能)이라 이름하고 거북이 발이 세 개인 것은 분(賁)이라고 이름한다.

부라(蚹蠃)는 이유(蜾蠃 : 달팽이)이다.

蚹蠃 蜾蠃

注 곧 와우(蝸牛 : 달팽이)이다.

疏 부라(蚹蠃)는 일명 이유(蜾蠃)이다. 곽박은 곧 '달팽이'라고 했다.

라(蠃 : 고둥, 큰 조개)는 작은 것을 함(蛹)이라 한다.

蠃 小者 蛹

注 라(螺)는 큰 것은 말〔斗〕만 하고 일남창(日南漲)의 바다 가운데에서 나

오는데 술잔을 만든다.

疏 라(蠃)와 라(螺)는 음과 뜻이 같다. 그 작은 것을 함(蚶)이라고 한다.

활택(蛞蟹)은 작은 것을 로(螺)라고 한다.

蛞蟹 小者 螺

注 소라의 종류이다. 『비창(埤蒼)』에 나와 있다. 어떤 사람은 「곧 팽활(彭蛞)이다. 게와 비슷하고 작다」라 했다.

疏 활(蛞)은 팽활(彭蛞)이다. 게와 같고 작으며 일명 택(蟹)이라 한다. 그 작은 것을 별명으로 로(螺)라 한다. 『비창(埤蒼)』을 참고하면 「소라 종류이다」라 했다. 곽박이 두 가지 주장을 따랐다.

신(蜃)은 작은 것을 요(珧)라고 한다.

蜃 小子 珧

注 요옥(珧玉)이며 요(珧)는 곧 작은 조개이다.

疏 신(蜃)은 큰 조개이다. 『예기』 월령에 「孟冬之月雉入大水爲蜃」이라 했다. 그 작은 것을 珧라 하고 일명 玉珧라 한다. 차는 칼을 꾸민다.

구(龜 : 거북)는 엎드린 것이 령(靈)이고 우러르는 것이 사(謝)이고 앞으로 덮은 것이 과(果)이고 뒤로 덮은 것이 렵(獵)이고 왼쪽으로 흘기는 것이 불류(不類)이고 오른쪽으로 흘기는 것이 불약(不若)이다.

龜 俯者靈 仰者謝 前弇諸果 後弇諸獵 在 倪不類 右倪不若

注 '령(靈)'은 머리를 낮게 하고 다니는 거북. '사(謝)'는 머리를 들어 하늘을 보고 다니는 거북. '과(果)'는 집이 앞으로 긴 것. '렵(獵)'은 갑옷이 뒤로 긴 것. '불류(不類)'는 다니는데 머리가 왼쪽이 낮은 것으로 지금 강동 지방에서는 왼쪽으로 먹는 것은 껍질을 점치는데 쓴다고 한다. '불약(不若)'은 다니는데 머리가 오른쪽이 낮은 것으로 우식(右食)을 삼는데 껍질의 모양이 다 그렇다.

疏 이것은 거북이 엎드리고 우러러 보고 앞과 뒤와 왼쪽과 오른쪽의 그 모양이 같지 않으면 그 이름도 같지 않은 것을 말한 것이다. 구(龜)라고 한 것은 모든 거북을 제목한 것이다. 『주례』에 「天龜日靈屬 地龜日繹屬 東龜日果屬 南龜日獵屬 西龜日靁屬 北龜日若屬」이라 했다. 정현의 주에 「屬은 한 가지가 아니라는 말이다. 색으로 구별하면 天龜는 玄, 地龜는 黃, 東龜는 靑, 西龜는 白, 南龜는 赤, 北龜는 黑이다」라 했다.

패(貝)는 땅에 있는 것이 표(賦)이고 물에 있는 것이 함(蝛)이고 큰 것이 항(魧)이고 작은 것이 적(蜻)이고 현패(玄貝)는 이패(貽貝)이고 여지황(餘蚳黃)은 백문(白文)이고 여천백(餘泉白)은 황문(黃文)이다. 파(蚆)는 넓고 규(顈 : 튀어나오다)하며 곤(蚋)은 크고 거칠며 책(蟶)은 작고 길쭉하다.

貝 居陸賦 在水者蝛 大者魧 小者蜻 玄貝 貽貝 餘蚳黃 白文 餘泉白 黃文 蚆博而顈 蚋大而險 蟶小而楕

注 육(陸)과 수(水)가 이름이 다르다. 조개 속에 살점이 있어 과두(科斗)와 같은데 다만 머리와 꼬리가 있다. '항(魧)'은 『서경』의 대전(大傳)에 「大貝如車渠」라 했다. 차거(車渠)는 차망(車輞)을 말하고 곧 항(魧)의 종류이다. '적(蜻)'은 지금의 가는 조개로 또한 자주색이 있는데 일남(日南)에서 나온다. '현패(玄貝)'는 흑색의 조개이다. '여지황(餘蚳黃)'은 노란색 바탕에 흰색 점무늬가 있다. '여천백(餘泉白)'은 흰색 바탕에 노란색 점무늬가 있다. 지금의 자주색 조개로 자주색 바탕에 검은 반점이 있다. '규(顈)'는 중앙이 넓고 양쪽의 머리가 뾰족하다. '험(險)'은 더럽고 얇은 것이다. '책(蟶)'은 곧 위쪽이 작은 조개이다. '타(楕)'는 좁고 길다. 이상은 조개의 모양을 설명한 것이다.

疏 이것은 패(貝 : 조개)가 육지에 있거나 물에 있거나 크거나 작거나 문채가 같지 않은 것에 따라 이름이 다른 것을 설명한 것이다. 패(貝)는 모든 조개를 나열한 것이다. 『설문』에 「貝海介蟲也取其甲以飾器物」이라 했다. 옛날의 화폐(貨貝)로 주(周)나라에서는 천(泉)이 있었다. 진(秦)나라에 이르러 폐지되었는데 패(貝)는 화폐로 사용했다. 육지에 있는 것은 표(賦)라 이름하고 물속에 있는 것은 함(蝛)이라 이름한다. 지극히 큰 것은 항(魧)이라 하고 지극히 작은 것은 적(蜻)이라 한다. 검은색의 조개껍질은 이패(貽貝)이고 누런바탕에 흰 점무늬가 있는 것은 여지(餘蚳)이고 흰바탕에 노란 점무늬가 있는 것은 여천(餘泉)이고 중앙이 넓고 양쪽의 머리가 뾰족한 것은 파(蚆)이고 크고 더러우며 얇은 것은 곤(蚋)이며 작고 협소하고 긴 것은 책(蟶)이다. 『사인』에 「貝는 수중의 벌레이다」라 했다. 『시경』에 「成是貝錦」이라 했다.

영원(蠑螈 : 도룡류)은 석척(蜥蜴 : 도마뱀)이고 석척은 언전(蝘蜒)이고 언전은 수궁(守宮 : 도마뱀)이다.

蠑螈 蜥蜴 蜥蜴 蝘蜒 蝘蜒 守宮也

注 전하여 서로 해석되고 달라져 4가지 이름으로 구별된다.

疏 『시경』 소아 정월(正月)편에 「胡爲虺蜴」이 이것을 해석한 것이다. 영원

(蠑螈) 석척(蜥蜴) 언전(蝘蜓) 수궁(守宮)이 하나이며 형상이 서로 같은 종류로 4가지 이름이다. 『자림(字林)』에는 「蠑螈蛇醫也」라 했다. 『설문』에는 「在草曰蜥蜴 在壁曰蝘蜓」이라 했다.

질(蚨)은 악(蜇 : 독사)이다.

蚨 蜇

注 복(蝮)의 무리이다. 눈이 크고 가장 독이 많다. 지금 회남(淮南) 사람들이 악자(蜇子 : 독사)라 부른다.

疏 독사이다. 복훼(蝮虺)의 무리로 눈이 크고 독이 있다. 일명 질(蚨)이라 하고 또 악(蜇)이라 한다.

짐(螣)은 등사(螣蛇 : 용의 종류)이다.

螣 螣蛇

注 용(龍)의 종류이다. 능히 구름을 일으키고 안개 속에서 논다. 『회남자』에 망사(蟒蛇)라 했다.

疏 사(蛇)는 용과 비슷한 종류이다. 짐(螣)이라 이름하고 일명 등사(螣蛇)라 한다. 능히 구름을 일으키고 안개 속에서 논다. 『회남자』는 남명(覽冥)편.

망(蟒)은 왕사(王蛇 : 구렁이)이다.

蟒 王蛇

注 망(蟒)은 뱀의 가장 큰 것을 말하며 그것을 왕사(王蛇)라 한다.

疏 이는 뱀 가운데 가장 큰 것으로 망(蟒)이라 하고 또 왕사(王蛇)라 하는데 토등사(土螣蛇)와 다르다.

복훼(蝮虺 : 독사)는 넓이가 3치이고 머리크기가 엄지손가락과 같다.

蝮虺 博三寸 首大如擘

注 독사로 몸의 넓이가 3치, 머리 크기가 사람의 엄지손가락 만하다. 이러한 종류의 뱀을 '복훼(蝮虺)'라고 한다.

疏 박(博)은 광(廣)의 뜻이다. 수(首)는 두(頭)이다. 벽(擘)은 엄지손가락이다. 이와 같은 일종의 독사를 복훼(蝮虺)라고 하는데 몸의 넓이가 3치이고 그 머리의 크기가 엄지손가락 만하다. 『사인』에 「蝮은 일명 虺이다. 강회(江淮) 이남에서는 蝮이라 하고 이북에서는 虺라 한다」고 했다.

예(鯢 : 암고래)의 큰 것을 하(鰕 : 고래)라 한다.

鯢 大者謂之鰕

注 지금의 예어(鯢魚 : 고래)로 메기와 비슷하다. 발이 4개이고 앞은 큰 원숭
이 비슷하고 뒤는 개와 비슷하며 소리는 어린아이 울음소리가 나며 큰 것
은 길이가 8자에서 9자나 된다.

疏 예(鯢)는 암고래이다. 큰 것은 길이가 8~9자나 되고 별명으로 하(鰕)라 한다.

어침(魚枕 : 고기 머리)을 정(丁 : 고리, 걸이)이라 하고 고기의 내
장을 을(乙 : 내장)이라 하고 어미(魚尾)를 병(丙 : 꼬리)이라
이른다.

魚枕謂之丁 魚腸謂之乙 魚尾謂之丙

注 침(枕)은 어두(魚頭)의 골 속 형상이 전서(篆書)의 정(丁)자처럼 생겼
으므로 본뜬 것이다. 을(乙)은 고기의 창자가 전서의 을(乙)자와 비슷하
고 병(丙)은 고기의 꼬리가 병(丙)자처럼 생긴 것에서 비롯되었다. 『예
기』에 「魚去乙」이라 했는데 고기의 골체(骨體)가 다 병(丙)자와 정(丁)
자 모양을 한데서 기인했다.

疏 이것은 고기의 골형체와 내장과 꼬리의 이름을 해석한 것이다. 『예기』는 내칙의
문장이다.

첫째는 신구(神龜)요, 둘째는 영구(靈龜)요, 셋째는 섭구(攝
龜)요, 넷째는 보구(寶龜)요, 다섯째는 문구(文龜)요, 여섯째
는 서구(筮龜)요, 일곱째는 산구(山龜)요, 여덟째는 택구(澤
龜)요, 아홉째는 수구(水龜)요, 열번째는 화구(火龜)이다.

一曰神龜 二曰靈龜 三曰攝龜 四曰寶龜 五曰文龜 六曰筮龜 七曰山龜 八曰澤龜 九曰水龜 十曰火龜

注 '신구(神龜)'는 거북으로서 가장 신명(神明)한 것이다. '영구(靈龜)'는
배릉군(涪陵郡)에서 나온다. 큰 거북의 껍질로 점을 치는데 그 안의 글은
독모(蝳蝐)와 비슷하다. 세속에서 '영구'라고 부르는 것은 곧 지금의
觜蠵龜로 일명 靈蠵이고 능히 운다. '섭구(攝龜)'는 조그마한 거북이다.
배의 껍질에 굴곡이 있어 능히 스스로 폈다 닫았다하며 뱀을 먹는다. 강동
지방에서 능구(陵龜)라고 부른다. '보구(寶龜)'는 『서경』에 「遺我大寶

龜」라 했다. '문구(文龜)'는 껍질에 문채가 있다. 『하도(河圖)』에 「영구가 글을 짊어졌다」고 했는데 붉은 껍질에 푸른 무늬가 있다. '서구(筮龜)'는 항상 시초풀 속에 숨어 있는데 『구책전(龜策傳)』에 나와 있다. '산구(山龜)·택구(澤龜)·수구(水龜)·화구(火龜)'는 다 거북이 태어나는 곳을 말한 것이다. 화구(火龜)는 화서(火鼠)와 같다. 물(物)이 다른 기운을 머금은 것은 가히 항상 같은 이치로 미루어 볼 수 없는 것이므로 또한 괴이한 것이 없는 것이다.

疏 『주역』손괘(損卦) 육오(六五)효에 「十朋之龜弗克違」라 했는데 정현이 「이 '주역' 문장을 해석한 것이다」라고 했다.

제18편 석조(釋鳥)

『설문』에는 "조(鳥)라는 것은 깃이 있는 날짐승의 총칭이며 그의 상형문자이다."라 했다.

『춘추좌전』에는 "소호씨(少皡氏)는 '조(鳥)'로써 관직의 명칭을 삼았다."고 한 것이 이 뜻이다.

이 편은 널리 새의 이름을 해석한 것으로 '석조(釋鳥)'라 했다.

추기(隹其)는 부부(鳺鴀 : 멧비둘기)이다.

隹其 鳺鴀

注 지금의 부구(鵓鳩)이다.

疏 『사인』에 「추(鵻)는 일명 부부(夫不)이다」라 했다. 이순(李巡)은 「지금의 초구(楚鳩)이다」라고 했다. 『시경』에 「翩翩者鵻」라 했다.

굴구(鶌鳩)는 골조(鶻鵃 : 산비둘기)이다.

鶌鳩 鶻鵃

注 산까치와 비슷하고 작으며 꼬리가 짧고 청흑색이며 소리를 많이 낸다. 지금 강동 지방에서 또한 골조(鶻鵃)라고 부른다.

疏 『춘추좌씨전』에 「鶻鳩氏司事也」라 했다. 두예의 주석에 「골구(鶻鳩)는 골조(鶻鵃)이다. 봄에 와서 가을에 가므로 司事가 된다. 이것이 鶌鳩이다」라고 했다.

시구(鳲鳩)는 길국(鴶鵴 : 뻐꾸기)이다.

鳲鳩 鴶鵴

注 지금의 포곡(布穀 : 뻐꾸기)이다. 강동 지방에서는 확곡(穫穀)이라 부른다.

疏 『좌전』에 「鳥鳩氏司空也」라 했다. 『시경』 소남에 「維鵲有巢 維鳩居之」라 했다.

급구(鶏鳩)는 병급(鵯鶏 : 왜가리)이다.
鶏鳩 鵯鶏
注 작고 검은 새로 울어 스스로를 부른다. 강동 지방에서는 오격(烏鵙 : 왜가리)이라 부른다.
疏 급구(鶏鳩)는 일명 병급(鵯鶏)이다.

저구(鴡鳩)는 왕저(王鴡 : 물수리)이다.
鴡鳩 王鴡
注 조(雕)의 종류이다. 지금 강동 지방에서는 악(鶚)이라 부른다. 강의 모래톱이나 산의 가장자리에 있기를 좋아하며 고기를 먹는다. 『모시전(毛詩傳)』에는 「鳥摯而有別(새가 지극히 분별이 있다)」이라고 했다.
疏 이순(李巡)은 「왕저(王鴡)는 일명 저구(鴡鳩)이다」라 했다. 『시경』 주남 관저(關雎) 편에 「關關鴡鳩」라 했다. 육기의 주석에는 「저구(鴡鳩)는 크고 작은 것이 있는데 올빼미와 같고 눈이 깊으며 눈 위에 뼈가 솟았다. 유주(幽州)에서는 취(鷲)라고 한다」라 했다.

격(鴿)은 기기(鶝鵙 : 수알치)이다.
鴿 鶝鵙
注 지금 강동 지방에서는 휴류(鵂鶹)라고 부르는데 기기(鶝鵙)이다. 또한 구격(鳩鴿)이라고도 한다.
疏 격(鴿)은 일명 기기(鶝鵙)이다.

치토궤(鷉鶏軌 : 未詳)이고, 립(鳿)은 천구(天狗 : 쇠새)이다.
鷉鶏軌 鳿 天狗
注 치토궤는 무슨 새인지 자세하지 않다. 립(鳿)은 작은 새이다. 푸르고 비취새와 비슷하며 물고기를 먹는다. 강동 지방에서는 수구(水狗)라고 한다.
疏 립(鳿)은 일명 천구(天狗)이다.

류(鷚)는 천약(天鷚 : 종달새)이다.
鷚 天鷚
注 크기가 참새와 같고 색이 메추리와 비슷한데 높이 날며 소리내기를 좋아한다. 지금 강동 지방에서는 천류(天鷚)라고 부른다.
疏 류(鷚)는 일명 천약(天鷚)이다. 『시경』 빈풍 치효편에 「綢繆牖戶」라 했다.

육(鵱)은 누아(鵱鷜 : 들거위)이다.

鵱 鵱鷜

注 지금의 들거위이다.

疏 육(鵱)이나 루(鷜)는 들거위의 별명이다.

창(鶬)은 미괄(麋鴰 : 왜가리)이다.

鶬 麋鴰

注 지금 창괄(鶬鴰)이라 부른다.

疏 창(鶬)은 일명 미괄(麋鴰)이다.

락(鵅)은 오폭(烏鸔 : 물새)이다.

鵅 烏鸔

注 물새이다. 예(鷖 : 물새)와 비슷하고 목이 짧으며 배의 깃이 자주빛과 흰
색이고 등 위는 녹색이다. 강동 지방에서는 오폭(烏鸔)이라 부른다.

疏 락(鵅)은 일명 오폭(烏鸔)이다.

서안(舒鴈)은 아(鵝 : 거위)이다.

舒鴈 鵝

注 『예기』에 「出如舒鴈」이라 했다. 지금 강동 지방에서는 가(鴚)라고 부른다.

疏 아(鵝)는 일명 서안(舒鴈)이다. 어떤 사람은 「들에 서익(舒翼)이 있는데 멀
리 날며 鵝이다」라 했다. 이순은 「들에 사는 것을 안(鴈)이라 하고 집에서 키
우는 것을 아(鵝)라 한다」고 했다. 『예기』는 『의례』 빙례(聘禮)편의 문장.

서부(舒鳧)는 목(鶩 : 집오리)이다.

舒鳧 鶩

注 압(鴨 : 오리)이다.

疏 목(鶩)은 집오리이다. 일명 서부(舒鳧)라 한다. 이순(李巡)은 「野曰鳧家曰
鶩」이라 했다. 『예기』 내칙편에 「辨鳥之不可食者云舒鳧翠」라 했다.

역(鷊)은 교청(鵁鶄 : 푸른 백로)이다.

鷊 鵁鶄

注 오리와 비슷한데 다리가 높고 털로 관을 만든다. 강동 사람들이 집에서 기
르는데 화재(火災)를 싫어한다.

疏 '교청(鵁鶄)'은 일명 역(鷊)이다.

여경도(輿鵛鷜 : 未詳)이고 제(鶈)는 오택(鴉鸅 : 사다새)이다.
輿鵛鷜　鶈　鴉鸅
注 여경도(輿鵛鷜)는 무슨 새인지 자세하지 않다. 제(鶈)는 지금의 제호
(鶈鵝 : 사다새)이다. 무리지어 날기를 좋아하고 물속에 잠겨 고기를 먹으
므로 오택(汚澤)이라 이름하였다. 세상에서는 도하(淘河)라고도 부른다.
疏 『사인(舍人)』에 「제(鶈)는 일명 오택(鴉鸅 : 사다새)이다」라 했다. 『시경』
조풍(曹風) 후인(候人)편에 「維鵜在梁」이라 했다.

한(翰)은 천계(天鷄 : 붉은 닭)이다.
翰　天鷄
注 한계(翰鷄)는 붉은 것이다. 『일주서(逸周書)』에 「무늬있는 닭은 채색이
있는 닭과 같은데 성왕(成王) 때 촉인(蜀人)이 헌상했다」고 했다.
疏 한(翰)은 일명 천계(天鷄 : 붉은 닭)이며 붉은 깃을 한 새이다.

학(鸒)은 산작(山鵲 : 피리새)이다.
鸒　山鵲
注 까치와 비슷한데 문채가 있고 긴 꼬리에 부리와 다리가 붉다.
疏 산작(山鵲)은 일명 학(鸒)이다. 『설문』에 「다가올 일을 아는 새다」라고 했다.

음(鷣)은 부작(負雀 : 새매)이다.
鷣　負雀
注 음(鷣)은 요(鷂 : 새매)이다. 강남 지방에서는 음(鷣)이라고 부르는데 참
새를 잘 잡는다하여 이름을 얻었다.
疏 음(鷣)은 일명 부작(負雀)이다.

설치애(齧齒艾)이고, 천(鷦)은 기로(鷦老 : 할미새)이다.
齧齒艾　鷦　鷦老
注 설치애(齧齒艾)는 무슨 새인지 자세하지 않다. 천(鷦)은 감천(鵊鷦 : 할
미새)이다. 세상에서는 '치조(癡鳥 : 멍청한 새)'라고 한다.
疏 천(鷦)은 일명 기로(鷦老 : 할미새)이다. 『자림(字林)』에는 「句喙鳥」라 했다.

호(鳸)이고 안(鳸 : 종달새)이다.
鳸　鳸
注 지금의 안작(鳸雀 : 종달새)이다.
疏 두 가지 이름을 구별한 것이다.

상호(桑扈)는 절지(竊脂 : 콩새)이다.

桑扈 竊脂

注 세상에서 청작(靑雀)이라 이른다. 부리가 굽어 육식을 하는데 기름진 것을 몰래 취하기를 좋아하므로 이름을 얻었다.

疏 상호(桑扈)는 일명 절지(竊脂)이다. 정현의 『시경』 주에 「竊脂肉食(절지는 고기를 먹는다)」이라 했다. 『시경』 소아에 「交交桑扈」라 했다.

초료(鳭鷯)는 부위(剖葦 : 뱁새)이다.

鳭鷯 剖葦

注 갈대의 껍질을 쪼개고 그 속에 있는 벌레 먹기를 좋아하여 이름을 얻었다.

疏 초료(鳭鷯)는 일명 부위(剖葦)이다. 강동 지방에서는 노호(蘆虎)라 한다. 까치와 비슷하고 푸른색으로 아롱지고 꼬리가 길다.

도충(桃蟲 : 뱁새)은 초(鷦 : 뱁새)이고 그 암컷을 애(鴟)라고 한다.

桃蟲 鷦 其雌 鴟

注 초(鷦)는 묘도작(鷯桃雀)이다. 세상에서 교부(巧婦)라고 부른다.

疏 『사인』에 「도충(桃蟲)은 초(鷦)라 하고 그 암컷을 애(鴟)라 한다」고 했다. 『시경』 주송민여소자의 소비편에 「肇允彼桃蟲 拚飛維鳥」라 했다. 『모전』에 「도충(桃蟲)은 초(鷦 : 뱁새)이다」라고 했다. 새의 처음이 작고 마지막이 큰 것.

언(鸍)은 봉(鳳 : 봉황)이고 그 암컷은 황(皇)이다.

鸍 鳳 其雌 皇

注 상서로움이 응하는 새이다. 닭의 머리에 뱀의 목, 제비의 턱, 거북이의 등, 물고기의 꼬리로 5가지의 채색이 있고 높이는 6자나 된다.

疏 봉(鳳)은 일명 언(鸍)이다. 『설문』에 「신조(神鳥)이다」라고 했다. 천로(天老)에는 「봉황의 형상은 앞이 기린이고 뒤는 사슴이며 뱀의 목에 물고기 꼬리에 용의 무늬에 거북의 등에 제비의 턱에 닭의 부리에 오색이 갖추어져 모두 동방(東方)의 군자의 나라에서 나온다. 사해(四海)의 밖으로 높이 날고 곤륜산을 지나서 지주(砥柱)에서 물을 마시고 약수(弱水)에서 깃을 씻는데 단혈(丹穴)에서 묵지 않는다. 봉황이 나타나면 천하가 태평해진다」고 했다.

즉령(鶺鴒)은 옹거(雝渠 : 할미새)이다.

鶺鴒 雝渠

注 참새의 종류이다. 날면서 울고 다니면서 흔든다.

疏 즉령(鶺鴒)은 일명 옹거(雝渠)이며 물새이다. 『시경』 소아 상체(常棣)편에 「脊令在原」이라 했다.

여사(鷽斯)는 필거(鵯鶋 : 큰 부리 까마귀)이다.

鷽斯 鵯鶋

注 아오(鴉烏 : 큰 부리 까마귀)이다. 작고 무리가 많으며 배 아래가 희다. 강동 지방에서는 또한 필오(鵯烏)라고 부른다.

疏 여사(鷽斯)는 일명 필거(鵯鶋)이다.『시경』소아 소반(小弁)편에「弁彼鷽斯」라 했다.『모전(毛傳)』에「여(鷽)는 필거(鵯鶋)이다」라고 했다. 그렇다면 이 새의 이름은 '여(鷽)'이고 사(斯)는 어조사이다.

연(燕)은 백두오(白脰烏 : 제비)이다.

燕 白脰烏

注 두(脰)는 목이다.

疏 두(脰)는 항(項 : 목)이다.『소이아(小爾雅)』에「목이 희고 떼지어 나는 것을 연오(燕烏)라고 한다. 연오는 백두오(白脰烏)이다」라고 했다.

여(鴽)는 모모(鵪母 : 메추리)이다.

鴽 鵪母

注 암(鵪 : 메추리)이다. 청주(靑州) 지방에서는 모모(鵪母)라고 부른다.

疏 이순은「여(鴽)는 암(鵪)으로 일명 '모모(鵪母)'이다」라 했다.『예기』월령에「季春田鼠化爲鴽」라 했다.

밀기(密肌)는 계영(繫英)이다. 휴(嶲)는 주(周 : 소쩍새)이다.

密肌 繫英 嶲 周

注 제16편 석충(釋蟲)에도「密肌繫英」이 나와 있는데 잘못되어 중복된 것 같다. 휴(嶲)는 자휴조(子嶲鳥)로 촉(蜀) 땅에서 나온다.

疏 자휴조(子嶲鳥)이다. 촉(蜀) 땅에서 나온다.『설문』에「휴(嶲)는 촉왕 망제(望帝)가 자휴(子嶲)로 변했다. 지금 말하는 자규(子規 : 소쩍새)이다」라 했다.

연연(燕燕)은 을(鳦 : 제비)이다.

燕燕 鳦

注『시경』에「燕燕于飛」라 했다. 일명 현조(玄鳥)이다. 제(齊)나라 사람들이 '을(鳦)'이라고 부른다.

疏 연연(燕燕)은 일명 을(鳦)이다.『시경』은 패풍 연연(燕燕)편의 문장이다.『예기』월령에「仲春之月玄鳥至以其色玄故謂之玄鳥」라 했다.

치효(鴟鴞)는 영결(鸋鴂 : 올빼미)이다.

鴟鴞 鸋鴂

注 올빼미 종류이다.

疏『사인(舍人)』에「치효(鴟鴞)는 일명 영결(鸋鴂)이다」라 했다.『시경』빈풍에「鴟鴞鴟鴞」라 했다.『모전』에는「치효는 영결이다」라 했다. 육기의 주석에는「치효는 黃雀 비슷하고 작으며 그 부리가 뾰족하다」라고 했다.

광(狂)은 모치(茅鴟)이고 괴치(怪鴟)이고 효(梟)는 치(鴟)이다.
狂 茅鴟 怪鴟 梟 鴟

注 광(狂)은 방치(鷦鴟)이다. 매와 같은데 희다. 괴치(怪鴟)는 곧 치휴(鴟鵂 : 부엉이)이다.『광아』에 나와 있으며 지금 강동 지방에서는 통례적으로 괴조(怪鳥)라고 부른다. 효(梟)는 올빼미이다.

疏 올빼미의 종류를 구별한 것이다.『시경』진풍(陳風) 묘문(墓門)편에「墓門有梅有鴞萃止」라 했다. 대아 첨앙(瞻卬)편에「爲梟爲鴟」라 했다.

개유질(鷢劉疾 : 未詳)이고, 낳아서 먹이는 것은 구(鷇 : 새끼)이고 낳아서 쪼는 것은 추(雛)이다
鷢劉疾 生哺鷇 生噣雛

注 개유질(鷢劉疾)은 무슨 새인지 자세하지 않다. 생포(生哺)는 새 새끼를 어미가 먹이는 것이다. 생탁(生噣)은 다 스스로 쪼아먹는 것이다.

疏 새 새끼의 다른 명칭을 구별했다. 새의 새끼가 태어나서 어미가 섭어서 먹이는 것은 구(鷇)라고 이름하는데 제비나 참새의 무리이다.『사기』에「趙武靈王樑省鷇而食之」라 했다. 새의 새끼가 태어나면서부터 능히 스스로 쪼아먹을 줄 아는 것은 추(雛)라고 이름하는데 닭이나 꿩의 무리들이다.『예기』내칙에「雛尾不盈握弗食」이라 했다.

원거(爰居)는 잡현(雜縣)이다.
爰居 雜縣

注『국어(國語)』에「바다새가 원거(爰居)이다」라 했다. 한(漢)나라 원제(元帝) 때 낭야(琅邪)에 큰 새가 있었는데 마구(馬駒)와 같았다. 이때 사람들이 '원거'라고 불렀다.

疏 원거(爰居)는 해조(海鳥 : 바다새)이다. 크기는 마구(馬駒)와 같고 일명 잡현(雜縣)이라 한다. 한(漢)나라 원제 때 낭야(琅邪)에 있었다.

봄의 춘호(春鳸 : 종달새)는 분순(鳻鶞 : 뻐꾸기)이고 여름의 하호(夏鳸)는 절현(竊玄)이고 가을의 추호(秋鳸)는 절람(竊藍)이고 겨울의 동호(冬鳸)는 절황(竊黃)이고 뽕나무의 상호(桑鳸)는 절지(竊脂 : 콩새)이고 가시나무의 극호(棘鳸)는 절단(竊丹)이고 돌아다니는 행호(行鳸)는 책책(唶唶)이고 밤의 소호(宵鳸)는 책책(嘖嘖)이다.

春鳸鳻鶞 夏鳸竊玄 秋鳸竊藍 冬鳸竊黃

桑扈竊脂 棘扈竊丹 行扈唶唶 宵扈嘖嘖

注 모든 호(扈)는 다 그 털의 색과 소리로 인하여 이름을 삼았다. 절람(竊藍)은 청색(靑色)이다.

疏 이순(李巡)은 「모든 호(扈 : 종달새)를 춘하추동 네계절의 이름과, 책책(唶唶)이나 책책(嘖嘖)하는 새 울음소리의 형태로 구별한 것이다」라 했다.

겹핍(鵖鴔)은 대임(戴鵀 : 되박박고, 후투티, 오디새)이다.

鵖鴔 戴鵀

注 임(鵀)은 머리 위를 벼슬로 장식했다. 지금 또한 대승(戴勝)이라 부른다. 겹핍(鵖鴔)은 복복(鵖鴔)의 발음이 전해진 것과 같다.

疏 이순(李巡)은 「대승(戴勝)은 일명 겹임(鵖鵀)이다」라 했다. 『예기』 월령에 「季春戴勝降于桑」이라 했다.

방(鴢)은 택우(澤虞 : 물올빼미)이다.

鴢 澤虞

注 지금의 고택조(姻澤鳥)이며 수효(水鴞)와 비슷하고 푸른 흑색이다. 항상 연못 가운데 있어 사람을 보면 문득 울부짖고 가지 않는 것이며 주인을 본받아 지키는 관리와 같으므로 택우(澤虞)라고 했다. 세상에서는 호전조(護田鳥)라고 한다.

疏 택우(澤虞)는 일명 방(鴢)이다. 『설문』에는 「고(姻)는 요(嫪)이다. 소리를 내는 종류로 이 새는 연못을 사랑하여 사람을 보고도 떠나가지 않으므로 고택조(姻澤鳥)라고 한다」고 했다.

자(鷀)는 의(鷧 : 더펄새)이다.

鷀 鷧

注 곧 노자(鸕鷀 : 더펄새, 가마우지)이다. 부리와 머리가 굽어져 갈고리와 같고 물고기를 먹는다.

疏 두 가지의 이름을 구별했다. 『자림』에 「예(鷖)와 비슷하고 검다」라고 했다.

료(鶉)는 순(鶉 : 메추리)이고 그 수컷은 개(鶴)이고 암컷은 비(痺)이다.

鶔 鶉 其雄鶴 牝痺

注 메추리의 종류이다.

疏 이순(李巡)은 「자웅(雌雄)을 구별했다. 다른 지방에서는 순(鶉)을 일명 료(鶔)라 하고 그 수컷을 개(鶴)라 하고 그 암컷을 비(痺)라 한다」고 했다. 메추리는 옛날에 두꺼비가 변화하여 된다고 했다.

시(鷉)는 침부(沈鳧 : 청둥오리)이다.

鷉 沈鳧

注 오리와 비슷하고 작으며 긴 꼬리를 가지고 있고 등 위에 무늬가 있다. 지금 강동 지방에서는 시(鷉)라고 부른다.

疏 시(鷉)는 일명 침부(沈鳧)이다. 육기는 「크고 작은 것이 오리와 같고 청색이며 다리가 짧고 부리도 짧은 물새이다」라 했다. 『시경』 대아에 「鳧鷖在涇」이라 했다.

요(鴢)는 두교(頭鵁 : 교청새)이다.

鴢 頭鵁

注 오리와 비슷하고 다리가 꼬리에 가깝게 있어 대개 잘 돌아다니지 못한다. 강동 지방에서는 어교(魚鵁)라고 부른다.

疏 요(鴢)는 일명 두교(頭鵁)이다. 『산해경』에 「靑要山에 畛水가 이곳에서 나와 북쪽으로 흘러 황하로 흘러드는 그 속에 새가 있는데 鴢라 한다. 모습이 오리와 같고 몸이 푸르며 붉은 눈에 붉은 털을 가지고 있다. 먹으면 화목해진다」고 했다.

탈구(鵽鳩)는 구치(寇雉 : 사막새)이다.

鵽鳩 寇雉

注 탈(鵽)은 크고 할미새와 같으며 암꿩과 비슷하다. 쥐의 발을 가지고 있으며 뒷발가락이 없고 꼬리가 갈라진 새인데 어리석고 급하며 무리로 난다. 북방의 사막지대에서 산다.

疏 구치(寇雉)는 일명 탈구(鵽鳩)이다. 또 일일(泆泆)이라고도 한다.

환(萑)은 노토(老鵵 : 부엉이)이다.

萑 老鵵

注 목토(木兎 : 부엉이)이다. 치휴(鴟鵂 : 수리부엉이)와 비슷하고 작은 토끼의 머리에 뿔과 털과 다리가 있어 밤에 날아서 닭 잡아먹기를 좋아한다.

疏 노토(老鵵)는 일명 환(萑)이다.

돌호조(鶟鶦鳥 : 도호새)이다.

鶟鶦鳥

注 꿩과 비슷하고 몸이 푸르며 머리가 희다.

疏 돌호조(鶟鶦鳥)는 새 이름이다.

광(狂)은 몽조(寢鳥)이다.

狂 寢鳥

注 광조(狂鳥)는 오색의 빛에 벼슬이 있다. 『산해경』에 나와 있다.

疏 몽조(䲮鳥)는 일명 광(狂)으로 오색 문채의 새이다. 『산해경』 대황서경(大荒西經)에 「栗廣之野 有五采之鳥有冠名曰狂鳥(율광의 들에 오색의 새가 있는데 벼슬이 있으며 이름을 광조라 한다)」라 했다.

황(皇)은 황조(黃鳥 : 꾀꼬리)이다.

皇 黃鳥

注 세상에서 황이류(黃離留)라 부른다. 일명 박서(搏黍)이다.

疏 『사인(舍人)』에 「황(皇)은 황조(黃鳥)라고 이름한다」고 했다. 『시경』 주남(周南) 황조편에 「黃鳥于飛」라 했다.

취(翠)는 휼(鷸 : 물총새)이다.

翠 鷸

注 제비와 비슷하고 감(紺)색이며 울창한 숲에서 산다.

疏 이순은 「휼(鷸)은 일명 취(翠)라고 한다. 그 깃을 장식하는 데 쓴다」고 했다. 번광(樊光)은 「靑羽出交州」라고 했다. 『설문』에 「翠靑羽雀이다」라 했다. 『좌씨전』 희공(僖公) 24년 전(傳)에 「鄭子臧好聚鷸冠」이라 했다.

촉(鸀)은 산오(山烏 : 산까마귀)이다.

鸀 山烏

注 까마귀와 비슷하고 작으며 붉은 부리에 구멍에서 살며 젖을 먹인다. 서방(西方)에서 나온다.

疏 산오(山烏)는 일명 촉(鸀)이다.

편복(蝙蝠)은 복익(服翼 : 박쥐)이다.

蝙蝠 服翼

注 제(齊)나라 사람들은 직묵(蟙蟴)이라 한다. 혹은 선서(仙鼠)라고 한다.

疏 편복(蝙蝠)은 일명 복익(服翼 : 박쥐)이다.

신풍(晨風)은 전(鸇 : 새매)이다.

晨風 鸇

注 요(鷂 : 새매)의 종류이다. 『시경』에 「鴪彼晨風」이라 했다.

疏 『사인(舍人)』에 「신풍(晨風)은 일명 전(鸇)이며 새매의 일종이다」라 했다. 『시경』은 진풍(秦風) 신풍(晨風)편의 문장.

양(鷞)은 백결(白鷢 : 물수리)이다.

鷞 白鷢

注 매와 비슷한데 꼬리 위가 희다.

疏 양(鷞)은 일명 백결(白鷢)이다.

구치(寇雉)는 일일(泆泆 : 사막새)이다. 전(鶬)은 문모(蟲母)이다.

寇雉 泆泆 鶬 蟲母

注 구치는 곧 탁구(鸅鳩 : 사막새)이다. 전(鶬)은 오폭(烏鸔)과 비슷한데 크고 황백색 무늬가 섞여 있으며 울음소리가 할미새와 같다. 지금 강동 지방에서는 문모(蚊母)라고 부른다. 속설(俗說)에「이 새가 항상 모기를 토해내는 것으로 이름을 얻었다」고 했다.

疏 전(鶬)은 일명 문모(蟲母)이다. 문(蟲)과 문(蚊)은 음과 뜻이 같다.

체(鷉)는 수라(須贏 : 되강오리)이다.

鷉 須贏

注 체(鷉)는 벽체(鷿鷉 : 되강오리)이며 오리와 비슷하고 작은데 기름 속에 귀막이구슬이 있다.

疏 체(鷉)는 일명 수라(須贏 : 되강오리)이다.

오서(鼯鼠)는 이유(夷由 : 날다람쥐)이다.

鼯鼠 夷由

注 모습이 작은 여우와 같고 박쥐와 비슷하며 살이 달린 날개가 있다. 날개의 꼬리와 목과 갈비에 털이 있는데 자적색이고 등 위는 푸른 쑥색, 배 아래는 노란색, 부리와 턱은 흰 것이 섞여 있고 다리는 짧고 발톱은 길고 꼬리는 3자 정도이고 날면서 젖을 먹인다. 또한 날면서 소리를 내는데 사람이 부르는 소리와 같다. 밥 지을 때 연기를 피우면 능히 높은 곳에서 아래로 내려오고 아래에서 위로 오르지는 못한다.

疏 오서(鼯鼠)는 일명 이유(夷由)이다.

창경(倉庚 : 꾀꼬리)은 상경(商庚)이고, 일포시(鴲鵏枝 : 未詳)이고, 응(鷹)은 내구(鶆鳩)이다.

倉庚 商庚 鴲鵏枝 鷹 鶆鳩

注 창경(倉庚)은 곧 지금의 꾀꼬리이다. 일포시(鴲鵏枝)는 무슨 새인지 자세하지 않다. 래(鶆)자는 상(鸘)자의 잘못된 것이다.『좌전』에「鸘鳩」가 있다.

疏 번광(樊光)은「내구(來鳩)는 상구(爽鳩)이다」라고 했다.『춘추』에「爽鳩氏司寇鷹鸇故爲司寇」라 했다.

겸겸(鶼鶼)은 비익(比翼 : 비익조)이다.

鶼鶼 比翼

注 설명이 앞에 나와 있다.

疏 겸겸비익(鶼鶼比翼)은 새 이름이다. 설명이 제10편 석지(釋地)에 이미 나와 있다.

이황(鵹黃)은 초작(楚雀)이고 렬(鴷)은 착목(斵木 : 딱다구리)이다.

鵹黃楚雀 鴷斵木

注 이황(鵹黃)은 곧 창경(倉庚 : 꾀꼬리)이다. 렬(鴷)은 입이 송곳과 같고 길이가 여러 치이며 항상 나무를 쪼아 벌레를 먹으므로 이름을 착목(斵木)이라 한다.

疏 착목조(斵木鳥)는 일명 렬(鴷)이다.

격(鷔)은 당도(鶴鷵)이다.

鷔 鶴鷵

注 까마귀와 비슷하고 푸른 백색이다.

疏 격(鷔)은 일명 당도(鶴鷵)이다.

노제치(鸕諸雉 : 未詳)이다. 로(鷺)는 용서(舂鉏 : 백로)이다.

鸕諸雉 鷺舂鉏

注 노제치(鸕諸雉)는 무슨 새인지 자세하지 않다. 혹은 지금의 꿩이라고 한다. 로(鷺)는 백로(白鷺)이다. 머리가 등 위로 솟아나고 모두 긴 날개와 털이 있다. 지금 강동 지방에서는 이것을 취하여 속눈썹을 만든다. 이름하여 '백로최(白鷺縗)'라고 한다.

疏 로(鷺)는 일명 용서(舂鉏)이다. 『시경』진풍(陳風) 완구(宛丘)편에 「値其鷺羽」라 했다. 육기는 주석에서 「로(鷺)는 물새이다. 깨끗하고 하얀 것을 좋아하므로 白鳥라 한다」고 했다.

요치(鷂雉)는 교치(鷮雉)이고 복치(鳺雉)이고 별치(鷩雉)이다. 질질(秩秩)은 해치(海雉)이며 적(鸐)은 산치(山雉 : 꿩)이고 한치(韓雉)이고 탁치(鶾雉)이다. 꿩이 제일 힘이 센 것을 분(奮)이라 한다. 이낙(伊洛)의 남쪽에서는 소질(素質 : 흰 바탕)이라 하는데 다섯 가지 채색을 다 갖추어 무늬를 이룬 것을 휘(翬)라 한다. 강회(江淮)의 남쪽에서는 청질(靑質 : 푸른 바탕)이라 하는데 다섯 채색을 다 갖추어 무늬를 이룬 것을 요(鷂)라 한다. 남쪽에서는 주(罿)라 하고 동쪽에서는 치(鶅)라 하고 북쪽에서는 희(鶴)라 하고 서쪽에서는 준(鵻)이라고 한다.

鷂雉 鷮雉 鳺雉 鷩雉 秩秩 海雉 鸐 山雉 韓雉 鶾雉 雉絕有力 奮 伊洛而南 素質 五

采皆備成章曰翬 江淮而南 靑質 五采皆備
成章曰鷂 南方曰䨇 東方曰鶅 北方曰鵗 西
方曰鷷

注 '요치(鷂雉)'는 푸른 바탕이며 오색인 꿩. '교치(鷮雉)'는 곧 비취꿩이며
긴꼬리에 도망하면서 운다. '복치(𪃹雉)'는 노란색으로 울면서 스스로 부
른다. '별치(鷩雉)'는 산닭과 비슷하고 작으며 벼슬과 등의 털은 노랗고
배 아래는 붉고 목은 녹색이 선명하다. '질질(秩秩)'은 바다꿩으로 꿩과
같으며 검고 바다 가운데 산 위에서 산다. '적(鸐)'은 산꿩으로 꼬리가 길
다. '한치(翰雉)'와 탁치(鶞雉)'는 지금의 흰꿩이다. 강동 지방에서는 백
탁(白鶞)이라 부른다. 또한 백치(白雉)라고도 한다. '분(奮)'은 꿩이 제
일 건강하고 잘 싸우는 것을 말한다. '휘(翬)'도 또한 꿩의 무리이다. 털의
색깔이 오색 광채가 나고 선명하다. '요(鷂)'는 장끼이다. '주(䨇) 치(鶅)
희(鵗) 준(鷷)'은 동서남북의 지방에서 다르게 부르는 꿩의 이름이다.

疏 모든 꿩의 이름을 구별한 것이다. 『시경』 소아 거할편에 「有集維鷮」라 했다. 한
치와 탁치는 별도의 두 이름이다. 翬와 鷂는 왕후(王后)의 옷을 장식한다.

조서동혈(鳥鼠同穴)은 그 새는 도(鵌 : 쥐와 함께 사는 새)이고 그
쥐는 돌(鼵)이다.

鳥鼠同穴 其鳥爲鵌 其鼠爲鼵

注 돌(鼵)은 사람의 집에 있는 쥐와 같고 꼬리가 짧다. 도(鵌)는 사막새와 비
슷하고 작으며 황흑색이다. 구멍을 뚫는데 땅에서 3자나 4자쯤 들어가 쥐
는 안에 있고 새는 밖에 있다. 지금 농서(隴西) 수양현(首陽縣)의 조서동
혈산(鳥鼠同穴山)에 있다. 『공씨상서전(孔氏尙書傳)』에는 「共爲雄雌」
라 했고 『장씨지리기(張氏地理記)』에는 「不爲牝牡」라고 했다.

疏 『상서(尙書)』의 우공(禹貢)편에 「導渭自鳥鼠同穴」이 있는데 새와 짐승의 이
름을 말한 것이 아니다. 그러므로 이것을 설명한 것이다. 이순은 「도돌(鵌鼵)
은 새와 쥐의 이름으로 함께 한 구멍에서 사는데 천성이 그러한 것이다」라 했다.

관단(鸛鶛)은 복유(鷱鷱)이며 까치와 같고 꼬리가 짧은데 활
로 쏘면 화살을 물어서 사람에서 쏜다.

鸛鶛 鷱鷱 如鵲 短尾 射之 銜矢射人

注 어떤이가 「관단복유(鸛鶛鷱鷱)를 일명 타예(墮羿 : 긴꼬리 하얀새)라
한다」고 했다.

疏 관단(鸛鶛)은 일명 복유(鷱鷱)이다. 『자서(字書)』를 참고하면 「墮는 옛날 懈
惰字이다. 羿는 옛날의 활 잘쏘는 사람이다. 새가 빠르고 강해서 비록 예가 활
을 잘 쏜다지만 또한 해타는 감히 쏘지 못했다. 그러므로 이름한다」고 했다.

작(鵲)은 격(鶪)의 종류이다. 그 나는 것이 종(矞 : 날개만 쳐들
고 파닥이다) 이다

鵲 鶪醜 其飛也矞

注 종(矞)은 날개를 쳐들고 위아래로 파닥이는 것.

疏 격(鶪)은 백로(伯勞 : 왜가리)이다. 종(矞)은 발돋움하다, 들다, 솟다이다. 추
(醜)는 종류이다. 작격(鵲鶪)의 종류는 능히 높이 멀리 날지 못하고 다만 날
개를 들고 위아래로 파닥이기만 한다.

연(鳶)은 까마귀의 종류이다. 그 나는 것이 상(翔 : 빙빙 돌면서 난
다) 이다.

鳶烏醜 其飛也翔

注 상(翔)은 날개를 펴고 빙빙 돌면서 나는 것.

疏 연(鳶)은 올빼미의 종류이다. 올빼미 종류는 그 나는 것이 날개를 쭉 펴고 빙빙
돈다.

응(鷹)은 새매의 종류이다. 그 나는 것이 휘(翬 : 날개를 훨훨 치다)
이다.

鷹隼醜 其飛也翬

注 휘(翬)는 날개를 치고 훨훨 날아 빠르다.

疏 『사인(舍人)』에 「준(隼)은 새매의 무리이다. 휘(翬)는 그 나는 것이 빨라서
나는 날개의 소리이다」라 했다. 『설문』에 「준(隼)은 새매이다」라 했다.

부(鳬)는 안(鴈 : 기러기)의 종류이다. 그 발은 복(蹼 : 오리발)
이고 그 발꿈치는 기(企 : 세우다) 이다.

鳬鴈醜 其足蹼 其踵企

注 복(蹼)은 다리의 발가락 사이에 막이 있어 발가락이 서로 붙어 있는 것이
다. 기(企)는 날면서 그 발을 펴서 뒤쪽을 곧게 세우는 것이다.

疏 부(鳬)는 물새이다. 안(鴈)은 양조(陽鳥)이다. 복(蹼)은 오리발처럼 발이 서
로 붙어있는 것이다. 종(踵)은 다리의 뒤꿈치이다. 기러기의 종류는 다리의 발
가락 사이에 막이 있어 발가락이 붙어있어 날려면 그 뒤꿈치를 곧게 펴서 난다.

오(烏 : 까마귀)는 까치의 종류이고 그 발바닥을 쭈그린다.

烏鵲醜 其掌縮

注 축(縮)은 날 때 다리를 배 아래로 쭈그리는 것.

疏 장(掌)은 발의 뜻. 까마귀는 까치의 종류이다. 날 때면 그 다리를 배 아래로 오
므린다.

항(亢 : 목)은 새의 목구멍이고 그 창(粻)은 소(嗉 : 모이주머니)
이다.

亢鳥嚨 其粻嗉

注 항(亢)은 목이고 롱(嚨)은 목구멍의 뜻. 소(嗉)는 먹는 것을 받는 곳으로
별명으로 소(嗉)라 한다. 지금 강동 지방에서는 창(粻)이라 한다.

疏 새의 목구멍과 모이주머니를 분별한 것이다. 항(亢)은 새의 목구멍이다. 그 곡
식을 받는 곳을 소(嗉)라 한다.

순자(鶉子 : 메추리 새끼)는 문(鳼)이고 여자(鴽子 : 메추리 새끼)
는 영(鸋)이다.

鶉子 鳼 鴽子 鸋

注 암(鷁)과 순(鶉)의 새끼 이름을 구별했다.

疏 메추리 새끼의 이름을 구별했다. 순(鶉)의 새끼는 문(鳼)이고 여(鴽)의 새끼
는 영(鸋)이다.

꿩의 늦게 태어난 새끼는 류(鷚 : 꿩 새끼)이다.

雉之暮子爲鷚

注 늦게 태어난 것을 지금은 소계(少雞)라 부르고 류(鷚)라고 한다.

疏 류(鷚)는 꿩이 늦게 태어난 것의 새끼를 이름한 것이다.

새의 암컷과 수컷이 구별되지 않는 것으로, 오른쪽 날개가 왼쪽
을 가리는 것은 수컷이고 왼쪽 날개가 오른쪽 날개를 가리는 것
은 암컷이다.

鳥之雌雄不可別者 以翼右掩左雄 左掩右雌

疏 정현(鄭玄)의 『시경』 주석에 「음양(陰陽)이 서로 내리는 뜻을 말했다」고 했다.

새가 어릴 때는 아름답고 자라면서 추한 것은 유율(鶹鷅)이라
한다.

鳥少美長醜 爲鶹鷅

注 유율(鶹鷅)은 유리(留離 = 流離 : 떠돌이새)와 같다. 『시경』의 이른바
「流離之子」이다.

疏 새가 어려서 새끼일 때는 아름답다가 자라서는 어미를 잡아먹고 추해지는 새의
이름을 유율(鶹鷅)이라고 하며 유리(留離)와 같다. 『시경』 패풍 모구(旄丘)
편에 「瑣兮尾兮流離之子」라 했다.

발이 2개에 깃이 있는 것을 금(禽 : 새)이라 이르고 발이 4개에
털이 있는 것을 수(獸 : 짐승)라 이른다.

二足而羽謂之禽 四足而毛謂之獸

疏 새와 짐승이 다른 것을 구별했다. 무릇 통상적인 것을 구별하여 말한 것이다. 구
별하여 말한다면 깃은 금(禽 : 새)이라 하고 털은 수(獸 : 짐승)라 한다. 금
(禽)은 금(擒)이다. 새는 힘이 없어서 사로잡아 취할 수 있는 것을 말한 것이
다. 수(獸)는 수(守)이다. 그 힘이 많아서 가히 사로잡지 못하고 먼저 포위하
여 지킨 다음에 얻는 것이 금(獸)이다.

격(鵙)은 백로(伯勞 : 왜가리)이다.

鵙 伯勞也

注 할갈(鶷鶡 : 백설조)과 비슷하고 크다. 『좌전』에 「伯趙氏」가 있다.

疏 이순(李巡)은 「백로(伯勞)는 일명 격(鵙)이다」라 했다. 번광은 「춘추전(春
秋傳)을 보면 소호씨(少暤氏)가 새의 이름으로 백조씨(伯趙氏)의 관직을 삼
았는데 사지백조격(司至伯趙鵙)이라 했다. 하지(夏至)에 왔다가 동지(冬至)
때 가기 때문이다」라 했다. 『예기』 월령에 「仲夏之月鵙始鳴」이라 했다. 『좌
전』은 소공(昭公) 17년에 「伯趙氏司至者」라 했다.

창경(倉庚)은 이황(鸝黃 : 꾀꼬리)이다.

倉庚 鸝黃也

注 그 색깔이 검고 노랗게 생겨 이름을 얻었다.

疏 곧 위에서 말한 황조(黃鳥 : 꾀꼬리)이다.

제19편 석수(釋獸)

제18편 석조(釋鳥)편에는 "4개의 발에 털이 있는 것을 수(獸)라고 이른다."고 했고, 『설문』에는 "수(獸)는 지키는 것이다."라고 했다.

이 편은 짐승의 이름을 설명한 것으로 '석수(釋獸)'라고 한다.

1. 의지하는 무리의 호칭〔寓屬〕

고라니의 수컷은 구(麞)이고 암컷은 진(麎)이며 그 새끼는 오(麌 : 고라니 새끼)이다. 그 발자국은 전(躔)이고 뛰어난 힘이 있는 것은 적(狄)이다.

麋 牡麞 牝麎 其子麌 其跡躔 絶有力狄

注 『국어』에 「짐승이 자라는 것을 미오(麛麌)라고 한다」고 했다. 전(躔)은 다리가 밟는 땅을 뜻한다.

疏 이것은 고라니의 종류를 해석한 것이다. 『설문』에는 「사슴의 종류이다. 동지(冬至)에 그 뿔을 벗는다」고 했다. 『춘추』 장공(莊公) 17년에 「겨울에 麋가 많다. 이는 총칭이다. 그 수컷은 麞이고 그 암컷을 麎이라 한다」고 했다. 『시경』 소아 길일(吉日)편에 「其麎孔有」라 했다.

사슴의 수컷은 가(麚 : 숫사슴)이고 암컷은 우(麀)이고 그 새끼는 미(麛)이고 그 자취는 속(速 : 빠르다)이고 뛰어난 힘이 있는 것은 견(麠)이다.

鹿 牡麚 牝麀 其子麛 其跡速 絶有力麠

疏 이것은 사슴의 종류를 분별한 것이다. 『설문』에 「사슴은 뿔을 벗는 짐승이다. 무

리가 모여서 잘 달린다. 그 수컷은 가(麚)이고 그 암컷은 우(麀)이다」라 했다. 『시경』 소아 길일(吉日)편에 「麀鹿麌麌」라 했다.

노루의 수컷은 우(麌)이고 암컷은 율(麜)이고 그 새끼는 조(麠)이며 그 자취는 해(解)이고 뛰어난 힘이 있는 것은 견(豣)이다.

麕 牡麌 牝麜 其子麠 其跡解 絶有力豣

注 『시경』에 「麀鹿麌麌」라 했다. 중복된 것이다.

疏 이는 노루의 종류를 해석한 것이다. 『설문』에 「균(麕)은 노루이고 노루의 총명칭이다」라고 했다. 『시경』은 소아 길일편의 문장.

이리의 수컷은 환(貛)이고 암컷은 랑(狼)이며 그 새끼는 역(獥)이고 뛰어난 힘이 있는 것은 신(迅)이다.

狼 牡貛 牝狼 其子獥 絶有力迅

疏 이것은 이리의 종류를 분별한 것이다. 손염(孫炎)은 「신(迅)은 질(疾)이다」라 했다. 『시경』 제풍 선(還)편에 「竝驅從兩狼兮」라 했다.

토끼 새끼는 만(嬔)이고 그 자취는 항(迒)이고 뛰어난 힘이 있는 것은 흔(欣)이다.

兎子嬔 其跡迒 絶有力欣

注 만(嬔)은 세속에서 누(㹠)라고 한다.

疏 이것은 토끼의 종류를 설명한 것이다. 최표(崔豹)의 고금(古今) 주석에 「兎有九孔」이라 했고 『논형(論衡)』에 「兎舐豪而孕及其生子從口而出其子名嬔」이라 했다.

돼지 새끼는 저(豬)이고 위(豶)는 분(豮:불알깐 돼지)이다. 요(幺)는 어린 것이다. 주(奏)라는 것은 온(豟)이다. 돼지가 세 마리를 나면 종(豵)이고 두 마리는 사(師)이고 한 마리는 특(特)이다. 우리는 증(橧)이고 네 발굽 모두 흰 것은 해(豥)이고 그 자취는 각(刻)이라 하고 뛰어난 힘이 있는 것은 액(豟)이다. 암컷은 파(豝)라 한다.

豕子豬 豶豮 幺幼 奏者豟 豕生三豵 二師 一特 所寢橧 四豴皆白豥 其跡刻 絶有力 豟 牝豝

注 돼지를 지금 체(彘)라고 부르는데 강동 지방에서는 희(豨)라고 부른다. 위

(豶)는 세상에서 소분(小豶)이라 부른다. 저(豬)는 위자(豶子 : 돼지 새끼)이다. 요(幺)는 가장 나중에 태어난 것으로 세속에서는 요돈(幺豚)이라 한다. 주(奏)는 주(腠)와 같고 지금의 온저(豱豬)는 머리가 짧고 껍질의 살결이 쭈글쭈글한 것이다. 저(豬)는 새끼를 낳는 것이 항상 많으므로 그 적은 숫자의 이름을 분별했다. 증(橧)은 돼지우리. 적(豴)은 『시경』에 「有豕白蹢」이라 했는데 돼지발굽이다. 액(豝)은 돼지의 높이가 5척이나 되는 것이다. 파(豝)는 『시경』에 「壹發五豝」라 했다.

疏 이것은 돼지의 종류를 분별한 것이다. 『소이아(小爾雅)』에 「彘는 豬이다. 그 새끼를 돈(豚)이라 하고 큰 것을 견(豜)이라 한다」고 했다. 『시경』의 「有豕白蹢」은 소아 점점지석(漸漸之石)편의 문장이고 『시경』의 「壹發五豝」는 소남 추우(騶虞)편의 문장이다. 『모전』에 「豕牝曰豝虞人翼五豝以待公之發」이라 했다.

호랑이가 짧은 털을 가진 것을 잔묘(虥貓 : 몽근털호랑이)라 이른다.

虎竊毛謂之虥貓

注 절(竊)은 짧다. 『시경』에 「有貓有虎」라 했다.

疏 절(竊)은 짧다. 호랑이의 털이 얕은 것을 별명으로 잔묘(虥貓)라고 한다. 『시경』은 대아(大雅) 한혁(韓奕)편의 문장이다.

맥(貘)은 백표(白豹 : 흰표범)이다.

貘 白豹

注 곰과 비슷하고 머리가 작으며 다리가 짧고 검은색과 흰색이 섞였으며 능히 쇠를 핥아먹고 대나무나 뼈마디를 먹는다. 혹은 표(豹)가 흰색인 것을 별명으로 맥(貘)이라 한다고 했다.

疏 맥(貘)은 일명 백표(白豹)이다. 『자림(字林)』에는 「곰과 비슷하며 희고 노란색이며 촉군(蜀郡)에서 난다」고 했다.

감(甝)은 백호(白虎 : 흰호랑이)이다.

甝 白虎

注 한(漢)나라 선제(宣帝) 때 남군(南郡)에서 백호(白虎)를 잡아 그 가죽과 뼈와 발톱과 이를 헌상했다.

疏 백호(白虎)는 일명 감(甝)이다.

숙(虪)은 흑호(黑虎 : 검은호랑이)이다.

虪 黑虎

注 진(晉)나라 영가(永嘉) 4년에 건평(建平)의 자귀현(秭歸縣)에서 우리에 갇힌 한 짐승을 얻었는데 형상이 작은 호랑이와 같고 검은털이 깊이 나

있었다.『산해경』에「幽都山 多玄虎玄豹」라 했다.

疏 흑호(黑虎)는 일명 숙(魕)이다.『산해경』은 해내경(海內經)의 문장.

놀(豾)은 앞발이 없다.
豾 無前足

注 진(晋)나라 태강(太康) 7년에 소릉(召陵)의 부이현(扶夷縣)에서 우리에 갇힌 한 짐승을 얻었는데 개와 비슷하고 표범의 무늬가 있고 뿔이 있으며 발이 두 개 있었는데 곧 이 종류이다. 어떤이는 말하기를「놀(豾)은 호랑이와 비슷하고 검으며 앞의 두 발이 없다」고 했다.

疏『자림(字林)』에「짐승이 앞발이 없고 호랑이와 비슷하며 검은 것을 놀(豾)이라 한다」고 했다.

격(鼳)은 쥐의 몸체에 수염이 길고 남을 해치는데 진(秦)나라 사람들은 소려(小驢)라고 부른다.
鼳 鼠身 長須 而賊 秦人謂之小驢

注 격(鼳)은 쥐와 비슷하고 말의 발굽을 하였으며 한 살이 되면 천근이나 되어 사물의 잔적(殘賊)이 된다.

疏 격(鼳)은 짐승 이름이다. 쥐와 같고 긴 수염이 있으며 사물을 해친다. 진(秦)나라 사람들이 소려(小驢)라고 한다.

곰이나 호랑이의 무리는 그 새끼를 구(狗)라 하고 뛰어난 힘이 있는 것은 암(麛)이다.
熊虎醜 其子狗 絶有力麛

注 율(律)에「捕虎一購錢三千 其狗半之」라고 했다.

疏 추(醜)는 종류이다. 곰과 호랑이의 무리는 그 새끼를 구(狗)라고 이름한다.「호랑이를 잡으면 구매하는데 3천냥이고 구(狗:새끼호랑이)를 얻으면 그 반값이다」라는 것은 당시의 노래로 이것을 곽박이 인용하여 호랑이와 구(狗)의 다름을 증거삼은 것이다.

살쾡이 새끼는 예(豰)이다.
貍子 豰

注 지금은 혹 비리(豾貍:살쾡이 새끼)라고 부른다.

疏『자림(字林)』에「살쾡이는 복수(伏獸)로 이리와 비슷하고 그 새끼는 예(豰)라 한다」고 했다.

담비 새끼는 흰(貆)이다.

貂子 貆

注 그 암컷을 뇌(貃)라 한다. 지금 강동 지방에서는 학(貉)을 앙사(狹狽)라 부른다.

疏 『자림』에 「학(貉)은 여우와 비슷하고 잠을 잘자며 그 새끼는 흰(貆)이라 한다」고 했다.

오소리새끼는 구(貗)이다.

貒子 貗

注 단(貒)은 돼지이다. 일명 환(貛)이다.

疏 『자림』에 「단(貒)이라는 짐승은 돼지와 비슷하고 살이 쪘으며 그 새끼는 구(貗)라고 한다」고 했다.

비(貔)는 흰여우이고 그 새끼는 혹(豰)이다.

貔 白狐 其子豰

注 일명 집이(執夷)이고 호랑이와 표범의 종류이다.

疏 『자림(字林)』에 「비(貔)는 표범의 종류이다. 일명 백호(白狐)라 하고 그 새끼는 혹(豰)이라 한다」고 했다. 『시경』 대아(大雅) 한혁편에 「獻其貔皮」라 했다. 육기(陸機)의 주석에 「비(貔)는 호랑이와 비슷하고 혹은 곰과 비슷하며 일명 집이(執夷)라 하고 일명 백호(白狐)라 한다. 요동(遼東) 사람들은 백비(白羆)라 부른다」고 했다.

사보(麝父)는 균족(麕足 : 노루 발)이다.

麝父 麕足

注 다리가 노루와 비슷하고 향이 있다.

疏 『자림』에 「작은 사슴이 그 다리에 향기가 있는 것이 사향노루와 비슷한 것으로 균족(麕足)이다」라 했다.

승냥이는 개의 발이다.

豺 狗足

注 다리가 개와 비슷하다.

疏 『설문(說文)』에 「시(豺)는 이리의 종류이고 개의 소리를 낸다」고 했다. 탐욕스럽고 잔인한 짐승이다. 『좌전』에 「戎豺狼不可厭也」라 했다.

추만(貙獌 : 이리)은 살쾡이와 비슷하다.

貙 獌 似貍

注 지금 산에 사는 백성들이 추호(貙虎)의 큰 것을 추안(貙豻)이라고 한다.

疏 『자림』에 「추(貙)는 살쾡이 비슷하고 크며 일명 만(獌)이라 한다」고 했다.

비(羆)는 곰과 같으며 노랗고 하얀 무늬가 있다.

羆 如熊 黃白文

注 곰과 비슷하고 머리가 길고 다리가 길며 사납고 힘이 세어 능히 나무를 뽑을 수 있다. 관서(關西) 지방에서는 가비(猳羆)라고 부른다.

疏 『사인(舍人)』에는 「비(羆)는 곰과 같고 황백색이다」라 했다. 『시경』 대아 한혁편에 「赤豹黃羆」라 했다. 육기의 주석에 「비(羆)는 황비(黃羆)가 있고 적비(赤羆)가 있다」고 했다.

령(麙)은 큰 양이다.

麙 大羊

注 영양(麙羊)은 양과 비슷하고 큰 뿔이 둥글고 예리하며 산의 낭떠러지에 살기를 좋아한다.

疏 양의 큰 것을 령(麙)이라고 이름한다.

경(麔)은 큰 고라니이며 소의 꼬리에 뿔이 하나이다.

麔 大麃 牛尾 一角

注 한(漢)나라 무제(武帝)가 교옹(郊雍)에서 뿔이 하나인 짐승을 얻었는데 포(麃 : 큰 사슴, 고라니) 같았으며 인(麟 : 기린)이라고 일렀다. 포(麃)는 곧 장(麔)이다.

疏 포(麃)는 장(麔 : 노루)이다. 큰 노루로 소의 꼬리에 뿔이 하나인 것을 경(麔)이라고 이름하는 것은, 곧 이른바 '기린'이다. 주(注)는 『한서(漢書)』교사지(郊祀志)의 문장.

궤(麞)는 큰 노루이고 소꼬리의 털에 개의 발이다.

麞 大麕 旄毛 狗足

注 모모(旄毛)는 삽살개의 털이 긴 것과 같다.

疏 궤(麞)는 또한 노루이다. 모모(旄毛)는 삽살개의 긴 털이다. 큰 노루로 털이 길고 개의 발을 한 것은 이름을 궤(麞)라고 한다. 『산해경』에 「女几山其獸多麋麞」라 했다.

퇴(魋)는 작은 곰과 같고 몽근털이 노랗다.

魋 如小熊 竊毛而黃

注 지금 건평(建平)의 산속에 이 짐승이 있는데 생김새가 곰과 같고 털이 짧은 노루로 색이 옅은 적황색이다. 세상에서 적웅(赤熊)이라고 부르는데 곧 퇴(魋)이다.

疏 절(竊)은 천(淺)이다. 작은 곰과 같고 털이 짧고 노란 것을 퇴(魋)라 한다.

알유(猰貐)는 유추(類軀)이고 호랑이의 발톱을 지녔으며 사람을 잡아먹고 빨리 달린다.

猰貐 類軀 虎爪 食人 迅走

注 신(迅)은 빠르다.

疏 신(迅)은 빠르다. 알유(猰貐)의 짐승은 그 형상이 유추(類軀)와 같고 호랑이의 발톱에 사람을 잡아 먹으며 빨리 달린다. 『산해경』의 알유(猰㺄)와 같다.

산예(狻麑)는 잔묘(虦貓 : 몽근털 호랑이)와 같고 호랑이와 표범을 잡아 먹는다.

狻麑 如虦貓 食虎豹

注 산예는 사자이다. 서역(西域)에서 나온다. 한(漢)나라 순제(順帝) 때 소륵왕(疎勒王)이 봉우(犎牛) 및 사자를 헌상했다. 『목천자전(穆天子傳)』에 「狻猊日走五百里」가 있다.

疏 지금의 사자이다. 서역(西域)에서 나오는데 생김이 잔묘(虦貓)와 같고 호랑이와 표범을 잡아 먹으며 잘 달린다. 『후한제기(後漢帝紀)』참조.

휴(驨)는 말과 같고 뿔이 하나이며 뿔이 없는 것은 기(騏)이다.

驨 如馬 一角 不角者 騏

注 진(晋)나라 원강(元康) 8년에 구진군(九眞郡)에서 사냥을 하다가 한 마리의 짐승을 얻었는데 크기가 말과 같고 뿔이 하나로 뿔은 녹용과 같았다. 곧 휴(驨)이다. 지금 깊은 산속의 사람들이 때마다 혹 보는데 또한 뿔이 없는 것도 있다.

疏 휴(驨)는 짐승 이름이다. 형상이 말과 같고 뿔이 하나이다. 뿔이 없는 것은 기(騏)라고 이름한다.

완(羱)은 양과 같다.

羱 如羊

注 완양(羱羊)은 오양(吳羊)과 비슷하고 큰 뿔이 있는데 뿔은 둥글고 길쭉

하며 서방(西方)에서 난다.

疏『자림』에「야양(野羊)으로 큰 뿔이 있다」고 했다.

린(麐)은 노루의 몸체에 소의 꼬리에 뿔이 하나이다.

麐 麕身 牛尾 一角

注린(麐)은 뿔의 끝에 살이 있다.『공양전(公羊傳)』에「有麕而角」이라 했다.

疏이순(李巡)은「린(麐)은 상서로움이 응한 것이며 짐승의 이름이다」라 했다. 손염(孫炎)은「신령스런 짐승이다」라고 했다.『시경』주남에「麟之趾」라 했다. 정현의 주에「麟은 뿔 끝에 살이 있고 武를 보이고 사용하지 않는다」고 했다. 육기의 주석에「麟은 노루의 몸에 소꼬리이며 말의 발에 황색이고 둥근 발굽에 뿔이 하나로 뿔 끝에 살이 있다. 소리는 종려(鍾呂)에 맞고 행동은 규구(規矩)에 맞고 노는 곳은 반드시 상서로운 땅을 가리고 뒤에 처하며 살아있는 벌레나 풀을 밟지 않는다. 무리지어 살지 않고 여행(侶行)하지 않고 함정에 빠지지 않고 그물에 걸리지 않는다. 왕자(王者)로 지극히 어질면 나타난다」고 했다.

유(貁)는 노루와 같은데 나무를 잘 오른다.

貁 如鹿 善登木

注유(貁)는 건강하고 나무를 잘 오른다.

疏『설문』에「유(貁)는 원숭이의 종류이다」라 했다. 그 생김새가 노루와 같은 짐승이며 썩썩하게 나무를 잘 오른다.

사(貄)는 수호(脩毫 : 긴 털)이다.

貄 脩毫

注호(毫)는 털이 긴 것이다.

疏수(脩)는 길다의 뜻이다.『광아(廣雅)』에「짐승의 털을 호(毫)라 한다. 사(貄)는 짐승의 몸에 긴 털이 많은 것이다」라 했다.

추(貙 : 추호)는 살쾡이와 비슷하다.

貙 似貍

注지금의 추호(貙虎)이다. 큰 것은 개와 같고 무늬는 살쾡이와 같다.

疏추(貙)라는 짐승은 그 무늬가 살쾡이와 같다.

시(兕 : 외뿔소)는 소와 비슷하다.

兕 似牛

注뿔이 하나이며 청색이고 무게가 천근이나 된다.

疏『설문』에「시(兕)는 들소와 같고 푸른털에 그 가죽이 굳세고 두꺼워 투구를 만든

다」고 했다. 『교주기(交州記)』에는 「시(兕)는 구덕(九德)에서 나오는데 뿔이
하나에 뿔의 길이가 3~4척이나 되며 형상이 마편병(馬鞭柄)과 같다」고 했다.

서(犀 : 물소)는 시(豕)와 비슷하다.
犀 似豕

注 형상이 물소와 비슷하고 돼지의 머리에 배가 크고 다리가 낮으며 다리에는
3개의 굽이 있고 검은색이다. 3개의 뿔이 있는데 하나는 정수리에 있고 하
나는 이마 위에 있고 하나는 코 위에 있다. 코 위에 있는 것은 먹는 뿔로 작
으며 길쭉하지 않다. 가시 먹기를 좋아하고 또한 뿔이 하나인 것도 있다.

疏 유흔기(劉欣期)의 『교주기(交州記)』에 「물소는 구덕(九德)에서 나는데 털은
돼지와 같고 발굽은 껍질이 있고 머리는 말과 같다」고 했다.

휘(彙 : 고슴도치)는 털이 가시이다.
彙 毛刺

注 지금의 고슴도치이며 생김새가 쥐와 비슷하다.

疏 휘(彙)는 곧 위(蝟 : 고슴도치)이다. 그 털이 바늘과 같아 곽박이 '지금의 고
슴도치이며 쥐와 같다' 고 했다.

비비(狒狒)는 사람과 같으며 머리를 풀어 헤치고 빨리 달리는데 사람을 잡아 먹는다.
狒狒 如人 被髮 迅走 食人

注 효양(梟羊)이다. 『산해경』에 「그 생김새가 사람의 얼굴과 같고 혀가 길며
검은 몸체에 털이 있고 뒤꿈치가 앞에 있으며 사람을 보면 웃는다」라고 했
다. 교광(交廣)과 남강군(南康郡)의 산속에 또한 이 동물이 있다. 큰 것
은 길이가 10자나 되고 세상에서는 산도(山都)라고 부른다.

疏 비비(狒狒)는 짐승 이름이다. 생김새가 사람과 같으며 머리를 풀어 헤치고 빨
리 달리면서 사람을 잡아 먹는다. 『산해경』에는 「효양(梟羊)이다」라고 했다.
『산해경』은 해내남경(海內南經)의 문장. ※지금의 『산해경』에는 梟陽으로 되
어 있다.

리(貍 : 살쾡이)와 호(狐 : 여우)와 단(貒 : 오소리)과 학(貈 : 담비)의 무리는 그 발이 번(蹯 : 짐승의 발바닥)이고 그 자취는 유(厹 : 짐승 발자국)이다.
貍狐貒貈醜 其足蹯 其跡厹

注 리(貍)와 호(狐)와 단(貒)과 학(貈)의 네 종류는 다 발바닥이 있다. 유

(凥)는 발가락의 앞쪽이다.

疏 번(蹯)은 발바닥이다. 이 네 가지 짐승의 종류가 다 발바닥이 있다.『좌전』선공(宣公) 2년에「宰夫胹熊蹯」이 그 종류이다. 발가락 앞쪽이 땅에 나타난 것을 유(凥)라 한다.

몽송(蒙頌)은 노상(猱狀)이다.

蒙頌 猱狀

注 곧 몽귀(蒙貴)이다. 생김새가 유(蜼)와 같고 작으며 자흑색으로 가히 기른다. 튼튼하고 쥐를 잡으며 고양이를 이긴다. 구진일남(九眞日南)에서 대개 나오는데 유(猱) 또는 미후(獼猴 : 원숭이)의 무리이다.

疏 몽송은 일명 몽귀(蒙貴)이다. 생김새가 원숭이와 비슷하므로 '猱狀'이라 한다.

노원(猱蝯)은 선원(善援 : 잘 잡아 당긴다)이다.

猱蝯 善援

注 문득 잡아 당긴다.

疏 노(猱)는 일명 원(蝯)으로 나뭇가지를 잘 잡아 당긴다.

확보(玃父)는 선고(善顧 : 잘 돌아본다)이다.

玃父 善顧

注 가확(貑玃)이다. 미후(獼猴)와 비슷하고 크며 푸르고 검은색에 능히 사람을 움켜잡고 돌아보기를 좋아한다.

疏 큰 원숭이이다. 능히 사람을 움켜잡고 또 잘 돌아보는 것으로 이름을 얻었다.

위이(威夷)는 등(허리)이 길고 약하다.

威夷 長脊而泥

注 니(泥)는 약하여 힘이 없는 것.

疏 니(泥)는 약하다이다. 위이(威夷)라는 짐승은 허리가 길고 약하여 힘이 없다.

구가(麔麚)는 단두(短脰 : 목이 짧다)이다.

麔麚 短脰

注 두(脰)는 목이다.

疏 두(脰)는 목이다. '구가(麔麚)'의 짐승은 다 목이 짧다.

현(玁)은 유력(有力 : 힘이 있다)이다.

玁 有力

注 현(玁)은 서해(西海)에서 나온다. 대진국(大秦國)에 기르는 자가 있는데 개와 비슷하고 힘이 세며 사납다.

疏 '현(玁)'은 개와 비슷한 짐승 이름이다.

거(玃 : 원숭이)는 신두(迅頭)이다.

玃 迅頭

注 지금 건평(建平)의 산속에 거(玃)가 있는데 큰 것은 개와 같고 원숭이와 비슷하며 황흑색으로 수염과 갈기가 많고 그 머리를 분주하게 하기를 좋아한다. 돌을 들어 사람에게 던지는 원숭이 종류이다.

疏 거(玃)는 후(猴)와 비슷한 짐승이다. 그 머리를 분주하게 하는 것을 좋아하므로 신두(迅頭)라고 한다.

유(蜼 : 긴꼬리 원숭이)는 콧구멍이 하늘을 보며 꼬리가 길다.

蜼 卬鼻而長尾

注 유(蜼)는 미후(獼猴 : 원숭이)와 비슷하고 크며 황흑색으로 꼬리의 길이가 여러 자나 되어 수달 꼬리와 비슷하고 꼬리의 끝이 갈라졌다. 코는 드러나 하늘로 향해 있어 비가 내리면 스스로 꼬리로써 나무에 매달리거나 혹은 양쪽 손가락으로 코를 가린다. 강동 사람들이 또한 취하여 기르는데 무척 빠르다.

疏 유(蜼)는 원숭이 종류의 짐승이다. 코가 하늘로 솟아 있고 꼬리가 길고 크다. 『산해경』에「羭山多猱蜼」라 했다.

시(時)는 선승령(善乘領 : 산봉우리를 잘 탄다)이다.

時 善乘領

注 산봉우리 오르기를 좋아한다.

疏 산봉우리 오르기를 좋아하는 짐승이다.

성성(猩猩)은 작으며 울기를 좋아한다.

猩猩 小而好啼

注 『산해경』에「人面豕身 能言語」라 했다. 지금의 교지(交趾 : 베트남) 봉

계현(封谿縣)에서 나온다. 성성은 생김새가 원숭이와 같고 어린아이 울음 소리를 낸다.

疏 말을 하는 짐승이다. 『예기』 곡례편에 「猩猩能言」이라 했다. 『산해경』은 해내 남경(海內南經)의 문장.

궐설(闕洩)은 발가락이 많다.

闕洩多狃

注 어떤이는 각요지(脚饒指)라고 이른다. 자세하지 않다.

疏 옛말에 「궐설(闕泄)은 짐승 이름이며 그 다리에 발가락이 많다. 뉴(狃)는 발 가락이다」라 했는데 그러나 그 형상은 어떻게 생겼는지 듣지 못했다.

우속(寓屬)이다.

寓屬

疏 우(寓)는 기(寄)이다. 이상의 짐승들이 다 나무 위에 붙어서 의지하므로 '우속 (寓屬)'이라고 제목하였다.

2. 쥐들의 호칭〔鼠屬〕

분서(鼢鼠 : 두더지) 겸서(鼸鼠 : 들쥐) 혜서(鼷鼠 : 새앙쥐) 사 서(鼭鼠 : 청서) 유서(鼬鼠 : 족제비) 구서(鮈鼠 : 생쥐) 시서 (鼤鼠 : 未詳) 페서(鼣鼠 : 未詳) 석서(鼫鼠 : 석쥐) 문서(鼤 鼠 : 未詳) 종서(鼨鼠 : 未詳) 표문정서(豹文鼮鼠 : 얼룩쥐) 현 서(鼫鼠 : 다람쥐) 등은 다 쥐의 종류이다.

鼢鼠 鼸鼠 鼷鼠 鼭鼠 鼬鼠 鮈鼠 鼤鼠 鼣鼠 鼫鼠 鼤鼠 鼨鼠 豹文鼮鼠 鼫鼠 鼠屬

注 '분서(鼢鼠)'는 땅속으로 다니는 쥐로 곧 두더지이다. '겸서(鼸鼠)'는 번 거롭게 싸서 먹는 것을 저장하는 것으로 들쥐이다. '혜서(鼷鼠)'는 거미 의 독이 있는 새앙쥐이다. '사서(鼭鼠)'는 『대대례』 하소정(夏小正)에 「鼭鼬則穴」이라 했다. 곧 청서(靑鼠). '유서(鼬鼠)'는 지금의 유(鼬) 는 족제비와 비슷하고 적황색으로 큰 꼬리에 쥐를 잡아 먹는데 강동(江東) 지방에서는 생(鼪 : 족제비)이라고 부른다. '구서(鮈鼠)'는 조그마한 생 쥐로 또한 종구(鼨鮈 : 생쥐)라고도 한다. '시서(鼤鼠)'는 무슨 쥐인지 자세하지 않다. '페서(鼣鼠)'는 『산해경』 설수(說獸)에 「생김새가 페서

(齁鼠)와 같으나 형상이 자세하지 않다」고 했다. '석서(鼫鼠)'는 생김새가 크고 쥐와 같으며 머리는 토끼와 비슷하고 꼬리에 털이 있는데 청황색이며 밭가운데 살기를 좋아하며 곡식이나 콩을 먹는다. 「관서(關西) 지방에서는 구서(鼩鼠)라고 부른다」고 했는데 『광아』에 보인다. '문서(鼤鼠)'와 '종서(鼨鼠)'는 무슨 쥐인지 자세하지 않다. '표문종서(豹文鼨鼠)'는 쥐의 무늬가 표범과 같은 것이다. 한(漢)나라 무제(武帝) 때 이 쥐를 얻었는데 효렴랑(孝廉郎) 종군(終軍)이 비단 1백필을 하사받았다. '현서(鼮鼠)'는 지금 강동의 산중에 현서(鼮鼠)가 있는데 생김새가 쥐와 같고 크며 푸른색으로 나무 위에 있으며 무격(巫覡 : 남자 무당)의 소리를 낸다. 곧 다람쥐이다. 이상은 쥐의 종류를 말한 것이다.

疏 이것은 쥐의 여러 종류를 구분한 것이다. 쥐는 작은 짐승이다. 또한 발이 네 개이고 털이 있다.

3. 씹어 먹는 것들의 호칭〔齝屬〕

소(牛)는 되새김하는 것으로 치(齝)라 하고 양(羊)은 이를 가는 것으로 설(齥)이라 하고 사슴은 새김질하는 것으로 익(齸)이라 하고 새는 멀떠구니(모이주머니)하는 것으로 소(嗉)라 하고 원숭이나 쥐는 입에 물고 있는 것으로 겸(嗛)이라고 이른다.
익(齸 : 씹는 것)의 종류이다.

牛曰齝 羊曰齥 麋鹿曰齸 鳥曰嗉 寓鼠曰嗛 齸屬

注 치(齝)는 먹고 한참 있다가 다시 꺼내어 씹는 것으로 곧 되새김이다. 설(齥)은 지금 강동 지방에서는 되새김을 설(齥)이라 한다. 익(齸)은 강동지방에서는 인(咽)을 익(齸)이라고 하는데 '익'이란 음식을 되씹는 것을 의지하여 이름한 것이다. 소(嗉)는 목구멍 가운데 음식물을 저장하는 곳으로 곧 모이주머니이다. 겸(嗛)은 입 안에 먹을 것을 저장하는 곳이다. 우(寓)는 원숭이의 종류로 나무 위에 의지하여 사는 동물이다. 익속(齸屬)은 되새김을 하는 동물이라는 것이다.

疏 이것은 새와 짐승이 씹어 먹는 것의 이름을 분별한 것이다.

4. 기(氣)가 사용되는 곳들의 호칭〔須屬〕

짐승은 혼(釁 : 움직이다)이라 하고 사람은 교(撟 : 손들다)라 하
고 물고기는 수(須 : 아가미)라 하고 새는 격(狊 : 날개를 파닥이다)
이라 한다.
모두 수(須)의 종류이다.

獸曰釁 人曰撟 魚曰須 鳥曰狊 須屬

注 혼(釁)은 스스로 분발하여 움직인다. 교(撟)는 자주 손을 폈다 오무렸다
한다. 수(須)는 아가미가 벌어졌다 닫혔다 하는 것이다. 격(狊)은 두 날
개를 펴서 파닥이는 것이다. 모두 기(氣)를 몸에서 사용하는 곳이다.

疏 이것은 사람과 짐승과 새와 물고기의 기운이 쓰이는 몸의 부분을 이름한 것이
다. 짐승이 스스로 일어나 움직이는 것을 '혼(釁)'이라 하고 사람이 게으르게
자주 펴고 서서히 폈다 굽혔다 손을 들었다 하는 것을 '교(撟)'라 하고 물고기
가 양쪽 아가미를 벌렁거려 사람이 숨쉬는 것과 같이 하는 것을 '수(須)'라 하
고 새가 양 날개를 파닥이는 것을 '격(狊)'이라 이름한다. 이것은 다 기운이 게
을러지고 몸체가 파손될 때 쓰이는 것이 이와 같은 것으로 '수속(須屬)'이라
고 제목하였다.

제20편 석축(釋畜)

『자림(字林)』에 "축(畜)은 축(嘼)이다."라 했고,『설문』에는 "수(獸)는 사람이 기르는 것이다."라 했다.

제19편 석수(釋獸)와 편을 다르게 한 것은 축(畜)이라는 것은 '기른다'는 뜻이 있기 때문이다. 수(獸)는 털난 벌레(짐승)를 통틀어 말한 것이고 이 편에서는 오직 육축(六畜)인 마(馬) 우(牛) 양(羊) 체(彘) 견(犬) 계(雞)만을 논했다.

앞의 석수편에서 모든 짐승의 이름을 해석한 것과는 다른 것이다.

I. 말의 종류와 명칭〔馬屬〕

도도마(騊駼馬 : 좋은 말)이다.

騊駼馬

注『산해경』에「북해(北海)에 짐승이 있는데 생김새가 말과 같고 도도(騊駼)라고 이름하는데 청색이다」라 했다.

疏 양마(良馬)의 이름이다. 도도(騊駼)는『자림(字林)』에「북쪽 오랑캐의 좋은 말이다. 야마(野馬)라고도 한다」고 했다. 『서응도(瑞應圖)』에는「숨어있는 짐승이다. 뛰어난 임금이 즉위하면 나오는 말이다」라 했다. 『산해경』은 해외북경(海外北經)의 문장.

야마(野馬 : 들에 사는 말, 야생마)이다.

野馬

注 말과 같은데 작다. 국경 밖에서 난다.

疏 말과 같은데 작고 국경 밖에서 나온다. 『목천자전(穆天子傳)』을 참고하면 「야
마는 하루에 5백리를 달린다」고 했다.

박(駮)은 말과 같고 톱니같은 어금니에 호랑이와 표범을 잡아
먹는다.

駮 如馬 倨牙 食虎豹

注 『산해경』에 「有獸名駮 如白馬 黑尾 倨牙 音如鼓 食虎豹(짐승이 있는데
박이라 한다. 白馬와 같고 검은 꼬리에 톱니같은 어금니에 북과 같은 소리
를 내고 호랑이와 표범을 먹는다)」라고 했다.

疏 박(駮)은 야마(野馬) 이름이다. 그의 생김새가 말과 같고 그 어금니는 톱니처
럼 굽어서 호랑이와 표범을 잡아 먹는다. 『시경』 진풍(秦風) 신풍(晨風)편에
「隰有六駮」이라 했는데 전(傳)의 이 문장을 인용하여 해석한 것이다. 『산해
경』은 서산경(西山經)을 참고했다. ※ '駮' 과 '駁' 은 통용된다.

곤제(騉蹄 : 곤의 말굽)는 못이 박힌 것으로 시루같은 곳도 잘 오른다.

騉蹄 趼 善陞甗

注 언(甗)은 산 형상이 시루와 비슷하여 위는 크고 아래는 작다. 곤제(騉蹄)
의 제(蹄)는 못이 박힌 것과 같아 단단하여 산 위에 거뜬히 오른다. 진(秦)
나라 때 '곤제원(騉蹄苑)' 이 있었다.

疏 『사인(舍人)』에는 「騉蹄者涸蹄也」라 했다. 견(趼)은 평(平)으로 발굽이 평
평하다는 말이다. 언(甗)은 판(阪)이다. 곤이 아래위가 阪같고 높고 험한 곳
도 잘 오른다는 말이다. 주(注)의 '곤제원(騉蹄苑)'은 이 준마(駿馬)로써 그
동산의 이름을 삼은 것이다.

곤도(騉駼)는 갈라진 발굽으로 못이 박혀 시루같은 곳도 잘 오른다.

騉駼 枝蹄 趼 善陞甗

注 곤도(騉駼) 또한 말과 비슷한데 소 발굽이다.

疏 '곤도' 는 말 이름이다. 이순(李巡)은 「곤도는 그 발자국이 갈라져 평평하고 못
이 박힌 것과 같아 또한 능히 높고 험한 곳을 잘 오른다」고 했다. 손염은 「곤도
의 말은 갈라진 발굽으로 소와 같고 아래가 평평하다」고 했다.

소령(小領)은 도려(盜驪 : 천리마) 이다.

小領 盜驪

注 『목천자전(穆天子傳)』에 「天子之駿 盜驪綠耳」라 했고 또 「右服盜驪」라
고 했는데 '도려' 는 천리마이다.

疏 영(領)은 경(頸 : 목)이다. 도려(盜驪)는 준마의 이름이다. 준마(駿馬)로 목이 작은 것을 이름하여 도려라 한다.

뛰어난 힘이 있는 것은 융(駥)이다.

絶有力 駥

注 말의 높이가 8자 이상 되는 말이다.
疏 말이 뛰어난 힘이 있는 것은 융(駥)이라 이름한다.

무릎 위가 다 하얀 말은 유주(惟馵)이고, 4개의 발회목이 다 하얀 말은 증(驈)이고, 4개의 발굽이 다 하얀 말은 수(首)이고, 앞발이 다 하얀 말은 혜(騱)이고, 뒷발만 하얀 말은 구(狗)이고, 앞의 오른발만 하얀 말은 계(啓)이고, 앞의 왼발만 하얀 말은 기(踦)이며, 뒤의 오른발만 하얀 말은 상(驤)이고, 뒤의 왼발만 하얀 말은 주(馵)이다. 유마(騧馬)가 배가 하얀 것은 원(驒)이며, 여마(驪馬)가 넓적다리가 하얀 것은 율(驈)이고 꽁무니가 하얀 것은 연(驎)이고 꼬리의 근본이 하얀 것은 안(騴)이고 꼬리가 하얀 것은 랑(駺)이고 이마가 하얀 것은 백전(白顚)이고 코의 줄기가 하얀 것은 현(縣)이고 얼굴 전체가 하얀 것은 유방(惟駹)이다.

膝上皆白惟馵 四骹皆白驈 四蹄皆白首 前足皆白騱 後足皆白狗 前右足白啓 左白踦 後右足白驤 左白馵 騧馬白腹驒 驪馬白跨驈 白州驎 尾本白騴 尾白駺 馰顙白顚 白達素縣 面顙皆白惟駹

注 교(骹)는 무릎 아래이다. 수(首)는 세속에서 답설마(踏雪馬)라고 한다. 계(啓)는『좌전』에서「계복(啓服)」이라 했다. 기(踦)는 앞의 왼쪽다리가 하얀 것이다. 주(馵)는 뒤의 왼쪽다리가 하얀 것이다.『주역』에「震爲馵足」이라 했다. 유(騧)는 적색에 검은 갈기의 말이다. 여(驪)는 검은색이다. 과(跨)는 넓적다리의 사이이다. 주(州)는 규(竅)의 뜻이다. 미본(尾本)은 항문 부분이 하얀 것이고 미백랑(尾白駺)은 단지 꼬리털이 하얀 것이다. 백전(白顚)은 대성마(戴星馬)이다. 소(素)는 코의 줄기이다. 세상에서 말하는 만로철치(漫顱徹齒)이다. 상(顙)은 이마이다.
疏 이는 말에 흰색이 있는 곳에 따라서 이름이 다른 것을 구별한 것이다.『좌전』은 소공(昭公) 29년을 참조했으며,『주역』은 설괘전(說卦傳)의 문장이다.

말이 회모(回毛 : 말의 가마)가 가슴에 있는 것은 의승(宜乘)이고 팔꿈치 뒤에 있으면 감양(減陽)이고 겨드랑이에 있으면 불방(茀方)이고 등에 있으면 궐광(闕廣)이다.

回毛在膺 宜乘 在肘後 減陽 在幹 茀方 在背 闕廣

注 의승(宜乘)은 번광(樊光)이 「세상에서 관부마(官府馬)라 한다」고 했다. 백락(伯樂)이 말을 감정할 때 물이 돌아나가는 것처럼 털의 가마가 배 아래에 있어 젖과 같은 것은 천리마(千里馬)라 했다. 간(幹)은 협(脅 : 겨드랑이)이다. 이상은 다 가마의 있는 곳에 따른 말의 이름을 구별한 것이다.

疏 이것은 말의 털이 도는 곳의 이름을 구분한 것이다. 회(回)는 선(旋 : 돌다)이다. 응(膺)은 흉(胸 : 가슴)이다.

역모(逆毛 : 거스른 털)는 거윤(居駽)이다.

逆毛 居駽

注 말의 털이 반대로 난 것이다.
疏 『자림』에 「馬逆毛也」라 했고 곽박은 「馬毛逆刺」라 했다.

내빈(騋牝)은 여모(驪牡)이다.

騋牝 驪牡

注 『시경』에 「騋牝三千」이라 했다. 말이 7자 이상 되는 것을 래(騋)라고 하며 『주례』에 나와 있다.
疏 『시경』은 용풍 정지방중(定之方中)편의 문장이고 『주례』는 수인(廋人)의 문장이다.

현구(玄駒 : 검은말)는 뇨참(褭驂)이다.

玄駒 褭驂

注 현구(玄駒)는 조그마한 말이며 별명이 뇨참(褭驂)이다. 어떤 사람은 「이것은 곧 지금의 요뇨(腰褭)이고 옛날의 좋은 말의 이름이다」라고 했다. '현구뇨참'은 곧 요뇨(腰褭)이다.
疏 이것은 곽박이 두 가지 해석을 했다. '지금의 망아지를 가리킨다'라는 것이 하나이고, '어떤 사람이 지금의 요뇨이고 옛날 좋은 말의 이름이라 했다. 현구뇨참은 요뇨이다'라고 한 것이 또 하나이다.

말의 수컷은 즐(騭 : 수말)이다. 암컷은 사(騇 : 암말)이다.

牡曰騭 牝曰騇

注 지금 강동 지방에서 부마(駁馬 : 수컷)를 즐(騭)이라 부른다. 사(騇)는 초마(草馬) 이름이다.

疏 말의 암컷과 수컷의 다른 이름을 구별했다.

월따말이 하얀 것은 박(駮 : 얼룩말)이다. 누렇고 하얀 것은 황(騜 : 누렇고 희다)이다. 월따말이 등마루가 누런 것은 건(騝)이다. 가라말이 등마루가 누런 것은 습(騽)이다. 푸른 가라말은 현(駽 : 돗총말)이다. 푸른 가라말이 얼룩진 것은 탄(驒)이다. 푸른 가라말이 갈기가 번성한 것은 유(騥)이다. 가라말이 희고 털이 섞인 것은 보(騢 : 오총말)이다. 황색과 흰색의 털이 섞인 것은 비(駓 : 황부루말)이다. 어두운 흰색의 털이 섞인 것은 인(駰 : 이총말)이다. 푸른 흰색의 털이 섞인 말은 추(騅 : 오추마)이다. 붉은 흰색의 털이 섞인 것은 하(騢 : 워라말)이다. 흰색에 검은 갈기는 락(駱 : 가리온말)이다. 흰말에 입술이 검은 것은 전(駩)이다. 검은 부리는 과(騧 : 공골마)이다. 한 눈이 하얀 것은 한(瞯)이고 두 눈이 하얀 것은 어(魚)이다.

駵白駁 黃白騜 駵馬黃脊騝 驪馬黃脊騽 青驪駽 青驪驎驒 青驪繁鬣騥 驪白雜毛騢 黃白雜毛駓 陰白雜毛駰 蒼白雜毛騅 彤白雜毛騢 白馬黑鬣駱 白馬黑脣駩 黑喙騧 一目白瞯 二目白魚

注 '황(騜)'은 『시경』에 「騜駁其馬」라 했다. '건(騝)'과 '습(騽)'은 다 등의 등마루 털이 노란 것이다. '현(駽)'은 지금의 철총(鐵驄)이다. '탄(驒)'은 색이 깊고 옅은 것과 아롱지고 은은한 것이 있다. 지금의 연전총(連錢驄)이다. '번렵(繁鬣)'은 『예기』에 「周人黃馬繁鬣」이라 했는데 번렵(繁鬣)은 비에 젖은 털이다. 혹은 아름다운 털과 갈기라고 했다. '보(騢)'는 지금의 조총(烏驄)이다. '비(駓)'는 지금의 도화마(桃華馬)이다. '인(駰)'은 어둡고 옅은 흑색으로 지금의 이총(泥驄)이다. '추(騅)'는 『시경』에 「有騅有駓」라 했다. '하(騢)'는 지금의 자백마(赭白馬)이다. '동(彤)'은 붉은 것. '락(駱)'은 『예기』에 「夏后氏駱馬黑鬣」이라 했

다. '과(騧)'는 지금 옅은 황색말을 과마(騧馬)라 한다. '어(魚)'는 물고기의 눈과 같아서이다.『시경』에「有驔有魚」라 했다.

疏 이것은 말의 털 색깔이 순수하지 않으므로 이름이 다른 것을 구별했다. 손염(孫炎)은「유(騟)는 적색(赤色)이다. 말이 적색이 있고 백색이 있는 것은 박(駁)이라 이름하고 누런 곳이 있고 흰 곳이 있는 것은 황(騜)이라 하고 붉은말로 등마루의 털이 노란 것을 건(驩)이라 이름하고 여마(驪馬)가 등마루털이 누런 것은 습(騽)이라고 이름한다」고 했다.『사인』에는「青驪馬는 지금 騧馬이다」라 했다.『시경』에「叔于田棄乘鴇」라 했고 또「騧驪是驂」이라 했다.「騜駁其馬」는『시경』빈풍 동산(東山)편의 문장이고「有驔有駓」와「有驔有魚」는『시경』노송(魯頌) 경(駉)편의 문장이다.

기차아마(既差我馬 : 이미 내 말을 고르다)의 차(差)는 '고르다'이다. 종묘(宗廟)에서는 털을 고르고 융사(戎事 : 병사)에서는 힘을 고르고 전렵(田獵 : 사냥)에서는 발이 빠른 것을 고른다.

既差我馬 差擇也 宗廟齊毫 戎事齊力 田獵齊足

注 '제호(齊毫)'는 털이 순일한 것을 숭상하는 것. '제력(齊力)'은 힘이 강한 것을 숭상하는 것. '제족(齊足)'은 발이 빠른 것을 숭상하는 것.

疏 기차아마(既差我馬)라고 이른 것은『시경』소아 길일(吉日)편의 문장이다. 이 문장은 지은이가 인용한 뒤에 차(差)는 택(擇)이라고 해석했는데 차(差)는 '간택하다'의 뜻이다. '종묘제호(宗廟齊毫), 융사제력(戎事齊力), 전렵제족(田獵齊足)'은 말을 고르는 일을 말한 것이다. 이순은「祭於宗廟當加謹敬取其同色也」라 했다. 어떤 사람은「戎事謂兵革戰伐之事當齊其力以載干戈之屬」이라 했다.

이상은 말의 종류이다.

馬屬

疏 도도마(騊駼馬) 이하부터 비록 준마(駿馬)나 털의 색이 다르고 같지 않은 것도 다 말의 종류일 뿐이다. 그러므로 말의 종류라고 제목하였다. 아래에도 이와 같다.

2. 소의 종류와 명칭〔牛屬〕

마우(犘牛 : 천근의 소)와 박우(犦牛 : 들소)와 비우(犤牛)와 위우(犩牛 : 요우)와 엽우(犣牛 : 털이 긴 소)와 동우(犝牛 : 뿔없는 소)와 격우(犦牛 : 未詳)이다. 뿔이 하나는 엎드리고 하나는 솟은 소는 기(觭)이고, 다 솟아오른 소는 서(觢)이고, 입술이 검은 소는 순(犉)이고, 눈초리가 검은 소는 수(䩓)이고, 눈둘레가 검은 소는 위(犚)이고, 배가 검은 소는 목(牧)이고, 다리가 검은 소는 권(犈)이고, 그 새끼는 독(犢)이며, 몸 길이가 긴 소는 패(牬)이고, 뛰어난 힘이 있는 소는 흔가(欣犌)이다.

이상은 소의 종류를 말한 것이다.

犘牛 犦牛 犤牛 犩牛 犣牛 犝牛 犦牛 角
一俯一仰觭 皆踊觢 黑脣犉 黑眥䩓 黑耳
犚 黑腹牧 黑脚犈 其子犢 體長牬 絶有力
欣犌 牛屬

注 '마우(犘牛)'는 파중(巴中)에서 나오는데 무게가 천근이나 되는 소이다. '박우(犦牛)'는 곧 봉우(犎牛 : 들소)인데 목 위에 살이 뼈처럼 2자 남짓 솟아오른 모양이 낙타와 같고 씩씩하게 3백여리를 갈 수 있다. 지금 교주(交州)의 합포(合浦)나 서문현(徐聞縣)에서 이 소가 난다. '비우(犤牛)'는 땅딸막하고 작은 것으로 지금의 직우(㹖牛)이다. 또 과하우(果下牛)라 부르고 광주(廣州)의 고량군(高涼郡)에서 난다. '위우(犩牛)'는 순한 소이다. 소와 같은데 크고 고기가 수천근이나 된다. 촉(蜀)에서 나온다. 『산해경』에 「岷山多犩牛」라고 했다. '엽우(犣牛)'는 털이 긴 소이다. 넓적다리, 무릎, 꼬리의 털이 다 길다. '동우(犝牛)'는 지금의 뿔이 없는 소이다. '격우(犦牛)'는 무슨 소인지 자세하지 않다. '기(觭)'는 소의 뿔이 하나는 낮고 하나는 쳐들린 것이다. '서(觢)'는 지금 소의 뿔이 다 우뚝 솟아 있는 것이다. '순(犉)'은 『모시전(毛詩傳)』에 「黃牛黑脣」이라 했는데 이는 「黑脣牛」와 통한다. '수(䩓)'는 눈초리가 검은 소이다. '위(犚)'와 '목(牧)'과 '권(犈)'은 다 소의 검은 부분이 있는 곳의 이름을 구별한 것이다. '독(犢)'은 지금 청주(靑州) 지방에서는 독(犢)을 구(㹊)라고도 부른다. '패(牬)'는 몸 길이가 아주 긴 소이다.

疏 이것은 소의 종류를 구별한 것이다. '박우는 봉우'라 한 것은 한(漢)나라 순제(順帝) 때 소륵왕(疏勒王)이 봉우(犎牛)를 헌상하러 왔다고 했다. 『시경』소아 무양(無羊)편에 「誰謂爾無牛九十其犉」이라 했다.

3. 양의 종류와 명칭〔羊屬〕

양의 수컷은 분(粉)이고 암컷은 장(牂)이다. 겨름날의 양은 수 컷을 유(羭)라 하고 암컷은 고(羖)라 한다. 뿔이 가지런하지 않 은 것은 궤(觤)이고 뿔이 3번이나 굽은 것은 힘(羷)이다. 번양 (羳羊)은 배가 누렇고, 아직 덜 자란 양은 저(羜)이다. 뛰어난 힘이 있는 것은 분(奮)이다.

이상은 양의 종류를 말한 것이다.

羊牡羒 牝牂 夏羊 牡羭 牝羖 角不齊觤 角 三觠羷 羳羊黃腹 未成羊羜 絶有力奮 羊屬

注 '분(羒)'은 오(吳)나라 양으로 백저(白羝)이다. '장(牂)'은 『시경』에 「牂羊墳首」라 했다. '하양(夏羊)'은 검은 고력(羖羅 : 검은 양)이다. '유(羭)'는 검은 숫양이다. 성탕(成湯)이 지은『귀장(歸藏)』에「兩壺兩 羭」라 했다. '고(羖)'는 지금 사람들이 장(牂)과 고(羖)로 백양(白羊) 과 흑양(黑羊)의 이름을 삼는다. '궤(觤)'는 하나는 짧고 하나는 긴 것이 다. '힘(羷)'은 양의 뿔이 3번 굽은 것이다. '번(羳)'은 배 아래의 털이 누런 것이다. '저(羜)'는 세상에서 5개월된 양을 말한다.

疏 이것은 양의 종류를 구별한 것이다. 『시경』 소아 벌목(伐木)편에 「旣有肥羜」라 했다. 『시경』은 소아 초지화(苕之華)편의 문장이다.

4. 개의 종류와 명칭〔狗屬〕

개가 3마리 새끼를 낳은 것은 종(獀)이요, 2마리를 낳은 것은 사(師)이고 한 마리를 낳은 것은 기(玂)이다. 털이 다 자라지 않 은 것은 구(狗)이고 주둥이가 긴 것은 렴(獫)이요, 주둥이가 짧 은 것은 갈효(猲獢)이다. 뛰어난 힘이 있는 것은 조(狣)이고 방 (尨)은 구(狗 : 강아지)이다.

이상은 개의 종류를 말한 것이다.

犬生三獀 二師 一玂 未成毫狗 長喙獫 短 喙猲獢 絶有力狣 尨狗也 狗屬

注 '종(獀), 사(師), 기(玂)'는 돼지가 새끼를 낳는 뜻과 같다. '구(狗)'는

개의 새끼가 아직 털이 다 자라지 않은 것이다. '험(獫)'과 '갈효(猲獢)'는 『시경』에 「載獫猲獢」라 했다. '방(尨)'은 『시경』에 「無使尨也吠」라 했다.

疏 이것은 개의 종류를 구분한 것이다. 「載獫猲獢」는 『시경』 진풍(秦風) 사철(駟鐵)편의 문장이고 「無使尨也吠」는 『시경』 소남(召南) 야유사균편의 문장이다.

5. 닭의 종류와 명칭〔雞屬〕

닭이 큰 것은 촉(蜀)이요, 촉(蜀)의 새끼는 여(雓)이다. 아직 닭이 되지 못한 것은 연(健)이고 뛰어난 힘이 있는 것은 분(奮)이다. 닭의 종류를 설명한 것이다.

雞大者蜀 蜀子雓 未成雞健 絶有力奮 雞屬

注 '촉(蜀)'은 지금도 촉계(蜀雞)라 한다. '여(雓)'는 추자(雛子 : 병아리)의 이름이다. '연(健)'은 강동 지방에서는 작은 닭을 연(健)이라 부른다. '분(奮)'은 모든 동물이 힘이 많은 것이 스스로 떨쳐 일어나지 않는 것이 없으므로 다 분이라고 했다.

疏 이것은 닭의 종류를 구분 지은 것이다.

6. 육축(六畜)

말이 8자〔尺〕인 것은 융(駥)이라 하고, 소가 7자인 것은 순(犉)이라 하고, 양이 6자인 것은 함(羬)이라 하고, 돼지가 5자인 것은 액(豟)이라 하고, 개가 4자인 것은 오(獒)라 하고, 닭이 3자인 것은 곤(鶤)이라 한다.

이것은 6가지, 집안에서 기르는 가축을 이른 것이다.

馬八尺爲駥 牛七尺爲犉 羊六尺爲羬 豕五尺爲豟 狗四尺爲獒 雞三尺爲鶤 六畜

注 '융(駥)'은 『주례(周禮)』에 「말이 8자 이상인 것을 융이라 한다」고 했다. '순(犉)'은 『시경』에 「九十其犉」이라 했고 또 『시자』에도 나와 있다. '함(羬)'은 『시자』에 「큰 양을 함(羬)이라고 하는데 6자이다」라고 했다. '액(豟)'은 『시자』에 「큰 돼지를 액(豟)이라고 하는데 5자이다」라 했다. 지금 어양(漁陽)에서는 돼지가 큰 것을 액(豟)이라 한다. '오(獒)'는 『공

양전』에 「영공(靈公)이 말하기를 "해로운 개가 있는데 오(獒)라 이른다"
고 했다」라 했다. 『서경』의 공씨전(孔氏傳)에는 「개의 높이가 4자나 되는
것을 오(獒)라 한다」고 했다. '곤(鶤)'은 양구(陽溝)의 거곤(巨鶤)으
로 옛날의 이름난 닭이다.

疏 이상은 6가지 가축 중에서 가장 큰 것의 이름을 분별한 것이다. 『산해경』에 「錢
來山有獸其狀如羊而馬尾名羬(전래산에 짐승이 있는데 그 생김새가 양과 같
고 말의 꼬리이며 이름이 함이다)」이라 했다. 「九十其犉」은 『시경』소아 무양
(無羊)편의 문장이다.

이아 원문 자구색인(爾雅原文字句索引)

시간과 공간을 초월하여
영원한 고전으로 남아질 수 있는
과거속의 유산을 캐내어
메마른 우리들의 마음밭을
기름지게 가꾸어 줄 수 있는 —

자유문고의 책들

1. 정관정요

당나라 이후 중국의 역대왕실이 모든 제왕의 통치철학으로 삼아오던 이 저서는 일본으로 건너가 「도꾸가와 이에야스(德川家康)」가 일본 통일의 기틀을 마련하는데 큰 힘이 되었다.

오 긍 지음/편집부 해역

● 500쪽/값 15,000 원 〈완역본〉

2. 식 경

어떤 음식을 어떻게 섭취하면 몸에 좋은가? 어떻게 하면 건강하게 무병장수 할 수 있는가 등등. 옛 중국인들의 음식물 조리와 저장방법 등 예방의학적 관점에서 그 해답을 얻을 수 있다. 〈5쇄〉

● 304쪽/값 10,000 원

3. 십팔사략

고대 중국의 3황 5제에서부터 송나라 말기까지 유구한 역사의 노정에서 격랑에 휩말린 인물과 사건을 시대별로 나눈 5천년 중국사를 한눈에 볼 수 있는 역사서. 〈6쇄〉

증선지 지음/이준영 해역

● 258쪽/값 6,000 원

4. 소 학

자녀들의 인격 완성을 위하여 성인이 되기 전 한번쯤 읽어야 하는 고전. 아름다운 말, 착한 행동, 교육의 기초 등, 인간이 지켜야 할 예절과 우리 선조들의 예의범절을 되돌아 볼 수 있다. 〈4쇄〉

조형남 해역

● 328쪽/값 7,000 원

5. 대 학

사회생활에서 지도자가 되거나 조직의 일원이 될 때 행동과 처세, 자신의 수양, 상하의 관계 등에 도움은 물론, 훌륭한 지도자로 성장할 수 있도록하는 조직관리의 길잡이이다. 〈3쇄〉

鄭佑永 해역

● 160쪽/값 5,000 원

6. 중 용

인간의 성(性)·도(道)·교(教)의 구체적인 사항을 제시하였다. 도(道)와 중화(中和)는 항상 성(誠)을 가지고 살아가야 한다는 것과 귀신에 대한 문제 등이 심도있게 논의됐다. 〈3쇄〉

曺康煥 해역

● 168쪽/값 5,000 원

7. 신음어

한 국가를 경영하는 요체로써 인간의 마음, 인간의 도리, 도를 논하는 방법, 국가공복의 의무, 세상의 운세 그리고 성인과 현인, 국가를 경영하는 요체 등을 주제로 한 공직자의 필독서이다. 〈2쇄〉

呂 坤 지음/편집부 편역

● 256 쪽/값 6,000 원

8. 논 어

공자와 제자들의 사랑방 대화록. 공자(孔子)의 '배우고 때때로 익히면 즐겁지 아니한가.'로 시작되는 논어를 통해 공문 제자의 교육법을 알 수 있다. 〈5쇄〉

金相培 해역

● 376 쪽/값 10,000 원

9. 맹 자

난세를 다스리는 정치철학. 백성이란 생활을 유지할 생업이 있어야 변함없는 마음을 가질 수 있고, 생업이 없으면 변함없는 마음을 가질 수 없다. 〈4쇄〉

全壹煥 해역

● 464쪽/값 10,000 원

21. 고승전
혜 교 저/유월탄 편역

중국대륙에 불교가 들어 오면서 불가(佛家)의 오묘 불가사의한 행적들과 중국으로 전파되는 전도과정에서의 수난과 고통, 수도과정에서 보여주는 고승들의 행적 등을 기록한 기록문. 〈2쇄〉

● 260쪽/값 6,000 원

22. 한문입문
최형주 해역

조선시대의 유치원 교육서라고 하는 천자문, 이천자문, 사자소학, 계몽편, 동몽선습이 수록됨. 또 관혼상제 등과 가족의 호칭법 등이 나열되고 간단한 제상차리는 법 등이 요약되었다. 〈3쇄〉

● 232쪽/값 5,000 원

23. 열녀전
劉 向 저/박양숙 해역

역사에 큰 발자취를 남긴 89명의 여인들을 다룬 여성의 전기이다. 총 7권으로 구성되었으며 옛여성들이 지킨 도덕관을 한 눈에 볼 수 있는 교양서.

● 416쪽/값 7,000 원

24. 육도삼략
조강환 해역

병법학의 최고봉인 무경칠서(武經七書) 가운데 두 가지의 책으로 3군을 지휘하고 국가를 방위하는데 필요한 저서이다. 『육도』와 『삼략』의 두 권이 하나로 합한 것이다. 〈3쇄〉

● 296쪽/값 8,000 원

25. 주역참동계
최형주 해역

『주역참동계(周易參同契)』란 주나라의 역(易)이 노자의 도(道)와 연단술(練丹術)과 서로 섞여 통하며 『주역』과 연단은 음양을 벗어나지 못하며 노자의 도는 음양이 합치된다고 하였다. 〈3쇄〉

● 272쪽/값 8,000원

26. 한서예문지
이세열 해역

반고(班固)가 찬한 『한서(漢書)』 제30권에 들어 있는 동양고전의 서지학(書誌學)의 대사전이다. 한(漢)나라 이전의 모든 고전을 일목요연하게 볼 수 있는 서지학의 원조이다.

● 328쪽/값 7,000 원

27. 대대례
박양숙 해역

『대대례』의 정식 명칭은 『대대예기』이며 한(漢)나라 대덕(戴德)이 편찬한 저서로 공자(孔子)와 그의 제자들이 예에 관한 기록의 131편을 수집하여 집대성한 것이다.

● 344쪽/값 8,000원

28. 열 자
柳坪秀 해역

『열자』의 학문은 황제(黃帝)와 노자(老子)에 근본을 삼았고 열자 자신을 호칭하여 도가(道家)의 중시조라고 했다. 『열자』는 내용이 재미가 있고 어렵지 않은 것이 특징이다.

● 304쪽/값 7,000원

29. 법 언
揚雄 지음 / 崔亨柱 해역

전한(前漢)시대 사마상여(司馬相如)의 영향을 받아 대문장가가된 양웅(楊雄)의 문집이다. 양웅은 오로지 저술에 의해 이름을 남기고자 힘써 저술에 전념하였다.

● 312쪽/값 7,000원

30. 산해경
崔亨柱 해역

『산해경(山海經)』은 문학·사학·신화학·지리학·민속학·인류학·종교학·생물학·광물학·자원학 등 제반 분야를 총망라한 동양 최고의 기서(奇書)이며 박물지(博物志)이다.

● 408쪽/값 10,000 원 〈3쇄〉

31. 고사성어 (세상이 보인다 돋보기 엿보기)
송기섭 지음
● 304쪽/값 7,000 원

일상생활에서 많이 쓰이는 중심되는 125개의 고사성어가 생기게 된 유래를 밝히고 1,000여개 고사성어의 유사언어와 반대되는 말, 속어, 준말, 자해(字解) 등을 자세하게 실어 이해를 도왔다. 〈3쇄〉

32.명심보감·격몽요결

박양숙 해역
● 280쪽/값 6,000원

인간 기본 소양의 명심보감과 공부하는 지침을 가르쳐 주는 격몽요결, 학교의 운영과 학생들의 행동에 대한 모범안을 보여주는 율곡 이이(李珥) 선생의 학교모범으로 이루어졌다. 〈2쇄〉

33.이향견문록

劉在建 엮음 / 李相鎭 해역

일반적으로 많이 알려지지 않은 숨은 이야기 모음이다. 소문으로 알려져 있는 평범한 이야기도 있고, 기이한 이야기도 있고, 유명한 사람의 이야기를 능가하는 이야기도 있다.

● 상·352쪽/값 8,000원 ● 하·352쪽/값 8,000원

34.성학십도와 동국십팔선정

이상진 外 2인 해역
● 248쪽/값 6,000원

성학십도는 어린 선조(宣祖)가 성군(聖君)이 되기를 바라는 마음에서 퇴계 이황이 마지막 충절을 다해 집필한 것이다.
동국십팔선정은 우리나라 사람으로서 성균관의 문묘(文廟)에 배향(配享)된 대유학자 18명의 발자취를 나열한 것이다. 〈2쇄〉

35.시자

신용철 해역

진(秦)나라 재상 상앙의 스승이었다는 시교의 저서로 인의(仁義)를 바탕에 깔고 유가(儒家)의 덕치(德治)를 바탕으로 '정명(正名)과 명분(名分)'을 내세워 형벌을 주창하였다.

● 240쪽/값 6,000원

36.유몽영

張潮 지음·박양숙 해역

장조(張潮)가 쓴 중국 청대(淸代)의 수필 소품문학의 백미(白眉)로, 도학자(道學者)다운 자세와 차원높은 은유로 인간의 진솔한 삶의 방법과 존재가치를 탐구하였다.

● 240쪽/값 6,000원

37.채근담

朴良淑 해역

명(明)나라 때 홍자성(洪自誠)이 지은 저서로 하늘의 이치와 인간의 정(情)을 근본으로 삼아 덕행을 숭상하고 명예와 이익을 가볍게 보아 담박한 삶의 참맛을 찾는 길을 모색하였다.

● 288쪽/값 7,000원

38.수신기

干寶 지음/전병구 번역

동진(東晉)의 간보(干寶)가 지은 것으로 '신괴(神怪)한 것을 찾다'와 같이 '귀신을 수색한다'의 뜻으로 신선, 도사, 기인, 괴물), 귀신 등등의 이야기로 이루어져 있다.

● 462쪽/값 10,000원 〈2쇄〉

39.당의통략

이덕일, 이준영 해역

조선 말기의 정치가이며 학자인 이건창이 지은 책으로 선조(宣祖) 때부터 영조(英祖) 때까지의 당쟁사이다. 음모와 모략, 드디어 영조가 대탕평을 펼치게 되는 일에서 끝을 맺었다.

● 462쪽/값 10,000원

40.거울로 보는 관상(원제 : 麻衣相法)

辛盛銀 엮음
● 400쪽/값 15,000원

달마조사와 마의선사의 상법(相法)을 300여 도록을 완비하여 넣고 완전 현대문으로 재해석하여 누구나 쉽게 알 수 있도록 꾸민 관상학의 해설서

41.다경

박양숙 해역

당(唐)나라 육우(陸羽)의 『다경(茶經)』과 일본의 영서(榮西)선사의 『끽다양생기』를 합하여 현대문으로 재해석하고 도록으로 차와 건강을 설명하여 전통차의 효용성과 커피의 실용성을 겸들여 다루었다.

● 240쪽/값 7,000원

42. 음즐록

鄭佑永 해역
● 176쪽/값 6,000원

사회에 공헌을 하고 선행을 많이 쌓아 자신이 타고난 운명을 바꿀 수 있다는 저서. 음즐이란 말은 "하늘이 아무도 모르게 사람의 행하는 것을 보고 화와 복을 내린다"는 뜻에서 딴 것이다. 어떠한 행동이 얼마만큼의 공덕에 해당하는 가에 대한 예시도 해놓았다.

43. 손자병법

趙日衡 해역
● 272쪽/값 7,000원

혼란했던 춘추시대에 태어나 약육강식의 시대를 살며 터득한 경험을 이론으로 승화시킨 손자의 병법서. 전투에서 승리하는 데 필요한 모든 형세와 지형과 기세 등을 살펴 계략을 세우고 실행하는 것에 대한 설명. 현대인들에게는 처세술의 대표적인 책으로 알려졌다.

44. 사경

김해성 해역
● 288쪽/값 9,000원

'사람을 쏘려거든 먼저 말을 쏘아라'라는 부제가 대변해 주듯이 활쏘기의 방법에 대한 개론이다. 활쏘기에 필요한 도구와 마음가짐, 손동작, 발 디디기, 몸가짐, 제도 등의 올바른 것을 제시하여 활쏘기 자체를 초월한 도(道)의 경지에 오르는 길을 설명하였으며, 활쏘기는 궁극적으로 덕(德)을 쌓는 길임을 말하고 있다. 관련된 도록을 넣어 보는 재미도 더했고, 본래 사경에는 활을 쏠 때의 예의에 관한 내용이 없어 『예기』에서 활과 관련된 예의 부분을 발췌하여 삽입하였다.

45. 예기(상·중·하)

지재희 역
● 상/14,000원
● 중/14,000원
● 하/14,000원

옛날 사람들의 생활과 관련된 모든 것을 총망라하여 49편으로 구성해 놓은 생활지침서. 옛날 사람들이 어떤 문화를 가지고 살았으며, 어떤 것에 생활의 무게를 두었는가 하는 것들을 살필 수 있다. 또한 오늘날 그 의의를 되새겨 우리 생활에 접목시킴으로써 보다 나은 생활을 영위하는 데 토대가 될 수 있다.

46. 이아

최형주, 이준영 편저
● 424쪽/값 18,000원

중국 13경(十三經) 가운데 하나요, 가장 오래된 동양의 자전(字典)이다. 『이아』의 '이(爾)'는 가깝다, '아(雅)'는 바르다라는 뜻으로 곧 '가까운 곳에서 바른 것을 취한다'는 뜻이다. 이아는 천문, 지리, 음악, 기재(器材), 초목, 조수(鳥獸)에 대한 고금의 문자를 설명하였다. 5경(五經) 안에 쓰인 문장의 동이(同異)를 풀어놓아 실상은 9경(九經)의 통로이며 제자백가의 나침반이다.

101. 한자원리해법

金徹泳 엮음
● 232쪽/값 6,000원

한자가 이루어진 원리를 부수를 기본으로 나열하여 쉽게 풀어놓았다. 한자의 기본인 부수가 생겨나게 된 원리를 보여주어 한자에 쉽게 다가갈 수 있게 하였다.

102. 쉽게 풀어 쓴 상례와 제례

金昌善 지음
● 248쪽/값 7,000원

편의주의에 밀려난 조상들이 지켰던 상례와 제례를 알기 쉽게 풀어 써서 그 의식에 스며있는 의의를 고찰하고 오늘날의 가정의례준칙상의 상례와 제례와도 비교하였다. 또한 상례와 제례가 실제 거행되는 50여컷의 사진들을 함께 실어 이해를 돕고 있다.

성공의 문을 여는 열쇠 33

조일형 지음
● 320쪽/값 10,000 원

성공의 전제 조건인 목표 세우기, 신념 갖기, 시간 활용법, 기회 잡기, 인간 관계, 결단력, 인내심과 끈기 등 7가지 항목을 설정하고 각 항목별로 세분하여 모두 33가지 성공 조건을 설명했다.

동양학총서 〔46〕
이아주소(爾雅注疏)

▨동양학 편집고문
　朴良淑, 金官楷, 崔亨柱, 池載熙
▨동양학 편집위원 (가나다 順)
　金鍾元, 金昌完, 朴文鉉, 朴鍾巨, 宋基燮, 辛盛銀,
　李德一, 李相鎭, 李世烈, 李承哲, 任軒永, 全秉九,
　全壹煥, 曺康煥, 曺惠子, 崔桂林, 趙應泰, 黃松文

회　　　장 : 유태전
주　　　간 : 김창완
교　　　열 : 이준영
편집/교정 : 홍윤정, 강화진
표지장정 : 이성식
전산조판 : 태광문화사
인　　　쇄 : 천광인쇄
제　　　본 : 기성제책사
유　　　통 : (주)문화유통북스

판	권
본	사
소	유

단기 4334(서기 2001)년　7월　25일　초판1쇄 인쇄
단기 4334(서기 2001)년　7월　30일　초판1쇄 발행

엮은이 ― 崔亨柱, 李俊寧
펴낸이 ― 李俊寧

펴낸곳 ― 자유문고
150 - 096
서울 영등포구 문래동6가 56-1 미주프라자 B-102호
전화 · 2637-8988 · 676-9759(FAX)
등록 · 제2-93호(1979. 12. 31)

정가 18,000원　　　ISBN 89-7030-049-X　04150
　　　　　　　　　　ISBN 89-7030-000-7　(세트)

※잘못 만들어진 책은 구입하신 서점에서 바꿔드립니다.